# 당순종실록역주

唐順宗實錄譯注

# 당순종실록역주
## 唐順宗實錄譯注

초판 1쇄 인쇄　2020년 4월 10일
초판 1쇄 발행　2020년 4월 20일

지 은 이　한 유
옮 긴 이　이종한
펴 낸 이　신일희
펴 낸 곳　계명대학교출판부
출판등록　제347-1998-1호(1970. 9. 1)
주　　소　대구광역시 달서구 달구벌대로 1095
대표전화　053-580-6233
팩　　스　053-580-6235
홈페이지　www.kmupress.com

ISBN 979-11-6516-041-8 93900　정가 25,000원



이 도서의 국립중앙도서관 출판예정도서목록(CIP)은 서지정보유통지원시스템 홈페이지(http://seoji.nl.go.kr)와 국가자료종합목록 구축시스템(http://kolis-net.nl.go.kr)에서 이용하실 수 있습니다. (CIP제어번호 : CIP2020014090)

# 당순종실록역주

## 唐順宗實錄譯注

한 유 지음
이종한 옮김

계명대학교출판부

**한유 사당(韓文公祠) 내부** / 중국 조주(潮州)

**2009한유국제학술대회** / 중국 조주(潮州)

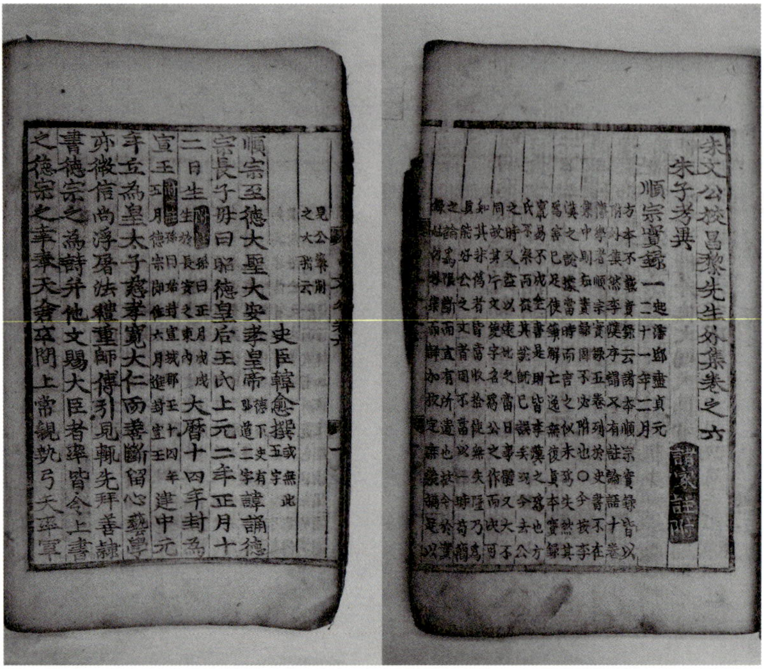

**주문공교창려선생집(朱文公校昌黎先生集)** / 계명대학교 동산도서관 소장 목판본

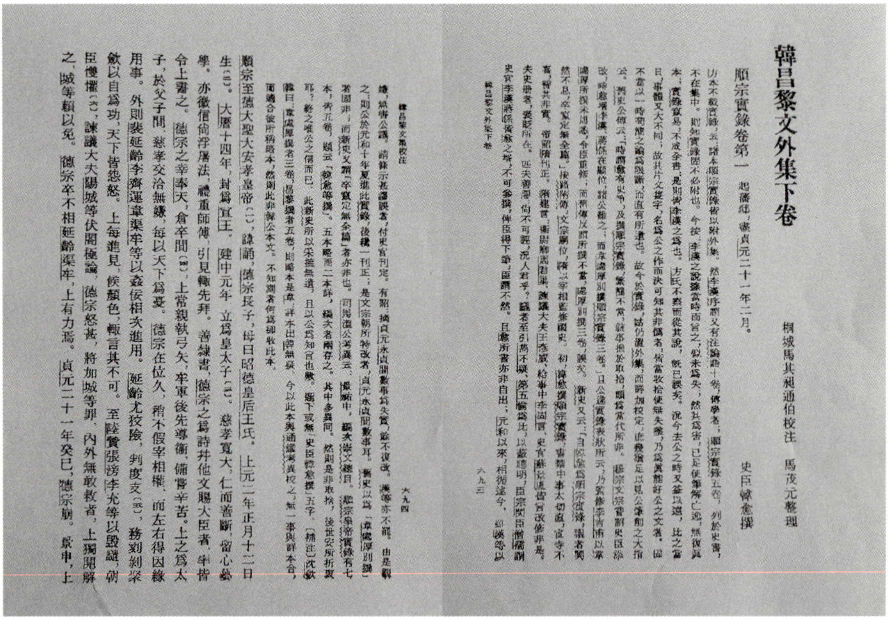

**한창려문집교주(韓昌黎文集校注)**

## 역자서문

실록은 문자 그대로 사실을 있는 그대로 적은 기록이라는 뜻이다. 역사에서는 한 임금이 재위하는 기간 동안에 반포한 정령이나 주요 사실들을 날짜 순서에 따라 빠짐없이 기록하는 편년체 역사서를 가리킨다.

세계 문화사상 실록의 편찬은 중국 남북조 시대 양나라 무제 때 주흥사 등이 무제 집정 시기의 대사건을 기록한 ≪양황제실록≫이 효시로 알려져 있지만 이 기록물은 현재 전하지 않는다. 당나라 초에 사관이 작고한 황제 통치 기간의 조정 대사를 실록으로 편찬하는 것이 관례로 굳어졌다. 당나라 이후로 역대 왕조에서 이를 답습하여 특히 명·청대에는 ≪황명실록≫과 ≪대청역조실록≫이 남아 전한다. 중국의 이 두 실록이 우리나라의 ≪조선왕조실록≫과 함께 왕조 전체 기간의 역사를 기록한 실록으로 유명하다.

현전하는 세계 최초의 실록이 바로 당나라 ≪순종실록≫ 5권이다. 중국 제일의 대문호인 한유가 원화 8년(813) 사관수찬 재직 시에 조정의 명을 받들어 편찬하여 원화 10년(815) 헌종에게 진상한 것이다. 당나라 순종(761~806)은 태자 시절 왕숙문·왕비 등과 가까이하면서 황제 즉위 이후의 정치 개혁을 준비하였지만, 건강이 좋지 않아 즉위 약 7개월 만에 퇴위하고 그 이듬해 승하한 비운의 황제였다. 그렇지만 짧은 재위 기간 동안 역사에서 '영정혁신'으로 평가받는 일련의 개혁 정치를 단행하기도 하였다.

한유는 환관인 구문진과 친분이 있었고 사관이라는 신분과 당시 정치 환경의 제약을 받았던 탓에, 영정혁신을 둘러싼 기록에 있어 일정한 영향을 받지 않을 수 없었다. 게다가 ≪순종실록≫은 한유의 손을 떠난 뒤 여러 차례 수정되기도 하였기 때문에 내용의 신빙성 등에 걸쳐 적지 않는 논란이 벌어져 온 것도 사실이다. 하지만 ≪순종실록≫은 순종 집정 기간인 중당 시기 7개월여 간에 긴박하게 전개된 조정의 대사를 가장 직접적으로 서술한 역사물로, 당시 역사는 물론 한유와 유종원의 관계, 당시의 정치와 사상, 문학의 포괄적 이해에 필수적인 '고문운동' 전개의 이면을 심층적으로 규명하는 데도 많은 시사점을 던져주고 있다.

필자는 2007년 한국연구재단의 명저번역사업 지원을 받아 한유의 산문 전체 작품에 대한 역주 작업을 진행하여 그 성과를 2012년에 ≪한유산문역주≫라는 다섯 권의 책으로 출간한 바 있다. 그 책은 2013년 대한민국학술원 우수학술도서로 지정되어 학술적 가치가 매우 뛰어나다는 평가를 받았다. 그 후 계명대학교 2017년 연구년 지원을 받아 한유가 남긴 역사물인 ≪순종실록≫ 5권도 우리말로 옮기고 상세한 주석을 덧붙여 ≪한유산문역주≫의 자매편으로 출간함으로써 한유에 대한 전면적인 이해의 지평을 한 단계 더 넓히고자 하였다.

우리나라에는 ≪순종실록≫의 우리말 번역이나 주석 작업이 시도된 적이 없었고, 그 속에 보이는 영정혁신에 대한 기술 특징 및 의의 등과 같은 단편 연구 논문이 발표되었다. 중국과 대만에서는 ≪순종실록≫에 대한 전통적 주석 및 교감 작업과 일부 주요 부분에 대한 현대적 풀이와 현대중국어 번역이 나와 있다. 특이하게 미국에서 1955년 Bernard S. Solomon 교수에 의해 *The Veritable Record of the T'ang Emperor Shun-tsung, Han Yu's Shun-tsung shih-lu*(Harvard-Yenching Institute 연구총서)라는 제목으로 완역되어 하버드대학교출판사에서 출간

된 바 있다.

필자는 이 책에서 기왕의 주석본과 연구서들을 참고하여 원문의 한 글자도 놓치지 않고 의미를 살려 번역하는 데 주력하되, 현대인의 감각에 맞는 읽기 쉬운 우리말로 다듬는 데도 신경을 썼다. 그리고 원문에 쓰인 어휘나 어구의 출처를 찾아 주석에 담는 작업에 많은 공을 들였다. 그 결과 ≪순종실록≫ 속에 쓰인 언어는 ≪서경≫에서 비롯된 것이 가장 많고, ≪시경≫, ≪역경≫, ≪예기≫, ≪좌전≫, ≪논어≫, ≪맹자≫ 등의 경서, ≪사기≫를 위시한 ≪한서≫와 ≪후한서≫ 등의 역사서, 그밖에 각종 제자서에 뿌리를 두고 있는 표현이 많다는 사실을 확인할 수 있었다. ≪서경≫에서 유래한 표현이 가장 많은 것은 ≪순종실록≫이 조칙이나 책명 등 황제와 직접적인 관계가 있는 정부 공식 문서를 많이 수록하고 있기 때문이다. 경전의 어구나 어투 및 장식적인 문체 구사 등의 특징으로 인해 장중한 분위기가 느껴지는 글이 ≪순종실록≫에 많은 것은 이 때문이다.

이 책에서는 출전 근거로 인용한 글도 모두 우리말로 번역하여 한문 읽기에 생소한 독자들의 이해를 돕고자 하였다. 판본에 따른 글자나 어구의 교감 작업은 이 책의 대본인 ≪한창려문집교주≫에서 언급한 부분을 중심으로 중국이나 대만에서 나온 연구 성과를 간추려 보충설명에 반영하는 정도에서 그쳤다. 원문에 대한 번역과 주석 작업 외에 순종과 혁신 정치세력, 한유의 ≪순종실록≫ 편찬과 가치, 금본 ≪순종실록≫의 작자와 판본 문제 등에 걸쳐 비교적 상세한 해설을 붙임으로써 독자들이 ≪순종실록≫이라는 기록물에 대한 유관 학계의 평가와 역사적 의미를 파악할 수 있도록 하였다. 아울러 한유에 대한 기본적 이해의 토대를 다지기 위해 ≪구당서≫와 ≪신당서≫의 〈한유전〉도 전문을 우리말로 번역하여 원문과 함께 실었으며, 주요 인명과 서명 및 관직명 등과 용어 색인을 찾아보기에 담았다.

모쪼록 독자들이 이 책을 통해서 실록이라는 역사물의 초기 면모를 살피고, 한유와 당나라 역사에 대한 이해의 지평을 넓혀 중국을 제대로 아는 중국통들이 많이 나오기를 기대해본다. 끝으로 ≪순종실록≫ 역주 작업에 전념할 수 있도록 연구년의 기회를 준 계명대학교 당국에 감사드리며, 이 책을 출간해준 계명대학교출판부 관계자 여러분의 노고에도 깊은 감사의 마음을 전한다.

2020년 1월

미국 Michigan주 Ann Arbor에서

이종한 씀

## 일러두기

1. 이 책은 마기창(馬其昶, 1855~1930)의 ≪한창려문집교주(韓昌黎文集校注)≫(上海古籍出版社, 1986)를 저본으로 삼았다. 이 저본은 마기창이 요영중(廖瑩中)의 주(注)를 바탕으로 명·청대 20여 주석가의 평어와 주석을 채록해 보주(補注)로 삼아 엮은 한유의 산문에 대한 가장 완비된 주석본이다. ≪순종실록(順宗實錄)≫ 5권은 저본의 〈외집〉 하권에 실려 있다.
2. 각 권별로 저본의 단락 구분에 따라 일련번호를 붙였고, 각 단락은 ≪순종실록≫ 본문의 번역문과 원문, 저본의 주석에 대한 번역과 보충설명, 원문에 대한 주석의 순으로 배열했다. 주석은 단락별로 일련번호를 붙였으며, 괄호 속에 우리 한자음으로 독음을 달고, 어구의 의미 풀이와 출전 및 관련 고사의 규명은 물론 인명·지명·관직명 등을 밝히는 데 중점을 두었다.
3. 이 책에 쓰인 연월일은 모두 음력이고, 양력으로 환산한 경우는 별도로 양력임을 표기하였다.
4. 번역문과 보충설명 및 주석에서 한자는 가급적 적게 쓰고 반복 사용을 피하려고 했지만, 의미 전달의 명확성을 높이기 위해 고유명사나 주요 용어를 중심으로 필요하다고 생각되는 경우에 괄호 속에 병기하였다.

5. 이 책에서 번거로움을 피하기 위해 약칭한 문헌의 원 제목은 다음과 같다.

≪고이(考異)≫: ≪昌黎先生集考異≫

≪교전(校詮)≫: ≪韓集校詮≫

≪교주(校注)≫: ≪韓昌黎文集校注≫

≪문본(文本)≫: ≪新刊經進詳補注昌黎先生文集≫

≪보주(補注)≫: ≪韓集補注≫

≪송본(宋本)≫: ≪宋昌黎先生集≫

≪위본(魏本)≫: ≪五百家注韓昌黎集≫

≪장본(蔣本)≫: ≪唐韓昌黎集≫

≪전교(全校)≫: ≪韓愈全集校注≫

≪전정(箋正)≫: ≪韓集箋正≫

≪점감(點勘)≫: ≪韓集點勘≫

≪주석(注釋)≫: ≪韓昌黎文集注釋≫

≪축본(祝本)≫: ≪音注韓文公昌文集≫

6. 이 책에 쓰인 주요 문장부호는 다음 원칙에 따랐다.

| | |
|---|---|
| ‘ ’ | 중요한 의미를 지닌 어구나 용어를 강조할 때 |
| “ ” | 인용할 때 |
| ( ) | 인용 원문을 제시하거나 한자를 병기할 때 |
| ≪ ≫ | 책이름을 표기할 때 |
| 〈 〉 | 책의 편명, 단편 작품명, 논문명 등을 표기할 때 |

# 차례

# 제1권

## 번왕 시절 ~ 정원 21년 2월
(起藩邸, 盡貞元二十一年二月)

**제1권** ———

# 번왕 시절 ~ 정원 21년 2월
(起藩邸, 盡貞元二十一年二月)

방숭경(方崧卿, 1135~1194)의 책에서 ≪순종실록≫을 수록하지 않으면서 말하기를 "여러 판본에 ≪순종실록≫은 모두 <외집>에 부록으로 들어 있다. 그러나 이한(李漢, 790?~860?)의 한유 문집 <서문>에서 '또 ≪논어주(論語注)≫[01] 10권이 학자들에게 전해지고, ≪순종실록≫ 5권이 역사서에 나열되어 있으나 문집 속에는 들어 있지 않다.'고 하였다. 그러한 즉 ≪순종실록≫은 본래 덧붙일 필요가 없음을 알겠다."고 하였다. 지금 살펴보건대, 이한의 견해는 당시에 근거해서 말한 것이므로 잘못이라고 할 수는 없는 것 같다. 그러나 그 해악은 이미 ≪논어필해(論語筆解)≫가 망일되게 하여 진본(眞本)을 회복할 수 없도록 하고, ≪순종실록≫도 수정되고 뒤바뀌어 완전한 책을 이루지 못하도록 하는 결과를 초래하고 말았다. 이는 모두 이한이 그렇게 만든 것이다. 방씨(方氏: 方崧卿)가 이를 살피지 못하고 이

01 이는 한유가 주를 단 ≪논어필해(論語筆解)≫를 가리키는데 지금 전하지 않는다.

한의 견해를 따른 것은 잘못된 것이거늘, 게다가 지금은 한문공(韓文公: 한유)이 살던 때와 갈수록 더 멀어져서 당시와 비교하면 사정이 또 크게 다르다. 따라서 한문공이 지은 것으로 되어 있고 분명 위작이 아님을 알 수 있는 것들은 한두 마디의 토막글귀라도 모두 마땅히 거두어 정리하여 잃어버리지 않도록 해야 비로소 진실로 한문공의 글을 좋아한다고 할 수 있을 것이다. 본디 일시의 구차하고 간략한 논의로 선을 그음으로써 누락되는 일만 생기도록 해서는 안 될 것이다. 따라서 지금 ≪순종실록≫을 <외집>에 그대로 두고 상세하게 교정하여, 기록할 것은 기록하고 삭제할 것은 삭제한 한문공의 (역사 서술의) 큰 뜻을 충분히 볼 수 있기를 바란다.

(方本不載實錄, 云: "諸本順宗實錄皆以附外集. 然李漢序謂'又有注論語十卷, 傳學者; 順宗實錄五卷, 列於史書, 不在集中.' 則知實錄固不必附也." 今按: 李漢之說據當時而言之, 似未爲失; 然其爲害, 已足使筆解亡逸, 無復眞本; 實錄竄易, 不成全書: 是則皆李漢之爲也. 方氏不察而從其說, 旣已誤矣. 況今去公之時又益以遠, 比之當日, 事體又大不同; 故其片文隻字, 名爲公之作而決可知其非僞者, 皆當收拾使無失墜, 乃爲眞能好公之文者. 固不當以一時苟簡之論爲限斷, 而直有所遺也. 故今於實錄, 姑仍置外集, 而詳加校定, 庶幾猶足以見公筆削之大指云.)[02]

≪구당서(舊唐書)≫의 한유 전기에 "당시에 한유를 두고 역사 서술의 필법을 지녔다고 하였지만, ≪순종실록≫을 편찬함에 있어서는 번다하고 간략함이 온당하지 못하고 사실의 서술도 취사선택에 서툴러 당시 사람들의 비난을 많이 받았다. 목종(穆宗)과 문종(文宗)이 일찍이 사신(史臣)에게 조칙을 내려 더 보태거나 고치도록 하였는데, 그때 한유의 사위인 이한(李漢)과 장계(蔣係, 796~872)가 높은 관직에 있었기 때문에 많은 사신들이 이 점을 난감하게 여겼다. 그렇지만 위처후(韋處厚, 773~828)가 별도로 ≪순종실록≫ 3권을 편찬하였다."고 되어 있다. 또 한문

---

02 이 글은 주희(朱熹)의 ≪고이(考異)≫를 끌어온 것이다.

공이 <실록을 진상하는 표문과 보고서(進實錄表狀)>에서 "사관감수 이길보(李吉甫)가 위처후가 편찬한 것이 주도면밀하지 못하다고 하면서 신에게 다시 편찬하도록 명하였다."고 하였는데, ≪구당서≫의 한유 전기에서 도리어 한유가 편찬한 것이 온당하지 못하므로 위처후가 별도로 3권을 편찬하였다고 한 것은 잘못이다. ≪신당서(新唐書)≫에서 또 이르기를 "한유가 ≪순종실록≫을 편찬한 때로부터 그 책을 두고 이런저런 논의가 시끌벅적 그치지 않아 마침내 삭제하거나 고치거나 하여 온전한 책이 없었다."고 하였다. 살펴보건대 <노수전(路隋傳)>에 "문종이 황제의 자리를 계승하자 노수(776~835)가 재상으로서 나라의 역사를 감수하였다. 본래 한유가 ≪순종실록≫을 편찬함에 있어 궁중의 일을 기록한 것이 너무 진솔하고 직설적이었기 때문에, 환관들이 좋아하지 않고 사실이 아니라고 헐뜯자 황제가 노수에게 조칙을 내려 바로잡도록 하였다. 노수가 건의하기를 '위위경(衛尉卿) 주거소(周居巢), 간의대부(諫議大夫) 왕언위(王彦威), 급사중(給事中) 이고언(李固言), 사관(史官) 소경윤(蘇景胤)이 모두 고쳐 쓰는 것은 옳지 않다고 합니다. 무릇 역사를 기록한 책에는 옳고 그름이나 선하고 악한 것에 대한 평가가 있으므로, 필부의 선악이라도 왜곡할 수 없거늘 하물며 임금에 있어서야 오죽하겠습니까? 논자들이 준불의(雋不疑: 서한 초 관리)와 제오륜(第五倫: 동한 초 관리)을 끌어와 폐하의 총명함을 가리고 있습니다. 이종민(李宗閔, 787~843)과 우승유(牛僧孺, 779~847)가 사관 이한과 장계는 모두 한유의 사위이므로 편찬에 참여할 수 없다고 하면서 신으로 하여금 집필하도록 하지만, 신은 그렇지 않다고 여깁니다. 게다가 한유가 기록한 내용도 자기 손에서 나온 것이 아니라. 원화(元和) 이후로 답습하여 지금까지 내려오고 있는 것입니다. 비록 이한 등이 이로 말미암아 혐의가 있긴 하지만 공무에 해가 되는 것은 없습니다. 청하건대 사실과 매우 어긋난 것만 조목조목 지적하여 사관에게 넘겨 바로잡도록 맡기시옵소서.'라고 하였다. 조칙이 내려와 정원(貞元)과 영정(永貞) 연간의 사실에서 벗어난 몇 가지 사건만 가려내고 나머지는 고치지 않았으며 이한 등도 파직시키지 않았다."고 하였다. 이로써 보건대 공이 원화 10년(815) 여름에 이 ≪순종실록≫을 진상한 뒤에 단 한 차례 교정된 것은 문종 때에 특별히 고친 것으로 정원과 영정 연간의 몇 가지 사건일 뿐이다. ≪구당서≫에서 "위처후가 별도로 편찬하였다."고 한 것은 본디 잘못이고, ≪신당서≫에서 또 "마침내 삭제하거나 고치거나 하여 온전한 책이 없었다."고 한 것도 잘못이다. 사마온공(司馬溫公, 1019~1086)이 ≪통감고이(通鑑考異)≫에서 말하기를 "경우(景祐, 1034~1038) 연간에 ≪숭문총목(崇文總目)≫을 편찬하였는데, ≪순종황제실록≫은 일곱 판본이 있는데 모두 5권이고 한유 등이 편찬하였다고 되어 있다. 다섯 판본은 간략하고 두 판본은 상세하므로 목록 편찬자들이 두 가지를 다 보존하였다. 그 가운데 차이가 많다."고 하였다. 그러한 즉 옳고 그름과 취사선택을 후세에서 어떻게 절충할 수 있겠는가? 요컨대 오직 공을 믿을 따름이다. 이것이 ≪신당서≫에서 가려 뽑음에 누락되는 것이 없도록 하고 공을 도리에 맞는 말을 하는 사람으로 여긴 까닭이 아니겠는가. 제목 아래에 혹 "사신한유찬(史臣韓愈撰)"이란 다섯 글자가 없는 것도 있다.

(舊史公傳云: "時謂愈有史筆, 及撰順宗實錄, 繁簡不當, 敘事拙於取捨, 頗爲當代所非. 穆宗、文宗嘗詔史臣添改, 時愈壻李漢、蔣係在顯位, 諸公難之; 而韋處厚竟別撰順宗實錄三卷." 且公進實錄表狀所云: "乃監修李吉甫以韋處厚所撰未周悉, 令臣重修." 而舊傳反謂所撰不當, 處厚別撰三卷, 誤矣. 新史[03]又云: "自韓愈爲順宗實錄, 議者鬩然不息, 卒竄定無全篇." 按路隋傳[04], "文宗嗣位, 隋以宰相監修國史. 初, 韓愈撰順宗實錄, 書禁中事太切直, 宦寺不喜, 訾其非實. 帝詔隋刊定. 隋建言: '衛尉卿周君

03 ≪신당서176·열전102≫의 <한유전>에는 해당 인용문이 들어 있지 않다.

04 ≪신당서142·열전67≫에 들어 있는 <노수전(路隋傳)>에는 인용문 속의 "隋以宰相"이 "以中書侍郎同中書門下平章事"로, "太切直"이 "爲切直"으로, "宦寺"가 "宦豎"로, "周君巢"가 "周居巢"로, "皆言改修非是"가 "皆上言改修非是"로, "褒貶"이 "褒勸"으로, "善惡"이 "美惡"으로, "壻"가 "婿"로, "亦非自出"이 "已非自出"로, "公議"가 "公誼"로, "有詔摘"이 "有詔擿"으로 되어 있다. 역문에서는 이를 반영하여 옮겼다. ≪구당서159·열전109≫에는 이름이 '수(隨)'로 되어 있다.

巢、諫議大夫王彦威、給事中李固言、史官蘇景胤皆言改修非是. 夫史册者, 褒貶所在, 匹夫善惡, 尚不可誣, 況人君乎? 議者至引雋不疑、第五倫爲比, 以蔽聰明. 臣宗閔、臣僧孺謂史官李漢、蔣係皆愈之壻, 不可參撰, 俾臣得下筆, 臣謂不然. 且愈所書, 亦非自出, 元和以來, 相循逮今, 雖漢等以嫌, 無害公議. 請條示甚謬誤者, 付史官刊定.' 有詔摘貞元、永貞間數事爲失實, 餘不復改, 漢等亦不罷." 由是觀之: 則公於元和十年夏進此實錄, 後纔一刊正; 是文宗朝特改者, 貞元永貞間數事耳. 舊史以爲"韋處厚別撰"者固非; 新史又謂"卒竄定無全篇"者亦非也. 司馬溫公考異云: "景祐中, 編次崇文總目. 順宗皇帝實錄有七本,皆五卷, 題云'韓愈等撰'. 五本略而二本詳, 編次者兩存之. 其中多異同." 然則是非取捨, 後世安所折衷耶? 終之唯公之信而已. 此新史所以采摭無遺, 且以公爲知言也歟. 題下或無"史臣韓愈撰"五字.)[05]

심흠한(沈欽韓, 1775~1831)이 말하기를 "위처후가 편찬한 것이 3권이고 창려가 편찬한 것이 5권이니, 간략본은 위처후의 것이고 상세본은 한유의 손에서 나온 것임은 의심할 여지가 없다. 지금 이 판본을 ≪통감고이≫와 교감해보니 상세본과 합치하는 것은 한 사건도 없고 저 이른바 간략본과 꼭 일치하니 이는 한문공의 본래 판본이 아니다. 판각을 하는 사람이 무엇 때문에 이 판본을 수록하였는지 알 수 없다."
(沈欽韓曰: "韋處厚撰者三卷, 昌黎撰者五卷, 則略本是韋, 詳本出韓無疑. 今以此本與通鑑考異校之, 無一事與詳本合, 而適合彼所稱略本, 然則此非韓公本文. 不知刻者何爲卻收此本.")[06]

---

05 이 글은 ≪위본(魏本)≫에서 번여림(樊汝霖, 1215~?)의 말을 인용한 것이다.
06 이 글은 심흠한(沈欽韓)의 ≪보주(補注)≫에 들어 있는 내용이다.

## [I-1]

순종(順宗) 지덕대성대안효황제(至德大聖大安孝皇帝)는 이름이 송(誦)으로 덕종(德宗)의 장자이고, 어머니는 소덕황후(昭德皇后) 왕씨(王氏)이다. 상원(上元) 2년(761) 정월 12일생이다. 대력(大曆) 14년(779)에 선왕(宣王)으로 봉해졌고, 건중(建中) 원년(780)에 황태자로 책봉되었다. 자애롭고 효성스럽고 너그러운 성품에 인자하고 결단력이 있었으며 각종 기예의 학술에 관심을 기울였다. 또한 부처의 법을 조금 믿고 숭상하였으며, 스승을 예우하고 존중하여 그들을 접견할 때면 바로 먼저 절을 하였다. 예서(隷書)에 뛰어나 덕종이 시나 다른 글을 지어 대신들에게 하사할 때면 거의 모든 경우에 금상(今上: 순종)으로 하여금 글씨를 쓰도록 명하였다. 덕종이 봉천(奉天)으로 행차할 때 급박한 상황에 처하자 금상이 늘 몸소 손에 활과 화살을 잡고 군대를 통솔하여 앞서 인도하거나 뒤에서 보위하면서 갖은 고생을 다하였다. 금상이 태자가 되었을 때 부자간에 자애롭고 효성스러우며 의사소통이 잘 되어 미심쩍은 마음이 전혀 없었고, 늘 천하 백성들을 걱정거리로 여겼다. 덕종이 황제의 자리에 있은 지가 오래되어 점점 재상들에게 권한을 내려주지 않자, 그로 말미암아 좌우의 측근 신하들이 권력을 잡고 영향력을 행사할 수 있게 되었다. 궁궐 밖에서 배연령(裴延齡), 이제운(李齊運), 위거모(韋渠牟) 등이 간사하고 교활한 말재주로 서로 돌아가며 차례대로 발탁되었다. 배연령은 더욱이 교활하고 음흉하였는데, 판탁지(判度支)로 국가의 재정 업무를 총괄하면서 가혹한 세금 징수에 힘쓰는 것을 자기의 공으로 여겨 천하 모든 사람들의 원한과 노여움을 샀다. 금상이 덕종 황제를 알현할 때면 안색을 살펴 덕종의 기분을 봐가면서 매번 배연령이 그 업무에 맞지 않다고 건의하였다. 육지(陸贄), 장방(張滂), 이충(李充) 등이 배연령의 비방 때문에 견책을 당하자 조정의 신하들이 모두 두려움에 떨었다. 간의대부(諫議大夫) 양성(陽城) 등이 편전에 엎드려 극구 간하였으나 덕종은 몹시 노여워하며 양성 등의 죄를 물으려고 하였다. 궁궐 안이나 밖의 각료들 중에 감히 구제해주려는 사람이 아무도 없었지만, 금상이 홀로 저들을 죄목에서 벗어나도록 구해주어 양성 등이 그 덕분에 처벌을 면하게 되었다. 덕종이 마침내 배연령과 위거모를 재상으로 임명하지 아니하였으니 이는 금상이 힘을 쓴 결과이다. 정원(貞元) 21년(805) (정월) 계사일(癸巳日: 23일)에 덕종이 붕어하였다. 병신일(丙申日: 26일)에 금상이 태극전(太極殿)에서 즉위하였다. 황제 책봉의 조칙에 이렇게 적혀 있다.

"정원 21년 을유년(乙酉年) 신미일(辛未日)이 초하루인 정월 23일 계사일(癸巳日)에 황제께서 이렇게 말씀하셨다.

'아아! 크고 큰 천하는 실로 귀중한 보배로다. 선조들로부터 받은 왕업은 진실로 우리 황태자에게 속해 있다. 아아! 황태자 송(誦)은 지혜롭고 현명하고 온순하고 공손하며, 너그럽고 어질고 자애롭고 은혜롭다. 문무의 도를 태어나면서부터 갖추고 있었으며, 효도하고 우애로운 성심을 천성으로 타고 났다. 황태자에 책봉된 때로부터 동궁에서 덕을 닦아 자기 몸가짐을 공경히 하고 삼갔으며, 선대 성왕과 성현들의 큰 가르침을 삼가 힘써 받들었다. 필시 지극히 아름다운 교화를 널리 베풀고 관할하는 모든 나라들을 편안하게 하며 선을 행하도록 권면할 수 있을 것이다. 짐이 병져 누운 지 오래되어 매우 위중해져 병석에서 깨어나지도 일어나지도 못하게 되었다. 이에 네게 명한다. 대통을 이어받아 선조들의 업적을 계승하여 천자의 자리에 등극하기에 마땅하니 억조창생들을 영원토록 편안하게 할지어다. 중서시랑평장사(中書侍郎平章事) 고영(高郢)에게 명하여 조칙을 받들어 너를 황제로 즉위하게 하노라. 너는 오직 하늘의 도를 받들고 따라서 온 천하를 편안하게 하고, 지극히 크고 바른 통치의 준칙을 힘써 확립하여 모든 사업들을 빛나게 하라. 그리하여 우리 고조(高祖)와 태종(太宗)이 남기신 위대한 명령을 더럽히지 말지로다!'"

금상이 정원 20년(804) 9월부터 중풍에 걸려 말을 할 수가 없게 되자, 사방에서 의약품을 구하게 하였기 때문에 온 천하 사람들이 다 이 사실을 듣고 알게 되었다. 덕종은 용안에 걱정과 슬픔을 가득 띤 채로 여러 차례 몸소 태자를 살피러 왔다. 정원 21년(805) 정월 초하루에 함원전(含元殿)에서 조회를 받고 나서 다른 궁전으로 돌아가자 여러 왕들과 종실의 친족들이 신년 하례를 하러 나왔지만, 황태자만 병 때문에 참석하지 못하였다. 덕종이 그 때문에 눈물을 흘리고 울면서 비통한 심정으로 탄식하였다. 그로 말미암아 병에 걸려 날이 갈수록 정신이 혼미해져 이십여 일이 지나자 궁궐 밖으로 황제와 동궁의 안부가 전해지지 않게 되었다. 조정의 신하들이 모두 걱정하고 두려워하면서 아무도 어찌 할 바를 알지 못하였고, 비록 궁궐 내 한림원(翰林院) 내의 측근 신하들이라 하더라도 아는 사람이 없었다. 23일에 금상이 궁궐 안팎에서 걱정하고 미심쩍어 하는 것을 알고, 관을 맞춰 쓸 겨를도 없이 자주색 제복과 대마로 삼은 신발을 착용하고 구선문(九仙門) 밖으로 나와 여러 금위군의 장수들을 알현하자 도성 안이 조금 안정되었다. 24일에 덕종이 남긴 유언의 조칙이 선포되었으며, 금상이 상복을 입고 백관들의 조문을 받았다. 26일에 즉위하였다.

順宗[1]至德大聖大安孝皇帝[2][一], 諱[3]誦, 德宗長子, 母曰昭德皇後王氏[4]. 上元[5]二年正月十二日生[二]. 大曆[6]十四年, 封爲宣王. 建中[7]元年, 立爲皇太子[三]. 慈孝寬大, 仁而善斷, 留心藝學. 亦微信尚浮屠法, 禮重師傅, 引見[8]輒先拜. 善隸書, 德宗之爲詩並他文賜大臣者, 率皆令上書之. 德宗之幸奉天[9], 倉卒間[四], 上常親執弓矢, 率軍後先導衞, 備嘗辛苦[10]. 上之爲太子, 於父子間, 慈孝交洽無嫌, 每以天下爲憂. 德宗在位久, 稍不假宰相權, 而左右得因緣用事[11]. 外則裴延齡

[12]、李齊運[13]、韋渠牟[14]等以姦佞相次進用. 延齡尤狡險, 判度支[15][五], 務刻剝聚斂以自爲功, 天下皆怨怒. 上每進見, 候顔色, 輒言其不可. 至陸贄[16]、張滂[17]、李充[18]等以毁譖[19], 朝臣慢懼[20][六], 諫議大夫[21]陽城[22]等伏閤[23]極論, 德宗怒甚, 將加城等罪, 內外無敢救者, 上獨開解[24]之, 城等賴以免. 德宗卒不相延齡、渠牟, 上有力焉[25]. 貞元[26]二十一年癸巳[27], 德宗崩. 景申[28], 上[29]卽位太極殿[30], 冊曰: "維貞元二十一年歲次乙酉正月辛未朔二十三日癸巳, 皇帝若曰: '於戱[31]! 天下之大, 實惟重器[32]. 祖宗之業, 允屬元良[33]. 咨爾[34]皇太子誦, 睿哲溫恭, 寬仁慈惠. 文武之道, 秉自生知; 孝友之誠, 發於天性. 自膺上嗣[35], 毓德[36]春闈[37], 恪愼[38]于厥躬, 祗勤[39]于大訓[40]: 必能誕敷[41]至化, 安勸庶邦[42]. 朕寢疾[43]彌留[44], 弗興弗寤[45]. 是用命爾繼統, 俾紹前烈, 宜陟元后[46], 永綏兆人. 其令中書侍郞平章事[47]高郢[48]奉冊卽皇帝位. 爾惟奉若天道[49], 以康四海; 懋建[50]皇極[51], 以熙庶功[52]: 無忝我高祖[53]、太宗[54]之休命[55]!'"[七] 上自二十年九月得風疾[56], 因不能言, 使四面求醫藥, 天下皆聞知. 德宗憂慼形于顔色, 數自臨視. 二十一年正月朔[57][八], 含元殿[58]受朝[九], 還至別[59], 諸王親屬進賀, 獨皇太子疾不能朝, 德宗爲之涕泣, 悲傷歎息, 因感疾, 恍惚日益甚, 二十餘日, 中外不通兩宮安否, 朝臣咸憂懼莫知所爲, 雖翰林內臣[60]亦無知者[十]. 二十三日, 上知內外憂疑, 紫衣麻鞋[61], 不俟正冠, 出九仙門[62]召見諸軍使[63], 京師稍安. 二十四日宣遺詔[64], 上縗服[65]見百寮[66]. 二十六日卽位[十一].

[一] "덕(德)"자 아래에 역사서에는 "홍도(弘道)"라는 두 글자가 있다.

[보충설명]

- 이는 ≪고이(考異)≫에 따른 것이다.
- ≪구당서(舊唐書)14·순종기(順宗紀)≫에 "6월 을묘일에 황제(헌종)가 뭇 신하들을 거느리고 대행태상황에게 시호를 올려 '지덕대성대안효황제'라고 하고 묘호를 순종이라 하였다.(六月乙卯, 皇帝率羣臣上大行太上皇謚曰

'至德大聖大安孝皇帝', 廟號順宗.)"라는 기록이 보이는데, 6월 을묘일은 6월 23일이고 양력은 7월 12일이다.

- ≪신당서(新唐書)7·순종기(順宗紀)≫에 "원화 원년(806) 정월에 황제(헌종)가 뭇 신하들을 거느리고 (물러난 순종에게) 존호를 올려 '응건성수태상황'이라고 하였다. 이 달에 순종이 함녕전에서 붕어하였는데 춘추 46세였다. 시호는 '지덕대성대안효황제'이다. 대중 3년에 '지덕홍도대성대안효황제'란 시호가 추증되었다.(元和元年正月, 皇帝率群臣上尊號曰'應乾聖壽太上皇'. 是月, 崩於咸寧殿, 年四十六. 謚曰至德大聖大安孝皇帝. 大中三年, 增謚至德弘道大聖大安孝皇帝.)"라는 기록이 보인다. 즉, 순종의 시호에 "홍도(弘道)"라는 두 글자가 추가된 것은 선종(宣宗) 대중(大中) 3년(849) 12월 때의 일이다. "홍(弘)"자가 ≪당회요(唐會要)≫ 권1에는 "굉(宏)"으로 되어 있다. ≪순종실록≫은 이 두 글자가 추가되기 34년 전인 원화 10년(815)에 진상된 책이므로 착오로 빠뜨린 것은 아니다.

[二] 정월 무술일(戊戌日)에 장안(長安)의 동내(東內)에서 태어났다.(正月戊戌生於長安之東內.)

[보충설명]

- 이는 ≪위본(魏本)≫에서 손여청(孫汝聽)을 인용하여 한 말이다.
- 무술일(戊戌日)은 상원 2년(761) 음력 정월 12일의 간지이다. ≪당회요(唐會要)≫ 권1에도 "상원 2년 신축년 정월 12일에 장안의 동내에서 태어났다.(上元二年辛丑歲正月十二日, 生于長安之東內.)"로 되어 있다. 이 날은 양력으로 2월 21일이다.
- 동내(東內)는 장안성 동북방에 위치하였던 대명궁(大明宮)으로, 창건 당시 이름은 영안궁(永安宮)이었고 고종 때에 다시 봉래궁(蓬萊宮)으로 개명되었다. 단봉문(丹鳳門), 함원전(含元殿), 선정전(宣政殿), 자신전(紫宸殿), 현무문(玄武門)을 남북의 축선으로 하여 동서 양쪽에 4~50여 개의 건물들

이 배치되어 있었다. 고종 이후 당나라 황제들이 거주하면서 정사를 돌보던 주요 궁궐의 역할을 담당하였다. 당나라 장안성에는 세 곳의 궁전이 있어 그것을 합쳐 '삼내(三內)'라고 불렀는데, 동내 외에 서내(西內)로 불린 태극궁(太極宮)과 남내(南內)로 불린 흥경궁(興慶宮)이 있었다. 이중 대명궁이 가장 웅장하여 지금 북경 자금성의 네 배에 달하는 규모였다고 한다. 이에 대해서는 ≪장안지(長安志)≫ 권6 '동내대명궁(東內大明宮)'조 참조.

[三] 역사서에서는 대력(大曆) 14년(779) 6월에 선왕(宣王)에 봉해지고, 12월 을묘일(乙卯日)에 황태자로 책봉되었다고 되어 있다.

[보충설명]

- ≪구당서14·순종기≫에 대력 14년(779) 6월 "경자일(2일)에 원자 송을 선왕으로 책봉하였다.(庚子, 封元子誦爲宣王.)"고 하였고, ≪신당서7·순종기≫에서는 "처음에 선성군왕으로 봉하였다가 대력 14년 6월에 선왕으로 올려 책봉하였다.(始封宣城郡王, 大曆十四年六月, 進封宣王.)"고 하였다.
- 순종이 황태자로 책봉된 시기에 대해서는 여러 역사서의 기록이 두 가지로 갈라진다. 이와 관련하여 덕종이 조칙을 내린 시기는 대력 14년 12월 을묘일(乙卯日: 19일)이고, 정식 책봉의 예를 거행한 시기는 건중(建中) 원년(780) 정월 정묘일(丁卯日: 1일)로 정리하는 것이 타당하다고 생각된다. 이에 대한 자세한 논의는 ≪전교(全校)≫ 2801~2803쪽 참조.

[四] "창(倉)"은 "창(蒼)"으로 된 판본도 있다.

[五] 정원 9년 5월에 배연령을 호부시랑(戶部侍郎) 판탁지로 삼았다.

[六] "쌍(雙)"은 소(所)와 강(江)의 반절이다.

[七] 갑작스레 한림학사 정인(鄭絪)과 위차공(衞次公) 등을 불러 금란전(金鑾殿)으로 와서 유언의 조칙을 기초하게 하였다. 환관이 혹 말하기를 "궁궐 내에서 황제 책봉을 논의 중에 있는데 아직 확정되지 않았다.(禁中議所立, 尙未定.)"고 하자 많은 사람들 중에 감히 대답하는 이

가 아무도 없었다. 위차공이 급히 말하기를 “태자가 비록 병에 걸려 있으나 지위가 적장자이고 조정 안팎의 추대를 받고 있습니다. 필시 부득이한 상황이라면 마땅히 광릉왕을 황제로 세워야 합니다.(太子雖有疾, 地居冢嗣, 中外屬心. 必不得已, 猶應立廣陵王.)”라고 하였다. 정인 등이 그의 의견에 따라 동조를 하자 논의가 비로소 확정되었다. [보주] 하작(何焯)이 말하기를 “무릇 책문과 조칙은 번잡한 것을 삭제하면 곧 간결하고 꾸밈이 없게 되어 옛 것에 가까워진다. ≪당서≫를 편수하는 자들이 이 필법을 몰라서 〈본기〉 가운데 실록의 내용이 한 글자도 들어 있지 않고, 송경문이 편찬한 열전도 상주문의 경우는 고쳐서 기벽하고 난삽한 데로 빠지고 말았는데 이 모두 문공과 배치되는 것이다.(凡冊文詔書, 但刪去繁縟, 便簡直近古. 修唐書者不知此法, 本紀中至一字不存; 宋景文列傳, 遇章疏輒竄易以就奇澁, 皆與公背馳者也.)”라고 하였다.

[보충설명]

- 광릉왕은 순종의 장자 이순(李純)으로 다음 보위를 이은 헌종(憲宗)이다. 그는 대력 13년(778) 생으로 이때 나이 28세였다.
- 송경문(宋景文)은 송나라의 역사가인 송기(宋祁, 998~1062)로 경문은 그의 시호이다. 그는 당시의 대문호인 구양수(歐陽修, 1007~1072) 등과 함께 ≪신당서(新唐書)≫를 편수하였는데, <본기(本紀)> 10권과 <지(志)> 50권 및 <표(表)> 15권은 구양수가 책임 편찬하고, 나머지 방대한 ‘열전(列傳)’ 150권은 그가 담당하였다. 송기는 기벽(奇僻)한 글자를 많이 써서 글이 난삽(難澁)하다는 평가를 받는다.
- 하작(何焯, 1661~1722)의 견해는 ≪의문독서기(義門讀書記)≫ 권34 ‘한유’조에 보인다.

[八] 이때 정월 초하루의 간지는 신미(辛未)이다.

[九] "원(元)"은 "광(光)"으로 된 판본도 있다.

[十] "함원전(含元殿)"에서 "일익심(日益甚)"까지 41자에 대해, 역사서(≪구당서14·순종기≫)에서는 "덕종이 편치 않자 여러 왕들과 친척들이 모두 곁에서 의약품을 시중들었지만, 유독 금상만이 병 져 누워 시중들 수 없었다. 덕종은 병환이 위중하여 임종할 즈음에 태자를 보고 싶어 하며 오래도록 눈물을 흘리며 오열하였다.(德宗不豫, 諸王親戚皆侍醫藥, 獨上臥病不能侍. 德宗彌留, 思見太子, 涕咽久之.)"고 기록하고 있다.

[十一] 병신일(丙申日)에 태극전에서 황제로 즉위하였는데 호위 무사들이 아직 미심쩍어 발돋움을 하고 목을 쭉 빼내어 바라보고는 "정말로 태자시다!(眞太子也!)"라고 말하면서 곧 기뻐 울었다.

[보충설명]

- 이 내용은 ≪자치통감(資治通鑑)≫ 권236 영정(永貞) 원년(805) 정월 조에 나오는 기록이다.
- ≪책부원구(冊府元龜)≫ 권11에는 "二十六日卽位" 아래에 "군사들이 아직 미심쩍어 모두 발돋움을 하고 목을 쭉 빼내어 쳐다보았다. 그리고 얼마 안 있어 '정말로 태자시다!'라고 하면서 기뻐하며 울었다. 그러자 궁궐 안팎이 안정되었다.(軍士尙疑, 皆企足引領瞻視. 旣而曰: '眞太子也!' 喜且而. 內外遂安.)"란 기록이 더 들어 있다. 이 기록은 ≪자치통감≫과 대동소이한 바 ≪차지통감≫이 ≪책부원구≫를 근거로 쓴 결과일 것이다.

**【주석】**

1 順宗(순종): 당나라 제10대 황제의 묘호(廟號).

2 至德大聖大安孝皇帝(지덕대성대안효황제): 헌종 원화(元和) 원년(806) 6월 을묘일(乙卯日: 23일)에 내려진 순종의 시호(諡號)이다.

3 諱(휘): '기피하다'는 뜻으로 죽은 사람이나 높은 사람의 이름을 가리키는 말로

쓰인다.

4 昭德皇后王氏(소덕황후왕씨): ≪구당서52·후비전하(后妃傳下)≫에 따르면, 상원(上元) 2년(761)에 순종을 낳고 총애를 받아 덕종 즉위 후에 숙비(淑妃)로 책봉되었고, 정원(貞元) 2년(786) 11월 갑오일(甲午日: 8일) 황후에 책봉된 날 양의전(兩儀殿)에서 죽었으며 부친은 왕우(王遇)로 비서감(秘書監)을 지냈다. ≪당회요(唐會要)≫ 권3에 따르면, "昭德"은 정원 3년(787) 정월에 내려진 시호이다.

5 上元(상원): 당나라 숙종(肅宗)의 연호(760.4.~761.9.).

6 大曆(대력): 당나라 대종(代宗)의 연호(766.11.~779.12.).

7 建中(건중): 당나라 덕종(德宗)의 연호(780.1.~783.12.).

8 引見(인견): 황제가 신하나 빈객을 접견할 때 관련 대신이 해당 인물을 인도하고 들어와 황제를 알현하게 한 데서 나온 표현이다.

9 幸奉天(행봉천): '경원병변(涇原兵變)' 또는 '경사지변(涇師之變)'으로 불리는 군사정변으로 덕종이 봉천으로 피난 간 사건을 가리킨다. 경원군은 경주(涇州: 지금 甘肅省 涇川)와 원주(原州: 지금 寧夏省)에 설치하였던 방진(方鎭)으로 뒤에 창의군(彰義軍)으로 개명되었으며, 봉천은 지금 섬서성(陝西省) 건현(乾縣)이다. 건중 4년(783) 10월에 경원절도사(涇原節度使) 요영언(姚令言)이 회서절도사(淮西節度使) 이희열(李希烈)의 반란을 진압하라는 덕종의 명을 받들어 군사 5천을 이끌고 도성에 도착하였지만, 보급과 포상 등 대우가 기대에 미치자 못하자 이에 불만을 품고 일으킨 반란 사건이다. 이들이 정미일(丁未日: 3일)에 반란을 일으켜 장안의 황궁을 점령하자 덕종이 그날 황급하게 태자와 여러 왕비와 공주 및 왕들과 함께 함양(咸陽)을 거쳐 무신일(戊申日)에 봉천으로 피난하였다. 반란군이 주체(朱泚)를 원수로 추대한 뒤 봉천성을 포위 공격하여 덕종이 매우 위험한 상황에까지 몰리게 되었지만, 이성(李晟)과 혼함(渾瑊) 등의 전공으로 정변은 진압되어 이듬해 흥원(興元) 원년(784) 7월 13일에 덕종은

장안으로 돌아올 수 있었다. 야심가인 주체는 이 정변을 틈타 선정전(宣政殿)에서 황제를 칭해 국호를 대진(大秦)으로 부르고 응천(應天)이란 연호를 쓰기도 하였다. 군사정변은 결국 진압되었지만 당나라 황실의 권위는 다시 한 번 땅에 떨어졌으며, 덕종은 재상과 장수들을 신임하지 않고 환관과 측근 인사들을 더욱 중용하는 정치적 변화를 초래하였다. 이때 황태자이던 순종이 40여일에 걸친 봉천 보위 전투에서 덕종을 호위하며 독전함으로써 일정한 전공을 세운 것으로 역사는 기록하고 있다.

10 備嘗辛苦(비상신고): 이때 황태자의 공적과 관련하여 ≪책부원구≫ 권259에 "도적들이 봉천을 공격해옴에 성안이 매우 위험하고 급박하여 사람마다 두려운 나머지 스스로를 보호하지도 못할 지경이었다. 황제(순종)가 아침저녁으로 성을 순시하면서 칙지를 전하며 위로를 하고 군사들을 독려하였다. 명령을 받들어 충성을 다하고 나라를 위해 죽은 자가 있으면 즉시 들어가 (덕종에게) 사정을 아뢰어 바로 하사품을 더하도록 하였다. 따라서 군사들이 이에 감격하여 분발하지 않음이 없어 갈수록 사기 백배하였다.(及賊來攻奉天, 城中危迫, 人人恂慄不自保, 帝朝夕自巡城, 傳宣慰勞, 督勵戰士. 及有用命及死事者, 登時與入陳奏, 隨加賞贈. 故戰士無不感激奮發, 氣益百倍.)"라는 기록이 보인다. 이 기록은 ≪구당서14·순종기≫ 말미의 찬어(贊語)에서 사신(史臣) 한유의 말을 인용하여 적은 내용과 거의 일치한다. 따라서 황태자가 정변을 수습하는 과정에서 기울인 노고에 대한 자세한 이 기록은 본래 한유의 ≪순종실록≫ 원본에 근거하였을 것으로 보인다. 이를 통해서도 현존하는 ≪순종실록≫은 상세본이 아닌 간략본이란 추론이 힘을 얻는다고 생각된다.

11 用事(용사): 집권하다. 권력을 장악하고 정치적 영향력을 행사하다. 이 구절은 바로 앞의 주석 9번에서 언급한 대로 군사정변 이후 덕종 측근의 환관과 간신배들이 득세한 것을 가리킨다.

12 裴延齡(배연령): 728~796. 하중(河中) 하동(河東: 지금 山西省 永濟 서쪽) 사

람이다. 정원 8년(792)에 호부시랑(户部侍郎)·판탁지(判度支)가 되었을 때 가렴주구를 통해 황제에게 진상하는 등 덕종의 총애를 받은 인물이다. 허위 재정 보고와 황제가 듣기 좋아하는 말만 골라 하고 교묘한 말재주로 충신들을 비방하는 등 온갖 악행을 저질렀지만, 덕종이 말을 함부로 하는 그를 통해 궁궐 밖의 외부사정을 알 수도 있었기 때문에 끝까지 신임한 것으로 알려져 있다. ≪구당서135·열전85≫와 ≪신당서167·열전92≫에 모두 전기가 실려 있다.

13 李齊運(이제운): 725~796. 당나라 태종의 아들인 장왕(蔣王) 이운(李惲, ?~674)의 손자이다. 그 덕분에 여러 관직을 거쳤지만 별다른 학식이 없어 일의 대체를 살피지 못하고 감언이설에 휘둘렸으며 많은 뇌물을 챙긴 인물로 알려져 있다. ≪구당서135·열전85≫와 ≪신당서167·열전92≫에 모두 전기가 실려 있다.

14 韋渠牟(위거모): 749~801. 경조부(京兆府) 만년(萬年: 지금 섬서성 西安市) 사람으로 시인이기도 하다. 도사와 승려로 있다가 정원 12년(796) 4월 덕종의 생신날에 유도불(儒道佛) 삼교에 대해 강론할 때 뛰어난 말재주로 덕종의 눈에 들어 관계로 복귀하였다. ≪구당서135·열전85≫와 ≪신당서167·열전92≫에 모두 전기가 실려 있다.

15 判度支(판탁지): '度支'는 국가의 재정 수지를 담당한 관직으로 호부(戶部) 소속 사사(四司)의 하나이다. 호부의 낭중(郎中)이 재정 수입을, 원외랑(員外郎)이 지출 업무를 담당하고 시랑(侍郎)이 둘을 총괄하여 점검하는 업무를 담당하였다. ≪당회요≫ 권58 '호부시랑'조에 "관례에 따르면 낭중이 재정 수입을 판정하고, 원외랑이 재정 지출을 판정하며, 시랑은 총괄하여 점검하였을 따름이므로 직함에 '전판탁지(專判度支)'라고 부르지 않았다. 건원(乾元) 원년(758)에 제오기(第五琦, 712~782)가 호부시랑이 되었을 때부터 '專'자가 붙은 '판탁지'가 관례가 되었다. 만약 다른 관직에서 파견되어 이 업무를 담당하

였을 경우는 '지탁지사(知度支事)'라고 불렀다.(故事, 郎中判入, 員外郎判出, 侍郎總統押案而已, 官銜不言專判度支. 至乾元元年第五琦改戶部侍郎, 帶專判度支, 遂成故事. 若別官來判, 即云知度支事.)"라는 기록이 보인다. 당나라 때 높은 관직에 있는 사람이 낮은 관직을 겸직하는 것을 '判'이라 하였고, 당나라 중엽 이후 호부 이외 다른 부서의 대신을 파견하여 해당 업무를 겸하게 하는 일이 생기면서 특히 이런 경우에 "判度支"라고 불렀다.

16 陸贄(육지): 754~805. 자가 경여(敬輿)이고 오군(吳郡) 가흥(지금 浙江省 嘉興市) 사람으로 중당 시기의 대표적 정치가요 문인이다. 정원 8년(792) 재상이 되어 배연령의 죄상 등 당시의 폐단을 자주 간하다가 그의 참소로 정원 10년(794)에 태자빈객(太子賓客)으로 밀려났고, 그 이듬해 충주별가(忠州別駕)로 좌천되었다. 충주에서 10년을 머물다가 임지에서 죽었다. ≪구당서139·열전89≫와 ≪신당서157·열전82≫에 모두 전기가 실려 있다. 육지의 생애에 대한 ≪순종실록≫의 자세한 기록은 [Ⅳ-5] 참조.

17 張滂(장방): 725~800. 자가 맹박(孟博)이고 패주(貝州) 청하(지금 河北省 清河縣) 사람이다. 정원 10년(794)에 위위경(衛尉卿)이 되었는데, 그 이듬해 배연령의 참소로 육지와 함께 정주장사(汀州長史)로 좌천되었다. ≪구당서≫와 ≪신당서≫에 모두 전기가 실려 있지 않다.

18 李充(이충): 생졸년 미상. 당나라 고조 이연(李淵)의 둘째 형인 촉왕(蜀王) 이담(李湛)의 7세손이다. 정원 10년(794)에 경조윤(京兆尹)이 되었는데, 그 이듬해 배연령의 참소로 신주자사(信州刺史)로 좌천되었다. ≪구당서≫와 ≪신당서≫에 모두 전기가 실려 있지 않다.

19 毁譴(훼견): 비방을 받고 견책을 당하다. ≪구당서135·배연령전85≫의 기록에 의하면 정원 9년(793)에 재상 육지가 호부시랑·판탁지 배연령의 과오를 상주하여 탄핵을 하자 염철전운사(鹽鐵轉運使) 장방, 경조윤 이충, 사농경(司農卿) 이섬(李銛) 등이 이구동성으로 배연령이 재정 관련 수치를 사실과 다르

게 날조하고 있다는 점을 들며 동조하였다. 하지만 덕종이 배연령을 두둔하고 육지를 재상에서 물러나게 한 뒤 태자빈객(太子賓客)으로 밀어내버렸다. 그 후 이에 앙심을 품은 배연령이 이들을 계속 무고하자 덕종이 크게 노하며 모두 주살하려고 하였지만, 마침 간의대부 양성(陽城) 등이 극구 간함에 극형을 사면하고 지방으로 좌천시켰다.

20 雙懼(쌍구): 두려워하다. "쌍(雙)"과 "구(懼)"는 같은 뜻이다.

21 諫議大夫(간의대부): ≪구당서43·직관지2≫에 따르면, 정치의 잘잘못을 간쟁하고 시종 들며 보좌하는 업무를 관장하였다. 당나라 초에는 정5품상이었으나 덕종 정원 4년(788)에 좌우로 구분하여 각각 4인씩 문하성과 중서성에 둘 때 정4품하로 품계가 올랐다.

22 陽城(양성): 736~805. 자가 항종(亢宗)이고 정주(定州) 북평(北平: 지금 河北省 完縣) 사람이다. 중조산(中條山)에 은거하고 있었지만 그의 덕행을 흠모하는 사람들이 원근 각지에서 배우려고 몰려들었으며, 인근 주민들이 송사가 있으면 관가에 가지 않고 그에게 찾아와 해결을 부탁하였다고 전해진다. 재상 이비(李泌)의 천거로 덕종이 예를 갖추어 우간의대부(右諫議大夫)로 초빙하였다. 다만, 우간의대부로 재직하는 5년 동안 나라 정치에 대해 한 마디 건의도 하지 않고 술에 파묻혀 지냈기 때문에 한유로부터 직무 유기라는 지적을 받기도 하였다(이와 관련한 논의는 필자의 ≪한유산문역주≫ 1, 322~333쪽 참조). 그렇지만 간신 배연령이 재상 육지를 모함하자 양성은 분연히 떨쳐 일어나 상소하여 배연령의 간악함과 육지의 무죄를 힘써 간언하였고, 덕종이 배연령을 재상에 임명하려고 하자 조칙을 찢어버리겠다고 하며 극구 저지하는 등 본연의 책무를 잘 수행한 바 있다. ≪구당서192·열전142·은일전(隱逸傳)≫과 ≪신당서194·열전119·탁행전(卓行傳)≫에 전기가 실려 있다. 양성의 생애에 대한 ≪순종실록≫의 자세한 기록은 [Ⅳ-6] 참조.

23 伏閤(복합): ≪신오대사(新五代史)·이기전(李琪傳)≫에 당나라 대명궁(大明

宮) 내의 자신전(紫宸殿)을 '합(閤)'이라고 불렀는데, 황제가 매월 초하루와 보름에 신하들을 접견하는 편전(便殿)으로 쓰였다. 그 뒤 "복합(伏閤)"은 '조정의 신하들이 편전 아래에 엎드려 황제에게 상주하다'는 뜻을 지니게 되었다.

24 開解(개해): 죄과에서 벗어나게 하도록 구해주다.

25 上有力焉(상유력언): ≪책부원구≫ 권18에는 이 구절 아래에 "덕종이 끝내 배연령과 위거모를 재상으로 삼지 않은 것은 황제(순종)의 노력 덕분이다. 정원 연간에 환관들이 궁시를 사칭하며 다른 사람의 물건을 마음대로 탈취하는 일이 많아 백성들이 원망하고 힘들어하자 황제가 일찍이 이를 덕종에게 건의하였다. 덕종이 비록 듣고 다 받아들여 적용하지는 않았지만 마음속으로는 더욱 태자를 현명하다고 여기고 소중히 생각하였다. 환관들의 안색을 봐준 적이 없었다. 동궁에 있는 이십여 년 동안 천하가 몰래 태자의 은사를 받았다.(德宗卒不相延齡·渠牟者, 帝之力也. 貞元中, 中官多詐稱宮市, 肆奪人物, 百姓怨苦, 帝嘗以爲言. 德宗雖不能悉聽用, 而心益賢重太子. 未嘗假內官顔色. 居東宮二十餘年, 天下陰受其賜.)"라는 내용이 더 들어 있다. 현전하는 ≪순종실록≫에 이런 자세한 내용이 빠진 이유는 앞의 주석 10에서 언급한 것과 같다.

26 貞元(정원): 당나라 덕종의 연호(785.1.~805.8.). ≪문본(文本)≫에 "덕종이 처음 연호를 바꿀 논의를 할 때 이비가 '우리 당나라 왕조가 정관과 개원보다 더 성한 때가 없었으니 둘 중에서 각각 한 글자씩 취하여 연호를 지으면 효험이 있을 것이다.'고 하여 곧 정원으로 연호를 바꾸었다.(德宗初議改元, 李泌曰: '本朝之盛, 無如正觀開元, 各取一字, 以爲則效.' 乃改貞元.)"라는 ≪업후가전(鄴侯家傳)≫의 내용이 기록되어 있다. ≪신당서58·예문지(藝文志)2≫에 이번(李繁)의 ≪상국업후가전(相國鄴侯家傳)≫ 10권이 저록되어 있으나 지금 이 책은 전하지 않는다. 이에 대해서는 ≪전교(全校)≫ 2808쪽 참조.

27 癸巳(계사): 손여청이 "'계사(癸巳)'자 앞에 정월이 빠져 있다.(癸巳字上脫正月字.)"고 하였는데, ≪구당서≫와 ≪신당서≫에 모두 "정월(正月)" 두 글자가 들

어 있다. 계사일은 정원 21년(805)년 정월 23일이고 양력은 2월 25일이다.

28 景申(경신): 간지로는 병신(丙申)으로 쓰는 것이 옳지만, 세조(世祖)로 추존된 당나라 고조의 부친 이병(李昞)을 피휘한 결과이다. 이하 동일하다. 병신일은 정원 21년(805)년 정월 26일이고 양력은 2월 28일이다.

29 上(상): ≪문본(文本)≫의 주에 "채옹의 ≪독단≫에 '상(上)은 존귀한 자리가 있는 곳이다. 태사령 사마천이 사실을 기록하면서 마땅히 제(帝)라고 해야 할 때면 멈칫 망설이다가 단지 상(上)이라고만 하였으니 감히 함부로 가벼이 대할 수 없었기 때문이다.'고 하였다. 따라서 후대 역사를 편찬하는 사람들이 이를 취해 법으로 삼았다.(蔡邕獨斷: '上者, 尊位所在也. 太史令司馬遷記事, 當言帝, 則依違之但言上, 不敢泄瀆.' 故後之作史者, 取以爲法.)"라는 기록이 보인다.

30 太極殿(태극전): 당나라 황궁의 하나인 서내 태극궁의 정전(正殿)이다. ≪구당서38·지리지(地理志)1≫ 관내도(關內道) '경사(京師)'조에 "황성이 (장안성의) 서북 모서리에 있었기에 서내라고 불렀다. 정문이 승천문이고 정전이 태극전이다.(皇城在西北隅, 謂之西內. 正門曰承天, 正殿曰太極.)"라는 기록이 보인다.

31 於戲(오희): '찬미' 내지 '찬탄'의 뜻을 나타내는 감탄사.

32 重器(중기): 본래 국가의 보물을 가리키는데 여기서는 '천하' 또는 '정권'을 비유한다. ≪사기(史記)·백이열전(伯夷列傳)≫에 "천하가 귀중한 그릇이고 제왕은 존귀한 자리이며 천하 정권을 물려주는 것이 이처럼 어려움을 보여준다.(示天下重器, 王者大統, 傳天下若斯之難也.)"라는 글귀가 보인다.

33 元良(원량): '태자'의 대칭이다. ≪예기(禮記)·문왕세자(文王世子)≫에 "일단 원량이 있으면 온 나라가 바르게 되니 세자를 두고 하는 말이다.(一有元良, 萬國以貞, 世子之謂也.)"와 ≪서경(書經)·태갑하(太甲下)≫에 "한 사람이 크게 선하면 온 나라가 바르게 된다(一人元良, 萬國以貞.)"라는 글귀가 보인다.

34 咨爾(자이): 문장 앞에 쓰여 '찬탄' 또는 '명령'의 뜻을 나타낸다. 이는 원래 ≪논어·요왈(堯曰)≫편에서 "아! 그대 순이여! 하늘의 운수가 그대 몸에 있으니

진실로 치우침이 없는 중용의 도를 잡아야 한다.(咨, 爾舜! 天之曆數在爾躬, 允執其中.)"고 한 요임금의 말에 보이는데, '자(咨)'가 감탄사이고 '이(爾)'가 '너' 곧 이인칭대명사지만 뒤에 하나의 단어로 되어 문장 앞에 쓰였다.

35 上嗣(상사): '군주의 적장자'인데 뒤에 '태자'를 가리키는 뜻으로 쓰였다. ≪예기·문왕세자≫에 "제사지낼 때 당에 올라가 제수를 나누어 먹고 시동에게 술을 바치며 술잔을 받아 마시는 일들은 반드시 상사가 하였다.(其登餕獻受爵, 則以上嗣.)"라는 글귀가 보이는데, 정현(鄭玄)이 "상사는 임금의 적장자이다.(上嗣, 君之嫡長子.)"고 풀이하였다.

36 毓德(육덕): 덕을 기르다. 덕을 닦다. "육(毓)"은 '기르다'는 뜻으로 '육(育)'과 같다.

37 春闈(춘위): 춘궁(春宮) 또는 동궁(東宮)이라고도 하는데 태자가 거처하는 곳으로 태자를 가리킨다. 태자는 장래에 황제가 될 자리에 있으므로, 만물을 소생시키는 따뜻한 봄볕 같이 만백성을 잘 길러주기를 바라는 뜻을 담아 태자의 궁전에 "춘(春)"자를 붙여 썼다. ≪이아(爾雅)≫에 "궁중의 문을 위라고 한다.(宮中之門曰闈.)"고 하였다.

38 恪愼(각신): 공경하다 삼가다. ≪서경·미자지명(微子之命)≫에 "삼가 효도를 하고 신과 사람들을 공경한다.(恪愼克孝, 肅恭神人.)"라는 글귀가 보인다.

39 祗勤(지근): 삼가 힘써 받들다.

40 大訓(대훈): 선대 성왕과 성현들의 큰 가르침으로 천명을 기술한 것이다. 성왕(成王)이 임종 시에 강왕(康王)을 세우라며 신하들에게 내린 명령인 ≪서경·고명(顧命)≫에 "문왕과 무왕의 큰 가르침을 받들어 준수하여 감히 혼란스럽게 하거나 넘어선 적이 없노라.(嗣守文武大訓, 无敢昏逾.)"라는 글귀가 보인다.

41 誕敷(탄부): 널리 베풀다. 두루 펼치다. ≪서경·대우모(大禹謨)≫에 "순임금이 마침내 문치의 덕을 널리 베푸시어 양쪽 섬돌 사이에 방패와 깃을 들고 춤춘다.(帝乃誕敷文德, 舞干羽于兩階.)"라는 글귀가 보인다.

42 安勸庶邦(안권서방): 모든 나라들을 편안하게 하고 선을 권면하다. ≪서경·고명(顧命)≫에 "멀리 있는 자를 회유하고 가까이 있는 자를 잘 길들이며, 크고 작은 나라들을 편안하게 하고 선을 행하도록 권면하라.(柔遠能邇, 安勸小大庶邦.)"라는 글귀가 보인다. "庶邦"은 본 영토 외에 관할하는 '속방(屬邦)' 곧 '여러 제후국'들을 가리킨다.

43 寢疾(침질): 와병(卧病)을 가리킨다. ≪좌전(左傳)·소공(昭公) 7년≫에 "과인이 병 져 누운 지 지금 석 달이나 되었다.(寡君寢疾, 於今三月矣.)"라는 글귀가 보인다.

44 彌留(미류): 본래 병이 오래도록 낫지 않는 것을 뜻하는데, 뒤에 주로 병이 위중하여 빈사의 지경에 이른 것을 가리키는 뜻으로 쓰였다.

45 弗興弗寤(불흥불오): 깨어나지도 일어나지도 못하다. ≪서경·고명≫에 "지금 하늘이 병을 내려 위태로워 깨어나지도 일어나지도 못하게 되었다.(今天降疾, 危弗興弗悟.)"라는 글귀가 보인다. 지금 전하는 ≪서경≫에 "오(寤)"자가 "오(悟)"로 되어 있는데 공안국(孔安國)이 "'불오(不悟)'는 일어나지 못하는 것을 말한다.(不悟, 言不起.)"고 풀이하였다.

46 元后(원후): 천자(天子). 황제. ≪서경·대우모≫의 "하늘의 운수가 그대 몸에 있으니 그대는 끝내 황제의 자리에 오르게 될 것이오.(天之曆數在汝躬, 汝終陟元后.)"에서 나온 표현으로 순임금이 우왕에게 한 말이다.

47 中書侍郎平章事(중서시랑평장사): ≪문원영화(文苑英華)≫와 ≪당대조령집(唐大詔令集)≫에는 "中書侍郎" 아래에 "동중서문하(同中書門下)"라는 다섯 글자가 더 들어 있다. 중서시랑으로 동중서문하평장사의 직함을 받아 정사당(政事堂)에서 국가의 중대사를 논하고 국가 기무를 의결하는 재상의 권한을 가진 관직이다. 당나라 때 3성(省)의 장관인 중서령(中書令)과 문하시중(門下侍中)과 상서좌우복야(尙書左右僕射)가 본래 재상이었지만, '同中書門下三品' 또는 '同中書門下平章事' 등의 직함을 앞에 붙인 관직도 재상의 대열에 포함시

켰다. 중서시랑은 중서령을 보좌하는 중서성의 차관으로 국가의 서무와 조정의 주요 정사를 논하는 회의에 참여하였는데, 본래 정4품이었으나 대력(大曆) 2년(767) 9월에 문하시랑(門下侍郞)과 함께 정3품으로 승급되었다.

48 高郢(고영): 740~811. 자가 공초(公楚)이고 발해(渤海) 수현(蓚縣: 지금 河北省 景縣) 사람이다. 정원 19년(803) 겨울에 중서시랑·동중서문하평장사가 되었으며, 형부상서(刑部尙書), 태상경(太常卿), 어사대부(御史大夫) 등을 거쳐 상서우복야(尙書右僕射)로 관직에서 물러났다. ≪구당서147·열전97≫과 ≪신당서165·열전90≫에 모두 전기가 실려 있다.

49 奉若天道(천도): 하늘의 도를 받들고 따르다. ≪서경·열명중(說命中)≫에 "현명한 왕이 하늘의 도를 받들어 따라서 나라를 세우고 도읍을 설치한다.(明王奉若天道, 建邦設都.)"라는 글귀가 보인다. "若"은 '따르다(順)'는 뜻이다.

50 懋建(무건): 힘써 세우다. ≪서경·반경하(盤庚下)≫에 "장난질하거나 태만하지 말고 큰 가르침을 힘써 세워라.(無戲怠, 懋建大命.)"라는 글귀가 보인다.

51 皇極(황극): 제왕이 천하를 통치하는 준칙으로 이른바 '대중지정(大中至正)한 도리'를 뜻한다. ≪서경·홍범(洪範)≫에 "다섯째 황극은 크게 치우침이 없는 도리를 세우는 것이다.(五皇極, 皇建其有極.)"라는 글귀가 보인다. 공영달(孔穎達)이 "황은 크다는 뜻이고, 극은 치우침이 없는 중도라는 뜻이다. 정교를 베풀어 백성들을 다스림에 있어 마땅히 크게 치우침이 없는 중도를 얻어 간사하고 치우침이 없도록 해야 한다.(皇, 大也; 極, 中也. 施政教, 治下民, 當使大得其中, 無有邪僻.)"고 풀이하였다.

52 庶功(서공): 각종 사업. ≪서경·익직(益稷)≫에 "의견을 널리 받아들이고 사업을 백성들에게 밝힌다.(敷納以言, 明庶以功)"라는 글귀가 보인다.

53 高祖(고조): 당나라를 창건한 개국 군주 이연(李淵, 566~635, 618~626 재위)의 묘호. 그는 농서(隴西) 성기(成紀: 지금 甘肅省 天水市) 사람이며, 연호는 무덕(武德)이다.

54 太宗(태종): 당나라 2대 황제 이세민(李世民, 598~649, 626~649 재위)의 묘호. 고조의 둘째 아들로 연호는 정관(貞觀)이며, 당나라를 반석 위에 올려놓은 명군주로 제왕학과 치세술의 경전인 ≪정관정요(貞觀政要)≫를 남겼다.

55 休命(휴명): 아름답고 선한 명령. 주로 '천지신명이나 천자의 뜻'을 가리킨다. ≪역경(易經)·대유(大有)·상사(象辭)≫의 "군자는 이것으로 악을 금하고 선을 선양하여 하늘의 아름다운 명령을 따른다.(君子以遏惡揚善, 順天休命.)"와 ≪서경·열명하(說命下)≫의 "감히 천자의 아름다운 명령을 받들어 백성들에게 널리 알리겠습니다.(敢對揚天子之休命.)" 등에서 나온 표현이다.

56 風疾(풍질): 중풍. 뇌졸중.

57 正月朔(정월삭): ≪위본(魏本)≫의 주에 "신미삭(辛未朔)"이라고 하였다. 이는 정월 초하루의 간지가 신미임을 말한다.

58 含元殿(함원전): 대명궁 전조(前朝)의 제일 정전(正殿)으로 음력 새해와 동지에 황제가 대조회(大朝會)를 거행하던 곳이다. ≪장안지≫ 권6에 동내 '대명궁'조에 "남문이 다섯인데 정남에 있는 것이 단봉문이다. 단봉문 안의 한가운데 정전이 함원전이다.(南門五門, 正南曰丹鳳門. 丹鳳門內, 當中正殿曰含元殿.)"고 하였다.

59 別殿(별전): 정전 이외의 다른 전당(殿堂).

60 翰林內臣(한림내신): 당 현종(玄宗) 때 문학시종(文學侍從) 중에서 우수한 인재를 선발하여 한림학사(翰林學士)로 임명한 데서 나온 것이다. ≪신당서46·백관지1≫에 따르면, 한림학사는 일반 행정 계통 밖의 직책으로 소속 기관이나 관등 및 품계도 정해져 있지 않았지만, 당나라 때 지근거리에서 황제의 시중을 드는 비서관으로서 재상의 임면이나 토벌 전쟁의 명령과 같은 국가 기밀문서를 담당하였기 때문에 막대한 권한을 가져 내상(內相)으로 불리기도 하였으며, 헌종 때는 '학사승지(學士承旨)'도 두었는데 승지(承旨)는 수석 한림학사였던 셈이다.

61 紫衣麻鞋(자의마혜): 자주색 제복과 대마로 삼은 신발. ≪통감고이≫에 "살펴보건대 초상난 것을 감추고 알리지 않았다면 대마로 삼은 신발을 신어서는 안 되고, 초상난 것을 알렸다면 자주색 의복을 입어서는 안 된다. 아마도 당시에 다급하여 우연히 이런 복장을 한 것이지 초상난 것을 감추려고 한 것은 아닐 것이다. 아직 성복을 하기 전이기 때문에 상복을 입지 않았을 따름이다.(按秘喪則不應麻鞋, 發喪則不應紫衣. 蓋當時蒼猝偶著此服, 非秘喪也. 以未成服, 故不衣縗絰耳.)"라는 기록이 보인다.

62 九仙門(구선문): ≪자치통감≫ 권236의 주석에 ≪옹록(雍錄)≫을 인용하여 대명궁 내 서원(西苑)의 동북쪽 모서리에 있는 문으로, 우신책군(右神策軍), 우우림군(右羽林軍), 우용무군(右龍武軍)의 군영이 문 서쪽에 있었다고 하였다. ≪옹록≫은 송나라 때 정대창(程大昌, 1123~1195)이 편찬한 10권으로 된 책으로, 관중(關中) 지방의 고적에 대해 그림을 곁들어 설명하고 있다.

63 軍使(군사): 금위군(禁衛軍)의 장수들로 군대에 상벌을 내리는 일을 담당하였다.

64 遺詔(유조): 황제가 붕어한 뒤 후인을 위해 남긴 유언이나 유서. 모종의 이유로 바로 결정하여 밝히지 못한 본인의 염원을 완성해주기를 바라는 뜻을 주로 담는다. "遺詔"가 선포된 시기에 대해 ≪자치통감≫ 권236에서는 정원 원년 정월 '갑오(甲午)'라고 하였는데, ≪통감고이≫에서는 "≪덕종실록≫에서 '계사일에 유언의 조칙을 선포하였다.'고 하였으니 지금 ≪순종실록≫을 따른다.(德宗實錄: '癸巳, 宣遺詔.' 今從順宗實錄.)"고 하여 계사일이 옳다고 하였다.

65 縗服(최복): 상복(喪服).

66 百寮(백료): 백관. 문무백관. '百僚'와 같다.

⇒ 순종이 동궁에서 덕을 닦을 때의 사적, 순종의 즉위, 순종 즉위 이전 조정 안팎의 정세 등 서술.

## [I-2]

금상이 왕비(王伾)로부터 서예를 배워 그를 매우 총애하였고, 왕숙문(王叔文)은 바둑을 잘 두어 승진하였다. 두 사람 모두 한림원의 대조(待詔)로서 여러 차례 태자를 모시고 바둑을 두곤 하였다. 왕숙문은 변덕스럽고 교활하여 간계를 많이 꾸몄다. 금상이 동궁에 있을 때 일찍이 여러 시독(侍讀) 및 왕숙문과 정사를 논하곤 하였다. 한번은 궁시(宮市)에 관한 일에 미치자 금상이 "과인은 지금 황제에게 이 문제에 대해 끝까지 말씀드릴 준비가 되어 있다."고 하였다. 모든 사람들이 다 태자를 칭찬하였지만 유독 왕숙문만 아무 말이 없었다. 다른 사람들이 다 물러간 뒤 금상이 왕숙문을 홀로 남게 하고는 "조금 전에 그대는 어찌하여 홀로 아무 말씀이 없었소. 아마 무슨 뜻이 있는 게요?"라고 하였다.

그러자 왕숙문이 이렇게 말하였다.

"제가 태자의 총애를 한 몸에 받고 있는데, 소견이 있으면 감히 말씀드리지 않겠습니까? 태자의 직분은 마땅히 황제의 식사 시중을 들고 문안을 여쭙는 것이지 조정의 정사로 왈가왈부해서는 안 되는 것입니다. 폐하께서 황제의 자리에 계신 지가 오래되었는데, 만약 태자께서 인심을 얻으려 한다고 의심하신다면 무슨 수로 스스로를 해명하시겠습니까?"

금상이 크게 놀라 울면서 "선생이 아니라면 과인이 이를 알 수가 없었소."라고 하였다. 이런 일이 있은 뒤 왕숙문을 몹시 총애하였다. (왕숙문과) 왕비 두 사람은 서로 의지하며 함께 동궁을 마음대로 드나들었다. 덕종의 병환이 위중하고 금상도 병들어 말을 할 수 없다는 사실을 듣고, 왕비가 즉각 궁궐로 들어가 조칙으로 왕숙문이 들어오도록 부른 뒤 한림원에 앉아 대사를 결정하도록 하였다. 왕비가 왕숙문의 뜻을 가지고 환관 이충언(李忠言)에게 말해 조칙을 사칭하여 공문을 하달하였는데, 밖에서는 이를 아는 사람이 전혀 없었다. 검교사공평장사(檢校司空平章事) 두우(杜佑)가 재상의 권한대행으로 산릉사(山陵使)를 겸임하였고, 어사중승(御史中丞) 무원형(武元衡)이 부사(副使)가 되었으며, 종정경(宗正卿) 이서(李紓)가 안행산릉지사(按行山陵地使)가 되었고, 형부시랑(刑部侍郎) 정운규(鄭雲逵)가 염부사(鹵簿使)가 되었다. 또 중서시랑평장사(中書侍郎平章事) 고영(高郢)에게 애책문(哀冊文)을, 예부시랑(禮部侍郎) 권덕여(權德輿)에게 시책문(謚冊文)을, 태상소경(太常少卿) 허맹용(許孟容)에게 시의문(謚議文)을 짓도록 명하였다.

上學書於王伾[一], 頗有寵; 王叔文[二]以碁進: 俱待詔翰林[1], 數[2]侍太子碁. 叔文詭譎[3]多計[三], 上在東宮, 嘗與諸侍讀[4]幷叔文論政. 至宮市[5]事[四], 上曰: “寡人方欲極言之.” 衆皆稱贊, 獨叔文無言. 旣退, 上獨留叔文, 謂曰: “向者君奚獨無言, 豈有意邪?” 叔文曰: “叔文蒙幸太子, 有所見, 敢不以聞? 太子職當侍膳問安[6], 不宜言外事[7]. 陛下在位久, 如疑太子收人心, 何以自解?” 上大驚, 因泣曰: “非先生, 寡人無以知此.” 遂大愛幸[8]. 與王伾兩人相依附, 俱出入東宮. 聞德宗大漸[9], 上疾不能言, 伾卽入, 以詔召叔文入[10], 坐翰立中使決事[五]. 伾以叔文意入言於宦者李忠言[11], 稱詔行下, 外初無知者. 以檢校[12]司空平章事杜佑[13]攝冢宰[14]兼山陵使[15], 中丞[16]武元衡[17]爲副使[18], 宗正卿[19]李紓[20]爲按行山陵地使[21], 刑部侍郎[22]鄭雲逵[23]爲鹵簿使[24][六]; 又命中書侍郎平章事高郢撰哀冊[25]文, 禮部侍郎[26]權德輿[27]撰謚冊[28]文, 太常卿[29]許孟容[30]撰誄文[31].

[一] 왕비(王伾)는 항주(杭州) 사람이다. “비(伾)”자 아래에 “비(伾)”자가 중복 출현하는 판본도 있다.

[보충설명]

- 왕비(?~806)는 항주(杭州) 사람으로 덕종 말년에 한림시서대조(翰林侍書

待詔)로서 태자(순종)의 신임을 받아 순종 즉위 후에 좌산기상시(左散騎常侍)에 임명되었다. 왕숙문이 정치 개혁을 주도할 때 환관 이충언(李忠言)과 내통하며 궁궐 안팎의 정보를 주고받는 역할을 담당하였다. 개혁 실패 후 개주사마(開州司馬: 개주는 지금 重慶市 開州區)로 좌천되었다가 임지에서 병사하였다. ≪구당서135·열전85≫와 ≪신당서168·열전93≫ <왕숙문전>에 모두 전기가 부기되어 있다.

- ≪축본(祝本)≫, ≪문본(文本)≫, ≪위본(魏本)≫ 등에 "伾"자가 중복 출현하는데, 이 경우 중간에 단구하고 읽어야 한다.

[二] 왕숙문(王叔文)은 산음(山陰) 사람이다.

[보충설명]

- 왕숙문(753~806)은 월주(越州) 산음(지금 浙江省 紹興市 越城區) 사람으로 덕종 때 바둑으로 대조(待詔)를 하였고, 태자 시독(侍讀)으로 있으면서 백성들의 고통을 자주 아뢰어 태자의 신임을 받았다. 순종이 즉위한 뒤에 한림학사로서 탁지사(度支使)와 염철전운사(鹽鐵轉運使)를 겸직하고, 왕비, 유우석(劉禹錫, 772~842), 유종원(柳宗元, 773~819) 등과 함께 후대 역사에서 이른바 '영정혁신(永貞革新)'으로 불린 대대적인 정치개혁을 주도하였다. 조세 감면, 지방 공물의 신속한 진상, 환관이 장악한 궁시의 폐지 등의 참신한 조치로 백성들의 환호를 받기도 하였다. 다만, 내시성(內侍省)에서 동궁 계통인 환관 이충언과 제휴하여 신책군(神策軍) 라인인 환관 구문진(俱文珍) 및 유광기(劉光琦, ?~812)와 대항하였는데, 환관에 대한 숙정 작업을 하였기 때문에 내시성의 지지를 받지 못하였다. 구문진이 배균(裴均) 등과 연합하여 순종을 퇴위시키고 태자 이순(李純)을 헌종으로 옹립하기에 이르러 실각하고 투주사호(渝州司户)로 좌천되었다가 사사(賜死)되었다. ≪구당서135·열전85≫와 ≪신당서168·열전93≫에 모두 전기가 실려 있다. 아래 [Ⅴ-4]에 실린 그의 전기 내용 참조.

[三] "휼(譎)"은 음이 '결(決)'이다.

[보충설명]

- "휼(譎)"과 '결(決)'은 지금 우리나라 독음으로는 다르지만 중국 음은 'jué'로 같다.

[四] [보주] "살펴보건대, ≪용재수필(容齋隨筆)≫에 궁시(宮市)에 관한 일은 다 덕종 때에 시작되었다고 하는데, 천보(天寶) 연간에 이미 이런 이름이 있었고 또 재상으로 그 임무를 맡게 하였음을 모르고 하는 말이다. 당시 재상은 양국충(楊國忠)이었다.(按: 容齋隨筆: 宮市事, 咸謂起於德宗; 不知天寶中已有此名, 且用宰相充使. 時宰相楊國忠也.)"

[보충설명]

- 이는 남송(南宋) 때 홍매(洪邁, 1123~1202)의 ≪용재수필≫ 권10 '양국충제사(楊國忠諸使)'조에 보이는 기록이다.
- 궁시에 대한 자세한 내용은 [Ⅱ-2] 참조.

[5] "조(詔)" 아래에 "소(召)"가 없고, "문(文)" 아래에 "인(人)"이 없고, "사(使)" 아래에 "결(決)"이 없는 판본도 있다.

[6] "겸(兼)"자가 없는 판본도 있다. "서(紓)"가 "저(杼)", "규(逵)"가 "달(達)"로 된 판본도 있다.

## 【주석】

1 待詔翰林(대조한림): 한림이란 명칭은 한(漢)나라 때부터 있었던 것인데 당나라에 들어와 관직과 관청의 이름이 되었다. ≪당회요(唐會要)≫ 권57 한림원(翰林院) 조에 따르면, 최초의 기능은 "천하에서 예능과 기술로 황제의 부름을 받은 사람들이 머무르던 곳(天下以藝能技術見召者之所處)"이었다. ≪구당서 43·직관지(職官志)2≫ 중서성(中書省) '한림원'조에 "천자가 대명궁(大明宮)에 있을 때는 한림원이 우은대문(右銀臺門) 내에 있었고, 흥경궁(興慶宮)에 있

을 때는 금명문(金明門) 내에 있었다. 서내(西內)에 있을 경우는 현복문(顯福門)에 있었고, 동도(東都: 洛陽)와 화청궁(華淸宮)에 있을 경우는 모두 대조의 처소가 있었다. 대조에는 문학, 경학, 연금술, 불교와 도교, 점복과 제사, 기술, 서예와 바둑 등에 뛰어난 자들이 있었는데, 별도로 분원을 두어 봉급을 주었으며 해가 진 뒤에 퇴근하게 하였다. 그중에서 문학을 가장 중히 여겼다.(天子在大明宮, 其院在右銀臺門內. 在興慶宮, 院在金明門內. 若在西內, 院在顯福門. 若在東都、華淸宮, 皆有待詔之所. 其待詔者, 有詞學、經術、合鍊、僧道、卜祝、術藝、書奕, 各別院以廩之, 日晩而退. 其所重者詞學.)"라는 기록이 보인다. 즉, 이들 분야에 뛰어난 재능을 가진 사람들이 황제의 부름을 기다리며 각종 업무를 제공한 관직을 '한림대조(翰林待詔)'라 불렀다. 특히 현종(玄宗) 때엔 문학에 뛰어난 인재들을 많이 뽑아 '한림봉공(翰林供奉)'이라 부르고 조칙을 기초하고 국사를 논하도록 하였다. 이와 관련하여 ≪전교(全校)≫(2813~2814쪽)에서 "한림대조와 한림학사가 본래 같은 데서 나왔지만 뒤에 분파가 생기게 되었다. 처음에는 한림원에서 예능의 재주를 제공하는 것을 모두 대조라고 불렀다. 개원 26년(738) 이후에 문학으로 황제의 조령을 관장하는 부서를 별도로 학사원이라 하였다. 학사는 날이 갈수록 권한이 커지면서 양자가 갈라지게 되었다.(翰林待詔與翰林學士, 同出而異派者也. 其始, 凡以藝能供奉於翰林院者, 均爲待詔. 開元二十六年之後, 以詞學掌詔令者別爲學士院. 學士日益權重, 二者遂乃分流.)"고 풀이하였다.

2 數(삭): 여러 차례.

3 詭譎(궤휼): 변덕스럽고 교활하다. 예측불허의 음모를 잘 꾸미다.

4 侍讀(시독): 제왕이나 왕자를 모시고 독서를 하고 학문을 논하는 관직. ≪신당서49상·백관지4상≫에 따르면, 동궁관(東宮官)의 시독은 정원이 없고 경학(經學) 강의를 담당하였다.

5 宮市(궁시): 궁중에서 필요한 물건을 관가에서 도급을 맡아 민간에서 구입하던

제도. 덕종 정원 말에 환관이 이를 도맡아 처리하면서 온갖 폐해가 속출하여 백성들의 원망이 자자하였다. 이에 대해서는 아래 [Ⅱ-2]에 자세한 내용이 보인다.

6 侍膳問安(시선문안): 곁에서 식사 시중을 들고 안부를 여쭙다. 이는 ≪예기·문왕세자≫에 보이는 것으로 문왕이 세자 때에 부친 왕계(王季)를 모신 예절을 기록하고 있다. 즉, "문왕이 세자일 때 왕계에게 하루에 세 차례 문안 인사를 하였다. 닭이 처음 울면 의복을 차려 입고 침소 문 밖으로 가서 당직을 맡은 내시에게 '오늘 부왕의 안부가 어떠하신지요?'라고 물어 내시가 '편안하십니다.'라고 하면 문왕이 곧 기뻐하였다. 대낮이 되면 또 가서 똑 같이 하였다. 날이 저물 때 또 가서 똑 같이 하였다. 혹 몸이 편치 않으시어 내시가 문왕에게 아뢰면, 문왕은 걱정스런 안색을 한 채 길을 갈 때 바르게 걷지도 못하였다. 왕계가 식사를 회복하고 나서야 문왕의 모습도 정상대로 돌아왔다. 수라상이 올라갈 때면 반드시 음식이 식었는지 따뜻한지의 정도를 살폈다. 수라상이 내려갈 때는 얼마만큼 드셨는지 묻고, 수라간 담당 관리에게 명하여 '남은 음식은 다시 올리지 말라.'고 하고 '네.'라는 대답을 들은 뒤에야 물러났다.(文王之爲世子, 朝於王季日三. 鷄初鳴而衣服, 至於寢門外, 問內竪之御者曰: '今日安否如何?' 內竪曰: '安.' 文王乃喜. 及日中又至, 亦如之. 及莫又至, 亦如之. 其有不安節, 內竪以告文王, 文王色憂, 行不能正履. 王季復膳, 然後亦復初. 食上, 必在視寒煖之節. 食下, 問所膳, 命膳宰曰: '末有原.' 應曰: '諾.' 然後退.)"고 한 내용이 그것이다.

7 外事(외사): 궁궐 밖 조정의 정사(政事). 궁궐 내의 일을 '내사(內事)'라고 하는 것과 상대되는 말이다. ≪후한서(後漢書)·유분자전(劉盆子傳)≫에 "유분자는 황공하여 밤낮으로 소리 내어 울었는데, 홀로 (환관인) 중황문(中黃門)과 함께 생활하면서 단지 망대(望臺)에 올라갈 수 있을 뿐 조정의 정사에 대해 듣지 못하였다.(盆子惶恐, 日夜啼泣, 獨與中黃門共卧起, 唯得上觀閣而不聞外事.)"라는 글귀가 보인다.

8 遂大愛幸(수대애행): 이상 태자(순종)가 왕숙문 등과 궁시에 관한 일을 논의하였을 때 왕숙문이 취한 태도와 그 뒤에 왕숙문이 태자에게 진언한 내용 및 그로 인한 태자의 왕숙문 신임은 ≪구당서135·왕숙문전≫에 비슷한 글로 실려 있다.

9 大漸(대점): 병이 위중한 것을 가리킨다. ≪서경·고명≫에 "아아! 병이 크게 번져 위태로워졌다.(嗚呼! 疾大漸, 惟幾.)"라는 글귀가 보인다.

10 以詔召叔文入(이조소숙문입): ≪문본(文本)≫에 "두 궁전(황궁의 황제와 동궁의 태자)이 편치 않은 틈을 타 조칙을 받고 궁궐로 들어가는 것처럼 사칭한 것을 말한다.(言乘兩宮不安, 矯稱被詔入內也.)"라고 한 기록이 보인다.

11 李忠言(이충언): 환관으로 ≪구당서≫와 ≪신당서≫에 전기가 실려 있지 않고, <순종기>와 왕비, 왕숙문, 위고(韋皐), 고영, 구문진 등의 전기에 그에 관한 사적이 산발적으로 적혀 있다. 순종이 중풍에 걸려 정사를 돌보지 못할 때, 그는 우미인(牛美人)과 단 둘이서 황제의 병환을 시중들었다. 우미인이 황제의 뜻을 받아 그에게 알려주면 그가 왕비에게 전하고, 왕비가 왕숙문에게 전하는 방식으로 의사 전달 체계를 가동하였다. 그런 뒤에 왕숙문이 일을 도모하고, 재상 위집의(韋執誼)가 그것을 집행하였다. 크고 작은 국사를 모두 이충언과 왕비, 왕숙문이 처결한 것이다.

12 檢校(검교): 정식 편제 외의 겸직 관명. ≪전교(全校)≫(2815~2816쪽)의 설명에 따르면, 당나라 때 "검교(檢校)"에는 실제 3가지 뜻이 있다고 한다. 첫째, '절제하다(節制)', '검토하여 교감 정리하다(檢討校理)'는 뜻의 동사로 쓰여 실무를 가지고 겸직 관명이 아닌 경우, 둘째, 측천무후 집정 시에 특히 많았던 이름뿐인 직함인 경우, 셋째, 정식 편제 외의 겸직 관명이지만 실제로는 정식 편제 정원과 같은 의미로 쓰인 경우이다.

13 杜佑(두우): 735~812. 자가 군경(君卿)이고 경조부(京兆府) 만년(萬年) 사람이다. 음서로 관계에 발을 들여 놓은 뒤 여러 관직을 거쳐 정원 19년(803)에

검교사공동평장사에 임명되었으며, 광록대부수태보(光祿大夫守太保)로 퇴임하였다. 정치가 겸 사학자로 ≪통전(通典)≫을 편찬한 것으로도 유명하며, ≪구당서147·열전97≫과 ≪신당서166·열전91≫에 모두 전기가 실려 있다.

14 攝冢宰(섭총재): 재상 권한대행을 하다. ≪논어·헌문(憲問)≫에 "임금이 돌아가시면 백관들은 자기 직책을 총괄하여 총재에게서 삼년 동안 명을 들었다.(君薨, 百官總己以聽於冢宰三年.)"라는 글귀가 보이는데, 이는 은(殷)나라 고종이 거상기간인 3년 동안 아무 정령을 내놓지 않음에 백관들이 총재로부터 명령을 들었던 것을 이야기하고 있다. 당나라 때에 "총재(冢宰)"는 이부상서(吏部尙書)에 해당하는 직책이다.

15 山陵使(산릉사): 황제가 붕어한 뒤 조정에서 초상을 치르기 위해 임시로 설치한 직위. 고대사회에서 무덤의 크기와 높이로 묻힌 사람의 등급을 나타내었기에, 국왕은 일국의 최고 통치권자이므로 무덤의 크기를 산릉과 같이 만들었다. '능(陵)'에는 또 '숭고하다'는 뜻도 들어 있으므로 전국(戰國) 시대 중엽 이후 군왕의 무덤을 '능(陵)'으로 부르기 시작하였다. 당송 시대에 산릉사는 반드시 전 조정의 재상이 맡았고, 산릉 조성 사업이 끝난 뒤에 산릉사를 맡았던 재상은 반드시 퇴임하는 정치적 전통이 있었다고 한다. 이에 대해서는 ≪학술연구(學術硏究)≫ 2013년 제1기에 실린 손건(孫健)의 <가·국 이념 하의 정치전통과 정국 변천(家國理念下的政治傳統與政局變遷)—당송 시기 산릉사를 핵심으로 한 정치문화 고찰(唐宋時期山陵使爲核心的政治文化考察)>이란 논문 참조.

16 中丞(중승): 어사중승(御史中丞). 어사대(御史臺)의 차관으로 장관인 어사대부(御史大夫)를 보좌하여 국법을 관장하고 백관을 감찰하는 정령을 담당하였다. ≪당육전(唐六典)≫ 권13과 ≪구당서42·직관지1≫에 따르면, 어사대에는 종3품의 어사대부 1인과 정5품상의 어사중승 2인을 두었다.

17 武元衡(무원형): 758~815. 자가 백창(伯蒼)이고 하남(河南) 구씨(緱氏: 지금

河南省 偃師市) 사람이다. 원화 2년(807)에 문하시랑평장사에 임명된 뒤 얼마 안 있어 검남서천절도사(劍南西川節度使)로 나갔다. 원화 9년(814) 6월 3일에 평로군절도사(平盧軍節度使) 이사도(李師道)가 보낸 자객에게 피살되었다. ≪구당서158·열전108≫과 ≪신당서152·열전77≫에 모두 전기가 실려 있다.

18 副使(부사): ≪구당서158·무원형전≫에는 의장사(儀仗使)로 되어 있다.

19 宗正卿(종정경): 9시(九寺)의 하나인 종정시(宗正寺)의 장관으로 황족 관련 업무를 주관하였다. ≪구당서44·직관지3≫에 따르면, 종정경은 종3품상의 관직이다.

20 李紓(이서): 생졸년 미상. 자가 중서(仲舒)이고 당나라 종실 출신으로 예부시랑과 병부시랑 등을 역임하였다. ≪구당서137·열전87≫와 ≪신당서161·열전86≫에 모두 전기가 실려 있다.

21 按行山陵地使(안행산릉지사): 역사서 등에 등재되어 있지 않은 임시로 설치된 직위.

22 刑部侍郎(형부시랑): 형부의 차관으로 장관인 형부상서(刑部尙書)를 보좌하여 천하의 형법과 죄수 등에 관한 정령을 담당하였다. ≪구당서43·직관지2≫에 따르면, 형부에는 정3품의 상서 1인과 정4품하의 시랑 1인을 두었다.

23 鄭雲逵(정운규): ?~810. 영양(潁陽: 지금 河南省 登封市) 사람으로 여러 관직을 거쳐 원화 원년(806)에 우금오위대장군(右金吾衛大將軍)과 경조윤까지 올랐다. ≪구당서137·열전87≫과 ≪신당서161·열전86≫에 모두 전기가 실려 있다.

24 鹵簿使(염부사): 임시적으로 설치한 관직으로 왕이 외출할 때 의전 관련 업무를 담당하였다. 현대식으로 말하면 의장대, 군악대, 무용 공연, 배차, 교통안전, 치안 경호 등의 업무를 두루 포괄한다. 정식 직제가 아니었기 때문에 법전이나 직관지 등에 보이지 않는다.

25 哀冊(애책): 문체의 일종으로 '애책(哀策)'으로도 쓴다. 제왕이나 후비의 공덕을 칭송한 운문으로 옥, 돌, 나무, 대나무 등에 새겨 장례를 치룬 뒤 무덤 속에 묻었다. 고영이 지은 덕종의 애책문은 지금 전하지 않는다.

26 禮部侍郎(예부시랑): 예부의 차관으로 장관인 예부상서(禮部尙書)를 보좌하여 천하의 예의, 제사, 관리 선발 시험 등에 관한 정령을 담당하였다. ≪구당서43·직관지2≫에 따르면, 예부에는 정3품의 상서 1인과 정4품하의 시랑 1인을 두었다.

27 權德輿(권덕여): 759~818. 자가 재지(載之)이고 천수(天水) 약양(略陽: 지금 甘肅省 秦安縣) 사람이다. 문인 겸 관료로 벼슬은 예부(禮部)·호부(戶部)·병부(兵部)·이부(吏部)의 시랑을 거쳐 예부상서·동평장사, 태상경(太常卿), 형부상서(刑部尙書), 산남서도절도사(山南西道節度使) 등을 역임하였다. 특히 문장에 뛰어나 9년간 황제의 고명(誥命)을 담당하였고, 세 차례나 지공거(知貢擧)가 되어 과거고시를 주관한 바 있다. ≪구당서148·열전98≫과 ≪신당서165·열전90≫에 모두 전기가 실려 있다.

28 謚冊(시책): 황제에게 시호를 올리는 간책(簡冊)으로 '시책(諡冊)'으로도 쓴다. 권덕여가 지은 <당덕종황제시책문(唐德宗皇帝謚冊文)>은 그의 문집인 ≪권재지문집(權載之文集)≫ 권29, ≪문원영화(文苑英華)≫ 권835, ≪당문수(唐文粹)≫ 권32, ≪전당문(全唐文)≫ 권508 등에 실려 전한다.

29 太常卿(태상경): 9시(九寺)의 하나인 태상시(太常寺)의 장관으로 국가의 예악(禮樂), 교묘(郊廟), 사직(社稷)에 관한 업무를 주관하였다. ≪구당서44·직관지3≫에 따르면, 태상경은 정3품의 관직이다.

30 許孟容(허맹용): 743~818. 자가 공범(公範)이고 경조(京兆) 장안(長安) 사람이다. 진사과와 명경과에 모두 우수한 성적으로 급제한 바 있으며 관직은 형부시랑과 이부시랑 및 상서우승(尙書右丞)과 경조윤 등을 역임하였다. ≪구당서154·열전104≫와 ≪신당서162·열전87≫에 모두 전기가 실려 있다. ≪구

당서≫의 전기에 의하면 허명용이 덕종 정원 말경에 지낸 관직은 태상경이 아니라 태상소경(太常少卿)으로 되어 있고, 헌종 원화 초에 시랑의 관직을 지냈으므로 관직의 등급으로 볼 때도 정원 말에 정3품인 태상경에 올랐을 리는 없어 보인다. 따라서 "태상(太常)" 아래에 "소(少)"가 빠졌다고 보는 것이 옳다고 생각된다. 이에 대한 자세한 논의는 ≪전교(全校)≫(2820~2821쪽) 참조. 태상소경은 정4품상의 관직이다.

31 誄文(뇌문): ≪점감(點勘)≫에서 "'議'는 마땅히 '誄'로 적어야 할 것 같다.(議似當作誄.)"고 했는데, ≪전교(全校)≫(2821쪽)에서는 "議文"은 말이 통하지 않고 "誄"도 옳지 않다고 하면서, ≪문원영화≫ 권840에 실린 허맹용의 <덕종시의(德宗謚議)> 및 ≪당대조령집≫ 권13과 ≪전당문≫ 권479의 <덕종신무효문황제시의(德宗神武孝文皇帝謚議)>란 제목에 근거하여 "謚議"로 쓰는 것이 옳다고 고증하고 있다. Solomon(13쪽)도 "議文"으로 된 판본에 따르며 그 뜻이 "謚議"에 합당하다는 주석을 달고 있다. 살피건대 서사증(徐師曾, 1517~1580)의 ≪문체명변(文体明辨)≫에 따르면 '誄'는 죽은 사람의 생전의 공덕을 열거하여 칭송하는 내용을 담는 문장 양식의 하나지만, 지위가 낮은 사람이나 연소자가 높은 사람이나 연장자에게 써줄 수 있는 것은 아니기 때문에 천자가 붕어할 경우 하늘에 의탁하여 뇌문을 지었으며, 또한 명나라 당시에 뇌문은 애도의 뜻을 담기 위해 쓴 것인데 반해 고대의 그것은 시호를 정하기 위한 기초로 삼기 위해 지은 것이라고 풀이하고 있다는 점에서 황제의 사후에 뇌문을 지을 수도 있었을 것이다. 따라서 여기서 문맥상으로는 "誄文"과 "謚議" 둘 다 가능하겠지만, 현전하는 허맹용의 글로 보건대 "謚議"로 적는 것이 더 적절한 것으로 생각된다.

⇒ 순종의 즉위와 덕종의 황릉 조성에 관한 조치 서술.

## [Ⅰ-3]

경자일(庚子日)에 백관들이 황제가 정무를 돌볼 것을 청하면서 말하였다.

"한(漢)나라 이후로 거상 기간은 날로 달을 대신하였으며, 모두 사흘이 지나면 정무를 돌보았습니다. 우리 당나라의 모든 황제들도 그런 전통을 따라 받들어 어느 분이라도 어긴 적이 없었습니다. 하물며 대행황제(大行皇帝)께서 전례를 참작하시어 엄중하게 유언의 조칙을 내리셨사옵니다만, 오늘 날수로 거상 기간이 끝나는데도 폐하께서 직접 정사를 처리하지 않고 계시니 모든 신하들은 감히 마음이 편치 않사옵니다. 마땅히 큰 효성을 지키시어 만국을 평안하게 하시면 온 천하 사람들이 행복해 할 것이옵니다."

금상이 허락하지 않았다. 이 달에 사주(泗州)가 상급 주(州)로 승격되었다.

庚子[1], 百寮請聽政[2], 曰: "自漢以來[一], 喪期之數, 以日易月[3], 而皆三日而聽政. 我國家列聖亦克脩奉[4], 罔或有違. 況大行皇帝[5]酌於故實[6], 重下遺詔, 今日至期, 而陛下未親政事, 羣臣不敢安. 宜存大孝, 以寧萬國, 天下之幸." 不許. 是月, 昇泗州[7]爲上州[8].

[1] "이(以)"는 "이(已)"로 된 판본도 있다.

**【주석】**

1 庚子(경자): 정원 21년(805) 1월 30일(음력)/3월 4일(양력).

2 聽政(청정): 제왕이나 섭정을 하는 사람이 조정에서 신하의 보고를 듣고 정치

적 사안을 결정하거나 정무를 처리하는 것을 말한다. ≪예기·옥조(玉藻)≫에 "군주는 태양이 뜨면 신하들과 조회를 보고 난 뒤 물러나 정전(正殿)으로 돌아와 정무를 처리하였다.(君日出而視之, 退適路寢聽政.)라는 글귀와 ≪좌전·소공(昭公) 원년≫에 "군주에게는 네 가지 때가 있으니 아침에는 정무를 처리하고, 낮에는 현장을 살피며 자문을 구하고, 저녁에는 정령(政令)을 제정하고, 밤에는 몸을 편안하게 쉬었다.(君子有四時, 朝以聽政, 晝以訪問, 夕以脩令, 夜以安身.)" 고 한 글귀가 보인다.

3 以日易月(이일역월): 고대의 상례(喪禮)에 따르면, 제왕이 세상을 떠나면 태자가 왕위를 계승하여 3년(36개월)간 상복을 입었는데, 한나라 문제가 36일 만에 상복을 벗고 탈상하는 것으로 바꾼 것을 말한다. 27일 만에 상복을 벗었다고 하는 설도 있다. ≪한서(漢書)·문제기(文帝紀)≫에 "대홍복 15일, 소홍복 14일, 담제복 7일을 입고난 뒤에는 상복을 벗는다.(服大紅十五日, 小紅十四日, 纖七日, 釋服.)"고 한 대목과 관련하여, 안사고(顏師古)는 "대저 36일 만에 상복을 벗었는데 이것이 날로 달을 대신한 것이다.(凡三十六日而釋服矣, 此以日易月也.)"고 한 응소(應劭)의 견해가 잘못이라고 하면서, "이 상제(喪制)는 문제가 스스로 자기의 생각에 따라 초창으로 그렇게 한 것이지 ≪주례(周禮)≫에서 따온 것이 아니니 무엇 때문에 날로 달을 대신하였겠는가! 삼년상은 실제 27개월이니 어찌 36개월이라는 글이 나오는가! (중략) 응소가 앞에서 그르쳐 놓았는데 근대의 학자들이 잘못된 견해를 그대로 답습하고 있으니 제대로 생각하지 못한 탓이다.(此喪制者, 文帝自率己意創而為之, 非有取於周禮也, 何為以日易月乎! 三年之喪, 其實二十七月, 豈有三十六月之文! (중략) 應氏既失之於前, 而近代學者因循謬說, 未之思也.)"고 하였다. ≪통전≫ 권80에 실린 <총론상기(摠論喪期)>의 기록에 의하면, 옛날에 본래 상복을 입는 기간이 정해져 있지 않았지만 은(殷)나라 고종(高宗) 때에 거상중인 3년간 아무런 정령도 내지 않았다는 기록이 있고, 한나라 문제 때에 3년 상을 바꾸었다고 한다. 그리고 당나라에 들

어와서는 원릉(元陵)의 유제(遺制)에서 상례를 간소화하도록 하여 황제는 3일 뒤에 정무를 돌보고 13일 뒤에 소상(小祥), 25일 뒤에 대상(大祥)을 치룬 뒤에 27일이 되면 상복을 벗도록 규정하고 있다. 이는 황실에서 국정의 공백을 줄이고 국고를 절약하기 위해 상례를 간소화한 조치로 보인다.

4 脩奉(수봉): 따라 받들다. 준수하여 따라 행하다.

5 大行皇帝(대행황제): 중국의 봉건 왕조 시대에 황제가 붕어한 뒤 시호와 묘호가 제정될 때까지 돌아간 황제를 부른 경칭이다. "大行"은 '영원히 떠나가다'는 뜻이다. 대행황제의 시호와 묘호가 확정되면 그것을 돌아간 황제의 정식 호칭으로 삼고 대행황제란 말은 쓸 수 없었다. "大行皇帝"라는 호칭은 ≪후한서·안제기(安帝紀)≫에서 처음 사용된 것으로 알려져 있다.

6 故實(고실): 전례. 관례. 참고 또는 본보기가 될 만한 지난 사례.

7 泗州(사주): ≪원화군현지(元和郡縣志)≫ 권10에 따르면, 당나라 때 하남도(河南道) 소속의 상급 주로 임회(臨淮), 숙천(宿遷), 서성(徐城), 연수(漣水), 하비(下邳)의 다섯 현(縣)을 관할하였는데, 주청 소재지가 임회현 곧 지금 안휘성 사현(泗縣) 동남에 있었다.

8 上州(상주): ≪구당서44·직관지3≫의 '주현관원(州縣官員)'조에 따르면, 당나라 때의 지방 행정제도에서 주민이 4만호(戶) 이상이면 상급 주에 들어가고 자사(刺史)는 종3품이었다. 참고로 2만호 이상이 중급 주이고 자사는 정4품상이며, 2만호 미만이 하급 주이고 자사는 정4품하의 품계였다.

⇒ 순종 즉위 닷샛날에 백관들이 때가 되었으므로 황제가 정무를 돌보기를 청원하였지만 허락을 받지 못한 사실 서술.

## [I-4]

2월 초하루 신축일(辛丑日)에 중서시랑평장사(中書侍郎平章事) 고영(高郢)과 문하시랑평장사(門下侍郎平掌事) 정순유(鄭珣瑜)와 검교사공평장사(檢校司空平章事) 두우(杜佑)가 함께 이렇게 상소하였다.

"대행황제께서는 폐하의 어질고 효성스러움을 아시고 폐하께서 슬프고 애통하신 나머지 민심에 부응하여 정사를 돌보지 않으실 것을 염려하셨기 때문에, 유언의 조칙을 내리시어 한나라 때의 제도를 변함없이 그대로 행하도록 명하셨습니다. 지금 폐하께서 어찌 증삼(曾參)과 민손(閔損)과 같은 보통 사람의 하찮은 행동을 지키시느라 황제로서 부왕의 뜻을 계승하는 큰 효도를 잊어버리고, 그리하여 신하와 자식으로서 받들어 따라야 할 대의를 저버리려 하시옵니까?"

그래도 허락하지 않았다.

二月辛丑[1]朔, 中書侍郎平章事臣郢、門下侍郎平掌事[2]臣珣瑜[3]、檢校司空平章事臣佑奉疏曰: "大行皇帝知陛下仁孝, 慮陛下悲哀, 不卽人心聽政事, 故發遺詔, 令一行[4]漢氏之制. 今陛下安得守曾閔[5]匹夫之小行, 忘皇王繼親之大孝, 以虧[6]臣子承順[7]之義?" 猶不許.

### 【주석】

1 辛丑(신축): 정원 21년(805) 2월 1일(음력)/3월 5일(양력).

2 門下侍郎平掌事(문하시랑평장사): 문하시랑으로 동중서문하평장사의 직함을 받아 정사당에서 국사를 논하고 국가 기무를 의결하는 재상의 권한을 가진 관직이다. ≪구당서43·직관지2≫에 따르면, 문하시랑은 시중(侍中)을 보좌하는 문하성의 차관으로 정3품의 관직이다.

3 珣瑜(순유): 정순유(鄭珣瑜, 738~805). 자가 원백(元伯)이고 하남 형택(滎澤: 지금 鄭州市) 사람이다. 지방관을 거쳐 간의대부, 이부시랑, 하남윤 등을 지내면서 치적을 쌓아 문하시랑·동중서문하평장사에 올랐다가 순종 즉위 후 이부상서로 옮겼다. 순종이 등극한 뒤에 왕숙문과 위집의가 권력을 휘두르는 데 울분을 품고 7일간 집에 칩거하다가 몇 달 지나지 않아 병으로 죽었다. ≪신당서 165·열전90≫에 전기가 실려 있다.

4 一行(일행): 시종일관 변치 않고 실시하다.

5 曾閔(증민): 증삼(曾參)과 민손(閔損) 곧 증자(曾子)와 민자건(閔子騫)으로 모두 효성으로 이름난 공자의 제자이다. ≪사기·중니제자열전(仲尼弟子列傳)≫에 두 사람의 전기가 실려 있고, ≪논어≫와 ≪공자가어(孔子家語)≫ 등에 관련 사적이 보인다.

6 虧(휴): 저버리다. 이지러지게 하다.

7 承順(승순): 받들어 따르다.

⇒ 순종 즉위 엿샛날에 재상들이 황제가 정무를 돌보기를 청원하였지만 허락을 받지 못한 사실 서술.

## [I-5]

임인일(壬寅日)에 재상들이 또 상소하였다.

"폐하께서 성스러운 덕과 지극하신 효성으로 천명을 받으셨으니 마땅히 돌아가신 황제의 약속을 받드시어 제때에 정사를 듣고 처결하셔야 하옵니다. 오래 내버려 둘 수 없사옵니다."

금상이 따랐다.

壬寅[1], 宰臣[2]又上言曰: “陛下以聖德至孝, 繼受寶命[3]; 宜奉先帝約束, 以時聽斷[4]. 不可以久.” 從之[5].

**【주석】**

1 壬寅(임인): 정원 21년(805) 2월 2일(음력)/3월 6일(양력).

2 宰臣(재신): 재상.

3 寶命(보명): 천명(天命)의 미칭으로 황제의 조칙을 가리키기도 한다. ≪서경·금등(金縢)≫에 “아아! 하늘이 내린 보배로운 명을 실추하지 마셔야 우리 선왕들도 길이 의지하여 돌아갈 곳이 있으실 것입니다.(嗚呼! 無墜天之降寶命, 我先王亦永有依歸.)”라는 글귀가 보인다.

4 聽斷(청단): 진술을 듣고 결단을 내리다. 후대에는 소송을 심의하고 판결을 내리는 것을 주로 가리켰다.

5 從之(종지): 이 단락의 내용과 관련하여 순종의 업무 돌보기를 청원한 신하들의 현전하는 표문이 있다. 하나는 진간(陳諫)의 <권청정표(勸聽政表)> 3편으로 ≪문원영화≫ 권599와 ≪전당문≫ 권684에 실려 있으며, 다른 하나는 유종원의 <예부위문무백료청청정표(禮部爲文武百寮聽政表)> 3편으로 ≪유종원집(柳宗元集)≫ 권37과 ≪문원영화≫ 권599 및 ≪전당문≫ 권570에 실려 있다.

⇒ 순종 즉위 이렛날에 재상들이 다시 황제가 정무를 돌보기를 청원하여 마침내 허락을 받은 사실 서술.

## [I-6]

계묘일(癸卯日)에 자신문(紫宸門)에서 백관들을 조회하였다. 두우(杜

佑)가 앞으로 나아가 무릎을 꿇고 진언하였다.

“폐하께서 거상 기간에 예를 지나치게 갖추시어 모든 신하들이 염려하였습니다. 용안을 한 번이라도 뵙기를 원하옵니다.”

두 번 절하고 일어났다. 좌우의 측근 신하들이 곧 황제가 쓰고 있는 관을 벗겨 들어 올리자 백관들이 모두 두 번 절하였다. 두우가 다시 상주하여 말하였다.

“폐하께서는 타고나신 성품이 지극히 남달라서 옥체를 상하게 하실 정도로 몹시 애통해하시니, 신 등은 황공하고 초조한 심사를 이기지 못하겠습니다. 엎드려 바라건대 종묘사직을 위하여 슬픔을 억제하시고 힘써 수라를 많이 드시옵소서.”

癸卯[1], 朝百寮于紫宸門[2]. 杜佑前跪[3]進曰: “陛下居憂[4]過禮, 羣臣懼焉. 願一覩聖顔.” 因再拜而起. 左右乃爲皇帝擧帽[5], 百寮皆再拜. 佑復奏曰: “陛下至性[6]殊常[7], 哀毁[8]之甚, 臣等不勝惶灼[9]. 伏望爲宗廟社稷割哀[10]强食[11].”

**【주석】**

1 癸卯(계묘): 정원 21년(805) 2월 3일(음력)/3월 7일(양력).

2 紫宸門(자신문): ≪장안지≫ 권6의 <동내대명궁(東內大明宮)>조에 “선정전 북쪽이 자신문인데 그 안에 자신전이 있다.(宣政殿北曰紫宸門, 內有紫宸殿.)”라는 기록이 보이고, 서송(徐松, 1781~1848)의 ≪당양경성방고(唐兩京城坊考)≫에 “선정전의 뒤쪽이 자신전인데 그 문이 자신문이며 황제의 편전이다. 선정전에서 황제를 알현하지 않고 편전에서 알현하는 것을 ‘입각’이라고 불렀다.(宣政殿後爲紫宸殿, 殿門曰紫宸門, 天子便殿也. 不御宣政而御便殿, 曰入閤.)”고 하였다.

3 前跪(전궤): 앞으로 나아가 무릎을 꿇다.

4 居憂(거우): 부모의 상중에 있는 것을 말한다.

5 左右乃爲皇帝擧帽(좌우내위황제거모): ≪전교(全校)≫(2827~2828쪽)에서는 황제가 백관을 조회할 때의 의전과 관련하여 한나라 때부터 당나라 때까지의 주요 사례를 들어 조회 시에 황제의 관을 벗겨 들어 올리는 것은 예에 몹시 어긋나는 행위임을 지적하고, 덕종의 붕어를 전후한 시기에 궁중과 조정 간에 소통이 거의 이루어지지 않아 순종 즉위 후에 의구심이 팽배해 있어 이렇게까지 할 수 밖에 없었다고 진단하고 있다.

6 至性(지성): 천부적으로 타고난 빼어난 품성을 가리킨다.

7 殊常(수상): 보통과 다르다.

8 哀毁(애훼): 부모의 상중에 몹시 애통한 나머지 자신의 몸을 훼손시키는 것을 말하는데, 뒤에 상중에 예를 극진히 하는 것을 가리키는 말로 쓰였다. ≪후한서·위표전(韋彪傳)≫에 "위표는 효행이 지극히 순정하여 부모가 돌아가시자 3년간 애통해하여 몸을 훼손하기까지 하고 산소의 여막을 벗어나지 않았다.(彪孝行纯至, 父母卒, 哀毁三年, 不出廬寝.)"라는 글귀가 보인다.

9 惶灼(황작): 황공하고 초조하다.

10 割哀(할애): 슬픔을 참다. 애통한 심정을 억누르다.

11 强食(강식): 힘써 식사를 많이 하다.

⇒ 순종 즉위 여드렛날에 처음으로 백관을 조회한 일과 황제의 옥체 보중을 바라는 백관들의 황공한 심정 서술.

## [Ⅰ-7]

병오일(丙午日)에 한림원 산하의 음양가, 점성가, 의사, 관상가, 바둑

(복기)기사 등 대조(待詔) 32인을 면직시켰다. 당초에 왕숙문이 바둑으로 대조가 되었는데, 권력을 잡게 되자 자기와 같은 부류의 사람들이 자기와 서로 뒤섞여 혼란스럽게 되는 것을 꺼려하여 면직시킨 것이다.

景午[1], 罷翰林陰陽[2]、星卜[3]、醫相[4]、覆碁[5]諸待詔三十二人[一]. 初, 王叔文以碁待詔; 卽用事, 惡[6]其與己儕類[7]相亂, 罷之.

[一] "三"이 "四"로 된 판본도 있다.

[보충설명]

- 이는 ≪고이(考異)≫에 따른 것이다.
- ≪위본(魏本)≫에서는 손여청을 인용하여 "역사서에서 이르기를 '한림원 산하의 의사, 관상가, 점성가, 게임물을 알아맞히게 하는 점술놀이꾼, 잡무에 종사하는 사람 등 42인을 해임하였다.'고 하였다.(史云: '罷翰林醫工、相工、占星、射覆、冗食者四十二人.')"고 하였다. 살펴보건대 이 기록은 ≪구당서14·순종기≫에 나온다. '사복(射覆)'은 사발과 같은 그릇을 뒤집어 그 안에 뭔가를 숨겨 놓고 어떤 물건인지 알아맞히게 하는 점술놀이의 일종이다.

**【주석】**

1 景午(경오): 병오(丙午). 정원 21년(805) 2월 6일(음력)/3월 10일(양력).

2 陰陽(음양): 음양가.

3 星卜(성복): 점성가. 점성술자.

4 醫相(의상): 의사와 관상가. 여기서 말하는 의사는 지금과는 달리 모종의 술책을 통해 병을 고치는 사람을 가리킨다.

5 覆碁(복기): ① 복기(復碁). 바둑에서, 한 번 두고 난 뒤 원래 두었던 대로 바둑돌

을 다시 처음부터 놓아 보며 바둑의 판국을 되돌아보는 것을 말한다. ≪주석(注釋)≫(527쪽) 참조. ② "覆"과 "碁"를 구분하여 게임물을 알아맞히게 하는 점술놀이꾼과 바둑기사를 가리킨다.

6 惡(오): 미워하다. 증오하다. 꺼려하다.

7 儕類(제류): 동료. 같은 부류의 사람

⇒ 왕숙문이 처음 권력을 장악한 뒤 동료들을 자신과 대등하게 용납하지 못한 사실 서술.

## [I-8]

기유일(己酉日)에 이정절도사(易定節度使) 장무소(張茂昭)를 동중서문하평장사(同中書門下平章事)에 임명하고 그의 나머지 직함은 전과 같이 두었다. 하북(河北) 지방의 절도사들은 지덕(至德) 이후로 정기적인 내조를 하지 않고 있었는데, 장무소는 지난 해 겨울에 내조하여 임지로 돌아가지 않고 있었다. 그 때문에 총애를 받았다.

己酉[1], 易定節度使[2]張茂昭[3]可同中書門下平章事, 餘如故[一]. 河北節度[4]自至德[5]已來不常朝覲[6]; 前年冬[7], 茂昭來朝未還. 故寵之[8].

[一] 어떤 판본에는 "사(使)"자가 없다. "가(可)"는 역사서에 "겸(兼)"으로 되어 있다.

[보충설명]

- 이는 ≪고이(考異)≫에 따른 것이다.

- ≪송본(宋本)≫, ≪축본(祝本)≫, ≪문본(文本)≫, ≪위본(魏本)≫에 "사(使)"자가 없다.
- ≪구당서14·순종기≫에 "가(可)"가 "겸(兼)"으로 되어 있다.
- ≪전정(箋正)≫ 권5에서는 "'易定' 위에 마땅히 '詔'자가 있어야 한다.(易定上當有詔字.)"고 하였다. Solomon(13쪽)도 이를 주장하고 있는데, 다음 단락을 보면 간지 뒤에 "詔"자가 있으므로 설득력이 있는 주장이라고 생각된다.

**【주석】**

1 己酉(기유): 정원 21년(805) 2월 9일(음력)/3월 13일(양력).

2 易定節度使(이정절도사): 의무절도사(義武節度使)라고도 한다. 건중(建中) 2년(781)에 성덕군절도사(成德軍節度使) 이유악(李惟岳)이 반란을 일으키자, 덕종이 장효충(張孝忠)을 성덕군절도사에 임명하고 주도(朱滔)와 연합하여 진압하게 하였다. 건중 3년(782) 정월에 반란이 진압되자 덕종이 성덕군절도사를 정주(定州)·이주(易州)·창주(滄州)를 관할하는 의무절도사와 항기도단련관찰사(恒冀都團練觀察使) 및 심조도단련관찰사(深趙都團練觀察使)로 삼분한 뒤 그해 3월에 장효충을 의무절도사에 임명하였다. 이주는 지금 하북성 이현(易縣), 정주는 지금 하북성 정주시(定州市), 창주는 지금 하북성 창주시(滄州市)에 군정(軍政) 중심지가 있었다.

3 張茂昭(장무소): 762~811. 본명은 승운(昇雲)이고 자는 풍명(豐明)으로 동호계(東胡系) 해족(奚族) 사람이다. 장효충의 아들로 이정절도사를 세습하였다. ≪구당서141·열전91≫과 ≪신당서148·열전73≫에 모두 전기가 실려 있다.

4 河北節度(하북절도): 당나라 때 하북 삼진(三鎭)에는 성덕절도사 외에 유주절도사(幽州節度使)와 위박절도사(魏博節度使)가 있었다.

5 至德(지덕): 당나라 숙종(肅宗)의 연호로 756년 7월에서 758년 2월까지 사용되었다.

6 朝覲(조근): 지방의 군왕이나 수령 및 절도사 등이 도성에 와서 황제를 알현하는 의식을 말한다. ≪주례·춘관(春官)·대종백(大宗伯)≫에 "내조하여 알현함에 있어 봄에 하는 것을 '조(朝)', 여름에 하는 것을 '종(宗)', 가을에 하는 것을 '근(覲)', 겨울에 하는 것을 '우(遇)', 때에 따라 부정기적으로 하는 것을 '회(會)', 무리 지어 함께 하는 것을 '동(同)'이라 한다.(春見曰朝, 夏見曰宗, 秋見曰覲, 冬見曰遇, 時見曰會, 殷見曰同.)"고 하였다.

7 前年冬(전년동): ≪구당서13·덕종기하(德宗紀下)≫에 정원 20년(804) 겨울 10월 신해일(辛亥日: 10일/양력 11월 15일)에 이정절도사 장무소가 내조하였다는 기록이 보인다.

8 寵之(총지): 순종이 장무소를 총애하여 동중서문하평장사라는 재상의 직위를 부여한 이유가 단순히 내조한 때문이 아니라, 그가 순종의 황제 옹립에 수훈을 세웠기 때문이라는 견해가 설득력이 있다. 이에 대해서는 ≪전교(全校)≫ 2829쪽 참조.

⇒ 순종이 이정절도사 장무소를 총애하여 재상의 직위를 내린 사실 서술.

## [I-9]

신해일(辛亥日)에 조칙을 내려 이부낭중(吏部郎中) 위집의(韋執誼)를 수상서좌승(守尙書左丞) 겸 동중서문하평장사(同中書門下平章事)에 임명하고 자주색 관복을 하사하셨다. 당초에 위집의는 한림학사였는데 왕숙문이 황태자의 총애를 받고 있음을 알고 마음을 쏟아 그에게 가까이 의지하였다. 왕숙문도 자신의 붕당을 넓히기 위하여 은밀히 위집의와 밀접한 교분을 맺고자 하였다. 이때 마침내 특별히 재상으로 발탁되었다.

辛亥[1][一], 詔吏部侍郎[2]韋執誼[3]守[4]左丞[5], 同中書門下平章事, 賜紫[6][二]. 初, 執誼爲翰林學士, 知叔文幸於東宮, 傾心附之. 叔文亦欲自廣朋黨, 密與交好[7]. 至是, 遂特用爲相.

[一] 역사서에는 "신해(辛亥)"가 "신묘(辛卯)"로 되어 있다.

[보충설명]

- 이는 ≪고이(考異)≫에 따른 것이다.
- ≪구당서14·순종기≫에 "신묘(辛卯)"로 되어 있다.
- 살펴보건대 ≪신당서7·순종기≫에는 "신해(辛亥)"로 되어 있다. Solomon(13쪽)도 ≪신당서7·순종기≫와 ≪자치통감64·당기(唐紀)≫의 기록 및 이 달에 "신묘(辛卯)"라는 간지가 없다는 점을 들어 ≪순종실록≫이 옳다고 하였다.

[二] "시랑(侍郎)"이 역사서에는 "낭중(郎中)"으로 되어 있다. "좌승(左丞)"이 역사서에는 "상서우승(尙書右丞)"으로 되어 있다.

[보충설명]

- 이는 ≪고이(考異)≫에 따른 것이다.
- ≪구당서14·순종기≫에는 "낭중(郎中)", ≪신당서7·순종기≫에는 "시랑(侍郎)"으로 되어 있다. 살펴보건대 ≪자치통감≫ 권64에도 "낭중(郎中)"으로 되어 있고 ≪구당서≫와 ≪신당서≫의 열전에도 모두 "낭중(郎中)"으로 되어 있는 바, 이는 ≪순종실록≫의 잘못으로 보인다.
- ≪신당서≫ 및 ≪자치통감≫ 권64에도 모두 "상서좌승(尙書左丞)"으로 되어 있는 바, 역사서에 "상서우승(尙書右丞)"으로 되어 있다고 한 ≪고이(考異)≫의 고증은 잘못이다. 아마도 ≪고이(考異)≫에서 "우승(右丞)"으로 고증한 것은 중화서국(中華書局) 점교본(點校本) ≪구당서14·순종기≫의 '교감기(校勘記)'(439쪽)에 "'좌승(左丞)'은 각 판본에서 원래 '우승상(右丞相)'

으로 되어 있다.('左丞', 各本原作'右丞相'.)"고 한 기록이 보이는 것처럼 "우승상(右丞相)"으로 된 판본을 따른 때문에 생긴 잘못으로 생각된다.

**【주석】**

1 辛亥(신해): 정원 21년(805) 2월 11일(음력)/3월 15일(양력).

2 吏部侍郎(이부시랑): 이부의 차관으로 장관인 이부상서를 보좌하여 천하의 관리 선발과 임면 및 인사 고과 등에 관한 정령을 담당하였다. ≪구당서42·직관지1≫과 ≪당육전≫ 권2에 따르면, 이부에는 정3품의 상서 1인과 정4품상의 시랑 2인을 두었다. 바로 위 [보충설명]에서 살펴본 대로 이는 '이부낭중(吏部郎中)'의 잘못인데 이부낭중은 종5품상의 관직이다.

3 韋執誼(위집의): ?~808. 자가 종인(宗仁)이고 경조부(京兆府) 만년현(萬年縣: 지금 陝西省 西安市) 사람이다. 건중 3년(782)에 진사과에 급제하고, 정원 원년(785)에 현량방정능직언극간과(賢良方正能直言極諫科)에 합격하여 좌습유(右拾遺) 겸 한림학사(翰林学士)에 임명되었다. 남궁랑(南宮郎), 이부낭중 등을 거쳐 순종의 총애를 받아 영정 원년(805)에 중서시랑·동중서문하평장사에 올라 헌종 즉위 초까지 재상의 지위에 있었다. 원화 원년(806)에 역사에서 이른바 왕숙문 일당의 '이왕팔사마(二王八司馬)' 사건에 연루된 것으로 지목되어 애주사마(崖州司馬)로 좌천된 뒤 2년 뒤에 임지에서 생을 마쳤다. ≪구당서135·열전85≫와 ≪신당서168·열전93≫에 모두 전기가 실려 있다. 아래 [Ⅴ-5]에 기록된 그의 전기 내용 참조.

4 守(수): ≪통전≫ 권19에 "대체로 왕조의 관리들은 모두 '행(行)'이나 '수(守)'로 칭하였다. 품계가 높고 관직이 낮은 경우는 '행'이라 하고, 품계가 낮고 관직이 높은 경우는 '수'라고 하며, 관직과 품계가 같은 경우는 '행'이나 '수'라는 글자를 쓰지 않았다.(凡王官皆稱行守. 其階高而官卑者稱'行', 階卑而官高者稱'守', 官階同者并無行守字.)"고 하였다. ≪구당서135·위집의전≫에 따르면 이때 그는 조

의랑(朝議郎)으로 정6품의 품계였는데, 상서좌승은 정4품상이어서 품계에 비해 관직이 높았기 때문에 "수(守)"라고 하였다.

5 左丞(좌승): 상서좌승. ≪구당서43·직관지2≫의 '상서도성(尙書都省)'조에 따르면, 좌우승 각 1인을 두었는데 좌승은 정4품상으로 이부·호부·예부 산하 12사(司)를 관할하고 상서도성 내의 제반 업무를 판정하며 비리를 감찰하는 직무를 수행하였다. 참고로 우승은 정4품하로 병부·형부·공부 산하 12사를 관할하였다.

6 賜紫(사자): 자주색 관복을 하사하다. ≪구당서45·여복지(輿服志)≫에 따르면, 당나라 때 3품 이상의 관리는 '자주색(紫色)' 관복을 입고, 5품 이상은 '붉은색(緋色)' 관복을 입었다. 다만, 황제가 특별한 은혜를 내릴 경우 품계가 미달되더라도 해당 관복을 하사받는 경우가 있었는데 이를 '사자(賜紫)' 및 '사비(賜緋)'라 불렀다. 또한 자주색 관복을 하사하는 경우 금어대(金魚袋)도 함께 하사하였기 때문에 그것을 '사금자(賜金紫)'라고 불렀다. ≪구당서135·위집의전≫에 따르면, 이때 위집의에게 '사금자(賜金紫)'한 것으로 되어 있다.

7 密與交好(밀여교호): 이상 여섯 구절과 관련하여 위집의가 왕숙문과 가깝게 지내게 된 것에 대해 ≪구당서135·위집의전≫에 이런 내용이 적혀 있다. "덕종의 생신날에 황태자가 불상을 바치자 덕종이 위집의에게 명하여 불화상의 찬문을 짓게 하고, 태자로 하여금 위집의에게 비단을 하사하여 보답하도록 하였다. 위집의가 동궁으로 가서 태자에게 감사의 뜻을 표하려고 하였지만 갑자기 딱히 마땅한 화제가 없던 차에, 태자가 말하기를 '(한림)학사께서는 왕숙문을 아시는가? 그는 매우 뛰어난 인재라오.'라고 하였다. 위집의는 그로 말미암아 왕숙문과 매우 가깝게 사귀게 되었다.(德宗載誕日, 皇太子獻佛像, 德宗命執誼爲畫像贊, 上令太子賜執誼縑帛以酬之. 執誼至東宮謝太子, 卒然無以藉言, 太子因曰: '學士知王叔文乎? 彼偉才也.' 執誼因是與叔文交甚密.)"

⇒ 순종 즉위 후 위집의를 초고속으로 승진시켜 재상에 임명한 사실 서술.

## [Ⅰ-10]

을묘일(乙卯日)에 태상(太常)에서 이렇게 상주하였다.

"≪예기(禮記)≫에 이르기를 '거상 중에는 3년 동안 제사를 지내지 않는데, 오직 천지와 사직의 신에게만 제사를 지낸다.'고 하고, ≪주례(周禮)≫에서는 '환종(圜鍾)의 음악이 여섯 차례 연주되면 하늘의 신격이 모두 강림하고. 임종(林鍾)의 음악이 여덟 차례 연주되면 땅의 신명이 다 일어나 나온다.'고 하였습니다. 천지신명께 제사지내는 일을 없애지 않으니, 감히 낮은 것으로 인해 높은 것을 없앨 수 없기 때문입니다. 음악은 신명을 강림하게 하는 것이거늘 음악이 없으면 제사가 이루어질 수 없습니다. 지금 유언의 조칙을 따라 거상 기간을 달 대신에 날수로 계산하는 제도를 시행하시어 그 제도에 따른 거상 기간 내에 제사를 만나면 음악을 거두고 거상 기간이 끝나면 음악을 사용하시기를 청하옵니다."

금상이 이를 따랐다.

(태상에서) 또 이렇게 상주하였다.

"≪예기≫에서 '거상 중에는 3년 동안 제사를 지내지 않는다.'고 하였(고, 국가의 전례에서도 장사지내기 전까지는 종묘에 제사지내지 않는다고 하였)으니 지금 선왕의 신주를 종묘에 모실 때까지 기다렸다가 원상회복하시기를 청하옵니다."

금상이 이를 따랐다.

乙卯[1], 太常[2]奏: "禮[3]云: '喪, 三年不祭, 惟祭天地社稷.' 周禮[4]: '圜鍾之均六變,天神皆降; 林鍾之均八變, 地示咸出.' 不廢天地之祭, 不敢以卑廢尊[5]也. 樂者所以降神也, 不以樂則祭不成. 今遵遺詔, 行易月之制[6], 請制內遇祭輟樂[7], 終制用樂." 從之. 又奏: "禮'三年祭宗廟[8]', 今請竢祔廟[9]畢復常[10]". 從之.

**【주석】**

1 乙卯(을묘): 정원 21년(805) 2월 15일(음력)/3월 19일(양력).

2 太常(태상): 6부에서 나온 정령을 실제로 집행하는 중앙의 9개 관청인 9시(寺)의 하나로, 제사 등 종묘 의례를 담당하였다. 9시는 태상시(太常寺), 광록시(光祿寺), 위위시(衛尉寺), 종정시(宗正寺), 태복시(太僕寺), 대리시(大理寺), 홍려시(鴻臚寺), 사농시(司農寺), 태부시(太府寺)인데, 각 기관의 장관을 경(卿), 차관을 소경(少卿)이라고 하였다. 글자에 있어 약간의 차이는 있지만 아래 상주문이 ≪책부원구≫ 권591에 태상경 두황상(杜黃裳)이 지은 것으로 되어 있고, ≪전당문≫ 권477에 <청제내우제철악제외용악주(請制內遇祭輟樂制外用樂奏)>라는 제목으로 두황상 조 아래에 들어 있는 바, 태상에서 상주한 이 글은 태상경 두황상의 작으로 여겨진다. 이에 대해서는 ≪전교(全校)≫(2832쪽) 참조.

3 禮(예): 아래 인용문은 ≪예기·왕제(王制)≫편에 나온다.

4 周禮(주례): 아래 인용문은 ≪주례·춘관(春官)·종백(宗伯)≫의 <대사악(大司樂)>조의 글을 압축하여 따온 것인데 글자의 출입이 있다. 해당 글은 다음과 같다. "대저 무악(舞樂)은 환종(圜鍾)으로 궁(宮), 황종(黃鍾)으로 각(角), 태주(大蔟)로 치(徵), 고선(姑洗)으로 우(羽)의 음높이를 삼아 뇌고(靁鼓)와 뇌도(靁鼗)의 북을 치고, 고죽(孤竹)으로 만든 피리를 불고, 운화산(雲和山)에서 나는 나무로 만든 금슬(琴瑟)을 뜯고, <운문(雲門)>의 춤을 추면서 동지에 지상(地上)의 환구(圜丘)에서 연주를 한다. 만약 이것이 여섯 차례 연주되면 하늘의 신격이 모두 강림하니 천신(天神)에게 예를 표하고 제사를 지낼 수 있다. 대저 무악은 함종(函鍾)으로 궁, 태주로 각, 고선으로 치, 남려(南呂)로 우의 음높이를 삼아

영고(靈鼓)와 영도(靈鼗)의 북을 치고, 손죽(孫竹)으로 만든 피리를 불고, 공상산(空桑山)에서 나는 나무로 만든 금슬을 뜯고, <함지(咸池)>의 춤을 추면서 하지에 택중(澤中)의 방구(方丘)에서 연주를 한다. 만약 이것이 여덟 차례 연주되면 땅의 신명이 다 나오게 되니 지신(地神)에게 예를 표하고 제사를 지낼 수 있다. 대저 무악은 황종(黃鍾)으로 궁, 대려(大呂)로 각, 태주로 치, 응종(應鍾)으로 우의 음높이를 삼아 노고(路鼓)와 노도(路鼗)의 북을 치고, 음죽(陰竹)으로 만든 피리를 불고, 용문산(龍門山)에서 나는 나무로 만들 금슬을 뜯고, <구덕(九德)>의 노래를 부르고, <구소(九韶)>의 춤을 추면서 종묘에서 연주를 한다. 만약 이것이 아홉 차례 연주되면 조상신에게 예를 표하고 제사를 지낼 수 있다.(凡樂圜鍾爲宮, 黃鍾爲角, 大蔟爲徵, 姑洗爲羽, 靁鼓靁鼗, 孤竹之管, 雲和之琴瑟, 雲門之舞, 冬日至, 於地上之圜丘奏之. 若樂六變, 則天神皆降, 可得而禮矣. 凡樂函鍾爲宮, 大蔟爲角, 姑洗爲徵, 南呂爲羽, 靈鼓靈鼗, 孫竹之管, 空桑之琴瑟, 咸池之舞, 夏日至, 於澤中之方丘奏之. 若樂八變, 則地示皆出, 可得而禮矣. 凡樂黃鍾爲宮, 大呂爲角, 大蔟爲徵, 應鍾爲羽, 路鼓路鼗, 陰竹之管, 龍門之琴瑟, 九德之歌, 九韶之舞, 於宗廟之中奏之. 若樂九變, 則人鬼可得而禮矣.)" 정현(鄭玄)의 주에서 "이 세 가지는 모두 체(禘)라는 큰제사이다. 천신은 북극성을 주로 삼고, 지신은 곤륜산을 주로 삼으며, 조상신은 후직을 주로 삼는다. 먼저 이 무악을 연주하여 신들을 모두 이르게 하고나서 옥을 바쳐 예를 표하고 옷을 벗어 살을 드러낸다. 그런 뒤에 이 세 가지를 함께 연주하고 제사를 지낸다.(此三者皆禘大祭也. 天神則主北辰, 地祇則主崑崙, 人鬼則主后稷. 先奏是樂, 以致其神, 禮之以玉而裸焉. 乃後合樂而祭之.)"고 하였다. 정현의 주석에 의하면 여기서 환종(圜鍾)은 협종(夾鍾), 함종(函鍾)은 임종(林鍾)이다.

5 不敢以卑廢尊(불감이비폐존): 위에 인용된 ≪예기·왕제≫편의 글귀에 대한 정현의 주석 속에 나오는 내용이다.

6 制(제): 부모의 상을 지키는 것을 말한다.

7 輟樂(철악): 음악을 거둬들이다. 음악을 연주하지 않다.

8 禮三年祭宗廟(예삼년제종묘): '≪예기≫에서 (황제는) 3년 마다 종묘에 제사 지낸다'는 뜻으로 풀이할 수 있는데, 이 구절은 ≪예기·왕제≫편에 보이지 않는다. 이대로는 문맥이 통하지 않으므로, ≪전교(全校)≫(2832~2833쪽)에서는 금본 ≪순종실록≫에 누락된 부분이 있다면서 ≪책부원구≫에 근거하여 이를 "≪예기≫에서 '거상 중에는 3년 동안 제사를 지내지 않는다'고 하였고, 국가의 전례에서도 장사지내기 전까지는 종묘에 제사지내지 않는다.(禮三年不祭, 國家故事, 未葬不祭宗廟.)"로 고쳤는데 일리가 있는 풀이라 생각된다.

9 祔廟(부묘): 삼년상이 지난 뒤에 그 신주를 종묘에 모셔 합사하는 것을 말한다.

10 復常(복상): 원상을 회복하다. 평소 상태를 회복하다.

⇒ 거상 기간 내의 제사와 예악에 관한 조치 서술.

## [I-11]

신유일(辛酉日)에 경조윤(京兆尹) 이실(李實)을 통주장사(通州長史)로 좌천시켰다. 그 조칙은 이러하다.

"이실은 종실의 친족으로 수차례에 걸쳐 돌아가며 여러 관직에 임용되어 빨리 높은 반열에 올라 마침내 총애와 영화를 다 누렸지만, 그가 한 정무가 자애롭고 온화함을 저버리고 가혹하고 포악함만 일삼았다. 근년에 가뭄으로 작황이 나빠지자 선황제께서 백성들을 걱정하여 특별히 조칙을 내려 납부하지 못해 밀린 세금을 모두 탕감해주셨는데도, 이실은 감히 방자하게 조칙의 취지를 기망하고 원래대로 가혹하게 징수하였다. 자못 조정의 법을 어지럽게 하였으니 실로 가렴주구를 한 신하일 뿐이다. 국상이 있은 이후로 그가 끼친 해독은 더욱 심해져서 무고한 백성들이 쓰러져 죽어갔으니 이는 짐이 몹시 비탄에 잠기도록 하는 바이다. 짐이 위대한 왕업을 계승하여 잘 다스리는 도리를 널리 베풀고자 하는데, 어찌 좀먹는 정치로 백성을 해치는 짓을 용납하겠는가! 마땅히 관직을 강등하여 내침으로써 국법을 펼치고자 한다. 그렇지만 다시 한 번 관용을 베풀어 그로 하여금 먼 지방 고을을 보좌하도록 하려고 한다."

이실은 이제운(李齊運)에게 아첨하여 그를 섬겨 경조윤까지 초고속 승진을 하고서는, 총애를 믿고 완강하고 강퍅하게 굴면서 나라의 법규를 돌아보지 않았다. 이때 봄과 여름에 가뭄이 들어 도성 근교 경기 지방에 먹을 것이 부족하였다. 이실은 이에 대해 아무런 관심도 기울이지 않고 막 세금을 가혹하게 거둬들여 황제에게 진상하는 공물을 바치는 데만 힘썼다. 매번 황제의 하문에 대면보고를 할 때마다 늘 말하기를 "올해 비록 가뭄이 들긴 하였지만 곡물의 작황은 매우 좋습니다."라고 하였다. 그리고는 조세를 일체 감면해주지 않았기 때문에, 백성들은 곤궁하여 집을 헐어 기와와 목재를 내다팔고 아직 익지도 않은 풋곡식을 저당 잡히고 꾼 돈으로 관청의 조세를 납부하는 지경에 이르렀다. 성보단(成輔端)이란 연예인이 노래를 지어 조롱을 하자 이실이 듣고 난 뒤 성보단이 조정의 정치를 비방하였다고 상주하고는 그를 곤장으로 쳐 죽였다.

한 번은 이실이 시어사(侍御史) 왕파(王播)를 길에서 만난 적이 있었는데, 관례에 따르면 부윤(府尹)과 어사가 마주칠 경우에 부윤이 샛길로 피하도록 되어 있었다. 이실은 피하려 하지 않고 인도하는 호위 기병이 오던 길 대로 계속 다가왔다. 왕파가 인도하는 기병을 꾸짖자 이실이 노하였다. 그리고는 조정에 상주하여 왕파를 삼원현령(三原縣令)으로 내치고 조정에서 왕파에게 욕설을 퍼부었다. 공경(公卿) 이하 관리들을 업신여기고 자기 기분대로 기뻐하거나 노여워하면서 사실을 날조하여 조정에 상주해서

강등해 좌천시키곤 하였기 때문에 조정의 관리들이 모두 그를 두려워하고 기피하였다. 일찍이 조칙이 내려와 경기 지방 백성들이 기한 내에 납부하지 못해 밀린 세금을 감면해주었지만, 이실은 조칙에 따라 집행하지 않고 원래대로 징수하였다. 대담하게 사람을 죽이거나 해쳤기 때문에 백성이나 아전들이 편안히 살 수가 없었다. 그가 견책을 받고 좌천이 되자 저잣거리나 마을에서 환호성을 지르면서 사람들이 모두 소매 안에 기와조각이나 돌멩이를 숨기고 길에 숨어서 그가 지나가기를 기다리고 있었다. 이실은 외진 샛길을 경유해 갔기 때문에 돌멩이 세례를 면할 수 있었다.

辛酉[1], 貶京兆尹[2]李實[3]爲通州長史[4]. 詔曰[一]: “實素以宗屬[5], 累更任使[6], 驟升[7]班列, 遂極寵榮, 而政乖惠和[8], 務在苛厲[9]. 比年[10]旱歉[11][二], 先聖[12]憂人, 特詔逋租[13]悉皆蠲免[14]; 而實敢肆誣罔, 復令徵剝[15]. 頗紊朝廷之法, 實惟聚斂[16]之臣. 自國哀[17]已來, 增毒彌甚; 無辜斃踣[18], 深所興嗟. 朕嗣守[19]洪業[20], 敷弘[21]理道[22], 寧容蠹政[23], 以害齊人[24]! 宜加貶黜[25], 用申邦憲[26]. 尙從優貸[27], 俾佐遠藩[28].” 實諂事[29]李齊運[30], 驟遷[31]至京兆尹, 恃寵强愎[32], 不顧文法[33][三]. 是時, 春夏旱, 京畿乏食. 實一不而介意[34], 方務聚斂徵求[35], 以給進奉[36]. 每奏對[37], 輒曰: “今年雖旱, 而穀甚好.” 由是租稅皆不免, 人窮至壞屋賣瓦木[38]貸麥苗[39]以應官[四]. 優人[40]成輔端[41]爲謠嘲之[42], 實聞之, 奏輔端誹謗朝政, 杖殺[43]之. 實遇侍御史[44]王播[45]於道一故事[46]: 尹與御史相遇, 尹下道避—實不肯避, 導騎[47]如故. 播詰讓[48]導騎者, 實怒. 遂奏播爲三原令[49], 廷詬[50]之[五]. 陵轢[51]公卿已下[六], 隨喜怒誣奏遷黜, 朝廷畏忌之. 嘗有詔免畿內逋租, 實不行用詔書, 徵之如初. 勇於殺害, 人吏不聊生[52]. 至譴, 市里讙呼, 皆袖瓦礫遮道伺之[53]. 實由間道[54]獲免.

[一] “조(詔)” 아래에 “사일도(詞一道)”라는 글자가 있는 판본도 있고, “왈(曰)”아래에 “경윤사도왕(京尹賜道王)”이란 글자가 있는 판본도 있다.

[보충설명]

- ≪송본(宋本)≫과 ≪축본(祝本)≫에 "조사일도(詔詞一道)"로 되어 있고 "사일도(詞一道)"라는 글자가 없는 판본도 있다고 하였으며, ≪위본(魏本)≫에서는 "조사일도(詔詞一道)"로 된 판본도 있고 "도(道)"자가 "통(通)"자로 된 판본도 있다고 하였다.
- ≪송본(宋本)≫, ≪축본(祝本)≫, ≪위본(魏本)≫에 "실(實)"자 위에 "경윤(京尹)"이란 두 글자가 있는 판본도 있다고 하였다. ≪고이(考異)≫에서는 "경윤(京尹)"이란 두 글자가 있는 판본도 있고 "사도왕실(賜道王實)"로 된 판본도 있다고 하였다.

[二] "겸(歉)"은 "탄(嘆)"으로 된 판본도 있다.

[三] "문(文)"은 "내(乃)"로 된 판본도 있다.

[보충설명]

- 이는 ≪고이(考異)≫에 따른 것인데, ≪송본(宋本)≫, ≪문본(文本)≫, ≪위본(魏本)≫에 "내(乃)"자로 되어 있다.

[四] "대(貸)"자가 없는 판본도 있다.

[보충설명]

- 이는 ≪고이(考異)≫에 따른 것인데, ≪송본(宋本)≫에 "대(貸)"자가 없다.

[五] "원(原)"은 "천(泉)"으로 된 판본도 있는데 잘못이다.

[보충설명]

- 이는 ≪고이(考異)≫에 따른 것이다.

[六] "능(陵)"은 "능(凌)"으로 된 판본도 있다.

[보충설명]

- 이는 ≪고이(考異)≫에 따른 것인데, ≪문본(文本)≫과 ≪위본(魏本)≫에 "능(凌)"으로 되어 있다.

**【주석】**

1 辛酉(신유): 정원 21년(805) 2월 21일(음력)/3월 25일(양력).

2 京兆尹(경조윤): 경조부의 차관. ≪원화군현지≫ 권1에 따르면, 경조부는 당나라 도성 인근 23개 현을 관할하였으며, 부청 소재지가 만년현(萬年縣) 곧 지금 섬서성(陝西省) 서안시(西安市)에 있었다. ≪당육전≫ 권30에 "경조부, 하남부, 태원부에는 부목이 각 1인으로 종2품이고, 부윤이 1인으로 종3품이다.(京兆河南太源府牧, 各一人, 從二品. 尹一人, 從三品.)"고 하여, 당나라 때 설치된 3부의 장관은 목(牧)이고, 그 아래 윤(尹)이 있었다. 그렇지만 목은 종실의 친왕(親王)이 맡아 상징적인 존재로 있었고, 실제 업무는 윤이 총괄하였다.

3 李實(이실): 당나라 종실로 고조의 아들인 도왕(道王) 이원경(李元慶)의 4대손이다. 사농경(司農卿)과 경조윤 등의 요직을 역임하였으며 사도왕(嗣道王)에 봉해졌다. 종실의 후손임을 믿고 가렴주구를 통한 부정 축재와 자기 사람 추천 등의 패덕을 일삼은 대표적인 간신이었다. 덕종의 두터운 신임 하에 온갖 악행을 자행하다가 순종 즉위 후에 통주장사로 좌천되었다. ≪구당서135·열전85≫와 ≪신당서167·열전92≫에 모두 전기가 실려 있다.

4 通州長史(통주장사): ≪구당서39·지리지2≫에 따르면, 통주는 산남서도(山南西道) 소속의 상급 주(州)로 8개 현을 관할하였다. 주청 소재지가 통천현(通川縣) 곧 지금 사천성(四川省) 달현시(達縣市)에 있었다. ≪구당서44·직관지3≫의 '주현관원(州縣官員)'조에 따르면, 상급 주에는 종5품상의 장사(長史) 1인이 있었다. 장사는 자사(刺史)의 보좌관으로 실제 직무는 규정되어 있지 않다.

5 宗屬(종속): 종실. 황실의 친족.

6 任使(임사): 임명하다. 임용하다.

7 驟升(취승): 빨리 승진하다. 고속 승진하다.

8 惠和(혜화): 자애롭고 온화하다. ≪좌전·소공(昭公) 4년≫조에 "주왕은 음란하고 포학한 짓을 자행하였고 문왕은 자애롭고 온화하였는데, 그로 말미암아 은

나라는 무너지고 주나라는 흥하였으니 대저 어찌 제후들을 쟁탈하는 데 달려 있었겠는가!(紂作淫虐, 文王惠和, 殷是以隕, 周是以興, 夫豈爭諸侯!)"라는 글귀가 보인다.

9 苛厲(가려): 가혹하고 포악하다.

10 比年(비년): 근년. 최근 몇 년.

11 旱歉(한겸): 가뭄이 들어 작황이 좋지 않다. 한발로 흉년이 들다.

12 先聖(선성): 선대 성왕. 덕종(德宗)을 가리킨다.

13 逋租(포조): 기한 내에 납부하지 못해 밀린 세금.

14 蠲免(견면): 면제하다. 탕감하다.

15 徵剝(징박): 가혹하게 징수하다. 빡빡 긁어모으다.

16 聚斂(취렴): 가렴주구(苛斂誅求)하다.

17 國哀(국애): 국상(國喪).

18 斃踣(폐부): 자빠지고 넘어지다. 여기서는 '쓰러져 죽다'는 뜻이다.

19 嗣守(사수): 계승하고 준수하다. ≪서경·고명(顧命)≫에 "후대의 어리석은 나에 있어서는 하늘의 위엄을 삼가 맞이하여 문왕과 무왕의 큰 교훈을 이어받아 지켜서 감히 혼란스럽게 하거나 벗어나는 일이 없었노라.(在後之侗, 敬迓天威, 嗣守文武大訓, 無敢昏逾.)"라는 글귀가 보인다.

20 洪業(홍업): 대업. 위대한 왕업. 주로 제왕의 업적을 가리킨다.

21 敷弘(부홍): 전파하고 발양시키다. 널리 퍼뜨리고 확대 발전시키다.

22 理道(이도): 이정(理政) 곧 정치를 해나가는 도리.

23 蠹政(두정): 백성을 해치는 정령(政令). 악정(惡政).

24 齊人(제인): 평민. 제민(齊民). 당나라 태종 이세민(李世民)을 피휘하여 "인(人)"으로 "민(民)"을 대신하였다. 이하 동일하다.

25 貶黜(폄출): 관직을 강등시키거나 관작을 박탈하다.

26 邦憲(방헌): 국법(國法).

27 優貸(우대): 관용하다. 너그럽게 봐주다.

28 遠藩(원번): 원방의 번국(藩國)이나 번진(藩鎭). 도성에서 멀리 떨어진 지방 고을을 가리킨다.

29 諂事(첨사): 아첨하여 섬기다.

30 李齊運(이제운): [ I -1]의 주석 13번 참조.

31 驟遷(취천): 빨리 승진하다. 고속 승진하다. 자격이나 경력 및 공적에 관계없이 추월하여 고속 승진하는 것을 말한다. 앞 주석 7의 "취승(驟升)"과 같은 뜻이다.

32 强愎(강퍅): 완강하고 강퍅하다. 제멋대로 억지를 부리며 성질이 까다롭고 고집이 세다.

33 文法(문법): 법령 및 법규.

34 介意(개의): 항상 마음에 두고 있다. 늘 관심을 기울이다.

35 聚斂徵求(취렴징구): 가렴주구(苛斂誅求)하다. 가혹하게 세금을 징수하다.

36 進奉(진봉): 최고 통치자에게 진상하다. 황제에게 갖다 바치다.

37 奏對(주대): 황제의 하문에 대면보고하다. 신하가 면전에서 황제의 질문에 대답하는 것을 말한다.

38 壞屋賣瓦木(괴옥매와목): 집을 헐어 기와나 목재를 내다팔다.

39 貸麥苗(대맥묘): 아직 익지도 않은 풋곡식을 저당 잡히고 돈을 꾸다.

40 優人(우인): 연예인. 배우. 옛날에 음악이나 춤 또는 우스갯소리에 종사하던 사람.

41 成輔端(성보단): 당나라 정원 연간에 활동한 연예인. 자세한 생애는 미상이다.

42 爲謠嘲之(위요조지): 노래를 지어 조롱하다. ≪구당서135·이실전(李實傳)≫에 이와 관련하여 좀 더 상세한 내용이 적혀 있다. 즉 "연예인인 성보단이 그로 인하여 우스개 삼아 노래를 지어 진나라 백성들의 어렵고 고달픈 모습을 일러 '진(秦)나라 땅에 성곽과 해자를 건설한 지 이백년에 어찌 이처럼 농촌 전

원을 천하게 여기려 하는가? 일경이나 되는 땅의 풋곡식은 쌀 다섯 섬 값이고 세 칸의 집은 이천 전에 불과하다네.'라고 하였다. 대저 이와 같은 뜻을 담은 노래가 수십 편이 되었다. 이실이 듣고 노하며 성보단이 나라의 정치를 비방하였다고 상주하여 덕종이 바로 사형에 처하도록 하자, 당시에 이를 두고 논란을 제기한 사람들이 말하기를 '소경이 읊조리며 타이르고 간하여 우스갯소리를 통해 넌지시 풍간의 뜻을 기탁하는 것은 연예인들이 오래 전부터 해오던 관행이었다. 교통의 요로에 간언을 적는 나무를 세우고 꼴 베고 나무 하는 사람들의 노래를 채집하는 것은 본래 아래 백성들의 사정을 소통하게 하고 풍간의 뜻을 간직하고자 하는 것이니 성보단에게 죄를 물어서는 안 된다.'고 하였다. 덕종도 몹시 후회하였으며, 도성 안에 이실에 대해 이를 갈면서 노여워하지 않는 사람이 없었다.(優人成輔端因戲作語, 爲秦民艱苦之狀云: '秦地城池二百年, 何期如此賤田園. 一頃麥苗伍石米, 三間堂屋二千錢.' 凡如此語有數十篇. 實聞之怒, 言輔端誹謗國政, 德宗遽令決殺, 當時言者曰: '瞽誦箴諫, 取其詼諧以托諷諫, 優伶舊事也. 設謗木, 採芻蕘, 本欲達下情, 存諷議, 輔端不可加罪.' 德宗亦深悔, 京師無不切齒以怒實.)"고 한 것이 그것이다. 정원 20년(804)에 관중 지방은 봄여름 두 계절에 걸쳐 극심한 가뭄이 들어 민생이 도탄에 빠졌지만 경조윤 이실은 덕종에게 허위 보고를 하고 가렴주구를 일삼았다. 성보단이 민초들의 참상을 목격하고 당시의 실상을 생생하게 담은 수십 편의 시를 지어 불렀던 것으로 보인다. ≪전당시(全唐詩)≫ 권732에 성보단의 시 한 수가 <우스갯소리(戲語)>라는 제목 하에 실려 전한다. 시는 "秦地城池二百年, 何期如此賤田園. 一頃麥苗碩伍米, 三間堂屋二千錢."으로 되어 있어 약간의 차이가 있지만 뜻은 다르지 않다. 시에서 나온 "진지(秦地)"는 함곡관(函谷關) 서쪽의 관중(關中) 지방으로 옛날 진나라 땅이고 당나라 때 도성이 있던 곳이다.

43 杖殺(장살): 죄인을 곤장으로 쳐서 죽이는 형벌의 하나로 당나라 때 매우 성행한 사형 집행 방법이었다. '장폐(杖斃)'라고도 하였다. 덕종 건중 3년(782)에

형부시랑 반굉(班宏)의 상주문에 보이는 바, 이때부터 사형 집행이 교수형이나 참형에서 장형으로 바뀌었다.

44 侍御史(시어사): ≪당육전≫ 권13에 따르면, 시어사는 백관을 규찰하고 송사(訟事)의 심문을 담당한 관직으로 종6품하의 관직이다.

45 王播(왕파): 759~830. 자가 명양(明敭)이고 태원(지금 山西省 太原市) 사람이다. 진사과 출신으로 여러 관직을 거쳐 재상의 지위에까지 올라 태원군공(太原郡公)에 봉해졌다. 서예에도 뛰어났다. ≪구당서164·열전114≫와 ≪신당서167·92≫에 모두 전기가 실려 있다.

46 故事(고사): 관례. 전례. 지난 규정이나 제도. [Ⅱ-2]의 1번 주석에 보이는 "구사(舊事)"와 같은 뜻이다.

47 導騎(도기): 관리가 외출할 때 앞에서 길을 인도하는 호위 기병.

48 詰讓(힐양): 힐책하다. 나무라다.

49 三原令(삼원령): 삼원현령(三原縣令). 삼원은 섬서성(陝西省)에 있었던 경조부 관할 하의 현 이름이며, 삼원현령은 정6품하의 지방관이다.

50 廷詬(정구/후): 조정에서 욕설을 퍼붓다.

51 陵轢(능력): 업신여기고 짓밟다.

52 不聊生(불료생): 믿고 의지하며 편안히 생활할 수 없다. '민불료생(民不聊生)'이란 성어로 널리 쓰인다.

53 袖瓦礫遮道伺之(수와력차도하지): 소매 안에 기와조각이나 돌멩이를 숨기고 길을 막고 그가 지나가기를 기다리다. 이 구절은 기와나 돌을 던져 이실을 직접 징벌하고 싶은 백성들의 뼈에 사무친 원한과 울분을 구체적으로 잘 형용한 표현이다.

54 間道(간도): 외진 좁은 길.

- 이 단락에 대한 동제덕(童第德)의 다음 논평(≪한유문선(韓愈文選)≫, 158쪽)이 매우 절실한 것으로 생각된다.

  "이실이 잔혹하게 백성들을 억압하고 착취한 실상을 적나라하게 폭로한 바 앞에 실린 <가뭄으로 백성들이 기근에 시달리는 것을 논한 의견서(論天旱人饑狀)>와 함께 볼 만하다. 동시에 이실이 최고 통치자에게 한 아첨과 진상을 가린 행위, 동료 관리들을 대한 기세등등함과 제멋대로 무고하여 해친 짓들을 부수적으로 서술하였다. 이런 나쁜 사람을 모든 대중이 다 원망하여 잡아 죽이기를 기꺼이 원하였지만, 황제인 덕종은 그를 신임하였으니 그 우매함을 알 수 있다. 뒤에 순종 이송(李誦)이 겨우 관직을 강등시키는 처분을 하였지만 당시 백성들의 분노를 가라앉히기에는 턱없이 부족하였다. 봉건 통치자들의 음험한 면모를 잘 내비치고 있다. 한유는 당면한 현실을 반영하여 할 수 있는 데까지 폭로하였으니 '실상을 숨기지 않고 쓰는 필법'이란 뜻의 '서법불은(書法不隱)'이라는 네 글자에 전혀 손색이 없다. 더욱 귀한 것은 농민을 동정하여 기꺼이 농민을 위해 말을 하고 있다는 점이다."

- <가뭄으로 백성들이 기근에 시달리는 것을 논한 의견서(論天旱人饑狀)>는 필자의 ≪한유산문역주≫ 5, 80~84쪽 참조. 이 글의 원제목은 <어사대에서 가뭄으로 백성들이 기근에 시달리는 것을 논해 올리는 의견서(御史臺上論天旱人饑狀)>이다.
- ≪장본(蔣本)≫에 "이실의 사적을 매우 상세하게 적어 놓았는데 <혹리전>에 들여놓을 만하다.(書李實事詳密, 可列之酷吏傳.)"고 하였다. 살펴보건대 내용적으로 매우 타당한 주장이라 생각된다.

⇒ 순종 즉위 만 1개월 전에 이실(李實)을 좌천시킨 사실 서술.

## [I-12]

임술일(壬戌日) 황제의 제서(制書)에 전중승(殿中丞)·황태자시서한림대조(皇太子侍書翰林侍詔) 왕비(王伾)를 수좌산기상시(守左散騎常侍)로 삼고 한림대조는 전과 같이 유지하도록 하였으며, 소주(蘇州) 사공참군(司功參軍) 왕숙문을 기거사인(起居舍人)·한림학사(翰林學士)로 삼았으며, 또 사훈원외랑(司勳員外郎)·한림학사·지제고(知制誥) 정인(鄭絪)을 중서사인(中書舍人)으로 삼고 한림학사는 전과 같이 유지하도록 하였으며, 또 급사중(給事中) 풍항(馮伉)을 병부시랑(兵部侍郎)으로 삼았으며, 병부원외랑(兵部員外郎)·사관수찬(史館修撰) 귀등(歸登)을 급사중으로 삼고 사관수찬은 전과 같이 유지하도록 하였다. 귀등과 풍항은 모두 금상이 동궁에 있을 때 시독(侍讀)이었는데, 스승이라는 은택에 힘입어 관직에 임명되었다.

壬戌[1][一], 制[2]殿中丞[3]皇太子侍書翰林待詔王伾可守左常侍[4], 依前翰林待詔[二]; 蘇州司功[5]王叔文可起居舍人[6]翰林學士; 又以司勳員外郎[7]翰林學士知制誥[8]鄭絪[9]爲中書舍人[10], 學士如故; 又以給事中[11]馮伉[12]爲兵部侍郎[13]; 以兵部員外郎[14]史館修撰[15]歸登[16]爲給事中, 修撰如故. 登伉皆上在東宮時侍讀, 以師傅恩拜[三].

[一] 홍경선(洪慶善)이 말하기를 "역사서에서는 '인(寅)'으로 되어 있는데 잘못이다.(史作寅, 誤.)"고 하였다.

[보충설명]

- 이는 ≪고이(考異)≫에 따른 것인데, "경선(慶善)"은 홍흥조(洪興祖, 1090~1155)의 자이다.
- ≪구당서14·순종기≫에 "임인(壬寅)"으로 되어 있는데, 2월은 신축(辛丑)이 삭일(朔日)이므로 임인(壬寅)이 있을 수 없다.

[二] "서(書)"는 "독(讀)"으로 된 판본도 있다. "의전한림대조(依前翰林待詔)"는 역사서에서 "충한림학사(充翰林學士)"로 되어 있다. 지금 살피건대 앞에서 "금상께서 왕비로부터 서예를 배웠다.(上學書於王伾.)"고 하고, 뒤에서 "시서로서 금상으로부터 총애를 받았다.(以侍書得幸於上.)"고 하였으니 여기서는 마땅히 역사서를 따라 "시서(侍書)"로 쓰는 것이 옳다.

[보충설명]

- 이 둘 모두 ≪고이(考異)≫에 따른 것인데, ≪송본(宋本)≫, ≪축본(祝本)≫, ≪문본(文本)≫, ≪위본(魏本)≫에 "시서(侍書)"의 "서(書)"자가 "독(讀)"으로 되어 있다.
- "上學書於王伾"는 앞의 [Ⅰ-2]에 보이는 구절이고, ≪순종실록≫ 권5에 "伾以侍書幸"이란 구절이 보인다. ≪고이(考異)≫에서 말한 "以侍書得幸於上"과는 약간의 글자 출입이 보인다.
- 역사서는 ≪구당서14·순종기≫인데 거기에 "壬寅, 以太子侍書翰林待詔王伾爲左散騎常侍, 充翰林學士."로 되어 있다.
- "依前翰林待詔"(≪순종실록≫)와 "充翰林學士"(≪구당서14·순종기≫)의 기록 차이를 둘러싼 문제와 관련하여 ≪전교(全校)≫(2837~2838쪽)에서 왕비가 한림대조에서 좌산기상사를 거쳐 한림학사에 임명된 것으로 정리하고 있는데, 한림학사로 임명된 구체적인 시기는 정거회(丁居晦)의 ≪중수승지학사벽기(重修承旨學士壁記)≫에서는 2월 2일, ≪순종실록≫에서는 3월 2일로 되어 있다고 하였다. 3월 2일이라고 한 ≪순종실록≫의 기록은 [Ⅱ-7]에 보인다.

[三] [보주] 하작(何焯)이 말하기를 "스승의 은택이라고 쓴 것은 왕비 및 왕숙문의 붕당과 구별하고자 한 까닭이다.(書以師傅恩, 所以別於伾文之黨也.)"고 하였다.

**【주석】**

1 壬戌(임술): 정원 21년(805) 2월 22일(음력)/3월 26일(양력).

2 制(제): 황제의 조칙. 칙서. 제왕의 명령.

3 殿中丞(전중승): 황제의 생활 관련 의복, 음식, 약물, 수레 등의 업무를 담당한 문하성 소속 기관인 전중성(殿中省)의 관리. ≪구당서44·직관지3≫에 따르면, 전중성에는 종3품의 감(監) 1인, 종4품상의 소감(少監) 2인, 종5품상의 승(丞) 2인을 두었다.

4 守左常侍(수좌상시): 수좌산기상시(守左散騎常侍). ≪당육전≫ 권8에 "정관 초에 산기상시 2인을 두었는데 문하성에 예속되었다. 명경 2년에 또 2인을 더 두고 중서성에 예속시키면서 좌우의 호칭이 붙기 시작하였다.(貞觀初, 置散騎常侍二員, 隷門下省; 明慶二年, 又置二員, 隷中書省, 始有左、右之號.)"고 하였다. 정관(貞觀, 627~649)은 당태종의 연호이고, 명경(明慶, 656~661)은 고종(高宗)의 연호로 본래 현경(顯慶)인데 당나라 사람들이 중종(中宗)을 피휘하여 이렇게 고쳐 썼다. 좌산기상시는 종3품의 높은 품계에 해당하는 관직이므로 앞에 "수(守)"자가 붙었다. 황제를 모시면서 충간과 풍유의 업무를 담당하고 고문으로서 황제의 자문에 응하였다.

5 蘇州司功(소주사공): ≪원화군현지≫ 권26에 따르면, 소주(蘇州)는 강남도(江南道) 소속의 긴주(緊州)로 오(吳), 장주(長洲), 가흥(嘉興), 해염(海鹽), 상숙(常熟), 곤산(崑山), 화정(華亭)의 7개 현을 관할하였으며, 주청 소재지가 오현 곧 지금 강소성 소주시에 있었다. 사공(司功)은 사공참군(司功參軍)으로 ≪구당서44·직관지3≫의 '주현관원(州縣官員)'조에 따르면, 상급 주에는 종7품하의 사공참군 1인을 두었다. 관가 소속의 동산과 제사, 예악, 선발시험, 상소문, 의약, 인사고과, 장례 등의 업무를 담당하였다. 왕숙문은 바둑을 잘 두어 한림원에서 기대조(碁待詔)를 한 경력이 있는데, 여기서 그것을 쓰지 않고 그 이전 관직인 소주사공참군을 적은 것과 관련하여, ≪주석(注釋)≫(528쪽)에서 왕숙문이 자

신의 미천한 출신을 드러내기 꺼려한 때문이라고 한 것은 일리 있는 풀이라 생각된다.

6 起居舍人(기거사인): 중서성 소속의 관리로 황제의 언행과 국가의 대사를 기록하고 조칙을 기초하는 업무를 담당하였다. ≪당육전≫ 권9에 따르면, 종6품상의 기거사인 2인을 두었다.

7 司勳員外郞(사훈원외랑): ≪당육전≫ 권2에 따르면, 이부(吏部) 산하에 종5품상의 사훈낭중 1인과 종6품상의 사훈원외랑 2인을 두었다. 관리들의 공훈 등급 산정 업무를 담당하였다.

8 翰林學士知制誥(한림학사지제고): 당나라 때에 한림학사로서 지제고를 겸한 사람이 황제의 조칙을 기초하였다. 개원 26년(738)에 한림봉공(翰林供奉)을 학사(學士)로 바꾸고 별도로 학사원(學士院)을 두어 궁정 내 황제의 칙령을 관장하게 하였다. ≪자치통감≫ 권235의 호삼성(胡三省) 주에 따르면, 당나라에서는 본래 중서성에서 어명의 경중에 따라 황마지(黃麻紙)와 백마지(白麻紙) 두 종류를 구분하여 썼지만, 한림학사가 궁정 내 황제의 칙령을 전담하면서 재상이나 장군의 임면, 토벌 전쟁, 황후 책봉, 태자 선정, 재난 구휼 등 국가의 주요 칙령을 담당하여 백마지에 적고 중서성에서 기초한 일반적인 칙령은 황마지에 적었다. 전자를 '내제(內制)', 후자를 '외제(外制)'라 불러 구분하였는데, 한림학사가 나온 뒤로 당나라에는 황제의 칙령을 기초하는 권한이 양분되어 내제와 외제로 갈라지게 되었던 것이다. 이를테면, 백거이(白居易)는 중서사인(中書舍人)과 한림학사를 둘 다 역임한 적이 있어, 그의 문집에는 '중서제고(中書制誥)'와 '한림제고(翰林制誥)' 두 가지가 나뉘어 수록되어 있다.

9 鄭絪(정인): 752~829. 자가 문명(文明)이고 여러 관직을 거쳐 순종과 헌종 때 재상을 지냈다. 사람됨이 정도를 지키고 일처리도 돈독하며 관직에서도 청렴한 치적을 남겨 당시 사람들의 존경을 받은 것으로 알려져 있다. ≪구당서159·열전109≫와 ≪신당서165·열전90≫에 모두 전기가 실려 있다.

10 中書舍人(중서사인): 황제의 칙령을 담당하는 중서성 소속 관직이다. ≪당육전≫ 권9에 따르면, 중서성에는 정5품상의 중서사인 6인을 두었다.

11 給事中(급사중): 정령의 옳고 그름의 판정을 담당하는 문하성 소속의 관직이다. ≪당육전≫ 권8에 따르면, 문하성에는 정5품상의 급사중 4인을 두었다.

12 馮伉(풍항): 744~809. 경조부 사람으로 덕종 때에 급사중에 이르렀으며, 황태자와 여러 왕들의 시독(侍讀)을 역임하였다. ≪전당시≫ 권330에 시 2수가 전하며, ≪구당서189·열전139≫와 ≪신당서161·열전86≫에 모두 전기가 실려 있다.

13 兵部侍郎(병부시랑): 무관의 선발과 인사, 지도 및 군장비 등 군사 관련 정령 등을 담당한 병부의 차관급 관직이다. ≪구당서43·직관지2≫에 따르면, 병부에는 정3품의 상서 1인과 정4품하의 시랑 2인을 두었다.

14 兵部員外郎(병부원외랑): 무관의 선발과 인사 관련 업무를 담당한 병부의 관직이다. ≪구당서43·직관지2≫에 따르면, 병부에는 종5품상의 낭중 2인과 종6품상의 원외랑 2인을 두었다.

15 史館修撰(사관수찬): ≪구당서43·직관지2≫에 따르면, 사관(史官)으로 본래 전담 관리를 둔 것이 아니라 국사 편찬과 같은 일이 있을 때 다른 관직에서 선발하여 겸직하도록 하였는데, 천보(天寶) 이후로 이를 '사관수찬'이라 불렀다. '사관(史館)'은 중국에서 북제(北齊) 때에 출현한 정부 기관인데, 당나라 태종 정관(貞觀) 3년(629)에 궁궐 안으로 들어와 역사 편찬 전담 기관으로 독립한 이후 재상의 감수 등을 제도화하였으며 명칭의 차이는 있었지만 역대 왕조에서 기본적으로 유지되었다. 그 결과 역대에 걸쳐 방대한 왕조의 역사와 왕들의 실록이 공동 작업을 통해 안정적으로 편찬될 수 있었지만, 개인 차원의 자유로운 역사 서술을 억제하고 국가에서 역사 편찬을 농단하여 객관적 사실을 왜곡한 폐단도 야기하였다고 할 수 있다.

16 歸登(귀등): 754~820. 자가 충지(冲之)이고 오현(吳縣: 지금 江蘇省 蘇州市)

사람이다. 관직은 공부상서(工部尙書)까지 지냈으며, 글재주가 있었고 초서와 예서에도 뛰어났다. ≪구당서149·열전99≫와 ≪신당서164·열전89≫에 모두 전기가 실려 있다.

⇒ 순종이 왕비와 왕숙문을 발탁한 사실 서술.

[보충]

- ≪전교(全校)≫(2831쪽)에서는 ≪고이(考異)≫와 ≪자치통감≫ 및 ≪통감고이≫에 근거하여 신해(辛亥)([Ⅰ-9])와 을묘(乙卯)([Ⅰ-10]) 사이 임자(壬子)에 이사고(李師古)가 활주(滑州)를 협박한 사건이 상세본 ≪순종실록≫에 실려 있었을 것이라는 견해를 피력하고, 해당 원문은 ≪책부원구≫ 권177에 수록된 아래 문장이라고 하였다.

> 2월 임자일(壬子日: 12일, 양력 3월 16일)에 치청절도사(淄靑節度使) 이사고(李師古)가 활주(滑州)의 서쪽 경계에 군대를 주둔시켰다. 애당초 고애사가 아직 정(鄭) 땅에 도착하기 전이었는데, 활주 군대 소속 비장(裨將)의 관리가 도성으로부터 황제가 유언으로 한 조칙을 구해 돌아와 활주절도사인 이원소(李元素)에게 보여주었다. 이원소는 이사고가 인접해 있었기에 스스로를 그와 소원하게 하지 않으려고 은밀히 사람을 보내 그 조칙을 이사고에게 보여주었다. 이사고는 그것을 받지 않고 말하기를 "도성에서 부고가 나오지 않았는데 무슨 까닭으로 함부로 말을 내뱉는가?"라고 하면서 그 사자를 곤장으로 쳐서 거의 죽을 지경에 이르게 하였다. 그리고는 군대를 일으켜 이원소를 협박하였다. 이원소는 이를 두려워하

여 표문을 올려 자신을 좌천시켜달라고 청하자, 조정에서는 둘을 위로하고 중재하였다. 처음에 이사고는 황제의 붕어 소식을 듣고 스스로 군대를 이끌고 복주(濮州)에 이르러 변고가 일어날까봐 염탐하고 있었다. 그러던 중 이원소를 명분으로 삼아 군대를 동원하려고 하다가 황제가 즉위하였다는 소식을 듣고 즉각 경계 지방에 주둔시킨 군대를 철수하였다.

(二月壬子, 淄靑節度使李師古以師次滑州西界. 初, 告哀使未至鄭, 滑軍裨將吏自京師得遺詔本, 歸以示節度使李元素. 元素以師古鄰接, 欲爲不自外, 使密以其本示之. 師古不受曰: "京師無訃告, 何故妄言?" 杖其使幾死. 擧兵以脅元素. 元素懼, 上表請自貶, 朝廷兩慰解之. 初, 師古聞消息, 遂以師自至濮州, 伺候爲變. 借元素爲名以動衆, 及聞帝卽位, 卽罷界上兵.)

- ≪구당서14·순종기≫에 "임자일에 치청(절도사) 이사고가 군대로 활주의 동쪽 변경을 침범하였는데 국상 소식을 들었기 때문이다.(壬子, 淄靑李師古以兵寇滑之東鄙, 聞國喪也.)"고 한 기록이 보인다.

# 제2권

## 정원 21년 2월 ~ 3월

(起二月, 盡三月)

**제2권**

# 정원 21년 2월 ~ 3월
(起二月, 盡三月)

## [Ⅱ-1]

2월 갑자일(甲子日)에 금상이 단봉문(丹鳳門)에 행차하여 천하에 대사면을 내렸다. 정원 21년(805) 2월 24일 여명 이전부터 죄의 경중을 막론하고 사형 이하 모든 형벌 중에 일반 사면으로는 용서받지 못하는 자들까지 다 사면하였다. 각양각색의 사람들 중에 재능과 덕행이 모두 뛰어나 정치의 요체에 정통한 자, 경전의 학술이 정밀하고 깊이가 있어 스승이나 모범이 될 만한 자, 관리로서의 행정 업무에 통달하여 관리로 부릴 만한 자가 있으면, 마땅히 상참관(常參官)들에게 맡겨 제각기 알고 있는 대상자들을 천거하도록 하였다. 도성 밖 지방에 있는 자들이면 각 지방의 담당 관리들이 정밀하게 수소문해 찾아 가려내어 이름을 갖추어 상주하여 보고하고 또 예우하여 도성으로 파견하도록 하였다.

二月甲子[1], 上御[2]丹鳳門[3], 大赦[4]天下. 自貞元二十一年二月二十四日昧爽[5]已前, 大辟[6]已下罪無輕重, 常赦所不原者[7], 咸赦原[8]之. 諸色人中, 有才行兼茂, 明於理體[9]者; 經術精深, 可爲師法者; 達於吏理[10], 可使從政者[11]: 宜委常參官[12]各舉所知; 其在外者, 長吏[13]精加訪擇[14], 具名聞奏[15], 仍優禮發遣[16].

**【주석】**

1 二月甲子(이월갑자): 정원 21년(805) 2월 24일(음력)/3월 28일(양력).

2 御(어): 행차하다. 왕림하다.

3 丹鳳門(단봉문): 동내 대명궁의 정전(正殿)인 含元殿(함원전)으로 들어가는 문이다. 자세한 것은 [Ⅰ-1] 주석 58 참조.

4 大赦(대사): 전국적으로 효력이 두루 미치는 사면으로 일정한 기간 내에 일어난 모든 범죄에 대해 발각 여부나 판결 확정 여부에 관계없이 모두 사면하는 것을 말한다. ≪책부원구≫ 권89와 ≪당대조령집≫ 권2 및 ≪전당문≫ 권55에 순종이 이때 내린 대사면에 관한 조칙이 수록되어 있고, ≪문원영화≫ 권558과 ≪전당문≫ 권512에는 이길보(李吉甫)가 이를 하례한 <하사표(賀赦表)>가 실려 있다.

5 昧爽(매상): 동틀 무렵. 여명. ≪서경·목서(牧誓)≫에 "갑자일 동틀 무렵에 왕이 상나라의 교외인 목야에 이르시어 군사들에게 맹세하셨다.(時甲子昧爽, 王朝至于商郊牧野, 乃誓.)"라는 글귀가 보인다.

6 大辟(대벽): 죄 중에 가장 큰 것이란 뜻으로 '사형'을 가리킨다. ≪서경·여형(呂刑)≫에 "사형이 의심스러워 사면하면 그 벌금이 1천환이다.(大辟疑赦, 其罰千鍰.)"라는 글귀가 보인다. ≪구당서50·형법지(刑法志)≫에 따르면, 당나라 때에는 태형(笞刑), 장형(杖刑), 도형(徒刑), 유형(流刑), 사형(死刑)의 오형(五刑)이 있었다. ≪당률소의(唐律疏議)≫에 "사형은 두 가지이니 교수형과 참형이다(死刑二: 絞, 斬.)"라고 하였는데, [Ⅰ-11] 주석 43에서 언급한 바와 같이 덕종 이

후에는 곤장으로 쳐서 죽이는 장살(杖殺)의 사형 집행이 유행하였다.

7 常赦所不原者(상사소불원자): 보통의 사면으로는 면제되지 않거나 면제되더라도 일정한 처분이 따르는 범주의 범죄 행위. 북주(北周)와 수(隋)나라 및 당나라 전기까지는 이를 "상사소불면(常赦所不免)"이라고 부르다가 당나라 후기부터 "상사소불원(常赦所不原)"으로 불렀다. 사면에 포함되지 않는 구체적 내용은 시대에 따라 달랐다. 당나라의 경우는 이 문제와 관련하여 ≪당률소의≫에 "보통 법률에 의거하였으니, 곧 악독한 패륜 범죄는 그대로 사형에 처하였고, 반역을 하거나 삼촌의 형과 누나 및 소공의 상복에 해당하는 존속을 살해하거나, 독약을 제조하든지 독충을 길러 살인한 죄는 그대로 유배형에 처하였으며, 10가지 큰 범죄나 고의로 사람을 살해하거나 반역에 연좌되어 판결이 확정된 것은 그대로 호적에서 제명하였다. 간수가 내부적으로 나쁜 짓을 저지르거나 인신을 약탈하거나 재물을 받고 법을 어겨 판결이 확정된 것은 사면을 하여 담당 관직에서 해임하였고, 살인은 사형이 마땅하지만 사면이 되어 타향으로 이주시킨 것 등과 같은 부류가 그것이다.(依常律, 即犯惡逆仍處死; 反逆及殺從父兄姊、小功尊屬、造蓄蠱毒, 仍流; 十惡、故殺人、反逆緣坐, 獄成者猶除名; 監守內奸盜、略人、受財枉法, 獄成會赦, 免所居官; 殺人應死, 會赦移鄉等是.)"라는 기록이 보인다. 여기서 '악독한 패륜 범죄(惡逆)'는 조부모나 부모를 구타하여 살해하려고 도모하거나, 백부와 백모 및 숙부와 숙모, 고모, 형, 누나, 외조부와 외조모, 남편, 남편의 조부모와 부모를 살해한 죄 등을 뜻한다.

8 赦原(사원): 사면하다. (죄를) 사면하여 용서하다.

9 理體(이체): 정치의 요체. "치체(治體)"와 같으니 당나라 고종을 피휘하여 "치(治)"를 "이(理)"로 바꾼 것이다. 이하 "치(治)"자가 "이(理)"로 된 것은 다시 주석을 달지 않는다.

10 吏理(이리): 관리의 태도나 치적. "이치(吏治)"와 같다.

11 可使從政者(가사종정자): 정치에 종사하게 할 만한 사람. 관리로 부릴 만한 사

람. ≪논어·옹야(雍也)≫에서 계강자(季康子)가 공자에게 "중유는 정치에 종사하게 할 만합니까?(仲由可使從政也與?)"라고 한 질문에 나오는 표현이다.

12 常參官(상참관): 정해진 일정에 따라 매일 아침 황제를 배알하던 약식의 조회에 참여하는 관리. 상참관의 범위와 관련하여 ≪신당서48·백관지(百官志)3≫에 "5품 이상의 문관 및 중서성과 문하성의 종사관, 감찰어사, 원외랑, 태상박사는 매일 참여하였으므로 상참관이라고 불렀다.(文官五品以上及兩省供奉官、監察御史、員外郎、太常博士, 日參, 號常參官.)"라는 기록과 ≪당육전≫ 권2에 "대저 도성에 상참관이 있었는데 5품 이상의 사무관과 8품 이하의 종사관, 원외랑, 감찰어사, 태상박사를 말한다.(凡京師有常參官, 謂五品以上職事官、八品已上供奉官、員外郎、監察御史、太常博士.")라는 기록이 보인다.

13 長吏(장리): 주로 현령 아래의 지위가 비교적 높은 관리를 가리킨다.

14 訪擇(방택): 찾아내어 선발하다. 수소문하여 가려내다.

15 聞奏(문주): 상주하여 보고하다. 관리가 상관 특히 황제에게 보고하는 것을 가리킨다. '奏聞'이라고도 한다.

16 發遣(발견): 파견하다. '견발(遣發)'이라고도 한다.

⇒ 순종 즉위 후의 대사면 단행 사실 서술.

## [Ⅱ-2]

전례에는 황실에서 외부의 물품을 구입해야 할 필요가 있으면 담당 관리로 하여금 그 업무를 도맡아 시장에 가서 물품을 파는 사람들과 교역하고 바로 대금을 지불하도록 하였다. 정원 말엽에 환관들로 그 업무를 맡게 하자 환관들이 가격을 억지로 낮추어 사람들의 물품을 헐값에 사들여 원래 판매가와 좀 다르게 되었다. 심지어 말년에는 증빙 공문도 발급하지 않고 '백망(白望)' 수백 명을 장안의 동시(東市)와 서시(西市) 두 시장 및 번화한 저잣거리 길목에 배치하여 사람들이 팔려고 하는 물품을 살피다가 단지 '궁시(宮市)' 곧 '황실용 물품 구매'라고만 말하고는 바로 공손하게 물품을 양도하도록 하였다. 그들이 진짜인지 가짜인지 다시는 가릴 수 없었고, 감히 그들이 어디서 나왔는지 묻거나 그들과 물품 값을 흥정할 수 있는 자가 아무도 없었다. 대체로 그들은 100전의 가치가 있는 물품으로 사람들의 1,000전의 값어치가 나가는 물품을 사들이고, 더군다나 궁궐 문으로 들어갈 때 문지기들에게 건넬 통행료와 짐꾼에게 줄 운송비까지 받아 챙겼다. 팔 물품을 싣고 시장으로 갔다가 빈손으로 집으로 돌아오는 경우까지 생기기도 하였다. 말로는 황실용 물품 구매라고 하였지만 실상은 강탈하는 것이었다. 일찍이 한 농부가 당나귀에 땔나무를 싣고 시내에 팔러 갔다가 환관을 만났는데, 그 환관이 황실용 물품 구매라고 하면서 땔나무를 취하고는 겨우 몇 자밖에 안 되는 비단만 주고 또 궁궐 문지기에게 건넬 돈을 내라고 하였을 뿐 아니라 심지어 당나귀로 궁궐 안까지 땔나무를 운반해달라고 요구하였다. 농부가 눈물을 흘리고 울면서 받은 비단을 환관에게 돌려주었지만, 그는 받으려고 하지 않고 말하였다.

"땔나무를 궁궐 안까지 운반하기 위해 네 당나귀가 필요하다."

농부가 말하였다.

"나에게는 부모와 처자식이 있어 이 당나귀로 화물을 운송해 내다파는 대가에 의지하여 먹고사는데, 지금 땔나무를 나리에게 건네고 제값을 받지 못한 채 집으로 돌아가야 할 처지이거늘 나리께서 그렇게 하기를 원치 않으니 나는 죽는 수밖에 없다."

그러고는 환관을 두들겨 팼다. 거리를 순찰하던 병사가 그 농부를 체포하고 그 일을 조정에 보고하자, 조칙으로 그 환관을 내쫓고 농부에게는 비단 10필을 하사하였다. 그렇지만 황실용 물품 구매는 그 사건으로 인해 바뀌지 않았다. 간관과 어사들이 여러 차례 상소를 올려 간하였지만 받아들여지지 않았다. 금상이 즉위하자마자 이를 금지하였으며, 대사면을 단행함에 있어서 또 분명히 금지시켰다.

舊事[1]: 宮中有要市[2]外物[一], 令官吏[3]主之, 與人[4]爲市[5], 隨給其直[6]. 貞元末, 以宦者爲使[7], 抑買[8]人物, 稍不如本估[9]. 末年不復行文書[10], 置"白望"數百人於兩市[11]幷要鬧坊[12][二], 閱人所賣物, 但稱"宮市", 即斂手[13]付與, 眞僞不復可辨, 無敢問所從來, 其論價之高下者[三]. 率用百錢物買人直數千錢物, 仍索進奉門戶[14]幷腳價錢[15]. 將物[16]詣市[17], 至有空手而歸者. 名爲"宮市", 而實奪之. 嘗有農夫以驢負柴至城賣, 遇宦者稱"宮市"取之, 纔與絹數尺, 又就索門戶, 仍邀[18]以驢送至內[19]. 農夫涕泣, 以所得絹付之, 不肯受, 曰: "須汝驢送柴至內." 農夫曰: "我有父母妻子, 待此[20]然後食[四]. 今以柴與汝, 不取直而歸, 汝尙不肯, 我有死而已!"[5] 遂毆宦者. 街吏[21]擒以聞, 詔黜[22]此宦者, 而賜農夫絹十匹; 然"宮市"亦不爲之改易. 諫官御史數[23]奏疏諫, 不聽[24]. 上初登位, 禁之; 至大赦, 又明禁.

[一] "물(物)" 아래에 "간(間)"자가 있는 판본도 있다.

[보충설명]

- 이는 ≪장본(蔣本)≫에 근거한 풀이이다.

- ≪위본(魏本)≫에서는 "물(物)" 위에 "간(間)"자가 들어 있다고 하였다.

[二] [보주(補注)] 심흠한이 말하기를 "〈유안론〉에 '세금 이외에 함부로 취하게 한 것을 백착이라고 한다.'고 적혀 있다.(劉安論云: '稅外橫取, 謂之白著.')"고 하였다.

[보충설명]

- ≪전교(全校)≫(2848~2849쪽)에서는 마기창(馬其昶)이 심흠한의 주석

을 끌어와 "백착(白著)"으로 "백망(白望)"을 풀이한 것은 적절치 않다고 하였다. 즉, 심흠한의 인용문은 ≪전당문≫ 권684에 실린 진간(陳諫)의 <유안론(劉晏論)>에서 "주나 현에서 부자들을 취해 수륙 운송을 감독하게 하는 것을 '선두(船頭)', 역참을 주관하게 하는 것을 '착역(捉驛)', 세금 이외에 함부로 취하게 하는 것을 '백착(白著)'이라고 불렀다.(州縣取富人督漕輓, 謂之船頭; 主郵遞, 謂之捉驛; 稅外橫取, 謂之白著.)"고 한 문장에서 나온 것임을 밝히면서, "백착(白著)"은 백성들로부터 가렴주구를 일삼는 지방의 토착 부호들을 가리키므로 "백망(白望)"과는 전혀 다르다고 풀이하였다.

- ≪전교(全校)≫(2849쪽)는 이어서 ≪자치통감≫ 권235 정원 13년(797) 12월의 '장건봉입조(張建封入朝)'조에 대한 호삼성의 주석에서 "백망이란 사람을 시켜 시장 안에서 좌우를 살피다가 공짜로 물품을 취하고 원 가격대로 값을 쳐주지 않는 것을 말한다.(白望者, 言使人於市中左右望, 白取其物, 不還本價也.)"고 한 풀이를 끌어온 뒤, 백망이라는 용어는 정원(貞元) 말에 나온 것으로 다음 세 가지 의미가 있다고 풀이하였다. 즉, "백망(白望)"은 '백삼아(白衫兒)'라고 하는 시정의 일반 서민, '백의(白衣)'라고 하는 관가에서 바삐 쫓아다니며 노역에 종사하는 천한 사람, 물품 대금을 제대로 쳐주지 않고 공짜로 취하는 사람이라는 세 가지 뜻으로 쓰였다는 것이다.
- 위의 세 가지 의미 가운데서 세 번째 풀이, 곧 '시장에서 이곳저곳을 돌아다니며 관망하다가 대금을 제대로 쳐주지 않고 공짜로 물품을 취하는 무리'가 이글의 문맥에 가장 부합한다고 생각된다. 여기서 "白"은 '거저'·'공짜로'의 뜻이다.

[三] "기론(其論)"은 마땅히 "여론(與論)"으로 되어야 하지 않을까 한다.

[보충설명]

- 이는 ≪고이(考異)≫에 따른 것이다.
- ≪전정(箋正)≫ 권5에서 "주자는 '여(與)'자로 되어야 하지 않을까 여겼는

데 글자 모양이 비슷하기 때문이다. ≪자치통감≫에서는 '급(及)'자로 되어 있는데 발음이 유사한 점을 취한 것이다. 두 견해가 다 통하지만 '기(其)'자는 실로 잘못이다.(朱子疑作與, 以字形相近. 通鑑作及, 又取聲音相類. 二說皆通, 其字實誤.)"고 한 왕원계(王元啓)의 풀이를 끌어와 "기(其)"자는 잘못이 분명하고 주희와 ≪자치통감≫의 견해가 옳다고 하였다.

- ≪주석(注釋)≫(530쪽)에서도 주희의 견해를 취하면서 "여기서 상하 두 구절이 마땅히 연속적으로 읽혀야 문장의 기세가 더 완전해진다.(此處上下兩句宜連讀, 文氣似更爲完足.)"고 하였다.
- 살펴보건대 여기서 "기(其)"자는 '…와'의 뜻으로 "問所從來"와 "論價之高下"의 두 구절을 대등하게 연결하는 병렬접속사인 '여(與)' 또는 '급(及)'으로 교감하는 것이 타당하다고 생각된다. ≪구당서140·장건봉전(張建封傳)≫에 "無敢問所從來及論價之高下者"로 되어 있다.

[四] "득(得)"으로 된 판본도 있다.

[보충설명]

- 이는 ≪고이(考異)≫에 따른 것이다.

[五] "유사(有死)"는 "필사(必死)"로 된 판본도 있다.

[보충설명]

- 이는 ≪고이(考異)≫에 따른 것이다.

**【주석】**

1 舊事(구사): 관례. 전례. 지난 규정이나 제도. [Ⅰ-11] 주석 46에 보이는 "故事"와 같은 뜻이다.

2 市(시): 구매하다.

3 官吏(관리): 황실용 물자 조달 업무를 담당한 관리를 '내중시매사(內中市買使)'라고 불렀다.

4 人(인): 백성. 당태종의 이름을 피휘하여 "민(民)"을 "인(人)"으로 바꾸어 쓴 결과이다. 이 단락에서 이하 동일하다.

5 爲市(위시): 거래하다. 교역하다. ≪맹자·공손추하(公孫丑下)≫에 "옛날 시장에서 교역할 때는 자기가 가진 물건을 자기에게 없는 물건과 바꾸고, 시장 담당 관리는 분쟁을 조정하는 일만 하였다.(古之爲市也, 以其所有易其所者, 有司者治之耳.)"라는 글귀가 보인다.

6 直(치): 값. 가격. '치(値)'와 같다.

7 以宦者爲使(이환자위사): 황실용 물자 조달 업무를 담당한 환관을 '궁시사(宮市使)'라고 불렀다.

8 抑買(억매): 가격을 낮추어 구매하다.

9 本估(본고): 본래 가격. 물품의 제값.

10 行文書(행문서): 문서를 발급하다. 문서는 구매 담당자와 구매 물품 내역 등이 담긴 황실에서 발급한 공문을 가리킨다.

11 兩市(양시): 장안의 동시(東市)와 서시(西市). ≪장안지≫ 권8에 따르면, 동시는 장안성 주작가(朱雀街) 동쪽 4번가로 황성 동쪽 두 번째 거리의 넷째 구역에, 서시는 주작가 서쪽 4번가로 황성 서쪽 첫 번째 거리의 다섯째 구역에 있었다.

12 要鬧坊(요료방): 번화한 저잣거리. 시내에서 사람의 통행이 가장 빈번한 지역. ≪동경몽화록(東京夢華錄)≫ 권3의 <마행가포석(馬行街鋪席)>에 "야시장은 삼경이 되어서야 파하였다가 오경이 되면 다시 개장하였다. 번화한 저잣거리는 새벽까지 (인적이) 끊이지 않았다.(夜市直至三更盡, 纔五更又復開張. 如要鬧坊處, 通曉不絶.)"라는 글귀가 보인다.

13 歛手(염수): 두 손을 거둬들여 맞잡다. '공경을 표하다'는 뜻이다. "歛"은 "斂"과 같다.

14 索進奉門戶(색진봉문호): 황실에 물품을 진상하기 위해 궁궐로 들어갈 때 문지기에게 건네는 통행료조의 돈을 요구하다.

15 腳價錢(각가전): 운반비. 별도로 물품을 배달할 인부를 고용해야 한다는 핑계로 산정한 비용.

16 將物(장물): 물건을 실어 운반하다.

17 詣市(예시): 시장으로 가다.

18 邀(요): 요청하다. 요구하다. 동제덕은 ≪한유문선≫(160쪽)에서 실제 '명령하다(命令)'는 뜻이라고 하였는데 타당한 풀이라 생각된다.

19 內(내): 궁궐 안.

20 此(차): '당나귀(驢)'를 가리킨다.

21 街吏(가리): 도성의 거리 치안 담당 병사.≪자치통감≫ 권235 정원 13년(797) 12월의 '장건봉입조(張建封入朝)'조에 대한 호삼성의 주석에서 "곧 금오위 좌우가사의 부하 관리이다.(即金吾左右街使之屬吏.)"고 하였다. '좌우가사(左右街使)'는 ≪신당서49·백관지4≫의 '좌우금오위(左右金吾衞)'조에 따르면, "(도성) 여섯 거리의 순찰을 나누어 살피는 업무를 관장하였다.(掌分察六街徼巡.)"고 한 바, 도성의 거리 치안과 교량 보수 및 가로수 식수 등을 담당한 좌우금오위 소속 장군이었다. ≪구당서140·장건봉전≫에는 "가리(街吏)"가 "가사(街使)"로 되어 있다.

22 詔黜(조출): 조칙을 내려 내쫓다.

23 數(삭): 여러 차례. 자주.

24 不聽(불청): 받아들이지 않다. ≪구당서140·장건봉전≫에 서주자사(徐州刺史) 겸 어사대부(御史大夫)·서사호절도사(徐泗濠節度使)로 검교우복야(檢校右僕射)란 직함을 받은 장건봉이 정원 13년(797) 겨울에 도성으로 가서 덕종을 알현하고 궁시의 문제를 거론하였지만 끝내 받아들여지지 않은 사실이 이렇게 적혀 있다. "오주(吳湊)가 외척의 신분으로 경조윤이 되어 궁시의 폐단을 준엄하게 언급하였다. 장건봉이 입궐하여 황제를 알현하고 이 문제를 자세하게 상주하자 덕종이 매우 가상히 여기고 받아들이려고 하였다. 그러나 호부시랑·판탁지 소변(蘇

弁)이 환관의 뜻에 영합하기 위하여 궁궐에 들어가 그 일에 대해 상주하자 황제가 그의 견해를 물으니, 소변이 대답하기를 '도성에 아무 하는 일 없이 놀며 지내는 실업자가 수천수만 가구로 토지에 근거한 생업이 없이 궁시만 바라보며 생계를 유지하고 있사옵니다.'고 하였다. 황제가 그 말을 믿어 궁시에 대해 상주하는 모든 의견을 다 듣고 받아들이지 않았다.(吳湊以戚里爲京兆尹, 深言其弊. 建封入覲, 具奏之, 德宗頗深嘉納; 而戶部侍郎、判度支蘇弁希宦者之旨, 因入奏事, 上問之, 弁對曰: '京師游手墮業者數千萬家, 無土著生業, 仰宮市取給.' 上信之, 凡言宮市者皆不聽用.)" 이처럼 덕종이 황실 외척인 경조윤 오주(吳湊)와 황제의 신망이 두터웠던 중신 장건봉의 건의도 받아들이지 않았으니, 간관과 어사의 간언은 수도 없이 물리쳤을 것으로 짐작된다.

⇒ 궁시의 폐단과 그와 관련한 한 농부의 피해 사례를 고발하고 순종의 궁시 폐지 사실 서술.

- 이 단락은 궁시의 폐단을 기록한 것으로 당시의 사회상과 정치의 난맥상을 이해하고 연구하는 데 매우 중요한 사료적 가치가 있다. 동제덕은 ≪한유문선≫(160쪽)에서 이 글에 대해 이렇게 논평하고 있다.

  "이 글은 궁시의 죄악을 폭로한 것이다. 궁시는 환관의 주관 하에 '백망(白望)' 수백 명을 배치하여 저지른 것으로 불량배 몇 백 명이 공공연히 '제일 목이 좋은 곳(首善之區)'에서 제멋대로 강탈한 것에 다름 아니다. 환관이 공공연히 악행을 저지를 수 있었던 것은 또 최고 통치자의 묵인이 있었기 때문이다. 이 글에서 서술하고 있는 땔나무를 내다파는 농부가 당한 억압은 수천 수백 가지 사례 중의 일례에 불과하다. 농부는 참으려고 해도 더 이상 참을 수 없어서 어쩔 수 없이 떨쳐 일어나 반항할 수밖에 없었다. 최고 통치자가 이 환관만 잘라내고 농부에게 비단을 하사한 것은 의도적으로 자그마한 은혜를 베풀어 백성들의 반항 의지를 완화시키려는 수단일 뿐이다. 한유는 추호의

거리낌이나 숨김도 없이 이런 사실을 폭로하였으니 그가 쓴 ≪순종실록≫은 명실상부하다고 할 수 있다. 백거이의 신악부 중에 <매탄옹(賣炭翁)>이라는 시가 한 수 있는데, 이런 이야기로 풍자한 것이다."

- 이 시는 50수의 연작시로 된 백거이의 <신악부(新樂府)> 50수 가운데 32번째 작품으로 제목 밑에 "궁시 때문에 고통을 받는다.(苦宮市也.)"라는 주석이 달려 있다. 덕종 때 황실용 물자 조달 특권을 장악하고 가련한 백성들의 물품을 강탈하다시피 헐값에 사들이는 환관과 그 앞잡이들의 행패를 잘 그려내고 있다. 황색 옷을 입은 환관과 흰 옷을 걸치고 그들의 앞잡이 노릇을 하고 있는 무리들은 말을 타고 거드름피우건만, 숯을 구워 팔아 연명하는 노인은 추운 겨울에 홑옷 하나 달랑 걸치고도 숯 값이 내려 갈까봐 날씨가 더 추워지기를 바라는 형편이다. 힘없는 백성은 환관과 앞잡이의 횡포 앞에 찍소리 한 번 내지 못하고 속수무책 당할 수밖에 없음을 고발하고 있다. 참고로 그 작품을 소개하면 다음과 같다.

賣炭翁(매탄옹) 숲 파는 노인

伐薪燒炭南山中(벌신소탄남산중)
남산에서 땔나무 베어 숯을 굽는다

滿面塵灰煙火色(만면진회연화색)
얼굴에는 온통 재 가루와 연기 그을음이고

兩鬢蒼蒼十指黑(양빈창창십지흑)
두 귀밑머린 희끗희끗 열 손가락은 가무잡잡

賣炭得錢何所營(매탄득전하소영)
숯 팔아 번 돈 어디에 쓰는가 하니

身上衣裳口中食(신상의상구중식)
몸에 걸칠 옷과 입으로 먹을 양식 산다

可憐身上衣正單(가련신상의정단)

가련타, 몸에 홑옷을 걸치고도

心憂炭價願天寒(심우탄가원천한)

숯 값 내릴 걱정에 추워지길 바란다

夜來城外一尺雪(야래성외일척설)

밤새 성 밖엔 눈이 한 자나 쌓여

曉駕炭車輾冰轍(효가탄거전빙철)

새벽에 숯 수레 끄니 얼음 바퀴 자국 난다

牛困人飢日已高(우곤인기일이고)

소는 지치고 사람은 허기진데 해는 벌써 중천

市南門外泥中歇(시남문외니중헐)

저자 남문 밖 진흙구덩이에서 쉬고 있다

翩翩兩騎來是誰(편편양기래시수)

펄럭펄럭 두 마리 말 타고 오는 이 누구인고?

黃衣使者白衫兒(황의사자백삼아)

황색 옷 입은 환관과 흰 옷 걸친 앞잡이

手把文書口稱敕(수파문서구칭칙)

손에는 문서 들고 입으로는 칙령이라 소리치며

回車叱牛牽向北(회거질우견향북)

수레 돌려 소를 몰고 북쪽 황궁으로 끌고 간다

一車炭重千餘斤(일거탄중천여근)

한 수레 가득한 숯 천근 넘는 무게건만

宮使驅將惜不得(궁사구장석부득)

황궁 사자가 몰고 가니 아까워도 어찌하리

半匹紅紗一丈綾(반필홍사일장능)

붉은 베 반 필과 능라 비단 열 자

繫向牛頭充炭值(계향우두충탄치)

소머리에 매어 놓고는 숯 값이란다

- 이 단락은 ≪구당서140·장건봉전≫에도 실려 있는데 내용은 거의 같고 자구 표현에 약간의 차이가 있는 대목이 일부 있다. 대조의 편리를 위해 아래에 인용한다.

"時宦者主宮中市買, 謂之宮市, 抑買人物, 稍不如本估. 末年不復行文書, 置白望數十百人於兩市及要鬧坊曲, 閱人所賣物; 但稱宮市, 則斂手付與, 眞僞不復可辨, 無敢問所從來及論價之高下者. 率用直百錢物買人直數千物, 仍索進奉門戶及腳價銀. 人將物詣市, 至有空手而歸者, 名爲宮市, 其實奪之. 嘗有農夫以驢馱柴, 宦者市之, 與絹數尺, 又就索門戶, 仍邀驢送柴至內. 農夫啼泣, 以所得絹與之, 不肯受, 曰: '須得爾驢.' 農夫曰: '我有父母妻子, 待此而後食; 今與汝柴, 而不取直而歸, 汝尙不肯, 我有死而已.' 遂毆宦者. 街使擒之以聞, 乃黜宦者, 賜農夫絹十匹. 然宮市不爲之改, 諫官御史表疏論列, 皆不聽. 吳湊以戚裏爲京兆尹, 深言其弊. 建封入覲, 具奏之, 德宗頗深嘉納; 而户部侍郎、判度支蘇弁希宦者之旨, 因入奏事, 上問之, 弁對曰: '京師游手墮業者數千万家, 無土著生業, 仰宮市取給.' 上信之, 凡言宮市者皆不聽用."

## [II-3]

또 정원 연간에 황실에서 일할 유모가 필요할 경우 사찰(寺刹)이나 도관(道觀)의 여종들 중에서 모두 뽑아서 채우도록 하고, 몸값에 따라 그들에게 급여를 주었다. 관례적으로 선발 범위에 들어가지 못하는 경우가 많았다. 그래서 절이나 도관에서 공출을 해야 할 차례가 되면 재산이나 땅을 팔아서 여성들을 사들였는데, 자태나 모양이 좋은 여자아이들을 궁궐에 진상하는 것을 귀하게 여겨 그 일에 종사하는 무리들이 그 때문에 괴로워하였다. 이때 이것 또한 금지시켰다.

又貞元中, 要乳母皆令選寺觀[1]婢以充之, 而給與其直[2]. 例[3]多不中選[4]. 寺觀次當出者, 賣産業割與地買之[一], 貴有姿貌者以進, 其徒苦之. 至是亦禁焉.

[一] "지(地)" 위의 "여(與)"자는 잘못 들어간 것이 아닌가 한다. 혹 "매산업(賣産業)"이 본래 글귀였고 뒤에 "할지(割地)"로 고쳐 썼는데, 전하는 사람이 옛 글귀를 없애지 않고 게다가 "여(與)"자를 잘못 더 보탠 것 같다.

[보충설명]

- 이는 ≪고이(考異)≫에 따른 것이다.
- ≪주석(注釋)≫(531쪽)에서 이 구절은 문맥이 아주 잘 통하지 않는다고 하면서 주희의 견해에 일리가 있다고 하였다. 또 "매(買)" 아래의 "지(之)"자가 불필요하게 들어간 것으로 여기고, "매(買)"자는 아래 구절에 붙여 "귀하게 자태나 모양이 좋은 여자아이들을 사들여 궁궐에 진상하다.(買貴有姿貌者以進.)"라는 뜻으로 읽는 게 문맥이 더 잘 통할 것 같다고 하였다. 이 풀이도 참고할 만하다고 보여 여기에 적어둔다.

**【주석】**

1 寺觀(사관): 사찰과 도관. 불교 사찰과 도교 사원.

2 直(치): 값. 몸값. '値'와 같다.

3 例(예): 관례적으로.

4 中選(중선): 선발되다. 기준에 부합하여 선발 범위에 들어가다. 이는 특히 과거 고시에 합격하는 것을 가리킬 때 많이 쓰였다.

⇒ 사찰이나 도관에서 황실에 유모를 공출하도록 한 조치를 폐지시킨 사실 서술.

## [Ⅱ-4]

정원 말에 오방(五坊)에서 사역하는 급사들이 거리 골목에 그물을 쳐 놓고 새를 잡았는데, 모두 횡포를 자행하면서 백성들의 돈과 물건을 갈취하였다. 심지어 인가의 문에 그물을 쳐놓고는 사람들의 출입을 허용하지 않는 경우까지 있었다. 때로는 우물 위에 그물을 쳐놓아 백성들이 거기로 가서 물을 길을 수도 없게 하였는데, 만약 사람들이 그들 가까이 다가가면 곧바로 "너희가 황제에게 진상할 새를 놀라게 한다."고 하면서 심하게 구타를 하였다. 사람들이 돈이나 물건을 내고 사죄를 해야만 비로소 그들이 떠나갔다. 때로는 점포에서 함께 모여 퍼먹고 마셔 술에 취하거나 포식을 하고 갔는데, 점포 주인이 혹 그들의 정체를 알지 못하고 식대와 술값을 내라고 하다가는 대부분 그들에게 구타를 당하거나 욕을 먹었다. 때로는 (돈을 내지 않고) 뱀이 든 자루 하나를 담보물로 남기면서 말하였다.

"이 뱀들은 새를 끌어들여 잡는 데 쓰는 것인데, 지금 너희들에게 남겨

주니 이 뱀들을 잘 길러 굶기거나 목이 마르도록 하지 말기 바란다."

점포 주인이 부끄럽게 여기고 사죄하며 애걸복걸 용서를 구하자 그들은 비로소 뱀을 가지고 떠나갔다. 금상이 동궁에 태자로 있었을 적에 그 폐단을 알고 늘 황제(덕종)에게 상주하여 금지시키고자 하였다. 황제로 즉위함에 이르러 마침내 이를 추진하여 실행에 옮겼다. 백성들이 모두 크게 기뻐하였다.

貞元末, 五坊小兒[1]張捕鳥雀於閭里[2], 皆爲暴橫[3]以取錢物. 至有張羅網於門, 不許人出入者. 或有張井上者, 使不得汲水[4], 近之輒曰: "汝驚供奉[5]鳥雀", 痛毆[6]之. 出錢物求謝, 乃去. 或相聚飲食於肆[7], 醉飽而去, 賣者或不知, 就索其直[8], 多被毆罵[9]. 或時留蛇一囊爲質[10], 曰: "此蛇所以致鳥雀而捕之者, 今留付汝, 幸[11]善飼之, 勿令飢渴." 賣者愧謝求哀[12], 乃攜而去. 上在春宮[13]時則知其弊, 常欲奏禁之. 至卽位, 遂推而行之. 人情大悅.

**【주석】**

1 五坊小兒(오방소아): 수리, 송골매, 익더귀, 매, 개 등 황제가 사냥 놀이를 때 쓰는 맹금이나 개를 기르는 일을 담당한 다섯 부서로, 각 방에 책임자가 있었고 모두 황제의 어용 또는 군용 마필에 관한 업무를 관장하는 관리인 한구사(閑廏使)의 수하에 있었다. ≪자치통감≫ 권236의 영정(永貞) 원년(805) 조 아래 "오방은 첫째 조방, 둘째 골방, 셋째 요방, 넷째 응방, 다섯째 구방이다. 소아는 오방에서 사역을 제공하는 자들이다. 당나라 때에 사역을 제공하는 자들을 대부분 소아라고 불렀는데, 이를테면 원감소아, 비룡소아, 오방소아가 그것이다. 오방은 선휘원에 속하였다.(五坊, 一曰鵰坊, 二曰鶻坊, 三曰鷂坊, 四曰鷹坊, 五曰狗坊. 小兒者, 給役五坊者也. 唐時給役者多呼爲小兒, 如苑監小兒飛龍小兒五坊小兒是也. 五坊屬宣徽院.)"라는 호삼성의 주석이 보인다. 오방 담당 업무는 환관들이 독점적으로 장악한 것은 아니라는 견해가 있다. 이에 대한 자세한 논

의는 ≪전교(全校)≫ 2852~2853쪽 참조.

2 閭里(여리): 마을 거리. 동네 골목.

3 爲暴橫(위포횡): 횡포를 부리다. 제멋대로 행동하다.

4 汲水(급수): 물을 긷다.

5 供奉(봉공): 황제에게 진상하다.

6 痛毆(통구): 심하게 구타하다.

7 肆(사): 가게. 점포. 여기서는 식당을 가리킨다.

8 其直(기치): 술과 음식 대금. 술값과 식대. "치(直)"는 '치(值)'와 같다.

9 毆罵(구매): 구타하고 욕하다.

10 爲質(위질): (음식 값 대신에 건네는) 담보물로 삼다.

11 幸(행): 바라다.

12 求哀(구애): 동정을 구하다. 애걸구걸하다.

13 春宮(춘궁): 동궁. 태자궁. [Ⅰ-1] 주석 37 참조.

⇒ 순종 즉위 후 '오방소아'의 횡포와 그것을 금지시킨 사실 서술.

## [Ⅱ-5]

을축일(乙丑日)에 염철사(鹽鐵使)의 공물 진상을 정지시켰다. 전에 소금과 철은 돈이나 현물의 형태로 모두 국고로 들어가 전부 국가의 경상비용으로 쓰였다. 뒤에 이 업무를 주관하는 사람이 차츰 이따금씩 진귀한 완상용 물품이나 철따라 나오는 신상품을 구입해서 진상하는 공물로 채워 황제의 은택을 구하려고 하였다. 이런 일이 후대로 갈수록 심해져서 해마다 돈이나 현물을 공물로 진상하였는데 그것을 '선여(羨餘)'라고 불렀다. 그 결과 정규 조세 수입은 갈수록 줄어들었다. 정원(貞元) 말에 이르자 매월 공물을 진상하였는데 그것을 '월진(月進)'이라고 불렀다. 이날 이것도 바로 폐지시켰다. 우금오위장군(右金吾衛將軍) 겸 어사중승 전경도(田景度)에게 명하여 지절사(持節使)로 토번(吐蕃)으로 가서 국상을 알리도록 하고, 고부원외랑(庫部員外郎) 웅집이(熊執易)를 부사로 삼았다. 병부낭중(兵部郎中) 겸 어사중승 원계방(元季方)을 신라(新羅)에 고애사로 파견하고 아울러 신라의 승계한 왕을 책봉하여 세우도록 하였으며, 주객원외랑(主客員外郎) 겸 전중감(殿中監) 마우(馬于)를 부사로 삼았다.

乙丑[1], 停鹽鐵使[2]進獻[3]. 舊鹽鐵錢物悉入正庫[4], 一助經費[5]. 其後主此務者, 稍以時市[6]珍翫[7]時新物[8]充進獻, 以求恩澤. 其後益甚, 歲進錢物, 謂之"羨餘[9]"; 而經入[10]益少. 至貞元末, 遂月有獻焉[一], 謂之"月進[11]". 至是乃罷. 命右金吾將軍[12]兼中丞[13]田景度[14]持節[15]告哀[16]於吐蕃[17], 以庫部員外[18]熊執易[19]爲副. 兵部郎中[20]兼中丞元季方[21]告哀于新羅, 且册立新羅嗣王, 主客員外郎[22]兼殿中監[23]馬于[24]爲副.

[一] "遂"자가 "逐"으로 된 판본도 있는데, 옳지 않다.

[보충설명]

- 이는 ≪고이(考異)≫에 따른 것이다.

**【주석】**

1 乙丑(을축): 정원 21년(805) 2월 25일(음력)/3월 29일(양력).

2 鹽鐵使(염철사): ≪구당서48·식화지상(食貨志上)≫에 "개원 이전에는 (재정 및 조세 관련) 사무가 상서성에 귀속되었는데, 개원 이후에는 그 권한이 다른 관직으로 이관되었다. 이로 말미암아 전운사(轉運使), 조용사(租庸使), 염철사(鹽鐵使), 탁지염철전운사(度支鹽鐵轉運使), 상평주전염철사(常平鑄錢鹽鐵使), 조용

청묘사(租庸青苗使), 수륙전운염철조용사(水陸運鹽鐵租庸使), 양세사(兩稅使)가 생겨났다. 일에 따라 명칭이 만들어졌는데 연혁은 같지 않다.(開元已前, 事歸尙書省; 開元已後, 權移他官. 由是有轉運使、租庸使、鹽鐵使、度支鹽鐵轉運使、常平鑄錢鹽鐵使、租庸青苗使、水陸運鹽鐵租庸使、兩稅使. 隨事立名, 沿革不一.)"라는 기록이 있는 것으로 보아, 개원 이후로 염철사가 호부(戶部) 및 탁지사와 어깨를 나란히 하여 국가의 재정 업무를 담당하는 삼사(三司)의 하나가 되었다. 즉, '염철사'는 당나라 후기에 소금과 광물 및 차(茶)의 전매와 세금 징수 업무를 담당하던 관직으로, 안사의 난 이후 이들 물품이 군용으로 많이 필요하게 되자 숙종 건원(乾元) 원년(758)에 탁지낭중(度支郎中) 겸 어사중승인 제오기를 염철사로 임명하여 이 업무를 전담하게 하였다. ≪신당서149·제오기전(第五琦傳)≫에 제오기가 최초의 염철사였다는 명시적 언급이 보인다. 여기서 "철(鐵)"은 은·구리·철·주석 등을 포괄한다.

3 進獻(진헌): 공경하게 바치다. 헌상하다. 공물을 진상하는 것을 말한다.

4 正庫(정고): 국고(國庫).

5 經費(경비): 국가의 경상비용. ≪사기·평준서(平準書)≫에 "산림, 하천, 동산, 연못, 시장 등의 조세 수입과 천자로부터 군왕 등 귀족의 식읍에서 나오는 수입은 모두 각자 사적인 비용으로 충당하였고 국가의 경상비용으로 지출하지 않았다.(山川園池市井租稅之入, 自天子以至於封君湯沐邑, 皆各爲私奉養焉, 不領於天下之經費.)"라는 글귀가 보인다.

6 市(시): 구입하다. 사들이다.

7 珍翫(진완): 진귀한 완상용 물품. '珍玩'으로도 적는다.

8 時新物(시신물): 철따라 나오는 신상품

9 羨餘(선여): 정해진 세금 이외에 지방 관리들이 백성들로부터 수탈하여 황제에게 정기적으로 바친 여분의 각종 부가세를 말한다. ≪전교(全校)≫(2853~2854쪽)에서는 이것이 국고가 아닌 황제의 개인 주머니로 들어가기

시작한 것은 현종(玄宗) 천보(天寶) 4년(745) 이후부터라고 고증하고 있다.

10 經入(경입): 정규 조세 수입. 정해진 세금으로 들어오는 수입.

11 月進(월진): ≪구당서48·식화지상≫에 따르면, 강서관찰사(江西觀察使) 이겸(李兼)이 매달 황제에게 공물을 진상하였으며, 심지어 검남서천절도사(劍南西川節度使) 위고(韋皐)는 '일진(日進)'이라 하여 매일 공물을 진상하였다고 기록하고 있다.

12 右金吾將軍(우금오장군): 우금오위장군(右金吾衛將軍). ≪문본(文本)≫과 ≪구당서196≫·≪신당서216≫의 <토번전(吐蕃傳)>에는 "우(右)"가 "좌(左)"로 되어 있다. ≪전교(全校)≫(2855쪽)에서는 ≪전당문≫ 권625에 실린 여온(呂溫)의 <대공시랑번중하순종등극표(代孔侍郎蕃中賀順宗登極表)>에 근거하여 전경도의 직함은 '좌금오위장군'이 옳다고 하였다. ≪구당서44·직관지3≫에 따르면, 좌우금오위에는 정3품의 대장군 각 1인, 종3품의 장군 각 2인을 두었다. 좌우금오위는 궁중과 도성의 주야간 순찰과 경계 및 황제 외출 시의 수행 경호 업무 등을 담당하였다.

13 中丞(중승): 어사중승. [Ⅰ-2] 주석 16 참조.

14 田景度(전경도): ≪구당서≫와 ≪신당서≫에 전기가 실려 있지 않고, ≪구당서196·토번전하≫에 정원 21년(805) 2월 좌금오위장군(左金吾衛將軍) 겸 어사중승을 맡고 있을 때 덕종의 붕어 소식을 알리는 지절고애사(持節告哀使)로 토번에 파견된 사실이 적혀 있다.

15 持節(지절): 왕명을 받들고 파견되는 사절이 신분 증명을 위해 가지고 간 부절을 뜻하는데, 진(晉)나라 이후 권한과 명망에 따라 가절(假節)·지절(持節)·사지절(使持節)·가절월(假節鉞: 假黃鉞이라고도 함) 등의 관직으로 세분되었다. 당나라 때 지방을 할거하여 다스린 절도사의 전신이기도 하다.

16 告哀(고애): 부고하다. 초상을 알리다.

17 吐蕃(토번): 오늘날 티베트(Tibet)의 선조로 장족(藏族)이 청장고원(青藏高原)

에 세운 왕조.

18 庫部員外(고부원외): 고부원외랑. ≪구당서43·직관지2≫에 따르면, 병부(兵部)에 종5품상의 고부낭중 1인과 종6품상의 고부원외랑 1인을 두었는데 병기와 의장 관련 업무를 담당하였다.

19 熊執易(웅집이): ≪구당서≫와 ≪신당서≫에 전기가 실려 있지 않는 인물이다. 생애에 관한 여러 서적의 산발적인 기록에 대해서는 ≪전교(全校)≫ 2855~2856쪽 참조.

20 兵部郎中(병부낭중): ≪구당서43·직관지2≫에 따르면, 병부에는 종5품상의 낭중 2인을 두었는데 판결 장부, 무관의 품계, 숙위금병(宿衛禁兵)과 부병(府兵)의 인원, 군대 파견 인원 등에 관한 업무를 담당하였다.

21 元季方(원계방): ≪신당서201·문예전상(文藝傳上)≫에 전기가 실려 있는데, 경조부 사람으로 명경과를 통해 관직에 들어가 금부(金部)와 선부(膳部)의 낭중을 역임하였는데 직무 능력이 뛰어났다는 평가를 받았다.

22 主客員外郎(주객원외랑): ≪구당서43·직관지2≫에 따르면, 예부(禮部)에 종5품상의 주객낭중 1인과 종6품상의 주객원외랑 1인을 두었는데, 신임 황제 등극 후 전대 두 황제 왕족의 후손과 여러 번국(蕃國)의 조공 및 예방 관련 업무를 담당하였다.

23 殿中監(전중감): ≪구당서43·직관지2≫에 따르면, 전중성(殿中省)에 종3품의 전중감 1인과 종4품상의 전중소감 2인을 두었는데, 전중감은 천자의 복장과 거마를 관장하고 상식국(尚食局), 상약국(尚藥局), 상의국(尚衣局), 상사국(尚舍局), 상승국(尚乘局), 상련국(尚輦局) 소속 관리들을 통할하였으며, 전중소감은 해당 업무를 보좌하였다.

24 馬于(마우): ≪전교(全校)≫(2857쪽)에서는 노격(勞格, 1819~1864)의 ≪낭관석주제명고(郎官石柱題名考)≫ 권26에 근거하여 "우(于)"는 "우(宇)"의 잘못이라고 고증하고, 생애 관련 기록을 인용하고 있다.

**※ 신라 왕 책봉 관련 기록 검토**

■ ≪구당서14·순종기≫: "(정원 21년 2월) 무진일(28일)에 개부의동삼사·검교태위·사지절·대도독계림제군사·계림주자사·상주국·신라왕 김중희(金重熙)로 영해군사를 겸하게 하였다. 중희의 모친 화씨를 태비로 삼고, 아내 박씨를 비로 삼게 하였다.(戊辰, 開府儀同三司、檢校太尉、使持節、大都督雞林諸軍事、雞林州刺史、上柱國、新羅王金重熙兼寧海軍使. 以重熙母和氏爲太妃, 妻朴氏爲妃.)"

■ ≪구당서199상·신라전≫: "건중 4년(783)에 건운(乾運)이 죽었을 때 아들이 없자 나라 사람들이 상상(上相: 上大等) 김양상(金良相)을 왕으로 삼았다. 정원 원년(785)에 김양상에게 검교태위·도독계림주자사·영해군사·신라왕에 제수하였다. 그로 인해 호부낭중 개훈(蓋塤)을 지절사로 명하여 왕으로 책봉하게 하였다. 그해 양상이 죽자 상대등 경신(敬信)을 왕으로 세움에 그 관직과 작위를 세습하게 하였다. 경신은 양상의 사촌동생이다. 14년(798)에 경신이 죽었는데 아들이 경신보다 먼저 죽었기에 나라 사람들이 경신의 적장손인 준옹(俊邕)을 왕으로 세웠다. 16년(800)에 준옹에게 개부의동삼사·검교태위·신라왕에 제수하였다. 사봉낭중 겸 어사중승 위단(韋丹)에게 명하여 지절사로 가서 왕으로 책봉하게 하였다. 위단이 운주에 이르렀을 때 준옹이 죽고 그의 아들 중흥(重興)이 왕으로 세워졌다는 소식을 듣자 조칙을 내려 위단을 (도성으로) 돌아오게 하였다. 영정 원년(805)에 조칙을 내려 병부낭중 원계방을 지절사로 파견하여 중흥을 왕으로 책봉하게 하였다.(建中四年, 乾運卒, 無子, 國人

立其上相金良相爲王. 貞元元年, 授良相檢校太尉、都督雞林州刺史、寧海軍使、新羅王. 仍令戶部郎中蓋塤持節冊命. 其年, 良相卒, 立上相敬信爲王, 令襲其官爵. 敬信即從兄弟也. 十四年, 敬信卒, 其子先敬信亡, 國人立敬信嫡孫俊邕爲王. 十六年, 授俊邕開府儀同三司、檢校太尉、新羅王. 令司封郎中、兼御史中丞韋丹持節冊命. 丹至鄆州, 聞俊邕卒, 其子重興立, 詔丹還. 永貞元年, 詔遣兵部郎中元季方持節冊重興爲王.)"

■ ≪신당서220·신라전≫: "건중 4년(783)에 (건운이) 죽었을 때 아들이 없자 나라 사람들이 재상 김양상(金良相)을 후계 왕으로 삼았다. 정원 원년(785)에 호부낭중 개훈을 지절사로 파견하여 왕으로 책봉하게 하였다. 이해 (김양상이 죽자) 양상의 사촌동생인 경신을 세습 왕으로 세웠다. 14년(798)에 (경신이 죽었을 때) 아들이 없자 (양상의) 적장손인 준옹을 (왕으로) 세웠다. 그 이듬해 사봉낭중 위단을 파견하여 책봉서를 가지고 가게 하였는데 도착하기 전에 (준옹이) 죽어 위단은 돌아왔다. 준옹의 아들 중흥이 왕으로 세워짐에 영정 원년(805)에 병부낭중 원계방에게 조칙을 내려 왕으로 책봉하게 하였다.(建中四年死, 無子, 國人共立宰相金良相嗣. 貞元元年, 遣戶部郎中蓋塤持節命之. 是年死, 立良相從父弟敬信襲王. 十四年, 死, 無子, 立嫡孫俊邕. 明年, 遣司封郎中韋丹持冊, 未至, 俊邕死, 丹還. 子重興立, 永貞元年, 詔兵部郎中元季方冊命.)"

- 김건운(金乾運)은 신라 36대 혜공왕(惠恭王)인데 '780년'에 승하하였으므로 '건중 4년(783)'에 죽었다는 ≪구당서≫와 ≪신당서≫ <신라전>의 기록은 잘못이다.

- ≪구당서·순종기≫에는 이름이 '중희(重熙)'로, ≪구당서≫와 ≪신당서≫ <신라전>에는 이름이 '중흥(重興)'으로 되어 있는 왕은 신라 40대 애장왕(哀莊王)이다. ≪삼국사기·신라본기≫ 권10에 "애장왕이 왕위에 올랐다. 이름은 청명(淸明)이고 소성왕의 태자였다. 어머니는 김씨 계화부인이다. 즉위할 때 나이가 13세였으므로 아찬 병부령 언승이 섭정하였다. 앞서 원성왕이 승하하였을 때, 당나라 덕종이 사봉낭중 겸 어사중승 위단을 지절사로 보내 조문하게 하고, 또한 왕 준옹을 개부의동삼사·검교태위·신라왕으로 책봉하려 하였는데, 위단이 운주에 도착하였을 때, 새 왕이 승하하였다는 소식을 듣고 돌아갔다. 가을 7월에 왕이 이름을 중희(重熙)로 바꾸었다.(哀莊王立. 諱淸明, 昭聖王太子也. 母, 金氏桂花夫人. 卽位時, 年十三歲, 阿湌兵部令彦昇攝政. 初, 元聖之薨也, 唐德宗遣司封郎中兼御史中丞韋丹持節弔慰, 且冊命王俊邕爲開府儀同三司·檢校大尉·新羅王. 丹至鄆州, 聞王薨, 乃還. 秋七月, 王更名重熙.)"로 기록된 것을 볼 때, 애장왕의 이름은 '청명'에서 '중희'로 바뀌었으므로 '중흥'이라고 한 ≪구당서≫와 ≪신당서≫ <신라전>의 기록은 잘못이다.
- 김양상(金良相)은 신라 37대 선덕왕(宣德王)으로 내물마립간(奈勿麻立干)의 '10대손'이고 김경신(金敬信)은 38대 원성왕(元聖王)으로 내물마립간의 '12대손'이므로, 경신이 양상의 '사촌동생'이라고 한 ≪구당서≫와 ≪신당서≫ <신라전>의 기록은 잘못이다.
- 이름이 김준옹(金俊邕)인 왕은 신라 39대 소성왕(昭聖王)인데 즉위 2년도 채 못 되어 승하하였다. 덕종의 황명을 받고 원성왕 조문과 소성왕 책봉을 위해 파견되었다가 중도에서 돌아간 위단

의 관련 기록은 한유의 <당나라 고 강서관찰사 위공 묘지명(唐故江西觀察使韋公墓誌銘)>에도 나온다. 이에 대해서는 필자의 ≪한유산문역주≫ 3의 261~269쪽 참조.

⇒ 순종이 염철사의 공물 진상을 폐지하고, 토번과 신라에 고애사를 파견한 사실 서술.

## [Ⅱ-6]

삼월 경오일(庚午日) 초하루에 후궁 3백 명을 궁궐 밖으로 내보냈다.

三月庚午朔[1], 出後宮三百人.

**【주석】**

1 三月庚午朔(삼월경오삭): 정원 21년(805) 3월 1일(음력)/4월 3일(양력).

⇒ 3월 초하루에 후궁 3백 명을 출궁시킨 사실 서술.

## [Ⅱ-7]

신미일(辛未日)에 한림대조 왕비를 한림학사로 삼았다.

辛未[1], 以翰林待詔王伾爲翰林學士[2].

**【주석】**

1 辛未(신미): 정원 21년(805) 3월 2일(음력)/4월 4일(양력).

2 以翰林待詔王伾爲翰林學士(이한림대조위한림학사): 왕비가 한림대조에서 한림학사로 된 일시의 차이에 대해서는 [Ⅰ-12]의 [二] [보충설명] 참조.

⇒ 왕비(王伾)를 한림대조에서 한림학사로 삼은 사실 서술.

## [Ⅱ-8]

임신일(壬申日)에 이전 재상이었던 무주별가(撫州別駕) 강공보(姜公輔)를 길주자사(吉州刺史)로 삼았다. 전임 호부시랑·판탁지였던 정주별가(汀州別駕) 소변(蘇弁)을 충주자사(忠州刺史)로 삼았다. 이전 재상이었던 충주자사(忠州刺史) 육지(陸贄), 침주별가(郴州別駕) 정여경(鄭餘慶), 전임 경조윤(京兆尹)이었던 항주자사(杭州刺史) 한고(韓臯), 전임 간의대부였던 도주자사(道州刺史) 양성(陽城)을 도성으로 불러들였다. 덕종은 정원 10년(794) 이후로 다시는 사면의 칙령을 내지 않았다. 좌천된 관리 중에 비록 덕망과 재능이 있다고 하더라도, 사소한 잘못이나 황제의 뜻에 거슬린 때문에 견책을 받아 쫓겨난 자들은 한 번 떠나간 뒤로는 다시 임용되지 못하였다. 이때에 이르러 사람들이 크게 기뻐하였다. 그러나 육지와 양성은 모두 불러들인다는 조칙의 전갈을 듣지 못하고 좌천된 임지에서 죽었기 때문에 관계의 상층 지식인들이 그것을 애석하게 생각하였다.

壬申[1], 以故相撫州別駕[2]姜公輔[3]爲吉州刺史[4]. 前戶部侍郞判度支[5]汀州[6]別駕蘇弁[7]爲忠州刺史[8]. 追[9]故相忠州刺史陸贄[10][一]、郴州別駕[11]鄭餘慶[12]、前京兆尹杭州刺史[13]韓皐[14]、前諫議大夫道州刺史[15]陽城[16]赴京師. 德宗自貞元十年已後, 不復有赦令. 左降官[17]雖有名德才望, 以微過忤旨[18]譴逐[19]者, 一去皆不復敍用[20]. 至是人情大悅. 而陸贄、陽城皆未聞追詔[二]而卒於遷所, 士君子[21]惜之.

[一] [보주] 하작(何焯)이 "좌천된 곳으로부터 (도성으로) 불려 돌아가는 것을 '추(追)'라고 한다.(自貶所召還者謂之追.)"고 하였다. 진경운(陳景雲)이 "육지 재상은 충주별가로 좌천되었다가 그곳에서 죽었다. 자사에 임명된 적이 없었다. '자사' 두 글자는 아마도 잘못인 듯하다.(陸相貶忠州別駕, 卒於貶所. 未有刺史之授. 刺史二字恐誤.)"라고 하였다.

[보충설명]

- 하작의 ≪의문독서기≫ 권34에 "좌천된 곳으로부터 바로 (도성으로) 불려 돌아가는 것을 당시에 '추(追)'라고 하였다.(直自貶所召還者, 時謂之追.)"로 되어 있다.
- 진경운의 ≪점감(點勘)≫에 "살펴보건대 육지 재상은 충주별가로 좌천되었다가 그곳에서 죽었다. 일찍이 자사에 임명된 적이 없었는데, 상세한 내용은 ≪순종실록≫ 제4권에 보인다. 이 '자사' 두 글자는 잘못이다.(按陸相貶忠州別駕, 卒於貶所. 未嘗有刺史之授, 詳見實錄第四卷. 此刺史二字誤.)"로 되어 있다. ≪순종실록≫ [Ⅳ-5] 참조.
- ≪의문독서기≫ 권34에서 "'자사' 두 글자는 마땅히 '별가'로 되어야 한다. 위의 소변에 관한 글귀 때문에 옮겨 쓰는 중에 잘못되었다.(刺史二字當作別駕. 緣上蘇弁之文傳寫致誤.)"고 하였고, ≪전정(箋正)≫ 권5에서도 "'자사'는 마땅히 '별가'로 되어야 한다.(刺史當作別駕)"고 하였다.

[二] "문(聞)" 아래에 "어(於)"자가 있는 판본도 있다.

[보충설명]

- 이는 ≪고이(考異)≫에 따른 것이다.
- ≪송본(宋本)≫, ≪축본(祝本)≫, ≪문본(文本)≫, ≪위본(魏本)≫에 "문(聞)" 아래에 "어(於)"자가 들어 있다.

**【주석】**

1 壬申(임신): 정원 21년(805) 3월 3일(음력)/4월 5일(양력).

2 撫州別駕(무주별가): ≪원화군현지≫ 권29에 따르면, 무주(撫州)는 강남도 소속의 상급 주로 임천(臨川), 남성(南城), 숭인(崇仁), 남풍(南豐)의 4개 현을 관할하였고, 주청 소재지가 임천현(지금 江西省 撫州市 臨川區)에 있었다. ≪구당서44·직관지3≫의 '주현관원(州縣官員)'조에 따르면, 상급 주에는 종4품상의 별가(別駕) 1인을 두었는데, 장사(長史)·사마(司馬)와 함께 지방 수령인 자사의 보좌관이었다. 별가는 수석 보좌관으로 주 자사가 관할 지역을 순찰할 때 동행하면서 별도의 수레를 이용하였으므로 이렇게 불렀다.

3 姜公輔(강공보): ?~805. 자가 덕문(德文)이고 애주(愛州) 일남현(日南縣: 지금 越南 清化省 安定縣) 사람이다. 진사과에 급제하여 교서랑(校書郎)에 임명되었으며, 제책이등과(制策異等科)를 통해 우습유(右拾遺)에 제수되었다가 한림학사가 되었다. 덕종이 봉천으로 몽진할 때 일신의 안위를 돌보지 않고 보위하여 관직이 간의대부·동중서문하평장사까지 올랐다. ≪구당서138·열전88≫과 ≪신당서152·열전77≫에 모두 전기가 실려 있는데, 거기에는 모두 '천주(지금 福建省 泉州市)' 별가로 좌천된 것으로 되어 있다.

4 吉州刺史(길주자사): ≪원화군현지≫ 권29에 따르면, 길주(吉州)는 강남도 소속의 상급 주로 여릉(廬陵), 안복(安福), 영신(永新), 태화(太和), 신감(新淦)의 5개 현을 관할하였고, 주청 소재지가 여릉현(지금 江西省 吉安市)에 있었다. ≪구당서44·직관지3≫의 '주현관원(州縣官員)'조에 따르면, 상급 주에는 종3품

의 자사 1인을 두었다.

5 戶部侍郞判度支(호부시랑판탁지): 호부시랑은 ≪구당서43·직관지2≫에 따르면, 호부에 정4품상의 시랑 2인을 두었는데, 상서와 함께 농가, 재물의 징수와 매매 및 운수, 화폐와 곡물 등에 관한 정령을 관장하였다. 판탁지에 대해서는 [Ⅰ-1] 주석 15 참조.

6 汀州(정주): ≪원화군현지≫ 권30에 따르면, 정주(汀州)는 강남도 소속의 하급 주로 장정(長汀), 사(沙), 영화(寧化)의 3개 현을 관할하였고, 주청 소재지가 지금 복건성(福建省) 장정현에 있었다.

7 蘇弁(소변): ?~805. 자가 원용(元容)이고 경조부 무공(武功) 사람이다. 관직이 덕종 때에 호부시랑과 태자첨사(太子詹事)까지 이르렀다. ≪구당서189·유학전하(儒學傳下)≫와 ≪신당서103·열전28≫에 모두 전기가 실려 있다. ≪구당서≫에서는 '정주사호참군(汀州司戶參軍)'으로 좌천된 적이 있었고, 자사로 기용되었을 때 '저주자사(滁州刺史)'를 거쳐 '항주자사(杭州刺史)'로 전임한 것으로 되어 있다. ≪신당서≫에서도 '저주자사'에 임명된 것으로 되어 있어 '충주자사(忠州刺史)'로 삼았다는 이 ≪순종실록≫의 기록과 차이가 난다.

8 忠州刺史(충주자사): ≪구당서39·지리지2≫에 따르면, 충주(忠州)는 산남동도(山南東道) 소속으로 임강(臨江), 풍도(豐都), 남빈(南賓), 점강(墊江), 계계(桂溪)의 5개 현을 관할하였고, 주청 소재지가 임강현(지금 重慶市 忠縣)에 있었다.

9 追(추): 불러들이다. 소환하다.

10 陸贄(육지): 754~805. 생애에 관한 자세한 기록은 [Ⅰ-1] 주석 16 및 [Ⅳ-5] 참조.

11 郴州別駕(침주별가): ≪원화군현지≫ 권30에 따르면, 침주(郴州)는 강남도 소속의 중급 주로 침(郴), 의장(義章), 의창(義昌), 평양(平陽), 자흥(資興), 고정(高亭), 임무(臨武), 남산(藍山)의 8개 현을 관할하였고, 주청 소재지가 침현(지금 湖南省 郴州市)에 있었다.

12 鄭餘慶(정여경): 748~820. 자가 거업(居業)이고 정주(鄭州) 형양(지금 河南省 滎陽市) 사람이다. 중서시랑·동중서평장사, 국자좨주(國子祭酒), 병부상서, 태자소부(太子少傅), 상서좌복야(尙書左僕射), 검교사도(檢校司徒) 등의 관직을 지냈고 형양군공(滎陽郡公)에 봉해졌다. ≪구당서158·열전108≫과 ≪신당서165·열전90≫에 모두 전기가 실려 있는데, 거기에는 모두 '침주사마(郴州司馬)'로 좌천된 것으로 되어 있다. 사마도 자사의 보좌관이지만 별가보다는 아래 등급이며, ≪구당서44·직관지3≫의 '주현관원'조에 따르면, 하급 주에는 종6품상의 사마 1인을 두었다.

13 杭州刺史(항주자사): ≪구당서40·지리지3≫에 따르면, 항주(杭州)는 강남동도(江南東道) 소속의 상급 주로 전당(錢塘), 염관(鹽官), 부양(富陽), 신성(新城), 여항(余杭), 임안(臨安), 오잠(於潛), 자계(紫溪), 당산(唐山) 등의 9개 현을 관할하였고, 주청 소재지가 전당(지금 浙江省 杭州市)에 있었다. ≪구당서44·직관지3≫의 '주현관원'조에 따르면, 상급 주에는 종3품의 자사 1인을 두었다.

14 韓皐(한고): 746~824. 자가 중문(仲聞)이고 창려군(昌黎郡) 극성현(棘城縣) 사람이다. 관직이 이부상서, 태자소부, 병부상서 등을 거쳐 상서우복야와 상서좌복야 등을 지냈다. 부친 한황(韓滉)은 정원(貞元) 초에 덕종의 재상을 역임하고 진국공(晉國公)에 봉해진 바 있었다. ≪구당서129·열전79≫와 ≪신당서126·열전51≫에 모두 전기가 실려 있는데, 두 곳에 모두 그가 왕숙문 붕당의 전횡을 미워하여 "나는 벼락출세한 신출내기 관료를 섬길 수 없다.(吾不能事新貴.)"며 주위 사람들에게 공공연히 말하였다는 기록이 보인다.

15 道州刺史(도주자사): ≪원화군현지≫ 권30에 따르면, 도주(道州)는 강남도 소속의 중급 주로 홍도(弘道), 영명(永明), 연당(延唐), 대력(大曆), 강화(江華)의 5개 현을 관할하였고, 주청 소재지가 홍도현(지금 湖南省 道縣)에 있었다. ≪구당서44·직관지3≫의 '주현관원'조에 따르면, 중급 주에는 정4품상의 자사 1인을 두었다.

16 陽城(양성): 생애에 관한 자세한 내용은 [Ⅰ-1] 주석 22와 [Ⅳ-6] 참조.

17 左降官(좌강관): 좌천된 관리. 당나라 현종 이후에 대량으로 출현한 관리의 좌천 방식인데, 죄를 지어 변방의 지방관으로 좌천된 것을 주로 가리킨다. 이밖에 좌천에는 직위가 깎이거나 한직으로 옮겨가는 것과 함께 변방으로 추방되는 경우도 포함된다. (http://m.wangchao.net.cn/baike/tcdetail_1173546.html)

18 忤旨(오지): 황제의 뜻에 거슬리다.

19 譴逐(견축): 견책을 받아 쫓겨나다.

20 敍用(서용): 등급을 심의하여 임용하다. 등급을 나누어 임용하다.

21 士君子(사군자): 관계의 상층 지식인. 통치계층 및 학문과 도덕을 겸비한 광범위한 지식층에 속하는 사람.

⇒ 덕종 대에 좌천된 관리들을 순종이 사면하여 도성으로 불러올린 사실 서술.

## [Ⅱ-9]

계유일(癸酉日)에 후궁과 교방의 기녀 6백 명을 출궁시켰는데, 친척들이 구선문(九仙門)에서 그들을 맞이할 수 있도록 허락하였다. 백성들이 함께 모여 환호하며 크게 기뻐하였다.

癸酉[1], 出後宮幷教坊[2]女妓六百人, 聽[3]其親戚迎于九仙門[4]. 百姓相聚, 讙呼大喜.

**【주석】**

1 癸酉(계유): 정원 21년(805) 3월 4일(음력)/4월 6일(양력).

2 教坊(교방): 음악의 교습을 담당하는 부서. ≪신당서48·백관지3≫에 "무덕(武德) 이후에 궁궐 내에 내교방(內教坊)을 설치하였다. 측천무후 여의(如意) 원년(692)에 운소부(雲韶府)라고 이름을 바꾸고 환관으로 부사(府使)를 삼았다. 개원 2년(714)에 또 봉래궁 곁에 내교방을 설치하고, 음성박사·제일조박사·제이조박사를 두었다. 도성에 좌우교방을 설치하고 배우와 각종 기예를 관장하도록 하였다. 그때부터 태상시에 소속시키지 않고 환관으로 교방사(教坊使)를 삼았다.(武德後, 置內教坊于禁中. 武后如意元年, 改爲雲韶府, 以中官爲使. 開元二年, 又置內教坊于蓬萊宮側, 有音聲博士、第一曹博士、第二曹博士. 京都置左右教坊, 掌俳優雜技. 自是不隸太常, 以中官爲使.)"라고 한 기록이 보인다.

3 聽(청): 허락하다. 맡기다.

4 九仙門(구선문): [Ⅰ-1] 주석 62 참조.

⇒ 순종이 3월 계유일에 후궁과 교방의 기녀 6백 명을 출궁시킨 사실 서술.

- 위의 [Ⅱ-6]에 "삼월 경오일(庚午日) 초하루에 후궁 3백 명을 궁궐 밖으로 내보냈다.(三月庚午朔, 出後宮三百人.)"라는 기록이 보이는데, ≪구당서14·순종기≫에는 "3월 경오일에 궁녀 3백 명을 안국사로 내보내고 또 궁정 교방의 여자 악사 6백 명을 구선문으로 내보냈는데, 그 친족들을 불러 그들에게로 돌아가게 하였다.(三月庚午, 出宮女三百人於安國寺, 又出掖庭教坊女樂六百人於九仙門, 召其親族歸之.)"라고 하여 같은 날짜에 후궁 3백 명과 교방의 기녀 6백 명을 출궁시킨 사실을 한꺼번에 기록하고 있다.

- ≪책부원구≫ 권42에도 "3월에 후궁 3백 명과 교방의 기녀 6백 명을 출궁시켰는데, 친척들이 구선문(九仙門)에서 그들을 맞이할 수 있도록 허락하였다. 백성들이 모여 구경하면서 환호하며 크게 소리 질렀다.(三月, 出後宮三百人及教坊女伎六百人, 聽其親戚迎於九仙門. 百姓聚觀, 讙呼大叫.)라고 하여 ≪순종실록≫의 두 기록([Ⅱ-6]과 [Ⅱ-9])의 내용을 한데 묶어 놓고 있다.

## [Ⅱ-10]

병술일(丙戌日)에 이런 조칙을 내렸다.

"검교사공평장사(檢校司空平章事) 두우(杜佑)를 검교사도평장사(檢校司徒平章事)로 삼고 탁지사(度支使)와 염철사(鹽鐵使)에 임명한다. 절서관찰사(浙西觀察使) 이기(李錡)를 절서절도사(浙西節度使)·검교형부상서(檢校刑部尙書)로 삼는다."

서주군(徐州軍)에 "무녕(武寧)"이라는 편액을 하사하고 이런 조칙을 내렸다.

"짐이 최근에 원로 신하에게 임무를 부여하여 나라의 중대한 업무를 다스리게 하고, 지금 그 직무를 보좌할 사람을 찾고 있는데 분명 유능한 신하 중에서 뽑아야 한다. 기거사인(起居舍人) 왕숙문은 정확한 식견과 뛰어난 재능을 가지고 있는데다, 따르는 무리가 적고 욕심도 적으며 소박하고 정직하여 숨기는 것이 없고 깊은 계책을 가지고 있다. 충성됨은 임금을 잘 보필하는 위대한 방책을 다하고, 말은 정무를 돌보는 요긴한 도리에 통달해 있어 찾아 자문을 구할 때마다 모두 나라를 다스리는 큰 도리에 부합하는 답을 제시해왔다. 마땅히 이전의 노고를 이어서 새로 부여받은 임무를 빛나게 하기를 기대한다. 탁지염철부사에 임명하고 한림학사의 본직은 전과 같이 그대로 유지하도록 한다."

전에 왕숙문이 나라 안팎의 정무를 전담하고 있었을 때 자기 당파의 사람들과 모의하여 이렇게 말한 적이 있었다.

"판탁지는 국고 세입을 손에 쥐게 됨으로 권력을 가진 사람들과 관계를 돈독하게 하고 군인들의 마음을 얻어 우리들의 권한을 공고하게 할 수 있다."

다만 너무 급속도로 중요한 직책을 맡아 민심이 복종하지 않을까봐 두려워하였다. 두우(杜佑)가 본디 회계에 뛰어난 명성을 가지고 있고 지위가 높은데다 처신이 자기의 명철보신에 힘쓰므로 통제하기가 쉽다는 점에 기대어, 그 때문에 우선 두우로 하여금 명목상으로 그 업무를 책임지게 하고 자기를 부사에 임명하여 그 실무를 홀로 처리하도록 하였다. 호부상서·판탁지 왕소(王紹)를 병부상서로 삼고, 이부낭중 이용(李鄘)을 어사중승으로 삼고, 무원형(武元衡)을 좌서자(左庶子)로 삼았다. 처음에 왕숙문의 당파에 속하는 사람 몇 명은 정원 말에 이미 어사가 되어 어사대에서 권한을 행사하고 있었다. 무원형이 어사중승이 되었을 때, 그들을 박대하여 경솔하고 거칠게 대하였기 때문에 다들 유감을 품고 있었다. 그러나 왕숙문은 무원형이 관리들을 감찰하는 자리에 있었기 때문에 그를 자기에게 들붙도록 하고자 하여 자기 당파 사람들로 하여금 권력과 이익으로 그를 끌어들이도록 하였다. 무원형은 그 때문에 동요하지 않았다. 왕숙문이 노하여 그 때문에 (무원형을 강등하여) 좌서자에 임명하게 한 것이다.

景戌[1], 詔曰: "檢校[2]司空[3]平章事杜佑[4]可檢校司徒平章事, 充度支幷鹽鐵使[5]. 以浙西觀察[6]李錡[7]爲浙西節度[8]檢校刑部尙書[9]." 賜徐州軍額曰"武寧[10]", 制曰: "朕新委元臣[11], 綜釐[12]重務[13], 爰求貳職, 固在能臣. 起居舍人[14]王叔文, 精識瓌材[15], 寡徒少欲, 質直[16]無隱, 沈深有謀. 其忠也, 盡致君[17]之大方[18]; 其言也, 達爲政之要道: 凡所詢訪, 皆合大猷[19]. 宜繼前勞, 佇光新命[20]. 可度支鹽鐵副使[21], 依前翰林學士本官賜如故[一]." 初, 叔文既專內外之政, 與其黨謀曰: "判度支則國賦[22]在手, 可以厚結諸用事人, 取兵士心, 以固其權." 驟使重職[23], 人心不服. 藉[二]杜佑雅[24]有會計之名, 位重而務自全, 易可制; 故先令佑主其名, 而除之[三]爲副以專之. 以戶部尚書[25]判度支王紹[26]爲兵部尚書[27]; 以吏部郎中[28]李鄘[29]爲御史中丞[30]; 武元衡[31]爲左庶子[32]. 初, 叔文黨數人, 貞元末, 已爲御史在臺. 至元衡爲中丞, 薄其人, 待之鹵莽[33], 皆有所憾. 而叔文又以元衡在風憲[34], 欲使附己, 使其黨誘以權利. 元衡不爲之動. 叔文怒, 故有所授[35].

[一] "사여(賜如)"는 "여여(餘如)"로 된 판본도 있다.

[보충설명]

- 이는 ≪고이(考異)≫에 따른 것인데, ≪송본(宋本)≫에 "여(餘)"로 되어 있다.
- [Ⅰ-8]에도 "여여고(餘如故)"라는 기록이 보이는 바 문맥상 타당한 견해라고 생각된다.

[二] "자(藉)"는 "적(籍)"으로 된 판본도 있고, "자(藉)"자가 없는 판본도 있다.

[보충설명]

- 이는 ≪고이(考異)≫에 따른 것인데, ≪축본(祝本)≫에 "적(籍)"으로 되어 있고 ≪송본(宋本)≫과 ≪위본(魏本)≫에는 "자(藉)"자가 없다.

[三] "제지(除之)"는 마땅히 "제기(除己)"로 되어야 하지 않을까 한다.

[보충설명]

- 이는 ≪고이(考異)≫에 따른 것이다.

- "지(之)"가 "기(己)"자로 되어 있으면 의미 전달이 더욱 분명해지지만, 한문에서 "지(之)"자가 1인칭대명사로 쓰이는 용례도 없지 않으므로 굳이 고칠 필요는 없다고 생각된다.

**【주석】**

1 景戌(경술): 병술일(丙戌日). 정원 21년(805) 3월 17일(음력)/4월 19일(양력).

2 檢校(검교): [ I -2] 주석 12 참조.

3 司空(사공)·司徒(사도): 태위(太尉)와 함께 최고위급 대신의 직위인 삼공(三公)으로, 당나라에서 3성 6부의 중앙 관제가 확립된 이후로는 구체적인 실무나 실권이 없는 일종의 명예직으로 바뀌었고 왕족들이 그 자리에 임명되는 경우가 대부분이었다. ≪구당서43·직관지2≫에 "태위, 사도, 사공 각 1인이다. 삼공이라 불렀는데 모두 정1품이다. 위진(魏晉)에서 북제(北齊)까지 삼공 아래에 부속 관료들을 두었다. 수나라 초에도 부속 관료를 두었으나 얼마 안 있어 없앴다. 처음에 상서성 위에 임명해 두었는데 당나라에서 그대로 따랐다. 무덕(武德) 초에 태종이 그 직을 맡았으며, 그 뒤에는 친왕들이 삼공에 임명되었는데 모두 업무는 보지 않았으니 제사를 지낼 때면 대행자가 집사를 하였다. 삼공은 (치국의) 도를 논하는 관직이다. 대체로 천자를 보좌하여 음양을 다스리고 온 나라를 평안하게 하여, 통할하지 않는 바가 없었기 때문에 한 직책으로 그 관직을 이름하지 않았다. 대제사의 경우에 태위가 아헌을 하고 사도가 제기를 받들며 사공이 소제를 하였다.(太尉、司徒、司空各一員. 謂之三公, 並正一品. 魏、晉至北齊, 三公置府僚. 隋初亦置府僚, 尋省府僚. 初拜於尙書省上, 唐因之. 武德初, 太宗爲之, 其後親王拜三公, 皆不視事, 祭祀則攝者行也. 三公, 論道之官也. 蓋以佐天子理陰陽, 平邦國, 無所不統, 故不以一職名其官. 大祭祀, 則太尉亞獻, 司徒奉俎, 司空掃除.)"라는 기록이 보인다. 무덕(武德)은 618~626년까지 사용된 당 고종의 연호이다.

4 杜佑(두우): [Ⅰ-2] 주석 13 참조. 이 단락의 내용과 관련하여 ≪장본(蔣本)≫의 주석에 "두우가 이전 재상으로서 소인배들과 함께 일하여 그들을 위해 쓰임받는 것을 부끄럽게 여기지 않았으니 아마도 비천하게 여길 만하도다!(佑以舊相, 不恥與小人共事而爲之用, 其可賤也夫!)"라는 범조우(范祖禹)의 논평이 실려 있다.

5 度支幷鹽鐵使(탁지병염철사): 탁지염철사 곧 탁지사와 염철사. ① 탁지사: ≪당회요≫ 권59에 "관례에 따르면 탁지안(度支按)은 낭중이 재정 수입을 판정하고 원외랑이 재정 지출을 판정하며 시랑은 총괄하여 점검하였을 따름이므로 직함에 '전판탁지'라고 부르지 않았다. 개원 이후로 당시 업무에 곡절이 많아 마침내 다른 부서의 관리가 와서 업무를 담당하는 경우가 생겨났다. 혹 상서시랑이 전판을 하는 경우에 곧 '탁지사'라고 불렀는데 '판탁지사(判度支使)'라고 부르기도 하고, '지탁지사(知度支事)'라고 부르기도 하고, '구당탁지사(句當度支使)'라고 부르기도 하였다. 비록 명칭은 다르지만 하는 일을 마찬가지였다.(故事: 度支按, 郞中判入, 員外判出, 侍郞總統押案而已, 官銜不言專判度支. 開元以後, 時事多故, 遂有他官來判者. 或尙書侍郞專判, 乃日度支使, 或日判度支使, 或日知度支事, 或日句當度支使, 雖名稱不同, 其事一也.)"라는 기록이 보인다. 이 글의 상서시랑은 호부시랑을 가리킨다. ≪당회요≫ 권58 '호부시랑'조에서는 호부 이외 다른 부서의 관리가 와서 재정 관련 업무를 담당하는 경우에 '지탁지사(知度支事)'라고 불렀다고 하였다. 이에 대해서는 [Ⅰ-1] 주석 15 참조. ② 염철사에 대해서는 [Ⅱ-5] 주석 2 참조.

6 浙西觀察(절서관찰): 절서관찰사. ≪구당서38·지리지1≫에 "지덕(至德) 이후에 중원에 전란이 잦아 자사(刺史)들이 모두 군무를 다스리게 되어 마침내 '방어(防御)', '단련(團練)', '제치(制置)' 등의 명칭이 생겨나게 되었다. 전략적 요충지인 큰 군에는 모두 '절도(節度)'라는 간판이 생겨났는데, 조정에 반기를 든 도적들의 준동이 좀 식어들면 '관찰(觀察)'이라는 호칭으로 바뀌었다.(至德之後,

中原用兵, 刺史皆治軍戎, 遂有防御、團練、制置之名. 要衝大郡, 皆有節度之額; 寇盜稍息, 則易以觀察之號.)", "절강서도관찰사는 막부의 소재지가 윤주에 있었는데, 윤주, 소주, 상주, 항주, 호주 등을 관할하였다. 관찰사로도 불렀다.(浙江西道節度使. 治潤州, 管潤、蘇、常、杭、湖等州. 或爲觀察使.)"라는 기록이 보인다. 여기서 지덕(至德)은 당나라 숙종의 연호이고, 윤주는 지금 강소성(江蘇省) 진강시(鎭江市)이다. 안사의 난 이후에 전략적 요충지에 절도사를 두었고, 평화 시에는 그 이름을 관찰사로 부르기도 하였음을 말한다.

7 李錡(이기): 740~807. 항주(杭州) 등 여러 고을의 자사와 절서관찰사 및 제도염철전운사(諸道鹽鐵轉運使) 등을 거쳐 좌복야까지 지냈다. ≪구당서112·열전62≫와 ≪신당서224상·열전149상≫에 모두 전기가 실려 있는데, 당나라 종실의 후손이었지만 반란을 꾀하였다가 참수를 당하였기 때문에 ≪신당서≫에는 <반신전상(叛臣傳上)>에 들어 있다.

8 浙西節度(절서절도): 절서절도사. 이기(李錡)가 절서절도사가 된 시기에 대해 ≪순종실록≫에서는 순종 정원 21년(805) 3월 병술일이라고 한 데 비해, ≪구당서≫와 ≪신당서≫의 이기 전기에서는 덕종 때라고 기록하고 있다. 두 견해의 차이에 대해 ≪전교(全校)≫(2864~2865쪽)에서 관련 자료에 대한 검토를 통해 ≪순종실록≫의 기록이 옳다고 고증하였다.

9 檢校刑部尙書(검교형부상서): 이는 이기(李錡)의 실제 관직이 아니라 이름뿐인 직함에 불과하다. ≪구당서43·직관지2≫에 따르면, 형부에 정3품의 상서 1인을 두었는데, 상서는 형부의 장관으로 형법과 옥사 관련 업무를 관장하였다.

10 賜徐州軍額曰武寧(사서주군액왈무녕): 서주군에 무녕이란 편액이 하사된 시기에 대해 ≪구당서14·순종기≫와 ≪자치통감≫ 권236에서는 영정 원년(805) 3월 무자일(戊子日)이라고 한 바 있다. 이에 대해 ≪전정(箋正)≫ 권5에서는 두 견해 중에 어느 것이 옳은지 알 수 없다고 하였다. Solomon(23쪽)과 ≪전교(全校)≫(2865쪽)에서는 이 구절 앞에 "무자(戊子)" 두 글자가 빠진

것으로 보고 있다. 무자일은 음력 3월 19일(양력 4월 21일)이다. ≪원화군현지≫ 권10에 따르면, 서주(徐州)는 하남도 소속의 상급 주로 서사절도사(徐泗節度使)의 막부 소재지로 팽성(彭城), 소(蕭), 풍(豐), 패(沛), 등(滕)의 5개 현을 관할하였다. 서사절도사는 서주, 숙주(宿州), 사주(泗州), 호주(濠州)를 관할하였다.

11 元臣(원신): 중신(重臣). 노신(老臣). 여기서는 '두우(杜佑)'를 가리킨다.

12 綜釐(종리): 다스리다.

13 重務(중무): 중대한 업무. 여기서는 '탁지사와 염철사'를 가리킨다.

14 起居舍人(기거사인): [Ⅰ-12] 주석 6 참조.

15 瓌材(양재): 뛰어난 재능.

16 質直(질직): 소박하고 정직하다.

17 致君(치군): 임금을 보필하여 성군의 경지에 이르도록 하다.

18 大方(대방): 위대한 방책.

19 大猷(대유): 큰 도리. 치국의 대도(大道). ≪시경·소아(小雅)·교언(巧言)≫에 "크고 큰 종묘는 군자께서 지으셨고, 질서정연한 큰 도리는 성인께서 정하셨네.(奕奕寢廟, 君子作之; 秩秩大猷, 聖人莫之.)"라는 글귀가 보인다.

20 新命(신명): 새로운 임명. 새 임무. 주로 승진시켜 발탁하는 경우에 쓴다.

21 度支鹽鐵副使(탁지병염철부사): 탁지부사는 ≪당회요≫ 권59에 따르면, 정원 12년(796) 9월 소변(蘇弁)에게 최초로 부여되었고, 염철부사는 정원 15년(799) 이기(李錡)가 염철사에 임명된 뒤부터 생겨났다. ≪구당서49·식화지하≫에 "당시에 염철과 전운은 도성에 유후를 두어 부사 반맹양(潘孟陽)으로 그 일을 주관하게 하였다. 왕숙문의 권한이 조정과 민간에 경도되어 있을 때 또 염철부사 겸 한림학사로서 유후가 되었다.(時鹽鐵轉運有上都留後, 以副使潘孟陽主之. 王叔文權傾朝野, 亦以鹽鐵副使兼學士爲留侯.)"라는 기록이 이기(李錡)를 염철사에 임명한 뒤에 보인다. ≪전교(全校)≫(2866쪽)에서는 이

에 근거하여 염철사는 지방에서 해당 업무를 주관하여 강회(江淮) 지방에 부서를 두었으며, 탁지부사와 염철부사를 하나로 합친 것은 왕숙문부터라고 하였다. 이로써 정사는 지방에 부서를 설치하여 관련 업무를 보고, 부사가 조정에 유후(留後)로 남아 해당 업무를 담당하였음을 알 수 있다. 그런데 ≪구당서14·순종기≫에서는 영정 원년(805) 3월 무자일(戊子日)에 "한림학사 왕숙문을 탁지염철전운부사로 삼았다. 두우가 비록 정사의 이름을 가지고 있었지만 기실 왕숙문이 전담하여 총괄하였다.(以翰林學士王叔文爲度支鹽鐵轉運副使. 杜佑雖領使名, 其實叔文專總.)"고 하여 왕숙문이 탁지와 염철 외에 전운부사까지 겸하였으며, 두우는 명목상의 정사일 뿐이고 실권은 부사인 왕숙문이 모두 장악하였던 것으로 되어 있다. 왕숙문이 재정의 실권을 완전히 장악하였다는 점은 ≪순종실록≫의 본 기록과 일치한다.

22 國賦(국부): 국가 세입. 조세 징수로 대표되는 나라의 재정 업무.

23 驟使重職(취사중직): ≪송본(宋本)≫, ≪축본(祝本)≫, ≪문본(文本)≫, ≪위본(魏本)≫에는 이 구절 앞에 "우구(又懼)" 구 글자가 더 들어 있는데, 문맥상 옳은 것으로 판단되어 번역 시에 보충하여 풀이하였다. 그리고 이하 일곱 구절의 내용과 관련하여 ≪자치통감≫ 권236에 실린 호삼성의 주석이 참고할 만하다. 즉, "탁지, 염철, 전운은 이권이 걸린 곳이어서 권한이 막중하다. 왕숙문이 비천한 데서 일어나서 갑자기 정사의 직무를 차지하자니 스스로 초고속임을 알았기에 마음속으로 불안하고 두려워하였다.(度支鹽鐵轉運, 利權所在, 權莫重焉. 王叔文起於卑渫, 遽領使職, 自知其驟, 其心不安而懼.)"

24 雅(아): 본래. 평소.

25 戶部尙書(호부상서): ≪구당서43·직관지2≫에 따르면, 호부에 정3품의 상서 1인을 두었는데, 상서는 호부의 장관으로 국가의 재정 관련 업무를 관장하였다.

26 王紹(왕소): 743~814. 본명은 순(純)이었으나 헌종의 이름을 피휘하여 개명

하였다. 자가 덕소(德素)이고 경조부 만년(萬年) 사람이다. 일찍이 호부시랑·판탁지와 호부상서 등을 맡아 국가의 재정 업무를 8년 동안 주관하였지만 순종 즉위 후 왕숙문으로부터 그 직위를 박탈당하고 병부상서로 전임하였다. 헌종 대에 검교상서우복야, 서주자사(徐州刺史), 무녕군절도사 등을 거쳐 다시 병부상서에 임명되었다. ≪구당서123·열전73≫과 ≪신당서149·열전74≫에 모두 전기가 실려 있다.

27 兵部尙書(병부상서): ≪구당서43·직관지2≫에 따르면, 병부에 정3품의 상서 1인을 두었는데, 상서는 병부의 장관으로 무관의 선발과 인사, 지도 및 군장비 등 군사 관련 정령 등을 관장하였다

28 吏部郎中(이부낭중): 이부에 2인의 낭중이 있어 소속 종5품상의 관직으로 문관의 등급과 품계 관련 업무를 담당하였다. [Ⅰ-9] 주석 2 참조.

29 李鄘(이용): ?~820. 자가 건후(建侯)이고 악주(鄂州) 강하(江夏: 지금 湖北省 武漢市 武昌區) 사람이다. 이부원외랑(吏部員外郎)과 어사중승 등을 거쳐 헌종 대에 하동절도사(河東節度使)와 문하시랑·동평장사를 지냈으며 만년에 태자소부(太子少傅)를 끝으로 퇴임하였다. ≪구당서157·열전107≫과 ≪신당서146·열전71≫에 모두 전기가 실려 있다.

30 御史中丞(어사중승): [Ⅰ-2] 주석 16 참조.

31 武元衡(무원형): [Ⅰ-2] 주석 17 참조.

32 左庶子(좌서자): 태자의 관속. ≪구당서44·직관지3≫에 따르면, 태자좌춘방(太子左春坊)에 정4품상의 좌서자 2인을 두었는데 시종(侍從)과 찬상(贊相)을 주관하고 상주문을 바로잡는 업무를 담당하였다.

33 鹵莽(노망): 경솔하고 거칠다. 마음을 쓰지 않고 함부로 대하다.

34 風憲(풍헌): 감찰이나 법의 기강을 담당하는 부서를 가리킨다.

35 所授(소수): ≪전정(箋正)≫ 권5에서 "소(所)"자는 "사(斯)"로 되어야 하지 않을까 한다고 하였는데 문맥상 일리 있는 지적이다.

⇒ 순종이 왕숙문을 총애하여 국가의 재정 관련 권한을 그에게 맡긴 것과 그에 따른 인사 조치에 관한 사실 서술.

## [II-11]

경인일(庚寅日)에 이런 제서(制書)를 내렸다.

"문하시랑으로 수이부상서평장사인 가탐(賈耽)을 검교사공 겸 좌복야에 임명하고, 수문하시랑평장사 정순유(鄭珣瑜)를 수이부상서에 임명하고, 수중서시랑평장사 고영(高郢)을 수형부상서에 임명하고, 수상서좌승평장사 위집의를 수중서시랑에 임명한다. 평장사는 모두 전과 같이 유지한다."

庚寅[1], 制[一]: 門下侍郎[2]守[3]吏部尙書[4]平章事賈耽[5]可檢校司空, 兼左僕射[6]; 守門下侍郎平章事鄭珣瑜[7]可守吏部尙書; 守中書侍郎平章事[8]高郢[9]可守刑部尙書; 守尙書左丞[10]平章事韋執誼[11]可守中書侍郎: 並依前平章事.

[一] "왈(曰)"자가 있는 판본도 있다.

**【주석】**

1 庚寅(경인): 정원 21년(805) 3월 21일(음력)/4월 23일(양력). ≪전정(箋正)≫ 권5에서 ≪구당서14·순종기≫에는 이하 이번 단락의 내용을 무자일(戊子日: 음력 3월 19일/양력 4월 21일) 아래에 서술하고 있다고 하였다. ≪전교(全校)≫(2868쪽)에서는 ≪신당서62·재상표중(宰相表中)≫에 "三月庚寅"이라고 되어 있는 점을 들어 ≪구당서14·순종기≫에 빠진 문구가 있다고 하였다.

2 門下侍郞(문하시랑): [Ⅰ-4] 주석 2 참조.

3 吏部尙書(이부상서): ≪구당서43·직관지2≫에 따르면, 이부에 정3품의 상서 1인을 두었는데, 상서는 이부의 장관으로 관리의 선발과 임명, 훈장과 봉작, 고과 관련 업무를 관장하였다.

4 守(수): [Ⅰ-9] 주석 4 참조.

5 賈耽(가탐): 730~805. 자가 돈시(敦詩)이고 창주(滄州) 남피(지금 河北省 南皮市) 사람이다. 현종 때인 천보(天寶) 10년(751) 명경과를 통해 출사하여 숙종부터 헌종까지 다섯 황제 아래에서 각종 내외 요직을 역임하였다. 정원 9년(793)에 상서우복야의 직함을 가지고 동중서문하평장사에 임명되어 재상의 반열에 올랐으며, 순종 즉위 후 검교사공 겸 좌복야까지 올랐다. 재상 재임 13년 동안 국가 안위와 관계되는 중대한 성취를 거두지는 못하였지만 자기 관리에 철저하고 일 처리가 엄격하였으며 순박하고 돈후한 덕행의 소유자로 불렸다. 그는 또 유명한 지리학자로서 <해내화이도(海內華夷圖)>라는 지도를 남겼는데 지금 원본이 전하지는 않는다. 가탐이 정원 3월에 검교사공 겸 좌복야로 전임하기 전의 직무에 대해 ≪구당서138·열전88≫과 ≪신당서166·열전91≫의 <가탐전> 및 ≪구당서14·순종기≫ 등의 사료에서 차이가 보이는 바, ≪전교(全校)≫에서는 이것이 당시 조정의 권력 이동을 가늠할 중요한 사안이라고 보고 자세한 검토를 통해 본 ≪순종실록≫의 기록이 옳다고 진단하였다. 이에 대한 자세한 고증은 ≪전교(全校)≫ 2870쪽 참조.

6 左僕射(좌복야): ≪구당서43·직관지2≫에 따르면, 상서성에 종2품의 좌우복야 각 1인을 두고 장관인 상서령을 보좌하여 6부를 관장하고 각종 업무를 통괄하도록 하였다. 당태종이 황제에 등극하기 전에 상서령을 지낸 적이 있어, 뒤에 사람들이 그 자리에 오르는 것을 꺼려해 상서령을 두지 않게 되자 좌우복야가 실제 상서성을 책임지게 되었다.

7 鄭珣瑜(정순유): [Ⅰ-4] 주석 3 참조.

8 中書侍郎平章事(중서시랑평장사): [Ⅰ-1] 주석 47 참조.

9 高郢(고영): [Ⅰ-1] 주석 48 참조.

10 尙書左丞(상서좌승): [Ⅰ-9] 주석 5 참조.

11 韋執誼(위집의): [Ⅰ-9] 주석 3 참조.

⇒ 순종 즉위 후의 개각 조치 사실 서술.

## [Ⅱ-12]

계사일(癸巳日)에 이런 조칙을 내렸다.

"만국의 근본은 태자에게 달려 있고, 태자라는 중요한 자리는 장자에게 귀속된다. 이는 사직의 기틀을 세우고 국가의 기강을 공고히 하는 것으로 예로부터 내려온 제도이다. 광릉왕(廣陵王) 아무개는 효성스럽고 우애가 있고 온순하고 공손하며, 자상하고 어질고 충성스럽고 동정심이 많으며, 넓고 두텁게 만물을 포용하고 관대하고 현명하게 사람을 사랑하며, 삼가 훈계의 말을 받들어 행하고 하는 말마다 전아하며, 늘 부지런히 학문을 강구하고 예법은 반드시 스승을 좇아 배우며, 조용히 거처할 때는 아름다운 명성이 나고 나가 활동할 때는 덕에 어긋남이 없다. 짐이 위대한 통서를 계승함에 있어서 삼가 공경하게 큰 도리를 따랐는데, 길이 도모하고자 하여 태자로 세우고자 한다. (너는) 종묘사직을 이어받아 제물을 바치는 제사를 받들지니, 이에 옛 전례를 들어 너로 하여금 아름다운 법도를 받게 하려고 한다. 너를 황태자로 책봉하고 아무개로 개명하는 것이 마땅하니, 전과 같이 담당 관리로 하여금 길일을 택해 예를 갖추고 책봉의 칙서를 내리게 할 것이다."

애초에 광릉왕의 이름은 물 '수(水)'변에 '향(享)'자였는데, 황태자로 책봉됨에 이르러 비로소 지금의 이름으로 바꾸었다.

癸巳[1], 詔[2]曰: "萬國之本, 屬在元良[3]; 主器[4]之重, 歸于長子: 所以基社稷而固邦統[5], 古之制也. 廣陵王[6]某, 孝友溫恭, 慈仁忠恕; 博厚[7]以容物[8], 寬明[9]而愛人; 祗服[10]訓詞[11], 言皆合雅; 講求典學[12], 禮必從師[13]; 居有令聞, 動無違德. 朕獲纘[14]丕緖[15], 祗若[16]大猷, 惟懷永圖, 用建儲貳[17]; 以承宗廟, 以奉粢盛[18], 爰擧舊章[19], 俾膺茂典[20]. 宜册爲皇太子, 改名某, 仍令所司[21]擇日備禮册命[22]." 初, 廣陵王名從"水"傍"享", 至册爲皇太子, 始改從今名[23].

**【주석】**

1 癸巳(계사): 정원 21년(805) 3월 24일(음력)/4월 26일(양력).

2 詔(조): 조서(詔書). 조칙(詔勅). 이 조칙은 정인(鄭絪)이 기초한 글이다. ≪신당서165·정인전≫에 "순종이 병들어 말을 할 수 없었다. 왕숙문과 우미인이 실권을 장악하여 권세가 궁궐 안팎에 떨쳤다. 그들은 광릉왕이 웅걸차고 총명한 것을 꺼려하여 위해를 가하고자 하였다. 황제(순종)가 정인을 불러 태자를 세우는 조서를 기초하게 하자, 정인은 물어보지도 않고 바로 '장자로 적통을 세운다.'고 쓰고 무릎을 꿇고 아뢰었다. 황제가 고개를 끄떡이자 바로 정해졌다.(順宗病, 不得語. 王叔文與牛美人用事, 權震中外. 憚廣陵王雄睿, 欲危之. 帝召絪草立太子詔, 絪不請輒 書曰: '立嫡以長.' 跪白之, 帝頷, 乃定.)"라는 내용이 보인다.

3 元良(원량): 태자의 대칭. [Ⅰ-1] 주석 33 참조.

4 主器(주기): 옛날에 임금의 장자가 종묘제사에 쓰는 제기를 주관하였으므로 태자를 이렇게 불렀다. ≪역경·서괘전(序卦傳)≫에 "제기를 주관하는 사람은 장자만한 이가 없다.(主器者莫若長子.)"라는 글귀가 보인다.

5 邦統(방통): 국가의 기강.

6 廣陵王(광릉왕): 당나라 헌종이 황제에 오르기 전의 봉작. 이 ≪순종실록≫과 ≪구당서14·헌종기상(憲宗紀上)≫에는 "광릉왕(廣陵王)"으로 되어 있는데 반해, ≪신당서7·헌종기≫와 ≪당대조령집≫ 권27, ≪책부원구≫ 권257, ≪전당문≫ 권511에는 모두 "왕(王)"자 앞에 "군(郡)"자가 들어 있다. ≪전교≫(2872쪽)에서는 "태자인 아들은 군왕에 봉하였다.(太子男封郡王.)"라는 ≪통전≫ 권31에 근거하여 "군왕"으로 써야 옳다고 하였다.

7 博厚(박후): 넓고 두텁다. 광대하고 심후하다. 땅의 덕을 가리킨다. ≪중용(中庸)≫ 26장에 "넓고 두터움은 만물을 싣기 위함이고, 높고 밝음은 만물을 덮기 위함이고, 멀고 오램은 만물을 완성하기 위함이다. 넓고 두터움은 땅과 짝하고, 높고 밝음은 하늘과 짝하며, 멀고 오램은 끝이 없다.(博厚所以載物也, 高明所以覆物也, 悠久所以成物也. 博厚配地, 高明配天, 悠久無疆.)"라는 글귀가 보인다.

8 容物(용물): 도량이 넓어 사람을 포함하여 만물을 두루 포용할 수 있음을 말한다. ≪장자·전자방(田子方)≫편에 "외물에 순응하면서 타고난 참된 본성을 잘 간직하며 맑은 마음으로 만물을 용납한다.(緣而葆眞, 淸而容物.)"라는 글귀가 보인다.

9 寬明(관명): 관대하고 밝게 살피다. 반표(班彪)의 <왕명론(王命論)>에 평민 출신인 한(漢)나라 고조(高祖)가 흥성한 이유 다섯 가지 덕을 이렇게 들고 있다. 즉, "첫째 요임금의 후예이고, 둘째 신체와 생김새에 기이함이 많고, 셋째 신령스런 무예를 가진데다 영험한 징조를 가지고 있고, 넷째 관대하고 밝게 살피고 어질고 인정이 있으며, 다섯째 사람을 알아보고 잘 부릴 줄 아는 것이다.(一曰帝堯之苗裔, 二曰體貌多奇異, 三曰神武有徵驗, 四曰寬明而仁恕, 五曰知人善任使.)"라고 한 다섯 가지 속에 들어 있는 덕목이 "관명(寬明)"이다.

10 祗服(지복): 삼가 받들어 행하다.

11 訓詞(훈사): 훈계의 말씀. 주로 제왕이 내린 칙서의 메시지를 가리킨다.

12 典學(전학): 늘 부지런히 배우다. ≪서경·열명하(說命下)≫에 "생각의 시작과

끝을 늘 배움에 두고 있다.(念終始典于學.)"라는 글귀가 보인다. 이는 부열(傅說)이 은(殷)나라 고종(高宗)에게 늘 학문에 힘쓰도록 당부한 말로, 뒤에 태자나 제왕들이 학문에 힘을 쏟는 것을 가리키는 데 쓰였다.

13 從師(종사): 스승을 좇아 배우다. 스승으로 모시고 가르침을 구하다.

14 獲纘(획찬): 계승하다. 잇다.

15 丕緖(비서): 큰 통서(統緖). 황제의 적통을 가리킨다.

16 祗若(지약): 삼가 공경히 순종하다. ≪서경·열명상(說命上)≫에 "누가 감히 왕의 아름다운 명령에 삼가 공경히 순종하지 않겠습니까?(疇敢不祗若王之休命.)"라는 글귀가 보인다.

17 儲貳(저이): 태자. '저부(儲副)' 또는 '저군(儲君)'이라고도 한다.

18 粢盛(자성): 제기에 담긴 제사용 기장(곡식). ≪서경·태서(泰誓)≫에 "저 선조의 종묘를 내버리고 제사를 지내지 않아 희생 고기와 제기에 담긴 기장을 흉악한 도적에게 이미 모두 빼앗겼다.(遺厥先宗廟, 弗祀, 犧牲粢盛, 旣于凶盜.)"라는 글귀가 보이는데, 공안국(孔安國)이 "기장을 '자(粢)'라고 하고 그릇에 담겨 있는 것을 '성(盛)'이라 한다(黍稷曰粢, 在器曰盛.)"고 풀이하였다.

19 舊章(구장): 예전의 법률 제도. 전례. ≪서경·채중지명(蔡仲之命)≫에 "보잘것없는 총명을 일으켜 옛 법도를 어지럽히지 말라.(無作聰明亂舊章.)"라는 글귀가 보인다.

20 茂典(무전): 아름다운 법도.

21 所司(소사): ≪당대조령집≫ 권27, ≪책부원구≫ 권257, ≪전당문≫ 권511에는 "소(所)"자가 "유(有)"로 되어 있다.

22 册命(책명): 제왕이 후계자, 후비, 제후, 대신 등을 책봉하는 명령이나 일. '책명(策命)'으로도 적는데 후대의 전범이 된 서주(西周) 시대 금문(金文)에 보이는 책명은 "왕왈(王曰)" 또는 "王若曰(왕약왈)" 뒤에 내용을 기록하고 있다. 내용은 보통 먼저 책봉의 명령을 받는 사람의 이름을 부른 뒤에 명령을 내리게 된

연유와 훈계를 적고, 그 다음에 그 사람의 직위와 직무, 하사품과 봉지(封地) 등을 쓰고 나서 마지막에 "삼가 아침 일찍부터 밤늦게까지 일에 종사하여 짐의 명령을 폐하지 말라.(敬夙夜用事, 勿廢朕命.)"라는 당부를 덧붙이는 것으로 되어 있다.

23 今名(금명): 헌종의 초명은 '순(淳)'이었는데, 태자 책봉에 즈음하여 '순(純)'으로 개명하였다.

⇒ 순종이 태자를 책봉한 사실 서술.

## [Ⅱ-13]

정유일(丁酉日)에 이부상서·평장사 정순유(鄭珣瑜)가 병을 핑계로 자리에서 떠나갔다. 그날 정순유가 다른 재상들과 중서성에 모여 한창 식사를 하고 있는 중이었다. 전례에 따르면 재상들이 식사를 하고 있는 중에는 백관들 중에 감히 뵙자고 할 수 있는 자가 없었다. 왕숙문이 그날 중서성에 가서 위집의와 어떤 일을 상의하고자 하여 당직자로 하여금 (자기가 왔다는 사실을) 위집의에게 알리도록 하였다. 당직자가 전례를 들어 고하자 왕숙문이 당직자를 꾸짖으매, 당직자는 두려워하여 들어가 위집의에게 아뢰었다. 위집의는 부끄러워 얼굴이 벌겋게 상기된 채 머뭇거리다가 결국은 일어나 왕숙문을 맞이하여 재상들의 회의실로 나아가 한참동안 이야기를 나누었다. 재상인 두우(杜佑)와 고영(高郢)과 정순유는 모두 젓가락을 놓고 기다리고 있었다. 어떤 이가 보고하였다.

"왕숙문이 음식을 달라고 요구하여 위승상께서 이미 그와 함께 회의실에서 식사를 하고 계십니다."

두우와 고영 등은 마음속으로 옳지 않은 줄 알았지만, 왕숙문과 위집의를 두려워하여 어느 누구도 감히 입 밖으로 말을 꺼내지 못하였다. 정순유가 홀로 탄식하였다.

"내가 어찌 다시 이 자리에 앉아 있겠는가!"

좌우의 수행원을 돌아보고 말을 가지고 오도록 하여 바로 집으로 돌아간 뒤로는 다시는 출근하지 않았다. 이에 앞서 좌복야 가탐(賈耽)이 병을 핑계로 집으로 돌아간 뒤 출근하지 않은 일이 있었는데, 정순유가 또 그를 뒤이어 떠나간 것이다. 두 재상은 모두 천하 사람들의 신망이 두터운 분이었는데 번갈아 차례대로 물러나니, 왕숙문과 위집의 등은 더욱 돌아보거나 꺼려하는 것이 없었기 때문에 원근을 불문하고 모두 크게 두려워하였다.

丁酉[1], 吏部尚書平章事鄭珣瑜稱疾[2]去位[3]. 其日, 珣瑜方與諸相會食於中書[4]—故事, 丞相方食, 百寮無敢謁見者—叔文是日至中書, 欲與執誼計事, 令直省[5]通執誼. 直省以舊事告, 叔文叱直省, 直省懼, 入白執誼. 執誼逡巡[6]慙赧[7][一], 竟起迎叔文, 就其閤語良久. 宰相杜佑、高郢、珣瑜皆停箸以待[二]. 有報者云: "叔文索飯, 韋相已與之同餐閤中矣." 佑、郢等心知其不可[三], 畏懼叔文、執誼, 莫敢出言. 珣瑜獨歎曰: "吾豈可復居此位!" 顧左右[8]取馬徑歸, 遂不起[四]. 前是, 左僕射賈耽以疾歸第[9], 未起; 珣瑜又繼去[10]. 二相皆天下重望, 相次歸臥[11], 叔文、執誼等益無所顧忌[12], 遠近大懼焉.

[一] "난(赧)"은 내(乃)와 판(版)의 반절로 "난(赧)"과 같다.

[二] "영(郢)" 아래에 "정(鄭)"자가 있는 판본도 있다.

[보충설명]

- 이는 ≪고이(考異)≫에 따른 것인데, ≪축본(祝本)≫에 "정(鄭)"자가 들어

있다.

[三] 혹 "불(不)"자가 없는 것도 있는데 옳지 않다.

[보충설명]

- 이는 ≪고이(考異)≫에 따른 것인데, ≪송본(宋本)≫에 "불(不)"자가 없다.
- ≪위본(魏本)≫에서는 "다른 판본에 '불(不)'자가 없이 아래의 '외(畏)'자와 연결하여 한 구절로 삼고 있다.(他本無不字, 通下文畏字爲一句.)"라고 하였다.

[四] [보주] 살펴보건대 "언어의 선택에 지극히 생기가 넘치고, 서술의 차례가 맹견에 손색이 없다.(著語極精神, 敍次不減孟堅.)"

[보충설명]

- ≪의문독서기≫ 권34에 "이 일은 사리를 서술한 것이 반맹견에 손색이 없다.(此事叙致尤不減班孟堅.)"라는 평가가 보인다. 반맹견은 ≪한서≫를 편찬한 반고(班固, 32~92)를 가리키는데, 이는 한유의 역사 서술이 반고에 필적한다는 평가이다.

**【주석】**

1 丁酉(정유): 정원 21년(805) 3월 28일(음력)/4월 30일(양력).

2 稱疾(칭질): 질병을 칭하다. 병을 핑계 대다.

3 去位(거위): 자리에서 떠나다. 사직하다.

4 中書(중서): 중서성. 문하성과 상서성과 함께 3성의 하나로 당나라 중앙의 최고 정치기구. 주로 황제의 조칙을 입안하고 기초하는 업무를 담당하였다.

5 直省(직성): 당직. 당직자. ≪장본(蔣本)≫의 주석에 "관리의 직책으로 중서성에서 당직을 하기 때문에 이렇게 불렀다.(吏職也, 以直中書省故名.)"라고 풀이하였다. 이하 네 구절에서 "直省"을 연달아 쓴 점과 관련하여, 명나라 사람 진정(陳霆)이 ≪양산묵담(兩山墨談)≫ 권3에서 "지금 네 구절에서 모두 '직성(直省)'

자를 쓰고 있지만 번거롭게 느껴지지 않는다. 이는 아마도 ≪사기≫의 필법과 유사하니 대문호인 까닭에 이와 같을 수 있다. <단궁(檀弓)>의 석태자(石駘子: 石駘仲)가 죽은 것을 기록한 장에서 무릇 '목욕패옥(沐浴佩玉)'이란 글자를 네 번 쓰고 있는데, 평자들이 그 고상하고 예스러움에 탄복을 하였다. 그러한 즉 퇴지(退之)가 쓴 필법은 매우 질박하고 풍부하여 예스러운 기풍이 있으니 마음 속으로 넌지시 기뻐할 만하다.(今四句皆用'直省'字而不覺其煩, 此殆類史記口法, 蓋大手筆故能如此. 檀弓石駘子卒一章, 凡四用'沐浴佩玉'字, 評者服其高古. 然則退之所用, 殊樸贍有古風, 竊可喜也.)"라는 평가를 내린 바 있다.

6 逡巡(준순): 걱정 때문에 머뭇거리며 앞으로 나아가지 못하거나 뒤로 물러나다.

7 慙赧(참난): 부끄러워 얼굴이 붉어지다. 참괴하여 얼굴이 벌겋게 상기되다.

8 左右(좌우): 측근 수행원.

9 歸第(귀제): 관직에서 물러나 집으로 돌아가다.

10 繼去(계거): 이어 관직에서 떠나가다. ≪장본(蔣本)≫의 주석에 "가탐과 정순유가 재상이 되어 범상하게 아무 보탬이 되지 못하자, 그것이 옳지 않음을 알고 병을 핑계로 재상의 자리에서 떠나갔는데 부끄러운 줄을 알았기 때문이다. 두우 및 고영과 비교하면 어찌 차이가 나지 않겠는가?(賈耽、鄭珣瑜爲相碌碌無補, 然知其不可, 引疾而去, 能知恥矣. 方之杜佑、高郢, 豈不有間哉?)"라는 범조우(范祖禹)의 견해가 실려 있다.

11 歸臥(귀와): 사직하고 고향으로 돌아가다.

12 無所顧忌(무소고기): 돌아보거나 꺼려하는 바가 없다. '아무것도 걱정하거나 두려워함이 없이 뻔뻔스럽게 제 마음대로 하다'는 뜻의 사자성어로 쓰인다.

⇒ 재상들이 실권을 뺐기고 병을 핑계로 물러나 은퇴한 사실 서술.

# 제3권

## 정원 21년 4월 ~ 5월

(起四月, 盡五月)

**제3권**

# 정원 21년 4월 ~ 5월
(起四月, 盡五月)

## [Ⅲ-1]

여름 4월 을사일(乙巳日)에 금상이 선정전(宣政殿)으로 행차하여 황태자를 책봉하였다. 책봉의 내용은 이러하다.

"황태자를 세우는 것은 반드시 적장자에게 돌아가야 하고, 나라의 근본을 공고하게 하는 것은 진실로 태자에게 달려 있다. 아! 너 원자 광릉왕(廣陵王) 아무개는 어렸을 때 지각 있고 영민함을 빼어나게 드러냈으며, 장성해서는 진실하고 선량함을 나타내었다. ≪시경≫과 ≪예기≫의 밝은 가르침을 몸에 품고, 충성과 효도의 큰 규범을 펼쳐냈다. 조용히 거처할 때엔 화순한 마음과 편안한 몸을 유지하고, 행동할 때는 필시 정도를 따랐다. 식견은 형법과 정령에 통달하고, 그릇됨은 온화하고 예절 바른 기준에 합치한다. 친애하고 공경함으로 군왕과 양친을 받들고, 인자함과 덕으로 식자층과 대중들에게 알려져 있다. 천지신명과 거북점 및 시초점이 화합하여 따르지 않는 것이 없다. 그리하여 너를 황태자로 임명한다. 아아! 우리의 빛나는 창업 선조께서 천하를 차지하시어 그 공적이 상제께 상달되고 복이 끝없이 흘러내려, (후손들이) 위대한 사업을 찬란하게 계승하여 과인까지 10대에 이르렀다. 과인은 정성을 다하고 경외하여 날이 갈수록 더 신중하였노라! 이제 네게 종묘를 이어받을 중임을 부여하고 종묘에 제사지내는 일에 힘쓰도록 면려하여, 만국 백성들의 마음을 바로잡고 세 가지 선한 규범을 드날리도록 하노라. 너는 스승을 높이고 사부들을 존중하며 현인을 가까이하고 간사한 인물들을 멀리하기를 바라노라. 예에 맞지 않으면 실행하지 말고 의롭지 아니하면 행동하지 말 것이며, 천지신명의 영광에 호응하여 찬미하고 선조들의 아름다운 공적을 크게 이어받아야 할 것이니 삼가지 않을 수 있겠는가!"

당시에 금상이 황제의 자리에 오른 지 이미 오래되었지만 신하들 중에 직접 대면하여 황제의 하문에 상주하거나 대답을 한 자가 아무도 없었다. 궁궐 안팎에서 왕비와 왕숙문이 독단적으로 결정한다는 말들이 넘쳐나서 날마다 다른 의견들이 쏟아져 나왔다. 또 비가 쉬지 않고 내리자 모두들 뭇 소인배들이 권력을 장악한 데 대한 하늘의 반응이라고들 여겼다. 황태자 책봉의 의례를 거행하기 전날 저녁이 되자 비가 곧 그쳤다. 행사를 할 때가 되자 날씨가 맑게 개고 상서로운 구름이 나타났다. 식자들이 하늘의 뜻이 황태자에게로 돌아간 것이라고 여겼다. 황태자의 의표와 조정 관리들의 행렬을 봄에 이르러서는 행사가 끝나고 물러나온 뒤에도 함께 경하하지 않는 이가 없었을 뿐 아니라 심지어 감격의 눈물을 흘리는 자들도 있었다.

夏四月乙巳[1], 上御宣政殿[2], 冊皇太子. 冊曰: "建儲貳[3]者, 必歸於冢嗣[4]; 固邦本者, 允屬於元良[5]. 咨爾[6]元子廣陵王[7]某, 幼挺岐嶷[8], 長標洵淑[9]; 佩詩禮之明訓[10], 宣忠孝之弘規[11]; 居惟保和[12], 動必循道[13]; 識達刑政, 器合溫文[14]; 愛敬[15]奉於君親[16], 仁德聞於士庶[17]; 神祇[18]龜筮[19], 罔不協從: 是用命爾爲皇太子. 於戲[20]! 維我烈祖[21]之有天下也, 功格[22]上帝[23], 祚流無窮, 光纘[24]洪業, 逮予十葉[25]. 虔恭[26]寅畏[27], 日愼一日[28]. 付爾以承祧[29]之重, 勵爾以主鬯[30]之勤, 以貞萬國之心, 以揚三善[31]之德. 爾其尊師重傅, 親賢遠佞[32], 非禮勿踐, 非義勿行, 對越[33]天地之耿光[34], 丕承[35]祖宗之休烈[36], 可不愼歟!" 時上卽位已久, 而臣下未有親奏對[37]者. 內外盛言王伾、王叔文專行斷決, 日有異說. 又屬頻雨, 皆以爲羣小用事之應. 至將冊禮之夕, 雨乃止; 迨行事之時, 天氣清朗, 有慶雲見[38]. 識者以爲天意所歸. 及覩皇太子儀表[39]班行[40], 旣退, 無不相賀, 至有感泣者.

【주석】

1 四月乙巳(사월을사): 정원 21년(805) 4월 6일(음력)/5월 8일(양력).

2 宣政殿(선정전): 동내 대명궁의 함원전 북쪽 선정문 내에 있는 전각([Ⅰ-1]의 [二] 보충설명 참조)으로, ≪당양경성방고≫ 권1 '대명궁'조에 따르면, 천자가 '상조(常朝)' 곧 5품 이상의 관리와 매일 조회를 하던 곳이었다.

3 儲貳(저이): 태자. [Ⅱ-12] 주석 17 참조.

4 冢嗣(총사): 적장자(嫡長子).

5 元良(원량): 태자. [Ⅰ-1] 주석 33 참조.

6 咨爾(자이): 문장 앞에 쓰여 '찬탄' 또는 '명령'의 뜻을 나타낸다. [Ⅰ-1] 주석 34 참조.

7 廣陵王(광릉왕): ≪신당서7·헌종기≫와 ≪당대조령집≫ 권27, ≪책부원구≫ 권257, ≪전당문≫ 권511에는 "광릉군왕(廣陵郡王)"으로 되어 있다. [Ⅱ-12] 주석 6 참조.

8 幼挺岐嶷(유정기억): 어려서 지각 있고 영민함을 드러내다. ≪시경·대아(大雅)·

생민(生民)≫에 "기어 다니게 되자 지각 있고 영민하였다.(誕實匍匐, 克岐克嶷.)"라는 시구가 보인다. "기(岐)"는 '다른 사람의 생각을 잘 이해하다'는 뜻이고, "억(嶷)"은 '사물을 잘 분별하다'는 뜻이다.

9 洵淑(순숙): 진실하고 선량하다.

10 明訓(명훈): 명확한 훈계. ≪국어(國語)·진어(晉語)8≫에 "계획의 관건은 명확한 훈계에 달려 있고, 명확한 훈계는 권위가 있느냐에 달려 있다.(圖在明訓, 明訓在威權.)"라는 글귀가 보인다.

11 弘規(홍규): 큰 규범. 장대한 계획.

12 保和(보화): 화순한 마음과 편안한 몸을 유지하다.

13 循道(순도): 정도를 따르다. ≪순자(荀子)·요문(堯問)≫에 "그의 학문은 쓰이지 못하고 사람들의 의심을 샀다. 그의 지혜로움은 지극히 밝고 정도를 따라 바르게 행동하였으니 충분히 세상의 기강이 될 만하다.(方術不用, 爲人所疑. 其知至明, 循道正行, 足以爲紀綱.)"라는 글귀가 보인다.

14 溫文(온문): (내적 기질이) 온화하고 예절바르다. ≪예기·문왕세자≫에 "예와 음악이 마음속에 교차되어 스며들고 밖으로 드러났으니, 이런 까닭에 (세자가) 순조롭게 성장하도록 하여 겉으로 공경하며 내적으로 온화하고 예절바른 기질을 가지게 하였다.(禮樂交錯於中, 發形於外, 是故其成也懌, 恭敬而溫文.)"라는 글귀가 보인다.

15 愛敬(애경): 친애하고 공경하다. ≪효경(孝經)·천하(天下)≫에 "친애하고 공경함으로 양친을 섬기고, 덕에 의한 교화를 백성들에게 베푼다.(愛敬盡於事親, 而德教加於百姓.)"라는 글귀가 보인다.

16 君親(군친): 군왕과 부모. 특히 군주를 가리키기도 한다.

17 士庶(사서): 식자층과 서민. 관직에 오르지 않은 백성들을 널리 가리킨다.

18 神祇(신기): 천신지기(天神地祇). 천신과 지신. 널리 귀신을 가리킨다.

19 龜筮(구서): 점괘(占卦). 옛날에 거북의 등껍데기나 시초(蓍草)를 써서 점을 쳤

다. 뒤에 시초 대신 구하기 쉬운 댓가지를 썼으므로 서죽(筮竹)이란 말도 생겨났다. 즉, 거북 등껍데기를 불에 태워 그것이 갈라지는 모양을 보거나 시초나 서죽의 수효를 보고 길흉을 점쳤다. ≪서경·대우모(大禹謨)≫에 "귀신이 따라 순하여 거북점과 시초(서죽)점의 점괘가 화합하여 동조하였다.(鬼神其依, 龜筮協從.")라는 글귀가 보인다.

20 於戱(오희): [ I -1] 주석 31 참조.

21 烈祖(열조): 창업의 공적을 이룬 선조로 ≪시경·상송(商頌)≫의 한 편 이름이기도 하다. ≪이아·석친(釋親)≫에는 "자기를 낳은 자가 부모이고, 부친의 부친이 조부이고, 조부의 부친이 증조이고, 증조의 부친이 고조이고, 고조의 부친이 천조이고, 천조의 부친이 열조이고, 열조의 부친의 태조이고, 태조의 부친이 원조이고, 원조의 부친이 비조이다.(生己者爲父母, 父之父爲祖, 祖父之父爲曾祖, 曾祖之父爲高祖, 高祖之父爲天祖, 天祖之父爲烈祖, 烈祖之父爲太祖, 太祖之父爲遠祖, 遠祖之父爲鼻祖.)"라는 글귀가 보인다.

22 格(격): 이르다. 도달하다.

23 上帝(상제): 천신(天神)·지기(地祇)·인귀(人鬼)의 위에 존재하는 중국 전통신앙에서 말하는 최고의 신격. 초자연적인 능력을 지녀 자연계를 지배할 뿐만 아니라 인간사회를 통제하여 화복을 내리는 권능을 지닌 존재이다.

24 光纘(광찬): 빛나게 계승하다. 찬란하게 계승하다.

25 十葉(십엽): 10대. 당나라 고조(高祖), 태종(太宗), 고종(高宗), 중종(中宗), 예종(睿宗), 현종(玄宗), 숙종(肅宗), 대종(代宗), 덕종(唐德宗)을 거쳐 10대가 순종(順宗) 황제.

26 虔恭(건공): 공경하다. 정성스럽다.

27 寅畏(인외): 경외하다. 공경하고 삼가다. ≪서경·무일(無逸)≫에 "엄숙하고 삼가고 공경하고 두려워하며 하늘의 명을 스스로 헤아렸다.(嚴恭寅畏, 天命自度.)"라는 글귀가 보인다.

28 日愼一日(일신일일): 날이 갈수록 더 신중해지다. 날로 더 삼가다. 일처리를 매우 조심스럽게 하는 것을 형용한다. ≪한비자(韓非子)·초견진(初見秦)≫에 "게다가 신이 듣건대 '두려워 벌벌 떨며 날이 갈수록 더 삼갔습니다. 만약 그 도리를 삼가면 천하를 차지할 수 있다.'라고 하였습니다.(且臣聞之曰: '戰戰栗栗, 日愼一日. 苟愼其道, 天下可有.'")라는 글귀가 보인다.

29 承祧(승도): 선조에게 제사를 지내는 종묘를 계승하다. "도(祧)"는 여기서 '종묘'를 가리킨다.

30 主鬯(주창): 종묘 제사를 주재하다. "鬯"은 옛날 제사에 쓰던 향기로운 울창주를 가리킨다.

31 三善(삼선): 세 가지 기본적인 인간관계에 관한 도덕규범. ≪예기·문왕세자≫에 "한 가지 일을 행하여 세 가지 선한 도덕규범을 다 얻을 수 있는 자는 오직 세자 한 사람뿐이다.(行一物而三善皆得者, 唯世子而已.)"라는 글귀가 보이는데, 전후 문맥에 따르면 "삼선(三善)"은 '양친을 가까이 대하고(親親)', '임금을 높이며(尊君)', '연장자를 공경하는(長長)'것으로, 부자·군신·장유의 세 가지 인간관계에 관한 미덕 내지 도덕규범을 가리킨다.

32 親賢遠佞(친현원녕): 이는 제갈공명의 <출사표(出師表)>에서 "재주와 덕을 겸비한 현신을 가까이하고 아첨하는 소인배들을 멀리한 것이 전한이 일어나 융성한 까닭이고, 아첨하는 소인배들을 가까이하고 재주와 덕을 겸비한 현신을 멀리한 것이 후한이 기울어 무너진 까닭입니다.(親賢臣, 遠小人, 此先漢所以興隆也; 親小人, 遠賢臣, 此後漢所以傾頹也.)"라고 한 취지를 네 글자로 압축시킨 표현이다.

33 對越(대월): 호응하여 찬미하다. "대양(對揚)"과 같다. ≪시경·주송(周頌)·청묘(淸廟)≫에 "(제사일 돌보는) 수많은 선비들이 문왕의 덕을 받들어, 하늘의 신령에 호응하여 찬미하며 아주 분주하게 묘당을 뛰어다니고 있다.(濟濟多士, 秉文之德; 對越在天, 駿奔走在廟.)"라는 시구가 보인다.

34 耿光(경광): 광명. 밝은 빛. 영광. ≪서경·입정(立政)≫에 "문왕의 밝은 빛을 보시고 무왕의 위대한 공적을 드날리소서.(以覲文王之耿光, 以揚武王之大烈.)"라는 글귀가 보인다.

35 丕承(비승): 크게 이어받다. 아주 잘 계승하다. 옛날에 제왕이 하늘이 뜻을 받들어 명을 받는 것을 가리켰다. ≪서경·군석(君奭)≫에 "문왕의 덕을 생각하여 끝없는 근심을 크게 이어받으라.(惟文王德, 丕承無疆之恤.)"라는 글귀가 보인다.

36 休烈(휴열): 아름다운 사업. 성대한 공적. ≪사기·진시황본기(秦始皇本紀)≫에 "황제의 아름다운 공적으로 천하를 평정하였다.(皇帝休烈, 平一宇內.)"라는 글귀가 보인다.

37 奏對(주대): 신하가 대면하여 황제에게 상주하거나 하문에 답하다.

38 有慶雲見(유경운현): 상서로운 오색구름이 출현하다. '경운(卿雲)' 또는 '경운(景雲)'으로도 적는다. 옛날 사람들은 이를 경사스러운 길상의 징조로 여겼다. ≪열자(列子)·탕문(湯問)≫에 "상서로운 오색구름이 떠 있고, 하늘에서 감로가 내렸다.(慶雲浮, 甘露降.)"라는 글귀가 보이는데, ≪한서·천문지(天文志)≫에서 "연기인 듯 연기가 아니고, 구름인 듯 구름이 아닌 것이 빽빽하고 어지럽게 뒤얽히고 드문드문 꾸불꾸불 휘감겨 있는 것을 경운이라 하는데 경운이 나타나는 것은 길조이다.(若煙非煙, 若雲非雲, 鬱鬱紛紛, 蕭索輪囷, 是謂慶雲. 慶雲見, 喜氣也.)"라고 하였다. ≪문본(文本)≫의 주석에 "경운은 상서로운 오색구름이다.(慶雲, 五色祥雲.)"라는 풀이가 보인다.

39 儀表(의표): 사람의 외표. 몸가짐이나 태도.

40 班行(반행): 조정 관리들의 행렬.

⇒ 순종이 4월 을사일에 황태자를 책봉한 사실 서술.

## [Ⅲ-2]

무신일(戊申日)에 이런 조칙을 내렸다.

"생각건대 선대 황제들께서 영광스럽게 천하를 차지하시고 필시 우리 나라의 근본을 바르게 하시어 사람됨의 최고 표준을 세우셨다. 태자를 세워 종사를 잇게 하는 것은 큰 도리를 계도하며 위대한 사업을 안정되고 공고하게 하는 까닭이니 이는 전대부터 내려온 아름다운 법도이다. 황태자 아무개는 어진 덕을 몸소 행하고 뛰어난 지혜를 지녔으며, 공경하고 온화하고 예절바르니 덕은 태자에 합치하고 예법은 적장자에 합당한다. 짐은 큰 교훈을 받들어 따르고 종전의 규범을 본받아, 토지신과 곡물신에게 제사지내는 중임을 생각하고 ≪춘추≫의 뜻을 이루어 제사용 도구를 네게 주어 제기에 기장을 담아 제사를 받들게 하고자, 좋은 날을 택해 너로 하여금 아름다운 법도를 받게 하였노라. 이제 책봉의 예식이 끝나니 감사와 경사로움이 마음속에 동시에 일어나 천하 만방의 백성들과 이 혜택을 함께 누리고자 하노라. 정원 21년(805) 2월 24일 이후부터 4월 9일 동틀 무렵 이전까지 천하에 사형에 해당하는 죄를 저지른 자들은 특별히 유형으로 감형하고, 유형 이하 죄인들은 차례대로 한 등급씩 감형하노라. 조정의 문무 상참관(常參官), 주(州)와 부(府)와 현(縣)의 관리, 아버지의 뒤를 이을 아들들 모두에게 두 등급의 훈공을 올려 하사한다. 옛날에 태자를 가르친 방식은 필시 빼어난 사부를 골라 돕고 보필하도록 하는 것이었다. 스승이 가르치는 말씀을 법도로 삼아 합당한 예법을 행하니 좌우와 앞뒤 주위에 있는 측근들이 올바른 사람이 아닌 경우가 없었기에, 이 때문에 가르침을 받고 덕을 완성시켰다. 급사중 육질(陸質)과 중서사인 최추(崔樞)는 박학하고 글재주가 뛰어났으며, 경전의 가르침을 준수하고 옛것에 의거하여 아침 일찍부터 저녁 늦게까지 강학하고 실무에 적용하여 모두 중용의 도에 합치하였다. 두 사람 모두 황태자시독(皇太子侍讀)으로 삼고자 한다. 천하의 효자와 순종하는 손자로서 이전에 정문(旌門)을 세워 표창한 자들에 대해서는 관할 주현(州縣)에 맡겨 위로하고 구휼하도록 한다."

戊申[1], 詔[2]曰: "惟先王光有天下, 必正我邦本, 以立人極[3]. 建儲貳以承宗祧[4], 所以啓迪[5]大猷[6], 安固洪業, 斯前代之令典[7]也. 皇太子某, 體仁[8]秉哲[9], 恭敬溫文[10], 德協元良[11], 禮當上嗣[12]. 朕奉若丕訓, 憲章[13]前式[14], 惟承社稷之重, 載考[15]春秋之義, 授之匕鬯[16], 以奉粢盛, 爰以令辰, 俾膺茂典. 今冊禮雲畢, 感慶交懷[17], 思與萬方, 同其惠澤. 自貞元二十一年二月二十四日已後, 至四月九日昧爽[18]已前, 天下應犯死罪者, 特降從流[19]; 流已下遞減[20]一等. 文武常參[21]並州府縣官, 子爲父後者, 賜勛[22]兩轉. 古之所以教太子, 必茂選師傅以翼輔之. 法於訓詞, 而行其典禮, 左右前後, 罔非正人[23], 是以教諭而成德也. 給事中[24]陸質[25]、中書舍人[26]崔樞[27], 積學[28]懿文[29], 守經據古[30], 夙夜講習, 庶協於中. 並充皇太子侍讀[31]. 天下孝子順孫, 先旌表門閭[32]者, 委所管州縣, 各加存恤[33]."

**【주석】**

1 戊申(무신): 정원 21년/영정 원년(805) 4월 9일(음력)/5월 11일(양력). ≪구당서14·순종기≫에도 영정 원년 4월 "무신일에 조서를 내려 태자 책봉의 예식이 끝나고 경성의 옥에 갇혀 있는 죄수들을 사면하여 사형은 유형(유배형)으로 감형하고 유형 이하는 한 등급씩 감형하였다. 급사중 육질과 중서사인 최추를 태자시독으로 삼았다.(戊申, 詔以册太子禮畢, 赦京城繫囚, 大辟降從流, 流以下減一等. 以給事中陸質、中書舍人崔樞爲太子侍讀.)"로 되어 있다.

2 詔(조): 이 조칙은 ≪당대조령집≫ 권29와 ≪전당문≫ 권511에 정인(鄭絪)이 지은 것으로 수록되어 있으며, ≪책부원구≫ 권98에는 이 글의 전문이 실려 있다.

3 人極(인극): 인간세계에서의 최고 표준. 인륜의 규범. 후대 주돈이(周敦頤)의 <태극도설(太極圖說)>에 따르면, "인극(人極)"은 "성인(聖人)이 중정(中正)과 인의(仁義)를 정하고 고요함을 주로 삼음으로써 인간세계에서의 표준을 세우셨다. (중략) 하늘의 도를 세운 것을 음과 양이라 하고, 땅의 도를 세운 것을 부드러움과 굳셈이라 하고, 사람의 도를 세운 것을 어짊과 의로움이라고 한다.(聖人定之以中正仁義而主靜, 立人極焉. (중략) 立天之道曰陰與陽, 立地之道曰柔與剛, 立人之道曰仁與義.)"고 한 대로, 성인이 천지의 도에 따라 제정한 중정과 인의의 도를 가리킨다.

4 宗祧(종조): 본래 종묘를 뜻하는 말인데, 여기서는 종사(宗嗣) 곧 적장자에 의한 왕실의 승계를 가리킨다. [Ⅴ-2] 주석 35 참조.

5 啓迪(계적): 계도하다. 계발하다. ≪서경·태갑상(太甲上)≫에 "널리 뛰어난 인재를 구하여 뒷사람에게 길을 열어 주었습니다.(旁求俊彦, 啓迪後人.)"라는 글귀가 보이는데, 공안국(孔安國)은 "뒷사람에게 길을 열어주는 것은 훈계하는 것을 말한다.(開道後人, 言訓戒.)"고 풀이하였다.

6 大猷(대유): 큰 도리. 치국의 대도. [Ⅱ-10] 주석 19 참조.

7 令典(영전): 아름다운 법령이나 제도. 훌륭한 법도. ≪좌전·선공(宣公) 12년≫에 "위오(蔿敖: 孫叔敖)가 재상이 되어 초나라의 아름다운 법도를 택하였다.(蔿敖爲宰, 擇楚國之令典.)"라는 글귀가 보이는데, 양백준(楊伯峻)은 "영전은 예법이나 정령 중에서 훌륭한 것을 말한다.(令典謂禮法政令之善者.)"고 풀이하였다.

8 體仁(체인): 인의 도를 몸소 행하다. ≪역경·건괘(乾卦)·문언전(文言傳)≫에 "군자는 인을 몸소 행하니 다른 사람의 어른이 되기에 충분하다.(君子體仁, 足以長人.)"라는 글귀가 보이는데, 공영달(孔穎達)이 "군자는 인의 도를 몸에 감싸 널리 사랑하고 만물을 생육하여 다른 사람의 어른이 되기에 충분한 것을 말한다.(言君子之人, 體包仁道, 泛愛施生, 足以尊長於人也.)"고 풀이하였다.

9 秉哲(병철): 뛰어난 지혜를 지니다.

10 溫文(온문): (내적 기질이) 온화하고 예절바르다. 앞의 [Ⅲ-1] 주석 14 참조.

11 元良(원량): 태자의 대칭. [Ⅰ-1] 주석 33 참조.

12 上嗣(상사): 군주의 적장자로 뒤에 태자를 가리켰다. [Ⅰ-1]의 주석 35 참조.

13 憲章(헌장): 본받다. ≪중용≫ 30장에 "중니(공자)는 요순을 본받아 밝히고 널리 계승하였으며, 문왕과 무왕을 본받았다.(仲尼祖述堯舜, 憲章文武.)"라는 글귀가 보인다.

14 前式(전식): 전대의 법도와 규범.

15 載考(재고): 이루다. "재(載)"는 어조사로 별 뜻이 없다. ≪시경·소아·담로(湛露)≫에 "즐거우니 밤의 향연이 종묘에서 성대히 열렸네.(厭厭夜飮, 在宗載考.)"라는 시구가 보인다.

16 匕鬯(비창): 숟가락과 울창주. 종묘 제사에 쓰이는 도구나 재료. ≪역경·진괘(震卦)≫의 괘사(卦辭)에 "우레가 백리 안을 진동하여 놀라게 해도, 태연하게 숟가락과 울창주를 잃지 않는다.(震驚百里, 不喪匕鬯.)"라는 글귀가 보인다.

17 交懷(교회): 마음속에 교차되어 일어나다. 마음속에 동시에 일어나다.

18 昧爽(매상): 동틀 무렵. 여명. [Ⅱ-1] 주석 5 참조.

19 從流(종류): 유배의 죄에 따라 처리하다. 유형(流刑)으로 처리하다. 영호덕분(令狐德棻)이 편찬한 ≪주서(周書)7·선제기(宣帝紀)≫에 "수감되어 있던 사형에 해당하는 죄인은 모두 감형하여 유형으로 처리하고, 유형에 해당하는 죄인은 도형으로 처리하고, 5년형 이하는 모두 사면한다.(見囚死罪並降從流, 流罪從徒, 五歲刑已下悉皆原宥.)"라는 글귀가 보인다.

20 遞減(체감): 차례대로 감소시키다.

21 常參(상참): 상참관. [Ⅱ-1] 주석 12 참조.

22 賜勛(사훈): 천자가 신하에게 훈작(勛爵)을 하사하다. ≪구당서8·현종기상(玄宗紀上)≫에 "천하에 대사면을 내려 도성의 문무 관리와 조집사(朝集使) 및 채방사(採訪使)로 3품 이하에게는 한 관작을 더해주고, 4품 이하에게는 한 단계

를 더해주며 지방관에게는 한 등급을 올려주었다.(大赦天下. 京文武官及朝集採訪使三品已下加一爵, 四品已下加一階, 外官賜勳一轉.)"라는 글귀가 보인다. 조집사는 각 군(郡)에서 매년 도성에 파견하여 군의 정사와 재정 상황을 보고하는 임무를 담당한 관리를 말한다. 채방사는 개원 21년(733) 전국을 15개 도로 나누고 각 도에 채방처치사(採訪處置使: 채방사로 약칭)를 두어 형옥(刑獄) 관련 업무를 점검하고 주현(州縣) 관리를 감찰하도록 하였는데, 숙종(肅宗) 이후 각지에서 지방 군벌들의 반란이 일어나자 이를 폐지하고 방어사(防禦使)를 두었다.

23 正人(정인): 정직한 사람. 올바른 사람. ≪서경·경명(冏命)≫에 "대소 신료들이 모두 충성스럽고 선량한 덕을 가슴에 품고, 시중들거나 수레를 모는 자들과 종들이 올바른 사람이 아닌 자가 없었다.(小大之臣, 咸懷忠良, 其侍御僕從罔匪正人.)"라는 글귀가 보인다.

24 給事中(급사중): [ I -12] 주석 11 참조.

25 陸質(육질): ?~806. 본명은 순(淳)이었는데 헌종의 태자 시절 이름을 피휘하여 질(質)로 개명하였다. 자가 백충(伯沖)이고 오군(吳郡) 오현(吳縣: 지금 江蘇省 蘇州市) 사람이다. 좌습유, 태상박사, 좌사낭중(左司郎中), 국자박사, 신주(信州)와 태주(台州) 자사(刺史)를 거쳐, 순종 즉위 후 위집의와 친분이 있어 급사중과 황태자시독으로 발탁되었다. 위집의에게 황태자의 의중을 파악해 보고한 의혹으로 동궁을 떠나게 되었고, 그 일로 얼마 안 있어 병을 얻어 헌종 즉위 후 죽었다. 조광(趙匡)과 담조(啖助)의 학문을 계승해 ≪춘추≫ 경학에 조예가 깊었다. ≪구당서189하·유학전하(儒學傳下)≫와 ≪신당서168·열전93≫에 전기가 실려 있다.

26 中書舍人(중서사인): [ I -12] 주석 10 참조.

27 崔樞(최추): ≪구당서≫와 ≪신당서≫에 전기가 실려 있지 않고, ≪구당서192·은일전(隱逸傳)·공민행전(孔敏行傳)≫에 공민행이 원화 5년(810) 예부

시랑 최추가 지공거(知貢擧)였을 때 진사과에 급제하였다는 기록이 보인다.

28 積學(적학): 박학하다. '박학(博學)'과 같은 뜻이다.

29 懿文(의문): 아름다운 문장. 여기서는 '글재주가 뛰어나다'는 뜻으로 쓰였다.

30 守經據古(수경거고): 경전의 일정한 원칙을 준수하고 옛 제도에 의거하다. ≪한서·공우전(貢禹傳)≫에 "짐은 선생께서 백이의 청렴함과 사어의 정직함을 가진데다 경전을 준수하고 옛 제도에 의거하여 당시 세상에 아부하지 않고 부지런히 백성을 위해 일하시어 세상에서 보기 드문 사람이라고 여겼기 때문에, 선생을 가까이하고 국정에 참여하기를 바랐소.(朕以生有伯夷之廉、史魚之直, 守經據古, 不阿當世, 孳孳於民, 俗之所寡, 故親近生, 幾參國政.)"라는 글귀가 보인다.

31 侍讀(시독): [ I -2] 주석 4 참조.

32 旌表門閭(정표문려): 관가에서 패방(牌坊)을 세우고 편액(匾額)을 하사하여 예법을 지킨 사람을 표창하다. 정문(旌門)을 세워 효자(孝子)와 열녀(烈女)를 표창하고 알리다.

33 存恤(존휼): 위로하고 구휼하다. ≪사기·초세가(楚世家)≫에 "평왕은 속임수로 두 왕을 죽이고 스스로 왕위에 오르고 나서, 나라의 관리들과 제후들이 반란을 일으킬까 두려워 백성들에게 은혜를 베풀었다. 진(陳)나라와 채(蔡)나라의 땅을 되돌려주고 두 나라의 후예를 그곳의 제후로 삼았으며, 빼앗았던 정(鄭)나라 땅을 되돌려주었다. 백성들을 위로하고 구휼하였으며 정치 교화에 힘썼다.(平王以詐弑兩王而自立, 恐國人及諸侯叛之, 乃施惠百姓. 復陳蔡之地而立其後如故, 歸鄭之侵地. 存恤國中, 修政教.)"라는 글귀가 보인다.

⇒ 순종이 황태자를 책봉한 뒤 천하에 대사면을 한 사실 서술.

- 이 글의 전문이 다 수록되어 있는 ≪책부원구≫ 권89에는 이 단락 다음에 아래 네 구절이 더 들어 있어 참고로 부기한다.

"오악 및 사독과 같은 명산대천은 소재지의 고을 수령에게 위임하여 사정에 맞게 제사를 지내도록 하였다.(五嶽四瀆, 名山大川, 委所在長吏, 量加祭祀.)"

- 오악: 남악(南嶽) 형산(衡山), 중악(中嶽) 숭산(嵩山), 북악(北嶽) 항산(恒山), 동악(東嶽) 태산(泰山), 서악(西嶽) 화산(華山).
- 사독: 장강(長江), 회수(淮水), 황하(黃河), 제수(濟水).

## [Ⅲ-3]

경술일(庚戌日)에 황태자의 장자인 녕(寧) 등 여섯 아들을 군왕(郡王)에 봉하였다.

庚戌[1], 封皇太子長子寧等六人爲郡王[一].

[一] 녕(寧), 관(寬), 유(宥), 찰(察), 환(寰), 요(寮) 등 여섯 아들이다.(寧、寬、宥、察、寰、寮等, 六男也.)

[보충설명]

- ≪구당서14·순종기≫에 따르면, 4월 경술일에 "태자 녕(寧), 관(寬), 유(宥), 찰(察), 환(寰), 요(寮) 등 여섯 아들을 군왕으로 봉하고 아울러 식읍 3천호씩 주었다.(封太子男寧、寬、宥、察、寰、寮等六人爲郡王, 並食邑三千戶.)"라는 기록이 보인다. 이들 여섯 아들의 군왕 책봉에 관한 조칙은 ≪당대조령집≫ 권38에 <봉황태자남평원군왕등제(封皇太子男平原郡王等制)>, ≪문원영화≫ 권444에는 <봉제군왕칙(封諸郡王勅)>이란 제목으로 실려 있다.

**【주석】**

1 庚戌(경술): 정원 21년/영정 원년(805) 4월 11일(음력)/5월 13일(양력).

⇒ 순종이 황태자의 여섯 아들을 군왕에 봉한 사실 서술.

- ≪전교(全校)≫(2888쪽)에서 ≪구당서14≫와 ≪신당서7≫의 <순종기>에 이보다 앞서 임인일(壬寅日: 4월 3일/양력 5월 5일)에 흠왕(欽王) 등 21왕을 책봉한 사실이 기록되어 있는 점을 들어, ≪순종실록≫에서 경술일의 책봉 사실을 수록한 이상 임인일의 책봉 사실을 빠뜨린 것은 온당치 않다고 지적한 바 있다.
- 21왕은 순종의 두 동생과 19명의 아들을 왕으로 책봉한 사안이므로, 황태자(헌종)의 아들 책봉 사실을 수록한 이상 황제의 동생과 아들 책봉 사실을 ≪순종실록≫에 수록하는 것은 형평상 당연하다고 생각되기 때문에 ≪전교(全校)≫의 지적은 매우 적절하다고 할 것이다.

## [Ⅲ-4]

계축일(癸丑日)에 조제사(弔祭使)로 토번(吐蕃)에 파견하였던 공부시랑 겸 어사대부·사관수찬 장천(張薦)을 예부상서에 추증하였다. 장천은 자가 효거(孝擧)이고, 대대로 심주(深州)의 육택(陸澤)에서 살았다. 그의 조부 장문성(張文成)은 박학하고 글쓰기에 뛰어났으며, 천성이 해학을 좋아하였고 일곱 차례 문학과 시험에 합격한 바 있었다. 장천은 총명한데다 기억력이 비상하여 역대의 역사와 전기를 두루 환히 꿰고 있어서 태사(太師) 안진경(顔眞卿)의 칭찬과 인정을 받아 마침내 이름이 널리 알려졌다. 대력(大曆) 연간에 절서관찰사(浙西觀察使)가 조정에 표문을 올려 그를 천거하여 좌사어솔부(左司禦率府)의 병조참군(兵曹參軍) 겸 사관수찬에 임명되었다. 정원 초에 태상박사가 되었다. 정원 4년에 회흘(위구르)에서 화친을 청해와 함안공주(咸安公主)를 그곳으로 시집보낼 때 장천을 판관(判官)으로 삼고, 다시 전중시어사(殿中侍御史)에 임명한 뒤 얼마 안 있어 간의대부로 승진시켰다. 정원 11년(795)에 회흘 가한(可汗)을 책봉할 때 장천을 비서소감(祕書少監) 지절사(持節使)로 삼았다. 그곳에서 돌아온 지 오래 뒤에 비서감(祕書監)으로 승진시켰다. 정원 20년(804)에 토번의 국왕이 죽자 장천을 공부시랑 겸 어사대부로 삼아 지절사로 조의와 애도의 물품을 전하게 하였다. 그는 적령(赤嶺) 동쪽의 흘벽역(紇壁驛)에서 죽었다. 토번에서 그의 상여를 당나라로 보내왔다. 그는 앞뒤로 세 차례 다른 나라에 사신으로 나갔는데 처음 명을 받은 때로부터 죽을 때까지 늘 사관(史官)의 직책을 겸하였다. 사관(史館)에 있던 20년 동안 ≪재보전략(宰輔傳略)≫, ≪오복도기(五服圖記)≫, ≪우거록(寓居錄)≫, ≪영괴집(靈怪集)≫ 등을 저술하였다.

癸酉[一], 贈[1]吐蕃[2]弔祭使[3]工部侍郎[4]兼御史大夫[5]史館修撰[6]張薦[7]禮部尙書[8]. 薦字孝擧, 代居深州[9]之陸澤. 祖文成[10], 博學工文詞, 性好詼諧[11], 七登文學科[12]. 薦聰明強記[13], 歷代史傳, 無不貫通, 爲太師[14]顔眞卿[15]所稱賞, 遂知名. 大曆中, 江東觀察表薦[16]之[二], 授左司禦率府兵曹參軍[17], 兼史館修撰[18]. 貞元初, 爲太常博士[19]. 四年, 迴紇[20]求和親[21], 使送咸安公主[22]入迴紇, 以薦爲判官[23], 改授殿中侍御史[24], 累遷[25]諫議大夫[26]. 十一年, 冊迴紇子[27], 薦以祕書少監[28]持節[29]爲使. 還久之, 遷祕書監[30]. 二十年, 吐蕃贊普[31]死, 以薦爲工部侍郎, 兼御史大夫, 持節弔贈[32]. 卒於赤嶺[33]東迴紇辟[三], 吐蕃傳歸其柩. 前後三使異國, 自始命至卒, 常兼史職. 在史館二十年, 著[34]宰輔傳略、五服圖記、寓居錄、靈怪集等.

[一] "유(酉)"는 "축(丑)"으로 쓰는 것이 옳다.

[보충설명]

- ≪전정(箋正)≫ 권5에서 "이 달에는 '계유'가 없으므로 ≪구당서≫를 따라 '계축'으로 쓰는 것이 옳은데, 4월 14일이다.(是月無癸酉, 當從舊史作癸丑, 四月十四日也.)"라고 하였다.
- ≪구당서14·순종기≫의 4월 계축일에 이 사실이 적혀 있다.
- 4월 계축일은 양력으로 5월 16일이다.

[二] "강(江)"은 "절(浙)"로 된 판본도 있다.

[보충설명]

- 이는 ≪고이(考異)≫에 따른 것이다.
- ≪구당서149≫와 ≪신당서161≫의 <장천전>에 모두 표문을 올려 장천을 조정에 천거한 사람은 절서관찰사(浙西觀察使) 이함(李涵)으로 되어 있는 바, "江"만 "浙"로 고칠 것이 아니라 "東"도 "西"로 고치는 것이 옳다고 생각된다.
- ≪전교(全校)≫(2891~2892쪽)에서는 이함이 절서관찰사로 재직한 시기가 대력(大曆) 6년(771)에서 11년(776) 사이이므로 장천이 천거를 받은 때는 이 몇 년 내일 것으로 추정하고 있다.

[三] "벽(辟)"자는 잘못이 아닌가 한다. [보주] 진경운(陳景雲)이 이르기를 ≪구당서≫에 "흘벽역(紇壁驛)"으로 되어 있는 바, 여기서 "회흘벽(迴紇辟)"으로 되어 있는 것은 옮겨 쓰는 가운데 생긴 잘못이다.

[보충설명]

- 이는 ≪고이(考異)≫에 따른 것이다.
- ≪구당서149·장천전≫에 "적령 동쪽에 이르러 병에 걸려 흘벽역에서 죽었다.(至赤嶺東被病, 歿於紇壁驛.)"고 되어 있다.
- [보주]는 진경운의 ≪점감(點勘)≫에 실린 견해이다.

【주석】

1 贈(증): 추증(追贈)하다. 국가에 공적을 남긴 관리가 죽은 뒤에 나라에서 관직이나 영예로운 칭호를 주는 것을 말한다.

2 吐蕃(토번): 오늘날 티베트(Tibet)의 선조로 장족(藏族)이 청장고원(青藏高原)에 세운 왕조.

3 弔祭使(조제사): 당나라에서 조문 내지 추도를 위해 주변 국가에 파견한 사절의 하나. 당나라 왕조는 주변 국가와 우호 친선을 위해 조제사(弔祭使), 책봉사(册封使), 고애사(告哀使), 안무사(安撫使), 화친사(和親使) 등의 사신을 파견하였는데, 그중에서 조제사와 책봉사의 비율이 상대적으로 높았으며 이들 각종 사신의 품계는 종3품에서 종5품 사이였다고 한다. 이에 대해서는 동뢰(佟磊)의 <당나라 왕조의 변경 민족 지역 파견 조문과 책봉류 사자 연구(唐朝派往邊疆民族地區的吊册類使者研究)>(首都師範大學 碩士學位論文, 2015. 12) 참조.

4 工部侍郎(공부시랑): 공부의 차관으로 장관인 공부상서를 보좌하여 천하의 장인(匠人), 둔전(屯田), 산택(山澤) 등에 관한 정령을 담당하였다. ≪구당서43·직관지2≫에 따르면, 공부에는 정3품의 상서 1인과 정4품하의 시랑 1인을 두었다.

5 御史大夫(어사대부): [Ⅰ-2] 주석 16 참조.

6 史館修撰(사관수찬): [Ⅰ-12] 주석 15 참조.

7 張薦(장천): 744~804. 자가 효거(孝擧)이고, 심주(深州)의 육택(陸澤) 사람으로 장작(張鷟)의 손자이다. 글재주가 민첩한 것으로 유명하였고 ≪주례≫와 ≪좌전≫의 학문에 특히 뛰어났다. 대력 연간에 절서관찰사(浙西觀察使) 이함(李涵)의 천거를 통해 벼슬길로 들어선 이후 사관수찬, 간의대부, 비서소감, 어사중승, 비서감, 공부시랑, 어사대부 등의 관직을 역임하였다. ≪구당서149·열전99≫와 ≪신당서161·열전86≫에 모두 전기가 실려 있다.

8 禮部尙書(예부상서): 예부의 장관으로 정3품관이다. [Ⅰ-2] 주석 26 참조.

9 深州(심주): ≪원화군현지≫ 권21에 따르면, 하북도(河北道) 소속의 상급 주로 육택(陸澤), 녹성(鹿城), 요양(饒陽), 안평(安平) 등 4개 현을 관할하였다. 주청 소재기가 육택현 곧 지금 하북성 심현(深縣)에 있었다.

10 文成(문성): 장천의 조부인 장작(張鷟, 660~740)의 자(字). 어려서부터 글재주가 발군이었고 여러 차례 각종 과거시험에서 모두 장원 급제한 바 있으며, 당나라 때의 유명 전기소설(傳奇小說) 작가로 대표작 <유선굴(遊仙窟)>과 ≪조야첨재(朝野僉載)≫·≪용근봉수판(龍筋鳳髓判)≫ 등을 남겼다. 당시 당나라에 파견된 신라와 일본의 사신들이 필시 많은 금은보화를 내고 그의 글을 사간 것으로도 유명하다. ≪구당서149≫와 ≪신당서161≫의 <장천전>에 그의 사적이 부기되어 있다.

11 詼諧(회해): 해학(諧謔). 익살스럽고 풍자적인 말이나 행동. 유머.

12 七登文學科(칠등문학과): ≪구당서149≫와 ≪신당서161≫에는 각각 "鷟凡應八舉, 皆登甲科.""八以制舉皆甲科."라고 하여 장작이 여덟 차례 응시한 과거고시에 모두 장원을 한 것으로 되어 있다. 다만, 당(唐)나라 때 막휴부(莫休符)가 편찬한 ≪계림풍토기(桂林風土記)≫에서는 "모두 일곱 차례 과거에 응시하고 네 차례 관리 선발 전형에 참가하여 모두 장원을 하였다.(凡七應舉, 四參選, 皆中甲科.)"고 되어 있어 각종 과거고시에서 장원 급제한 횟수와 관련하여 어느 기록이 정확한지 단정하기 어렵다. 여러 서적의 기록에 의하면 장작이 응시한 과거고시는 진사과(進士科), 하필성장과(下筆成章科), 사표문원과(詞標文苑科), 재고위하과(才高位下科), 재응관악과(才應管樂科), 현량방정과(賢良方正科) 등으로 되어 있는 바, 여기서 "문학과"는 특정 과거고시의 이름을 가리키는 것은 아니고 글재주 겨루기가 포함된 각종 시험을 통칭한 것으로 보인다.

13 強記(강기): 기억력이 뛰어나다.

14 太師(태사): ≪구당서43·직관지2≫에 "태사(太師), 태부(太傅), 태보(太保)는

각 1인이다. 이를 일러 삼사(三師)라고 하는데 모두 정1품이다. (중략) 삼사는 훈도를 하는 관직으로 천자가 스승으로 받들고 본받았다. 대저 통괄하는 직무는 없었지만 도덕이 높은 사람이 아니면 그 자리에 두지 않았다. 합당한 사람이 없으면 그 자리를 비워 두었다.(太師、太傅、太保各一員. 謂之三師, 並正一品. (중략) 三師, 訓導之官, 天子所師法. 大抵無所統職, 然非道德崇重, 則不居其位. 無其人, 則闕之.)고 하였다. ≪전교(全校)≫(2890쪽)에서 안진경이 태자태사이지 태사는 아니라고 하면서도 당시 당나라 사람들이 '태자태사'를 높여 '태사'라고 부른 것이 관례였다고 하였다. ≪신당서49상·백관지4상≫의 '동궁관(東宮官)'조에 따르면, 태자의 태사, 태부, 태보도 각 1인인데 종1품이었으며 황태자를 보필하고 훈도하는 일을 담당하였다.

15 顔眞卿(안진경): 709~784. 자가 청신(淸臣)이고 본적은 낭야(瑯琊) 임기(지금 山東省 臨沂市)인데, 5대조인 대학자 안지추(顔之推, 531~591)가 장안으로 이주하여 경조(京兆) 만년(萬年: 지금 陝西省 西安市) 사람이 되었다. 유명한 경학자인 안사고(顔師古, 581~645)의 5대 종손자이기도 하다. 정치가이자 위대한 서예가로 널리 알려진 인물이다.

16 表薦(표천): 조정에 표문을 올려 천거하다.

17 左司禦率府兵曹參軍(좌사어솔부병조참군): 태자좌사어솔부의 병조참군(사). ≪신당서49상·백관지4상≫의 '동궁관(東宮官)'조에 따르면, 태자좌우사어솔부(太子左右司禦率府)에는 정4품상의 솔(率) 각 1인과 종4품상의 부솔(副率) 각 1인을 두고 동좌우위(同左右衛)를 관장하게 하였으며, 정7품상의 장사(長史) 각 1인과 종8품상의 녹사참군사(錄事參軍事) 각 1인, 종8품하의 창조참군사(倉曹參軍事)·병조참군사(兵曹參軍事)·주조참군사(冑曹參軍事)·기조참군사(騎曹參軍事) 각 1인을 두었다. 그리고 ≪통전≫ 권30의 '태자좌우사어솔부(太子左右司禦率府)'조에 따르면, 병조참군은 부(府) 내의 위사(衛士) 이상 무사들의 명부와 업무 및 부세(賦稅), 관가와 민간의 말과 당나귀 등을 담당하

였다.

18 兼史館修撰(겸사관수찬): ≪위본(魏本)≫에는 "겸(兼)"자가 없다. ≪구당서149·장천전≫에는 "천보 연간에 절서관찰사 이함이 그(장천)의 재주가 역사 서술의 임무를 담당하기에 적합하다고 천거함에 조칙을 내려 좌사어솔부의 병조참군에 임명하였다. 대궐 아래에 도착한 뒤 모친의 노환으로 말미암아 결국 명을 받들지 못하였다. 모친상이 끝나자 예부시랑 우소(于邵)가 이전 일을 들어 보고함에 그를 불러 사관수찬 겸 양적현위(陽翟縣尉)를 맡겼다.(天寶中, 浙西觀察使李涵表薦其才可當史任, 乃詔授左司禦率府兵曹參軍. 既至闕下, 以母老疾, 竟不拜命. 母喪闋, 禮部侍郎于邵舉前事以聞, 召充史館修撰, 兼陽翟尉.)"고 되어 있다.

19 太常博士(태상박사): 태상시(太常寺) 소속의 관직. ≪구당서44·직관지3≫에 따르면, 태상시에는 종7품상의 박사 4인을 두었는데, 태상박사는 오례(五禮)의 의식(儀式)을 관장하면서 선왕의 법제에 근거해 시대에 맞게 가감하는 일을 담당하였다. 오례는 길례(吉禮), 흉례(凶禮), 군례(軍禮), 빈례(賓禮), 가례(嘉禮)를 가리킨다. ≪구당서149·장천전≫에 "정원 원년(785) 겨울에 황상께서 직접 도성 교외로 나가 하늘에 제사를 지냈다. 당시 처음 그 예법을 회복하였기 때문에 관련 서류에 누락이 많았고 예악에 관한 글도 뒤죽박죽이었기에 장천을 태상박사로 삼아 예의를 담당하는 업무에 참여하게 하였다.(貞元元年冬, 上親郊. 時初克復, 簿籍多失, 禮文錯亂, 乃以薦爲太常博士, 參典禮儀.)"고 한 기록이 보이고, ≪당회요≫ 권3의 '덕종황후왕씨(德宗皇后王氏)'조에 정원 3년(787) 3월에 태상박사 이길보(李吉甫)와 장천이 예에 관한 일을 논의하였다는 내용이 들어 있다.

20 迴紇(회흘): 회흘(回紇). 오늘날 위구르(Uighur/Uigur)족의 선조로 그들이 신강위구르 지역에 세운 왕조. ≪신당서217상·회골전상(回鶻傳上)≫에 따르면, 정원 4년(788)에 회흘 가한(可汗)의 요청을 받고 '송골매처럼 재빠르고 굳세

다(捷鷙猶鶻然)'는 뜻을 취해 '회흘(回紇)'을 '회골(回鶻)'로 개칭하였다. 안사의 난 때 대군을 파견해 당나라 조정에서 반란을 진압하는 데 일조를 한 바 있다.

21 和親(화친): 정치적 목적의 혼인. 혼인을 통해 주변국의 군왕과 우호관계를 맺는 행위.

22 咸安公主(함안공주): ?~808. 덕종의 여덟 번째 딸로 당나라 조정과 회흘의 화친을 위해 회흘 가한에게 시집가서 거기서 생을 마쳤다.

23 判官(판관): 사절단 또는 지방장관을 보좌하여 실무를 처리하는 속관. ≪구당서195·회흘전(迴紇傳)≫에 따르면, 정원 4년(788)에 당나라 조정에서 전중감(殿中監)·사등왕(嗣滕王) 이담연(李湛然)을 함안공주 혼례사(婚禮使)로 삼아 회흘에 파견하였는데 이때 장천이 판관으로 수행한 것이다.

24 殿中侍御史(전중시어사): ≪구당서44·직관지3≫에 따르면, 어사대(御史臺)에 종7품하의 전중시어사 6인을 두었는데, 조정의 의례, 궁중의 내사(內事), 창고의 출납 및 경기지역 사무 등의 규찰을 담당하였다.

25 累遷(누천): 여러 차례 승진하다. 빨리 승진하다는 뜻을 지닌다.

26 諫議大夫(간의대부): [Ⅰ-1] 주석 21 참조.

27 冊迴紇子(책회흘자): ≪신당서217상·회골전상≫에 "(정원) 11년(795)에 가한이 죽자 아들이 없어 나라 사람들이 재상 골돌록(骨咄祿)을 가한으로 삼고 당나라에 사신을 보내와 조칙을 내려 비서감 장천을 지절사로 삼아 애등리라우록몰밀시합호록비가회신가한을 책봉하였다.(十一年, 可汗死, 無子, 國人立其相骨咄祿爲可汗, 以使者來, 詔祕書監張薦持節冊拜愛滕里邏羽錄沒蜜施合胡祿毗伽懷信可汗.)"고 되어 있고, ≪자치통감≫ 권235의 정원 11년 2월 병인(丙寅) 조에 "회골의 봉성가한이 죽자 아들이 없어 나라 사람들이 재상 골돌록을 가한으로 삼았다.(回鶻奉誠可汗死, 無子, 國人立其相骨咄祿爲可汗.)"와 5월 경인(庚寅) 조에 "비서감 장천을 파견하여 회골가한 골돌목을 애등리라우

록몰밀시합호록비가회신가한으로 책봉하였다.(遣祕書監張薦冊拜回鶻可汗骨咄祿爲愛滕里邏羽錄沒蜜施合胡祿毗伽懷信可汗.)"라는 기록이 보인다. ≪전교(全校)≫(2893쪽)에서는 회신가한(懷信可汗)이 곧 봉성가한(奉誠可汗)의 재상이지 아들이 아니라고 하면서 여기서 "책회흘자(冊迴紇子)"라고 한 것은 오류라고 고증하고 있다. 나아가 ≪책부원구≫ 권662 <봉사부(奉使部)>의 관련 기록에서 "사년(四年)"부터 "토번전귀기구(吐蕃傳歸其柩)"까지의 문장 중 "회흘자(迴紇子)"만 "회흘가한(迴紇可汗)"으로 되어 있고 나머지는 ≪순종실록≫과 꼭 같다고 하면서, ≪책부원구≫가 근거로 삼은 송(宋)나라 초 관각(館閣) 소장 ≪순종실록≫의 원본에는 잘못이 없을 것인 바 그 후 ≪순종실록≫이 한유 문집의 <외집>에 편입될 때 오류가 발생하였을 것으로 추정하고 있다.

28 祕書少監(비서소감): 비서성 소속 관직. ≪구당서43·직관지2≫에 따르면, 비서성은 중서성(中書省) 소속 기관으로 궁중 도서 관련 업무를 담당하였는데, 종3품의 비서감 1인과 종4품상의 비서소감 2인을 두었다.

29 持節(지절): [Ⅱ-5] 주석 15 참조.

30 祕書監(비서감): 위의 주석 28 참조

31 贊普(찬보): 토번(吐蕃) 왕들의 이름에 많이 쓰이는데 '숭배'의 뜻을 담고 있다. ≪신당서216상·토번전상(吐蕃傳上)≫에 "그곳 풍속에 씩씩하고 굳센 것을 '찬(贊)'이라 하고 대장부를 '보(普)'라 하였기 때문에 군왕을 '찬보(贊普)'라고 불렀다.(其俗謂雄彊曰贊, 丈夫曰普, 故號君長曰贊普.)"라는 풀이가 보인다.

32 弔贈(조증): 조의와 함께 애도를 표하는 물품을 증정하다.

33 赤嶺(적령): ≪전교(全校)≫(2894~2895쪽)의 고증에 따르면, 적령은 지금 청해성(青海省)의 서녕시(西寧市) 서쪽, 청해호(青海湖) 동쪽의 일월산(日月山)으로 당나라와 토번의 국경 분계비가 있었는데 그 비석은 개원(開元) 22년(734) 6월 을미일(乙未日: 6일)에 처음 세워졌다고 한다. 이곳은 중국에서 인

도로 가는 세 가지 길 중에 하주(河州)에서 시작해 청해와 토번을 거쳐 천축국(天竺國)으로 들어가는 동쪽 길의 경유지이기도 하였다.

34 著(저): ≪구당서149·장천전≫에 그의 문집과 네 종의 저술이 당시에 전해지는 것으로 되어 있지만, ≪신당서59·예문지3≫에 ≪영괴집(靈怪集)≫ 2권, ≪신당서60·예문지4≫에 ≪장천집(張薦集)≫ 30권이 저록되어 있고, ≪재보전략(宰輔傳略)≫과 ≪오복도(五服圖)≫는 ≪신당서58·예문지2≫에, ≪강좌우거록(江左寓居錄)≫은 ≪신당서59·예문지3≫에 목록만 실려 있다. 현재는 모두 전하지 않고, ≪전당문≫ 권455에 그의 문장 3편과 ≪전당시≫ 권22에 그의 시 1권이 수록되어 있을 뿐이다.

⇒ 장천을 추증한 사실과 그의 약전 서술.

## [Ⅲ-5]

병인일(丙寅日)에 민중(閩中) 만안현(萬安縣)의 목감(牧監) 직제를 없앴다. 이에 앞서 복건관찰사(福建觀察使) 유면(柳冕)이 오래도록 승진을 하지 못해 공적을 세워 황제의 은총을 구하려고 하였다. 이에 상주하여 이르기를 "민중은 남조(南朝) 때에 방목하던 땅으로 양이나 말을 기르면 잘 번식하게 할 수 있습니다. 거기에 목감을 두기를 청하옵니다."라고 하여 승인을 받았다. 경내의 가축을 거둬들여 부하 관리들로 하여금 그의 관할 경내에서 기르도록 하였다. 그렇지만 양은 큰 녀석도 몸무게가 10근을 넘어가지 않고, 말 중에 가장 좋은 놈도 값이 수천 전에 지나지 않았다. 양이나 말들이 시도 때도 없이 죽어나가 추가로 거둬들였으므로, 백성들이 그것을 고통스럽게 여겨 원근 각지의 웃음거리가 되었다. 이때 관찰사

염제미(閻濟美)가 이를 조정에 상주하여 그 직제를 없앴다.

景寅[1], 罷閩中[2]萬安監[3]. 先是福建觀察[4]柳冕[5]久不遷, 欲立事迹[一], 以求恩寵, 乃奏云: "閩中, 南朝[6]放牧之地, 畜羊馬可使孳息[7]. 請置監." 許之. 收境中畜產[二], 令吏牧其中. 羊大者不過十斤, 馬之良者, 估[8]不過數千. 不經時輒死, 又斂[9], 百姓苦之, 遠近以爲笑. 至是觀察閻濟美[10]奏罷之.

[一] "입(立)"은 "이(以)"로 된 판본도 있다.

[보충설명]

- 이는 ≪고이(考異)≫에 따른 것이다.

[二] "구(收)"는 "목(牧)"으로 된 판본도 있다.

[보충설명]

- 이는 ≪고이(考異)≫에 따른 것이다.

**【주석】**

1 景寅(경인): 병인(丙寅). 정원 21년/영정 원년(805) 4월 27일(음력)/5월 29일(양력).

2 閩中(민중): 민중군(閩中郡)으로 곧 복주(福州)인데 지금 복건성(福建省) 복주시이다. ≪원화군현지≫ 권30에 따르면, 복주는 강남도(江南道) 소속으로 민(閩), 후관(侯官), 장락(長樂), 복당(福唐), 연강(連江), 장계(長溪), 우계(尤溪), 고전(古田), 영태(永泰)의 9개 현을 관할하였는데, 군청 소재지가 민현에 있었다.

3 萬安監(만안감): 만안현(萬安縣) 목감(牧監). ≪구당서14·순종기≫에 "병인일에 만안현 목감을 없앴다.(丙寅, 罷萬安監牧.)"라는 기록이 보인다. 만안현은 성력(聖曆) 2년(699) 장락현(長樂縣) 동남 경계에 설치한 현으로 천보(天寶) 원년(742)에 복당현(福唐縣)으로 이름이 바뀌었는데, 지금 복건성 복청현(福淸縣)

이다. ≪구당서44·직관지3≫에 따르면, 목감은 목축 담당 관리들의 고과(考課)를 관장하였는데, 마필이 5천이면 상감(上監), 3천 이상이면 중감(中監), 1천 이상이면 하감(下監)으로 구분되었다.

4 福建觀察(복건관찰): 복건관찰사. ≪원화군현지≫ 권30에 따르면, 복주는 복건관찰사의 행정 소재지인데, 복건관찰사는 복주(福州), 건주(建州), 천주(泉州), 장주(漳州), 정주(汀州)의 5개 주를 관할하였으며 소속 현이 24개에 달하였다.

5 柳冕(유면): 730~804. 자가 경숙(敬叔)이고, 포주(蒲州) 하동(河東: 지금 山西省 永濟市) 사람이다. 문학과 역사에 두루 정통해 숙종 때에 사관을 지낸 부친 유방(柳芳)과 함께 집현원(集賢院)에 재직한 바 있다. 우보궐과 사관수찬을 시작으로 하여 무주자사(婺州刺史), 어사중승, 복주자사(福州刺史), 복주도단련관찰사(福州都團練觀察使) 등을 역임하였으며 사후에 공부상서로 추증되었다. 그는 일찍이 문장은 경전에 근거하여 교화에 이바지해야 한다는 견해를 피력하여 한유와 유종원 고문운동의 선구가 된 것으로 유명하다. ≪전당문≫ 권527에 그의 문장 14편이 수록되어 있고, ≪신당서132·열전57≫에 전기가 실려 있다.

6 南朝(남조): 남북조 때 남방의 건강(建康: 지금 南京市)에 도읍을 하였던 송(宋)·제(齊)·양(梁)·진(陳) 4개 왕조의 총칭으로 동진(東晉)이 멸망한 420년에서 수(隋)가 통일한 589년까지의 시기에 해당한다.

7 孳息(자식): 불어나다. 번식하다.

8 估(고): 값. 가격.

8 歛(염): 거둬들이다. 여기서는 죽어나간 가축을 충당하기 위해 민간에서 추가로 징발해 들이는 것을 가리킨다.

10 閻濟美(염제미): 생졸년 미상. 대력(大曆) 9년(774)에 진사과에 합격한 뒤 창부원외랑(倉部員外郞)과 주객낭중(主客郞中)을 거쳐 영정 원년(805)에 무주자사(婺州刺史)와 복건관찰사로 나갔다가 윤주자사(潤州刺史)와 절동관찰사

(浙東觀察使)로 전임하였다. 조정에 돌아와 우산기상시(右散騎常侍)와 비서감(祕書監) 등을 역임한 뒤 공부상서로 관직에서 물러났다. 90여세로 장수하였으며 장자의 기풍을 지닌 인물로 칭송되었다. ≪구당서185하·양리전하(良吏傳下)≫와 ≪신당서159·열전84≫의 전기에서는 모두 그가 절서관찰사(浙西觀察使)를 역임한 것으로 되어 있는데, ≪전교(全校)≫(2897쪽)에서 ≪당회요≫ 권40 등의 기록에 근거해 절동관찰사로 바로잡고 있다. 여기서는 그 견해를 따랐다.

⇒ 순종이 민폐가 되는 가렴주구를 근절한 사실 서술.

## [Ⅲ-6]

정묘일(丁卯日)에 용주(容州)에서 진상한 사람에게 치명적인 독을 가진 약재를 불사르도록 명하였다.

丁卯[1], 命焚容州[2]所進毒藥可殺人者[一].

[一] "가(可)"는 "소(所)"로 된 판본도 있다.

[보충설명]

- 이는 ≪고이(考異)≫에 따른 것이다.

**【주석】**

1 丁卯(정묘): 정원 21년/영정 원년(805) 4월 28일(음력)/5월 30일(양력).

2 容州(용주): ≪구당서40·지리지4≫에 따르면, 용주는 영남도 소속의 하도독부

(下都督府)로 북류(北流), 호석(豪石), 탕창(宕昌), 위룡(渭龍), 남류(南流), 능성(陵城), 보녕(普寧), 신안(新安) 등 8개 현을 관할하였다. 지금 광서성(廣西省) 북류현(北流縣)이다.

⇒ 순종이 민폐가 되는 가렴주구를 근절한 사실 서술.

## [Ⅲ-7]

5월 기사일(己巳日)에 항주자사(杭州刺史) 한고(韓皐)를 상서좌승(尙書左丞)으로 삼았다.

五月己巳[一], 以杭州刺史[1]韓皐[2]爲尙書左丞[3][二].

[一] "기사(己巳)"는 역사서에 "무진(戊辰)"으로 되어 있고 "오월(五月)"이란 글자가 없다.

[보충설명]

- 이는 ≪고이(考異)≫에 따른 것이다.
- ≪구당서14·순종기≫에 "四月戊辰"으로 되어 있는데, 정원 21년(805) 4월 29일(음력)/5월 31일(양력)이다.
- "五月己巳"는 정원 21년(805) 5월 1일(음력)/6월 1일(양력)이다.

[二] "좌(左)"는 "우(右)"로 된 판본도 있다.

[보충설명]

- ≪구당서14·순종기≫, ≪구당서129≫와 ≪신당서165≫의 한고 열전, ≪

책부원구≫ 권777에 모두 "우승(右丞)"으로 되어 있다.

【주석】

1 杭州刺史(항주자사): [Ⅱ-8] 주석 13 참조.

2 韓皐(한고): [Ⅱ-8] 주석 14 참조.

3 尙書左丞(상서좌승): [Ⅰ-9] 주석 5 참조.

⇒ 관리 임용 사실 서술.

## [Ⅲ-8]

신미일(辛未日)에 우금오대장군(右金吾大將軍) 범희조(范希朝)를 검교우복야(檢校右僕射) 겸 우신책경서제성진행영병마절도사(右神策京西諸城鎭行營兵馬節度使)로 삼았다. 왕숙문(王叔文)이 병권을 독차지하고 싶어 범희조가 연배가 높은 노장군인 점을 구실로 장수로 삼아 명목상의 자리만 갖게 하고, 얼마 안 있어 자기 당파인 한태(韓泰)를 행군사마(行軍司馬)로 삼아 실제 업무를 관장하게 하였다.

辛未[1][一], 以右金吾大將軍[2]范希朝[3]爲檢校右僕射[4], 兼右神策京西諸城鎭行營兵馬節度使[5]. 叔文欲專兵柄[6], 藉[7]希朝年老舊將, 故用爲將帥, 使主其名[二]; 而尋[8]以其黨韓泰[9]爲行軍司馬[10]專其事.

[一] "신미(辛未)"는 역사서에 "오월기사(五月己巳)"로 되어 있다.

[보충설명]

- 이는 ≪고이(考異)≫에 따른 것이다.
- ≪구당서14·순종기≫에 "五月己巳"로 되어 있는데, 정원 21년/영정 원년 (805) 5월 1일(음력)/6월 1일(양력)이다.
- ≪자치통감≫ 권236에는 ≪순종실록≫과 같이 "신미(辛未)"로 되어 있다.

[二] "주(主)"는 "재(在)"로 된 판본도 있다.

[보충설명]

- 이는 ≪고이(考異)≫에 따른 것이다.
- ≪송본(宋本)≫에 "재(在)"로 되어 있다.

**【주석】**

1 辛未(신미): 신미일은 정원 21년(805) 5월 3일(음력)/6월 3일(양력).

2 右金吾大將軍(우금오대장군): [Ⅱ-5] 주석 12 참조.

3 范希朝(범희조): ?~815. 자가 치군(致君)이고, 하중부(河中府) 우향(지금 山西省 虞鄉縣) 사람이다. 당나라 중엽의 대표적인 장군으로 장기간 변경 지역에 주둔하며 국가 보위에 혁혁한 공을 세워 서한(西漢) 때의 명장 조충국(趙充國)에 비견되기도 하였다. 영주자사(寧州刺史), 빈녕절도부사(邠寧節度副使), 검교우복야(檢校右僕射) 겸 우금오위대장군(右金吾衛大將軍) 등을 거쳐 태자태보(太子太保)를 끝으로 관직에서 물러났다. ≪구당서151·열전101≫과 ≪신당서170·열전95≫에 모두 전기가 실려 있다.

4 檢校右僕射(검교우복야): 검교에 대해서는 [Ⅰ-2] 주석 12 참조. 좌우복야에 대해서는 [Ⅱ-11] 주석 6 참조.

5 右神策京西諸城鎭行營兵馬節度使(우신책경서제성진행영병마절도사): ≪전교(全校)≫(2899~2900쪽)의 고증에 따르면, 이 범희조의 직함은 "우신책통군으로 삼아 좌우신책경서제성진행영절도사를 담당하게 하였다.(右神策統軍, 充左右神策京西諸城鎭行營節度使.)"고 한 것이 타당하다고 보이지만 우리말 번역

에서는 원문대로 옮겼다. 신책군은 본래 천보(天寶) 13년(754)에 가서한(哥舒翰)이 임조성(臨洮城) 서쪽 2백여 리에서 토번(吐蕃)을 격파한 뒤 그곳에 설치한 서북 변방 수비 군대였는데, 뒤에 도성으로 들어와 당나라 중·후기에는 왕조의 주요 금군(禁軍)이 되어 수도 방위와 궁정 숙위(宿衛) 및 정벌에 관한 업무를 담당하였다. 당나라 왕조의 지탱에 관건적인 소임을 담당한 주요 군대인데 환관이 그 병권을 장악한 관계로 환관 세력이 그 힘을 이용하여 황제의 옹립과 폐위까지 좌지우지하였다. 그 결과 목종(穆宗) 이후 아홉 황제 중에서 경종(敬宗)과 애제(哀帝)를 제외한 나머지는 모두 환관이 세운 황제였다. ≪구당서44·직관지3≫에 "천보 연간에 변경의 오랑캐를 방어하는 지역에 여덟 절도사를 두었다. 임명을 받는 날에 정절(旌節)을 하사하였으므로 절도사라 불렀는데 군사에 관한 업무를 도맡아 통제할 수 있었다. 행군할 때 정절의 부절을 세우고 여섯 큰 의장기(儀仗旗)를 세웠다. 지방관의 중에 임무가 이보다 더 비중 있는 것은 없었다.(天寶中, 緣邊禦戎之地, 置八節度使. 受命之日, 賜之旌節, 謂之節度使, 得以專制軍事. 行則建節符, 樹六纛. 外任之重, 無比焉.)"라는 기록이 보이는 바, 절도사는 휘하에 부사 1인, 행군사마 1인, 판관(判官) 1인, 장서기(掌書記) 1인, 참모(參謀)와 수군(隨軍) 각 4인을 두었다.

6 兵柄(병병): 병권. 군권.

7 藉(자): 구실로 삼아. 이용하다.

8 尋(심): 얼마 안 있어. 한태가 이 자리에 오른 날짜는 바로 사흘 뒤인 5월 6일이었다.

9 韓泰(한태): 생졸년 미상. 자가 안평(安平)이고 자양(赭陽) 사람이다. 진사과에 합격한 뒤 감찰어사(監察御史)를 시작으로 어사중승(御史中丞)과 검교병부낭중(檢校兵部郎中) 등의 관직을 거쳤다. 영정혁신(永貞革新) 실패 후 왕숙문의 실각과 함께 무주자사(撫州刺史)로 좌천되었다가 다시 건주사마(虔州司馬)로 폄직된 바, '이왕팔사마(二王八司馬)'사건의 주요 인물의 한 사람이다. 뒤에 장

주(漳州)·침주(郴州)·목주(睦州)·호주(湖州)·상주(常州) 등지의 자사(刺史)를 역임하였다. ≪구당서135·열전85≫와 ≪신당서168·열전93≫의 왕비와 왕숙문의 전기에 그의 사적이 실려 있다.

10 行軍司馬(행군사마): ≪신당서49하·백관지4하≫의 '외관(外官)'조에 따르면, 행군사마는 군사 업무를 보필하였는데, 평상시에는 수렵과 군사 조련을 하다가 유사시가 되면 병법과 무기, 군량, 병적 등의 업무를 전담하였다.

⇒ 신책군 관련 인사 조치 서술.

## [Ⅲ-9]

갑술일(甲戌日)에 탁지낭중 한태를 수병부낭중(守兵部郎中) 겸 어사중승에 임명하여 좌우신책과 경서도책행영병마절도행군사마(京西都柵行營兵馬節度行軍司馬)를 담당하게 하고 자색 관복을 하사하였다.

甲戌[1], 以度支郎中[2]韓泰守兵部郎中[3], 兼中丞[4], 充左右神策、京西都柵行營兵馬節度行軍司馬, 賜紫[5].

**【주석】**

1 甲戌(갑술): 갑술일은 정원 21년/영정 원년(805) 5월 6일(음력)/6월 6일(양력).

2 度支郎中(탁지낭중): ≪구당서43·직관지2≫에 따르면, 호부(戶部) 산하 탁지부에 종5품상의 탁지낭중 1인을 두었는데, 조세 징수와 지출 및 운송 등에 관한 업무를 주관하였다.

3 兵部郎中(병부낭중): ≪구당서43·직관지2≫에 따르면, 병부 산하에 종5품상의 병부낭중 2인을 두었다. ≪신당서46·백관지1≫의 '병부(兵部)'조에 따르면, 낭중 1인은 무관의 품계, 숙위병의 인원, 인사고과, 임명장 수여 등을, 다른 1인은 군대 파견과 이동 인원, 회합, 녹봉과 포상, 휴가 등의 직무를 담당하였다.

4 中丞(중승): 어사중승. [Ⅰ-2] 주석 14 참조.

5 賜紫(사자): [Ⅰ-9] 주석 6 참조.

⇒ 신책군 관련 인사 조치 서술.

## [Ⅲ-10]

을해일(乙亥日)에 추가로 한태가 (수병부낭중에서) 검교병부낭중(檢校兵部郎中)으로 전임되었으며 그의 나머지 직책은 전과 같았다.

乙亥[1], 追改[2]爲檢校[3]兵部郎中, 職如故.

**【주석】**

1 乙亥(을해): 을해일은 정원 21년/영정 원년(805) 5월 7일(음력)/6월 7일(양력).

2 追改(추개): 뒤에 추가로 바꾸다.

3 檢校(검교): ≪문본(文本)≫의 주석에 "검교라고 한 것은 모두 조칙으로 관직에 임명한 것으로 정식 절차에 따라 임명한 것이 아니다.(凡言檢校, 皆是詔除而非正命.)"라고 하였다.

⇒ 신책군 관련 인사 조치 서술.

- 이상 세 단락은 순종이 환관이 가진 병권을 박탈하려는 일련의 인사 조치를 서술하였다. 환관이 가진 병권을 빼앗아 오는 것은 왕숙문 일파의 영정 혁신에 있어 가장 중요한 핵심적 사안이었다. ≪순종실록≫에서 이에 대해 "왕숙문이 병권을 독차지하고 싶어(叔文欲專兵柄)"라고 하여 부정적으로 서술하고 있어 후대 수많은 논란을 불러 일으켰다. 이와 관련하여 왕명성(王鳴盛)은 ≪십칠사상각(十七史商榷)≫ 권74에서 이렇게 평가하고 있다.

> 왕숙문이 행한 정치는 위로는 국가에 이롭고 아래로는 백성에게 이로우며, 오직 권력을 농단하고 있는 환관과 각지에서 발호하고 있는 강한 번진 세력들에게만 불리한 것이었다. ≪순종실록≫을 살피니 왕숙문이 실제 환관들의 병권을 빼앗아오고 싶어 그들이 극도로 꺼려하는 것을 범하였다. (중략) 가령 왕숙문의 계책이 이루어진다면 좌우신책군이 통할하는 도성과 지방 8진의 병사와 손수 관할하는 6군에 대해 천자가 그 장수를 임명할 수 있고 재상이 인력을 배치할 수 있는데 혼란이 어디로 말미암아 생겨나겠는가! 만약 악창이 아직 다 자라지 않았다면 터뜨리는 것이 쉬울 터이다. 사마군실이 이에 대해 이렇게 논하였다. "환관이 국가의 환란이 된 지 오래되었다. 동한 때 환관들이 가장 제멋대로 전횡하였다고 이름나 있지만, 그들은 황제의 권력을 빌렸기에 아직 천자를 어린아이 다루듯이 겁박한 것이 당나라 시대와 같지 않았다. 이렇게 된 까닭은 한나라 때는 병권을 쥐지 못하였지만 당나라 때는 병권을 장악한 때문이다."사마군실의 이 논단은 한 마디로 정곡을 찌른 것이니 왕숙문이 나라를 위해 충성한 것이 어떠한가! 어찌하여 창려(한유)는 <영정행>에서 "호랑이와 비휴 같은 백만 북군은 천자

가 손수 거느려 다른 군대 아니거늘, 하루아침에 직인을 뺏어 사사로운 무리에게 넘기니 늠름한 조정 신하 무엇을 할 수 있으리?"라고 하였는고? 환관이 군대를 전담하고 있는 것을 천자가 손수 거느린다고 하였으니 사실과 어긋남이 어찌 이리 심한고! (叔文行政, 上利於國, 下利於民, 獨不利於弄權之閹臣, 跋扈之强藩. 觀≪實錄≫, 叔文實欲奪閹人兵權, 犯其深忌. (중략) 假令叔文計得行, 則左右神策所統之內外八鎭兵, 自屬之六軍, 天子可自命將帥, 而宰相得以調度, 亂何由生哉! 如癰尙未成, 決之易也. 司馬君實論之云: "宦官爲國家患久矣, 東漢最名驕橫, 然皆假人主之權, 未有能劫脅天子如制嬰兒, 如唐世者也. 所以然者, 漢不握兵, 唐握兵故也."君實此論, 一語道破, 而王叔文之忠於爲國爲何如哉! 奈何昌黎<永貞行>云: "北軍百萬虎與貔, 天子自將非他師, 一朝奪印付私黨, 凜凜朝士何能爲? 以宦官典兵爲天子自將, 抑何剌謬甚乎!)

## [Ⅲ-11]

갑신일(甲申日)에 만년현령(萬年縣令) 방계(房啓)를 용주자사(容州刺史) 겸 어사중승으로 삼았다. 그 이전에 방계는 왕숙문의 당파와 친하였는데 그로 인해 서로 밀어주고 끌어주어 마침내 왕숙문의 총애를 받아 뽑혀 임용되기를 구하였다. 왕숙문이 그를 용관경략사(容管經略使)로 삼았는데, 그가 임지로 출발할 즈음에 형남(荊南)에 도착하면 형남절도사를 제수하겠다고 약조하면서 이르기를 "만약 형남절도사가 불가능하면 곧 호남(湖南)을 주겠다."고 하였다. 그 때문에 방계는 강릉(江陵)에 머무르며 기다리고 있다가 오래 지나서야 비로소 길을 떠났다. 호남에 이르러서도 또 오래도록 기다렸지만 왕숙문과 위집의가 권력을 다투는 바람에 의견 차이가 자주 생겨서 그 때문에 약조대로 이루어지지 못하였다. 얼마 안 있어 황태자가 황제를 대신해 국사를 처리한다는 소식이 들려왔다. 방계는 몹시 놀라 두려운 나머지 말을 달려 임지로 떠났다. 이 날 침주원외사마(郴州員外司馬) 정여경(鄭餘慶)을 상서좌승(尙書左丞)으로 삼았다.

甲申[一], 以萬年令[1]房啓[2]爲容州刺史[3], 兼御史中丞[4]. 初, 啓善於叔文之黨, 因相推致[5][二], 遂獲寵於叔文, 求進用[6]. 叔文以爲容管經略使[7], 使行, 約至荊南[8]授之. 云: "脫[9]不得荊南, 卽與湖南[10]." 故啓宿留於江陵[11][三], 久之方行. 至湖南, 又久之, 而叔文與執誼爭權, 數[12]有異同, 故不果. 尋[13]聞皇太子監國[14]. 啓惶駭[15], 奔馳而往. 是日[四], 以郴州員外司馬[16]鄭餘慶[17]爲尙書左丞[18].

[一] "갑신(甲申)"은 역사서에 "정축(丁丑)"으로 되어 있다.

[보충설명]

- 이는 ≪고이(考異)≫에 따른 것이다.
- ≪구당서14·순종기≫의 정원(貞元) 21년(805) 5월에 "정축일에 옹관경략사 위단을 하남소윤으로 삼고, 만년현령 방계를 용관경략초토사로 삼았다.(丁丑, 以邕管經略使韋丹爲河南少尹, 以萬年縣令房啓爲容管經略招討使.)"고 되어 있다.
- 갑신일은 5월 16일(음력)/6월 16일(양력)이고, 정축일은 5월 9일(음력)/6월 9일(양력)이다. ≪순종실록≫과 ≪구당서14·순종기≫의 기록 중 어느 것이 옳은지는 미상이다.

[二] "인(因)"자가 없는 판본도 있다.

[보충설명]

- 이는 ≪고이(考異)≫에 따른 것이다.
- ≪송본(宋本)≫, ≪축본(祝本)≫, ≪문본(文本)≫, ≪위본(魏本)≫에 "인(因)"자가 없다.

[三] "수(宿)"는 음이 수(秀)이고, "유(留)"는 음이 유(溜)이다.

[보충설명]

- ≪광운(廣韻)≫에도 "수(宿)"의 독음이 "식구절(息救切)" 곧 '수'로 되어 있는데, '하룻밤을 묵다'는 뜻의 현재 우리말 독음은 '숙'이다.
- "숙류(宿留)"는 '기다리며 머무르다'는 뜻이다.

[四] "시일(是日)"은 역사서에 "계미(癸未)"로 되어 있다.

[보충설명]

- 이는 ≪고이(考異)≫에 따른 것이다.
- ≪구당서14·순종기≫의 영정 원년(805) 5월에 "계미일에 침주사마 정여경을 상서좌승으로 삼았다.(癸未, 以郴州司馬鄭餘慶爲尚書左丞.)"고 되어 있다.
- 계미일은 5월 15일(음력)/6월 15일(양력)인데, ≪순종실록≫과 ≪구당서14·순종기≫의 기록 중 어느 것이 옳은지는 미상이다.

**【주석】**

1 萬年令(만년령): 만년현령. ≪원화군현지≫ 권1에 따르면, 만년현은 관내도(關內道) 경조부 산하 현으로 지금 섬서성(陝西省) 서안시(西安市)에 해당하는 지역이다. ≪구당서44·직관지3≫에 따르면, 장안(長安), 만년(萬年), 하남(河南), 낙양(洛陽), 태원(太原), 진양(晉陽)의 6개 현을 경현(京縣)이라고 하였으며 각각 정5품상의 현령 1인을 두었는데, "경기와 천하 모든 현령의 직무는 풍속의 교화를 유도하고 백성들을 어루만져 기르며, 사농공상의 직업을 돈독하게 하고 산림, 하천이나 소택, 구릉, 물가 평지, 저습지 등의 토지에서 나는 이익을 높이

며, 홀아비와 과부를 부양하고 외롭거나 곤궁한 사람들을 구휼하는 일을 관장하였다. 억울하고 잘못된 일들을 자세히 살피고 송사를 몸소 주관하며 백성들의 고통을 파악하는 데 힘썼다.(京畿及天下諸縣令之職, 皆掌導揚風化, 撫字黎甿, 敦四人之業, 崇五土之利, 養鰥寡, 恤孤窮. 審察冤屈, 躬親獄訟, 務知百姓之疾苦.)"고 하였다.

2 房啓(방계): 755~813. 자가 개사(開士)이고 하남 낙양(洛陽) 사람으로 현종과 숙종대에 재상을 지낸 방관(房琯, 697~763)의 손자이다. 그에 관한 자세한 사적이 적힌 한유의 <청하군공방공묘갈명(清河郡公房公墓碣銘)>은 필자의 ≪한유산문역주≫3, 386~393쪽 참조. ≪신당서139·방관전(房琯傳)≫에 그의 전기가 부기되어 있다.

3 容州刺史(용주): 용주는 ≪구당서40·지리지4≫에 따르면, 하급 도독부(都督府)로 북류(北流), 위룡(渭龍), 능성(陵城), 보녕(普寧), 흔도(欣道) 등 5개 현을 관할하였으며, 주청 소재지가 북류현 곧 지금 광서성(廣西省) 북류시에 있었다. 자사의 통솔 하에 방어사(防禦使), 경략사(經略使), 초토사(招討使) 등을 두었다.

4 御史中丞(어사중승): [ I -2] 주석 14 참조.

5 相推致(상추치): 서로 밀어주고 끌어주다.

6 進用(진용): 발탁되어 임용되다. ≪한비자·인주(人主)≫편에 "지금은 그렇지 않아서 실권을 장악한 대신들이 득세하여 정사를 마음대로 처리하며 사사로운 이익을 도모하고, 군주의 좌우 측근들이 패거리를 지어 결탁하여 자신들과 관계가 소원한 인사들을 억제하고 있으니 그런 즉 법술을 가진 인사들이 어느 때 발탁되어 임용될 수 있겠으며, 군주는 어느 때 정사를 논단하고 결재할 수 있겠습니까?(今則不然, 其當途之臣得勢擅事以環其私, 左右近習朋黨比周以制疏遠, 則法術之士奚時得進用, 人主奚時得論裁?)"라는 글귀가 보인다.

7 容管經略使(용관경략사): 용주 관내(管內) 경략사 곧 용주 관할 구역 안의 경략

사. 경략사는 통상 임시로 파견된 군정(軍政) 담당 장관이다. 위 [一]의 보충설명에 보이는 대로 ≪구당서14·순종기≫에서는 "용관경략초토사(容管經略招討使)"로 되어 있다.

8 荊南(형남): 형남절도사. ≪신당서67·방진표(方鎭表)4≫에 따르면, 지덕(至德) 2년(757)에 형남절도사를 두어 형주(荊州), 예주(澧州), 낭주(朗州), 협주(峽州), 기주(夔州), 충주(忠州), 만주(萬州), 귀주(歸州), 영주(郢州), 복주(復州) 등 10개 주를 관할하도록 하였다. 막부는 형주 곧 지금 호북성 형주시에 있었다. ≪신당서139≫의 방계 전기에 "정원 말에 왕숙문이 권력을 잡았을 때 (방계를) 용관경략사에 임명하고 은밀히 형남절도사를 약속하였다.(貞元末, 叔文用事, 除容管經略使, 陰許以荊南帥節.)"고 한 기록이 보인다.

9 脫(탈): 만일. 혹시. 가정접속사.

10 湖南(호남): 호남관찰사(湖南觀察使). 정식 명칭은 호남도단련수착관찰처치사(湖南都团练守捉观察处置使)이며 호남도(湖南道)로 부르기도 하였다. 형주(衡州), 담주(潭州), 소주(邵州), 영주(永州), 도주(道州), 침주(郴州), 연주(連州)의 7개 주를 관할하였으며, 행정 소재지는 담주 곧 지금 호남성 장사시(長沙市)에 있었다.

11 江陵(강릉): 지금 호북성 형주시(荊州市) 지명.

12 數(삭): 자주. 여러 차례.

13 尋(심): 얼마 안 있어.

14 監國(감국): 나라 일을 살피다. 중국 고대의 정치 제도의 하나로 황제가 외출할 때 태자 등 주요 인물이 궁궐에 머물며 황제를 대신하여 국사를 처리하는 것을 말한다. ≪국어·진어(晉語)1≫에 "임금이 출행할 때 태자가 궁궐에 머무르는 것은 국사를 처리하기 위함이고, 임금이 출행할 때 태자가 수행하는 것은 군대를 담당하기 위함이다.(君行, 太子居, 以監國也; 君行, 太子從, 以撫軍也.)"라는 글귀가 보인다. 임금이 직접 국사를 돌볼 수 없을 때 타인이 대리하

는 것을 가리키기도 한다.

15 惶駭(황해): 몹시 놀라 두려워하다.

16 郴州員外司馬(침주원외사마): 침주(郴州)에 대해서는 [Ⅱ-8] 주석 11 참조. ≪구당서44·직관지3≫의 '주현관원(州縣官員)'조에 따르면, 사마는 자사의 하급 보좌관으로 중급 주의 사마는 종6품상이었는데, 원외사마는 정원 외에 특별히 둔 사마를 말한다. ≪전교(全校)≫(2902쪽)에서는 이곳에서 "침주원외사마(郴州員外司馬)"라 하였고, ≪전당문≫ 권50에 실린 <폄정여경침주사마제(貶鄭餘慶郴州司馬制)>에서도 "침주사마(郴州司馬)"로 기록된 점을 들어 ≪순종실록≫ 권2에서 "침주별가(郴州別駕)"라고 한 것은 잘못이라고 하였다.

17 鄭餘慶(정여경): [Ⅱ-8] 주석 12 참조.

18 尙書左丞(상서좌승): [Ⅰ-9] 주석 5 참조.

⇒ 방계(房啓)와 정여경(鄭餘慶)의 인사 관련 서술.

## [Ⅲ-12]

을유일(乙酉日)에서 상서좌승(尙書左丞) 한고(韓皐)를 악악관찰사(鄂嶽觀察使)·무창군절도사(武昌軍節度使)로 삼았다. 전에 한고는 자신을 경험 많은 선배 관료로 여러 차례 중임을 거쳐 왔다고 여기면서 자못 스스로 소탈하고 도도함을 자부하여 왕숙문의 당파를 미워하였는데, 사람들에게 말하기를 "나는 벼락출세한 신출내기 관료를 섬길 수 없다."고 하였다. 한고의 사촌동생인 한엽(韓曄)이 왕숙문의 총애를 받던 터이라 이 사실을 고하자 왕숙문이 이 때문에 한고를 지방으로 내쳤던 것이다.

乙酉, 以尚書左丞[1]韓皐[2]爲鄂嶽觀察[3]、武昌軍節度使[4][一]. 初, 皐自以前輩舊人, 累更重任, 頗以簡倨自高, 嫉叔文之黨, 謂人曰: "吾不能事新貴人." 皐從弟曅[5]幸[6]於叔文, 以告, 叔文故出之.

[一] "이상(以尙)"이하 18글자는 역사서에는 "(상서)우승 한고를 악악면기단련관찰사로 삼았다. 일진도 갑진(甲辰) 아래에 있다.(以右丞韓皐爲鄂嶽沔蘄團練觀察使. 仍日係甲辰下.)"로 되어 있다.

[보충설명]

- 이는 ≪고이(考異)≫에 따른 것이다.
- 한고의 관직명이 ≪구당서14·순종기≫에는 "악악면기도단련관찰사(鄂岳沔蘄都團練觀察使)"로, ≪구당서129·한고전≫에는 "악주자사·악악기면등주관찰사(鄂州刺史·岳鄂蘄沔等州觀察使)"로, ≪신당서126·한고전≫에는 "악악기면관찰사(鄂岳蘄沔觀察使)"로 되어 있는데, '도(都)'자까지 포함된 것이 가장 정확한 기록으로 생각된다. '악(嶽)'과 '악(岳)'은 이체자로 같은 글자이다.
- 을유일은 5월 17일(음력)/6월 17일(양력)이고, 갑진일은 6월 6일(음력)/7월 7일(양력)이다. ≪전정(箋正)≫ 권5에서는 일진을 갑진일이라고 한 ≪구당서14·순종기≫의 기록은 잘못인 것 같다고 하였다.

[보주] 심흠한이 "살펴보건대 무창군이라는 편제는 우승유로부터 시작되었으므로 이것은 아마도 잘못인 것 같다.(按武昌軍額始自牛僧孺, 此恐誤.)"고 하였다. 진경운이 "〈방진표〉에 '원화 원년에 처음으로 악악관찰사를 무창군절도사로 승격시켰다고 되어 있다.' 순종 때에 악악은 아직 절도사를 둔 번진이 되기 전이었다.(方鎭表: 元和元年, 始升鄂岳觀察爲武昌軍節度使; 當順宗世, 鄂岳未嘗爲節鎭.)"고 하였다.

[보충설명]

- 살펴보건대, 무창군이라는 편제가 우승유(牛僧孺, 779~847)로부터 시작되었다고 한 심흠한의 주장은 ≪구당서172·우승유전≫의 "보력 연간(825~826)에 조정의 정사가 올바르지 못한 측근 신하들에 의해 결정되고 대신이 그들과 결탁하여 빌붙고 있었는데, 우승유가 뭇 소인배들에 대해 어찌해볼 도리가 없어 황제에게 상주하여 면직해주기를 여러 차례 요청하자, 황제가 말하기를 '내가 천지에 올리는 교제사를 마친 뒤에 경을 놓아주겠소.'라고 하였다. 목종의 위패를 종묘에 옮기고 덕에 보답하는 제사를 지낸 뒤에 우승유가 또 상주하여 퇴진하기를 진정하자 이에 악주에 무창군 편제를 설치하고 우승유를 검교예부상서·동중서문하평장사·악주자사·무창군절도사·악악기황관찰사로 삼았다.(寶曆中, 朝廷政事出於邪倖, 大臣朋, 僧孺不奈羣小, 拜章求罷者數四, 帝曰: '俟予郊禮畢放卿.' 及穆宗祔廟郊報後, 又拜章陳退, 乃於鄂州置武昌軍額, 以僧孺檢校禮部尙書·同中書門下平章事·鄂州刺史·武昌軍節度·鄂岳蘄黃觀察等使.)"에 근거한 것으로 생각된다. ≪신당서174·우승유전≫에도 경종(敬宗) 때에 무창군을 설치하고 우승유를 그 절도사로 삼았다는 기록이 보인다.
- 그런데 ≪신당서68·방진표5≫에는 원화 원년(806)에 "봉의군절도사를 없애고 악악관찰사를 무창군절도사로 승격시킨 뒤 안주와 황주 두 고을을 더 포함시켜 거느리게 하였다.(罷奉義軍節度使, 升鄂岳觀察使爲武昌軍節度使, 增領安黃二州.)"고 되어 있다.
- ≪전교(全校)≫(2903쪽)에서는 '무창군절도사'가 설치된 시점은 원화 원년이 옳다고 하면서도 '무창군'이라는 명칭이 같은 해에 붙여졌는지는 단정할 수 없다고 하고, 순종 때에 아직 '무창군절도사'라는 명칭은 없었던 바 ≪순종실록≫의 이 기록은 잘못이므로 이곳의 "무창군절도(武昌軍節度)" 다섯 글자는 삭제해야 마땅하다고 하였다. 기실 "무창군절도사(武昌軍節

度使)"가 불필요한 구절이라는 견해는 일찍이 ≪전정(箋正)≫ 권5에서 제시된 바 있으며, Solomon(32쪽)도 이 구절은 본래 주석이 실수로 원문에 포함된 것으로 간주하지 않는다면 불필요하다고 하였다.

**【주석】**

1 尙書左丞(상서좌승): [Ⅰ-9] 주석 5와 [Ⅲ-7]의 [보충설명] 참조.

2 韓皐(한고): [Ⅱ-8] 주석 14 참조.

3 鄂嶽觀察(악악관찰): 악악관찰사. ≪원화군현지≫ 권28에 따르면, 악악관찰사는 악주(鄂州), 면주(沔州), 안주(安州), 황주(黃州), 기주(蘄州), 악주(岳州)의 6개 주와 산하 25개 현을 관할하였으며, 행정 중심지는 악주(鄂州) 곧 지금 호북성(湖北省) 무창시(武昌市)에 있었다.

4 武昌軍節度使(무창군절도사): '원화 48개 번진'의 하나로 원화 원년(806)에 설치되었으며, 악주(鄂州), 면주(沔州), 안주(安州), 황주(黃州), 기주(蘄州), 악주(岳州), 광주(光州) 등 7개 주를 관할하였다.

5 曄(엽): 한엽(韓曄). 생졸년 미상. 왕숙문과 왕비가 주도한 영정혁신에 적극 가담하였다가 뜻을 이루지 못하고 좌천된 바 있는 소위 '이왕팔사마(二王八司馬)'의 일원이다. 사봉낭중(司封郎中)으로 활약하던 중 왕숙문 실각 후에 요주사마(饒州司馬)로 좌천되었다가 뒤에 사면을 받고 정주자사(汀州刺史)와 영주자사(永州刺史)를 역임하였다. 그의 간략한 전기가 ≪구당서135·열전85≫와 ≪신당서168·열전93≫의 <왕숙문열전> 뒤에 실려 있다.

6 幸(행): 총애를 받다.

⇒ 한고(韓皐)의 인사 관련 서술.

## [Ⅲ-13]

신묘일(辛卯日)에 왕숙문을 호부시랑으로 삼고 직무는 전과 같이 하였으며 자주색 관복을 하사하였다. 처음에 왕숙문이 전과 같이 한림학사의 직책을 유지하기를 바랐으나 환관 구문진(俱文珍) 등이 그가 권력을 제 마음대로 휘두르는 것을 미워하여 한림학사의 직책을 박탈하려고 하였다. 왕숙문은 칙서를 보고 크게 놀라 사람들에게 말하였다.

"내가 날마다 시시때때로 이곳에 와서 공무를 상의하였는데, 만약 한림원에서 직무를 볼 수 없다면 여기에 올 길이 없소이다."

왕비가 말하기를 "그렇습니다."라고 하고 곧 상소를 하여 청원을 하였지만 받아들여지지 않았다. 두 번째 소청하자 비로소 사흘이나 닷새에 한 번씩 한림원에 들어오는 것은 인가되었지만 학사라는 직함은 박탈되었다. 또 귀등(歸登)과 함께 같은 날에 자주색 관복을 하사받았다. 궁정에서 적삼과 홀(笏)을 내어 귀등하게 하사하였지만, 왕숙문은 같은 혜택을 받지 못하였다. 구문진 등이 미워하는 사람들에게만 유독 이것이 하사되지 않았기 때문에 이로부터 왕숙문은 두려워하기 시작하였다.

辛卯[1], 以王叔文爲戶部侍郎[2], 職如故, 賜紫. 初, 叔文欲依前帶翰林學士, 宦者俱文珍[3]等惡其專權, 削去翰林之職. 叔文見制書大驚, 謂人曰: "叔文日時至此, 商量[4]公事, 若不得此院職事, 卽無因而至矣." 王伾曰: "諾." 卽疏請, 不從; 再疏, 乃許三五日一入翰林, 去學士名. 又與歸登[5]同日賜紫. 內出衫笏賜登, 而叔文不霑. 文珍等所惡, 獨不得賜[一], 由此始懼.

[一] 지금 살펴보건대 "이숙문(而叔文)"아래의 몇 구절은 중복되어 읽을 수 없다. 아마도 뒤에 글을 수정하면서 새로운 글자를 더 보태고 옛 글

귀를 없애지 않은 때문이 아닌가 하는데 앞에서 유모를 사는 것과 같은 예일 터이다. 왜냐하면 윗글에 이미 구문진 등이 그가 권력을 제 마음대로 휘두르는 것을 미워하였다는 글귀가 있는 이상 여기에 또 다시 "문진등소오(文珍等所惡)"라는 다섯 글자가 있거나, "부점(不霑)"이라는 두 글자가 있는 이상 "독부득사(獨不得賜)"라는 네 글자가 또 다시 있어서는 안 되기 때문이다. 만약 이 아홉 글자가 다 있어야 한다면 위에 "부점(不霑)"이 있어서는 안 된다. 게다가 이 "문진등(文珍等)"이라는 글자 위에는 더욱이 빠진 글귀가 있으니 잘못된 것이 매우 자명하다. 지금 마땅히 "文珍等"이하 아홉 글자를 없앤다면 글의 뜻이 분명해지는 것은 더 의심할 여지가 없다.

[보충설명]

- 이는 ≪고이(考異)≫에 따른 것이다.
- ≪전정(箋正)≫ 권5에서는 "문진등소오(文珍等所惡), 독부득사(獨不得賜)" 아홉 글자는 주석으로 보는 것이 마땅하다고 하였다.
- ≪전교(全校)≫(2905쪽)에서는 ≪책부원구≫ 권480에 실린 왕숙문 관련 이 사건의 기록이 ≪순종실록≫의 문장과 대체로 동일하다는 점을 들어, 그것에 따라 "부점(不霑)" 두 글자가 "위(爲)"로 되면 문맥이 잘 통한다고 하였다.
- 앞에서 유모를 사는 것과 같은 예라고 한 것은 [Ⅱ-3] 참조.

**【주석】**

1 辛卯(신묘): 신묘일은 정원 21년(805) 5월 23일(음력)/6월 23일(양력).

2 戶部侍郞(호부시랑): [Ⅱ-8] 주석 5 참조.

3 俱文珍(구문진): ?~813. 환관인 양부(養父)의 성을 따라 유정량(劉貞亮)으로 개명하기도 하였으며, 덕종 정원 말엽에 환관의 우두머리가 되어 조정을 좌지우

지한 바 있다. 순종 즉위 후 왕숙문 등이 실권을 장악하고 일련의 혁신적 조치를 취하자, 유광기(劉光琦), 설영진(薛盈珍), 상연(尙衍), 해옥(解玉) 등 다른 환관 및 대신들과 연합하여 광릉왕(廣陵王) 이순(李純)을 태자감국(太子監國)으로 세우고 왕숙문 일파를 모두 내쳤다. 이로 인해 "성품이 충성스럽고 올바르며 굳세고 의리를 좇았다.(性忠正, 剛而蹈義: ≪구당서184·환관전(宦官傳)≫)", "성품이 충성스럽고 굳세며 의리를 알았다.(性忠彊, 識義理: ≪신당서207·환자전상(宦者傳上)≫)"라는 정사의 기록에도 불구하고, 영정혁신을 좌절시킴으로써 당나라의 역사 발전을 가로막은 인물이라는 역사적 평가가 나온다. 한때 환관의 실세로서 선무감군(宣武監軍)과 우위대장군(右衛大將軍) 및 지내시성사(知內寺省事) 등 요직을 역임하였지만, 말년에 헌종의 총애를 잃고 대신들과 다른 환관들의 미움을 샀기 때문에 궁궐을 떠나 병사하였다. ≪구당서184·열전134·환관전≫과 ≪신당서207·열전132·환자전상≫에 모두 전기가 실려 있다.

4 商量(상량): 상의하다. 협의하다. 토론하다.

5 歸登(귀등): [Ⅰ-12] 주석 16 참조.

⇒ 순종의 혁신 조치가 처음 좌절을 겪은 사실 서술.

- 덕종 초에 한림학사의 직권이 날로 올라가고 중서성과 재상의 권한이 상대적으로 약화되었는데, 이와 관련하여 ≪구당서139·육지전(陸贄傳)≫에 "육지가 처음 한림원에 들어갔을 때 특별히 덕종의 유별한 보살핌을 입어 시를 노래하고 허물없이 가깝게 지내면서 아침저녁으로 황제를 모시고 놀러 다녔다. 황제가 궁궐 밖으로 피해 나가 어려운 가운데 있을 때 비록 재상이 있었지만 국사를 기획하고 결정하는 것은 대부분 육지에게서 나왔기 때문에 당시에 내상으로 지목되었다.(贄初入翰林, 特承德宗異顧, 歌詩戲狎, 朝夕陪遊. 及出居艱阻之中, 雖有宰臣, 而謀猷參決, 多出於贄, 故當時目

爲內相.)"라는 기록이 보인다. 덕종 이후 한림학사가 황제의 측근에 있으면서 '내상' 곧 '궁궐 안 재상'으로 불리며 실제 재상을 능가하는 실권을 행사하는 자리였기 때문에, 구문진 등이 한림학사 직을 박탁하려는 시도를 왕숙문이 충격적으로 받아들인 것이다.

## [Ⅲ-14]

구주별가(衢州別駕) 영호환(令狐峘)을 비서소감(祕書少監)으로 삼았다. 영호환은 국자감좨주 영호덕분(令狐德棻)의 현손(玄孫)으로 진사과에 급제하였다. 사도(司徒) 양관(楊綰)이 아직 높은 관직으로 오르기 전에 그를 만나보고는 현명한 사람으로 여겼다. 양관이 예부에서 역사 편찬 담당자로 있을 때 영호환을 사관(史館)으로 끌어들였으며, 영호환은 화원현위(華原縣尉)에서 습유(拾遺)로 임명되었고 여러 차례 승진하여 기거사인이 되었다. 대력(大曆) 8년(773)에 유안(劉晏)이 이부상서가 되었을 때 황제에게 상주하여 영호환을 형부원외랑으로 삼고 남조(南曹)의 업무를 책임지게 하였다. 여러 차례 승진하여 예부시랑에 이르렀다. 영호환이 남조를 책임지고 있을 때 유안이 이부상서이고 양염(楊炎)이 이부시랑이었다. 영호환은 유안이 천거해준 덕을 입었던 터이라 궐원을 나누어 채울 때면 유능한 사람을 가려 유안에게 주고 능력이 모자라는 사람을 양염에게 주었다. 양염은 본디 이 때문에 무척 심기가 편치 않았다. 영호환이 예부시랑이 되었을 때 양염은 재상이었다. 두봉(杜封)이라는 사람이 있었는데 고인이 된 재상 두홍점(杜鴻漸)의 아들로 홍문관 학생으로 들어가기를 요청하였다. 양염은 일찍이 두씨의 문하에서 나왔기 때문에 영호환에게 두봉을 잘 봐달라고 부탁하였다. 영호환이 사자(使者)에게 말하였다.

"상공께서 두봉이 명성을 이루기를 원하신다면 제가 기억할 수 있도록 두봉의 이름자 밑에 상공께서 서명해주시기를 청합니다."

양염은 영호환이 자기를 배신하리라 생각지도 못하고 서명을 하여 영호환에게 보냈다. 영호환은 그 다음날 황제에게 상소하여 재상 양염이 위세로 신을 협박하고 있는데, 신이 그를 따르자니 폐하를 저버리게 되고 따르지 않으면 바로 양염이 신을 해칠 것이라고 하였다. 덕종이 이 일로 양염에게 묻자 양염이 자초지종을 자세하게 아뢰니, 덕종이 노하여 말하였다.

"이런 간사한 사람은 참을 수가 없다."

덕종이 곤장을 쳐서 그를 유배시키려고 하였다. 양염이 선처해주기를 탄원함에 곧 형주별가(衡州別駕)로 내쳤다. 정원 초에 이비(李泌)가 재상이 되었을 때 영호환을 좌서자(左庶子)·사관수찬으로 불렀는데, 부임하자 동료인 공술예(孔述睿)와 사소한 문제로 사사건건 다투고 여러 차례 공술예에게 무례하게 굴었다. 공술예는 장기 휴가를 내고 양보하며 다투지 않으려고 하였다. 이비가 죽고 두삼(竇參)이 재상이 되었을 때 영호환의 사람됨을 싫어하여 길주별가(吉州別駕)로 내쳤다가 길주자사(吉州刺史)로 전보시켰다. 제영(齊映)이 강서관찰사(江西觀察使)로 임명되어 길주를 지나갈 때 영호환이 스스로 선배라고 여기며 불만스러운 심사를 품고 자사의 예로 맞이하지 않았다. 방으로 들어와 알현할 때 느긋하게 걸어 들어왔으며, 머리에 붉은 두건을 쓰고 손에 병장기를 들고서 예를 갖추지 않았다. 제영이 이를 한스럽게 여겼다. 길주를 떠나 임지에 도착하여 영호환이 전임 자사의 과실로 지적한 것이 조사해 본 결과 진상과 맞지 않으며, 치적도 없어 군을 감당하기에 적합하지 않다고 황제께 상주함에 구주별가로 좌천된 것이다. 순종황제가 즉위함에 비서소감으로 불렀는데 도성으로 부임하기 전에 죽었다. 영호환이 사관에 있을 때 ≪현종실록(玄宗實錄)≫ 100권을 다듬고, ≪대종실록(代宗實錄)≫ 30권을 편찬하였다. 비록 매우 근면하게 힘을 쏟았지만 누락된 것이 많아 훌륭한 역사서로 불리지는 않는다. 전에 덕종이 태종의 원릉(元陵)을 후하게 꾸미려고 하였는데, 그때 영호환은 중서사인 겸 사관의 직책을 맡고 있으면서 상주하여 간하여 그 장례를 검소하게 할 것을 청하였다. 그러자 답하는 조칙이 내려와 그를 매우 칭송하였다. 원화 3년(808)에 실록을 편찬한 공으로 공부상서에 추증되었다.

以衢州別駕[1]令狐峘[2]爲祕書少監[3]. 峘, 國子祭酒[4]德棻[5]玄孫[6], 進士登第. 司徒[7]楊綰[8]未達時, 遇之以爲賢[9]. 爲禮部修史, 引峘入史館, 自華原尉[10]拜拾遺[11], 累遷起居舍人[12]. 大曆八年, 劉晏[13]爲吏部尙書[14], 奏峘爲刑部員外[15], 判南曹[16]. 累遷至禮部侍郎[17]. 峘之判南曹, 晏爲尙書, 楊炎[18]爲侍郎. 峘得晏之擧[一], 分闕[19]必擇其善者[20]與晏, 而以惡者[20]與炎. 炎固已不平. 至峘爲禮部, 而炎爲相. 有杜封[21]者, 故相鴻漸[22]之子, 求補弘文生[23]. 炎嘗出杜氏門下, 託峘以封[24]. 峘謂使者曰: "相公欲封成其名, 乞署封名下一字, 峘因得以記焉." 炎不意峘賣[25]之, 署名屬峘. 峘明日疏言宰相炎迫臣以威, 臣從之則負陛下, 不從卽炎當害臣[二]. 德宗以問炎, 炎具道所以, 德宗怒曰: "此姦人[26], 不可奈[27]." 欲杖而流之[28]. 炎救解, 乃黜爲衡州別駕[29]. 貞元初, 李泌[30]爲相, 以左庶子[31]史館修撰[32]徵, 至則與同職孔述睿[33]爭競細碎, 數[34]侵述睿. 述睿長告以讓, 不欲爭[三]. 泌卒, 竇參[35]爲相, 惡[36]其爲人, 貶吉州[37]別駕, 改吉州刺史. 齊映[38]除江西觀察[39], 過吉州, 峘自以前輩, 懷怏怏[40], 不以刺史禮見[41]. 入謁, 從容步進, 不袜首屬戎器[四]. 映以爲恨. 去至府, 奏峘擧前刺史過失, 鞫[42]不得眞, 無政事, 不宜臨郡, 貶衢州別駕. 上卽位, 以祕書少監徵, 未至卒. 峘在史館, 修玄宗實錄一百卷, 撰代宗實錄三十卷[43]. 雖頗勤苦, 然多遺漏, 不稱良史[44]. 初, 德宗將厚奉元陵[45]事, 時爲中書舍人兼史職, 奏疏諫, 請薄其葬. 有答詔優獎. 元和三年, 以修實錄功追贈工部尙書[五].

[一] [보주] 노헌(盧軒)이 말하기를 "≪좌전≫에 '애공(哀公)이 월(越)나라로 갔을 때 태자 적영(適郢)과 가깝게 지내며 사이가 좋았다.'라는 구절이 있는데, 두예(杜預)의 주에서 '득(得)은 서로 가까워 기뻐하다는 뜻이다.'고 하였다. 살펴보건대 '득(得)'과 '덕(德)'은 같은 글자로 ≪당서≫에는 '덕(德)'으로 되어 있다.(左傳'公如越, 得太子適郢.'杜注: '得, 相親悅也.'按'得''德'同字, 唐書作德.)"라고 하였다.

[보충설명]

- ≪당서≫는 ≪신당서102·영호덕분전(令狐德棻傳)≫으로 그곳에 "환내덕안(峘內德晏)"으로 되어 있다. 참고로 ≪구당서149·영호환전≫에는 "환하안지거(峘荷晏之擧)"로 되어 있다.
- ≪교전(校詮)≫(760쪽)에서 "덕(德)과 득(得)은 옛날에 통용되었다. ≪맹자·고자상≫의 '내가 알고 있는 궁핍한 사람들이 나의 은덕 입은 것을 고맙게 여기겠는가!'란 구절의 득(得)이 바로 덕(德)자이다. 이 글에서는 득(得)의 본뜻에 따라 풀이해도 통한다.(德得古通用. 孟子·告子上: '所識窮乏者得我與!', 得卽德字. 此文卽從得之本義解亦通.)"고 하였다.
- ≪좌전≫의 내용은 <애공(哀公) 24년> 조에 들어 있다.

[二] "즉(卽)"은 "즉(則)"으로 된 판본도 있다.

[보충설명]

- 이는 ≪고이(考異)≫에 따른 것이다.
- ≪문본(文本)≫에 "즉(則)"으로 되어 있다.

[三] "고(告)"는 "자(者)"로 된 판본도 있다. "장고(長告)"는 '장기 휴가(長假)'를 말한다.

[보충설명]

- 이는 ≪고이(考異)≫에 따른 것이다.
- ≪보주(補注)≫에 "<공술예전>에 '당시 영호환도 사관수찬으로 임명되어

있었는데, 사소한 문제로 공술예를 많이 범하였지만 공술예가 모두 양보하고 다투지 않았기 때문에 당시 사람들이 공술예를 덕망이 높은 어른이라고 칭하였다.'고 하였고, <영호환전>에서도 '공술예는 덕망이 높은 어른으로 양보하고 다투지 않았다.'고 하였다. 살펴보건대 이 '장고(長告)'는 글자가 잘못되었으니 역사를 기록하는 직책에 있는 사람이 어찌 장기 휴가를 할 수 있겠는가?(孔述睿傳: '時令狐峘充修撰, 多以細事侵述睿, 述睿皆讓之, 竟不與爭, 時人稱爲長者.' 令狐峘傳亦云: '述睿長者, 讓而不爭.' 按: 此'長告'字誤, 史職豈可長告也耶?)"라고 하였다.

- ≪구당서192≫와 ≪신당서196≫의 <공술예전> 및 ≪구당서149≫와 ≪신당서102≫의 <영호환전>의 기록으로 미루어 보아, 사소한 문제로 사관이 장기 휴가를 한다는 것이 사리에 그다지 맞지 않는 점을 고려할 때 심흠한의 견해가 일리 있는 것으로 보인다.
- '장고(長告)'는 '장휴(長休)' 또는 '장휴고(長休告)'라고도 하는데 본래 관리들의 '장기 휴가'를 뜻하는 말이지만, '사직(辭職)'의 완곡한 표현으로도 쓰였다.

[四] "말(袜)"자가 없는 판본도 있고, 또 "말(秣)"로 된 판본도 있는데 잘못이다.

[보충설명]

- 이는 ≪고이(考異)≫에 따른 것이다.
- ≪송본(宋本)≫, ≪축본(祝本)≫, ≪문본(文本)≫, ≪위본(魏本)≫에 "말(袜)"자가 없다.
- "말수(袜首)"는 '말두(抹頭)' 또는 '말액(抹額)'이라고도 하는데 머리에 붉은색 두건을 쓰는 것을 말한다.
- "촉융기(屬戎器)"는 손에 병장기를 드는 것을 말한다. "촉(屬)"은 '착용하다(著)'는 뜻이다.

[五] ≪신당서≫에 "전에 영호환이 조칙을 받고 ≪대종실록≫을 편찬하다가 미처 완성하기 전에 마침 폄직을 당하였는데 외지에서 책을 완성하도록 하라는 조칙이 내려왔다. 원화 연간에 그의 아들 태복시승(太僕寺丞) 영호비(令狐丕)가 그 책을 헌상하니 그 공로로 (영호환을) 공부상서에 추증하였다.(初, 峘受詔撰代宗實錄, 未就. 會貶, 詔聽在外成書. 元和中, 其子太僕寺丞丕獻之, 以勞贈工部尙書.)"고 되어 있다.

[보충설명]

- 이는 ≪신당서102·열전27≫ 영호환의 전기에 실린 글귀이다.

**【주석】**

1 衢州別駕(구주별가): ≪원화군현지≫ 권27에 따르면, 구주(衢州)는 강남도 소속 상급 주로 신안(新安), 상산(常山), 용구(龍丘), 수강(須江)의 5개 현을 관할하였으며, 주청 소재지가 신안현 곧 지금 절강성(浙江省) 구현(衢縣)에 있었다. 별가(別駕)에 대해서는 [Ⅱ-8] 주석 2 참조.

2 令狐峘(영호환): ?~805. 의주(宜州) 화원(華原) 곧 지금 섬서성(陝西省) 동천시(銅川市) 요주구(耀州區) 사람으로 영호덕분(令狐德棻)의 5대손이며 사학자이다. 현종 천보(天寶) 15년(756)에 진사에 급제한 뒤 안사의 난이 발생하자 종남산(終南山)으로 들어가 은거하기도 하였다. 숙종 때에 화원현위(華原縣尉)로 벼슬길에 들어선 뒤 여러 관직을 거치면서 역사 편찬과 관련한 직책을 겸임한 경우가 많았다. ≪구당서149·열전99≫와 ≪신당서102·열전27≫에 모두 전기가 실려 있다.

3 祕書少監(비서소감): ≪구당서43·직관지2≫에 따르면, 비서성(祕書省)에 종4품상의 소감 2명을 두어 국가의 경전과 도서를 관장하는 비서감의 보좌 임무를 수행하였다.

4 國子祭酒(국자좨주): 국자감좨주. 최고 학부인 국자감의 교육행정 장관. ≪구당

서44·직관지3≫에 따르면, 국자감좨주는 종3품관으로 산하의 국자학(國子學), 태학(太學), 사문학(四門學), 율학(律學), 서학(書學), 산학(算學) 등 당나라 6학을 관장하였다.

5 德棻(덕분): 영호덕분(令狐德棻, 583~666). 의주(宜州) 화원(華原) 사람으로 유명한 사학자 겸 정치가이다. 기거사인, 예부시랑, 태자우서자(太子右庶子), 아주자사(雅州刺史), 비서소감, 국자감좨주, 태상경, 홍문관학사(弘文館學士), 숭현관학사(崇賢館學士) 등의 관직을 두루 거쳤다. 양(梁)·진(陳)·북제(北齊)·북주(北周)·수(隋)나라 등의 정사 편찬을 주청하여 받아들여졌고, ≪주서(周書)≫를 주편한 바 있다. ≪구당서73·열전23≫과 ≪신당서102·열전27≫에 모두 전기가 실려 있다.

6 玄孫(현손): 5대손으로 '고손(高孫)'이라고도 한다. 손자의 손자, 아들의 증손자.

7 司徒(사도): [Ⅱ-10] 주석 3 참조.

8 楊綰(양관): 718~777. 자가 공권(公權)이고 화주(華州) 화음(지금 陝西省 華陰市) 사람이다. 천보 13년(754)에 현종이 직접 주관한 시부(詩賦)를 겨루는 고시에서 장원 급제한 뒤 우습유(右拾遺)에 임명된 바 있고, 안사의 난이 발발하였을 때 숙종의 행재소가 있던 영무(靈武)로 가서 기거사인·지제고에 제수되었다. 사훈원외랑(司勳員外郞)과 직방낭중(職方郎中)을 거쳐 중서사인이 되어 국사 편찬 업무를 맡았다. 뒤에 예부시랑, 이부시랑, 국자좨주, 태상경 등을 역임하고, 중서시랑·동중서문하평장사까지 올랐으나 재상이 된 지 약 7개월 만에 중풍으로 병사하였다. ≪구당서119·열전69≫와 ≪신당서142·열전67≫에 모두 전기가 실려 있다.

9 遇之以爲賢(우지이위현): 영호환과 양관의 관계와 관련하여 ≪구당서149·영호환전≫에 "(영호환은) 안녹산의 난 때 종남산의 표림곡에서 은거하였는데, 골짜기에 영호환의 별장이 있었다. 사도 양관이 아직 벼슬하기 이전에 종남산으로 피란을 와서 영호환의 집에서 머물렀다. 영호환이 박학하여 뭇 서적을 두루

꿰고 있었고 말재주도 뛰어나 양관이 그를 극구 칭찬하였다. 양관이 예부시랑이 되어 국사를 편찬할 때 영호환을 사관(史館)으로 끌어들였다.(祿山之亂, 隱居南山豹林谷, 谷中有峘別墅. 司徒楊綰未仕時, 避亂南山, 止於峘舍. 峘博學, 貫通羣書, 有口辯, 綰甚稱之. 及綰爲禮部侍郎, 修國史, 乃引峘入史館.)"라는 기록이 보인다.

10 華原尉(화원위): ≪원화군현지≫ 권2에 따르면, 화원현은 관내도(關內道) 경조부에 속한 기현(畿縣)의 하나로 지금 섬서성(陝西省) 요현(耀縣)에 해당한다. ≪구당서44·직관지3≫에 따르면, 기현에는 정9품하의 현위(縣尉) 2명을 두었다. ≪신당서49하·백관지4하≫에 따르면, 현위는 육조(六曹)의 서무를 나누어 담당하면서 조세 징수 업무를 통솔하였다.

11 拾遺(습유): 당나라 때에 문하성에 좌습유, 중서성에 우습유를 두었다. ≪구당서43·직관지2≫에 따르면, 좌·우습유는 각 2인으로 종8품상의 품계였고 풍간(諷諫)의 업무를 담당하였다. ≪구당서149≫와 ≪신당서102≫에 있는 그의 전기에 따르면, 영호환이 제수받은 직위는 우습유(右拾遺)였다.

12 起居舍人(기거사인): [Ⅰ-12] 주석 6 참조.

13 劉晏(유안): ?~780. 자가 사안(士安)이고, 조주(曹州) 남화(南華: 지금 山東省 菏澤市 東明縣) 사람이다. 어렸을 때 재주가 빼어나 도성을 진동시켜 ≪삼자경(三字經)≫에 "당나라 유안은 바야흐로 7살인데, 신동으로 천거되어 태자정자(太子正字)에 임명되었다.(唐劉晏, 方七歲, 擧神童, 作正字.)"라는 말이 실려 있을 정도이다. 호부시랑, 어사대부, 경조윤, 이부상서, 동중서문하평장사를 거치면서 탁지사(度支使), 주전사(鑄錢使), 염철사(鹽鐵使), 전운사(轉運使) 등을 담당하여 능력을 발휘한 바 있다. 경제 전문 관료로서 일련의 재정 개혁을 주도해 안사의 난으로 피폐해진 당나라의 경제 재건에 큰 공을 세웠다는 평가를 받았지만, 참소를 받고 자진하는 비참한 최후를 맞이하기도 하였다. ≪구당서123·열전73≫과 ≪신당서149·열전74≫에 모두 전기가 실려 있다.

14 吏部尙書(이부상서): [Ⅰ-9] 주석 2 참조.

15 刑部員外(형부원외): 형부원외랑. ≪구당서43·직관지2≫에 따르면, 형부에 종6품상의 원외랑 2명을 두어 낭중과 함께 상서와 시랑을 보좌하게 하였는데, 법령이나 제도를 예시하며 그 경중을 판별하는 업무를 담당하였다.

16 南曹(남조): 상서성 산하 이부와 병부 소속 하급기관으로 선조(選曹)의 남쪽에 있었기 때문에 이런 이름이 붙여졌다. 이부의 남조에 대해서는 부선종(傅璇琮)의 ≪당대 과거와 문학(唐代科擧與文學)≫(西安: 陝西人民出版社, 2003) 494쪽 참조. 통상 이부와 병부의 원외랑이 각각 문관과 무관의 선발 전형에 있어 여러 관련 서류의 사실 여부를 검증하여 상서와 시랑에게 상신하는 업무를 담당하였다. 이밖에 원외랑은 유내관(流內官) 곧 1품에서 9품까지의 관원 이외의 관리 전형 업무를 주관하였는데, ≪구당서43·직관지2≫에 따르면, 이를 '유외전(流外銓)' 또는 '소선(小選)'이라고 불렀다.

17 累遷至禮部侍郎(누천지예부시랑): 영호환이 예부시랑이 된 시기는 ≪구당서11·대종기(代宗紀)≫에 따르면, 대력(大曆) 14년(779) 9월 19일(양력 11월 2일)이다. 예부시랑에 대해서는 [Ⅰ-2] 주석 24 참조.

18 楊炎(양염): 727~781. 자가 공남(公南)이고 봉상부(鳳翔府) 천흥현(天興縣: 지금 陝西省 鳳翔縣) 사람이다. 당나라 재상으로 재정 개혁을 주도해 양세법(兩稅法)을 설계한 것으로 유명하다. 예부낭중, 지제고, 중서사인, 이부시랑, 사관수찬 등을 거쳐 문하시랑, 좌복야(左僕射), 동중서문하평장사까지 역임하였다. ≪구당서118·열전68≫과 ≪신당서145·열전70≫에 모두 전기가 실려 있다.

19 分闕(분궐): 궐원을 나누어 채우다. 궐원이 생길 경우 상서와 시랑이 품계에 따라 전형 업무를 나누어 주관한 것을 가리킨다. ≪통전≫ 권23의 '이부(吏部)'조에 따르면, 관리 전형은 상서가 주관하던 상서전(尙書銓)과 2명의 시랑이 각자 주관하던 중전(中銓) 및 동전(東銓)으로 구분된 '삼전(三銓)'으로 이루

어져 있었는데, 상서는 6품관과 7품관 선발을, 시랑은 8품관과 9품관 선발을 주관하였다.

20 善者(선자)·惡者(악자): Solomon(30쪽)은 "그(영호환)가 능력을 인정한 긍정적인 사람(those of whom he approved)"과 "그가 능력을 인정하지 않은 부정적인 사람(those of whom he disapproved)"으로 풀이한 반면에, ≪주석(注釋)≫(542쪽)에서는 "지리적으로 가까워 옮기기 쉬운 사람(地近而易遷者)"과 "지리적으로 멀리 떨어져 있어 옮기기 어려운 사람(地近而易遷者)"으로 풀이하였다. 전자의 해석이 자구적인 의미에 따른 것인 반면에, 후자의 풀이는 실제 상황을 고려한 것으로 보이는데 후자의 경우 어떤 근거에 따른 것인지 명시적으로 밝히지 않고 있다.

21 杜封(두봉): 두홍점(杜鴻漸)의 셋째 아들. ≪원화성찬(元和姓纂)≫ 권6과 ≪신당서72·재상세계표(宰相世系表)2≫에 따르면, 두홍점은 수(收), 위(威), 봉(封), 정(鼎)의 네 아들을 두었다.

22 鴻漸(홍점): 두홍점(709~769). 자가 지손(之巽)이고 복주(濮州) 복양(지금 河南省 濮陽市) 사람이다. 안사의 난 때 숙종의 옹립에 가담하여 병부낭중에 임명되었으며, 병부시랑, 하서절도사(河西節度使), 형남절도사(荊南節度使), 상서우승, 이부시랑, 태상경, 중서시랑·동중서문하평장사, 문하시랑 등을 두루 역임하였다. ≪구당서108·열전58≫과 ≪신당서126·열전51≫에 모두 전기가 실려 있다.

23 弘文生(홍문생): 홍문관(弘文館) 학생. ≪구당서43·직관지2≫에 따르면, 홍문관은 문하성 산하 기관으로 경(經)·사(史)·자(子)·집(集) 4부의 서적과 지도 등을 소장하였다. 홍문관의 학생 수에 대해 ≪구당서43·직관지2≫와 ≪통전≫ 권21에서는 30명, ≪신당서47·백관지2≫, ≪당육전≫ 권8, ≪당회요≫ 권64에서는 38명으로 기록하고 있다.

24 託峘以封(탁환이봉): 두봉의 홍문관 입학과 관련하여 ≪주석(注釋)≫(542쪽)

에서 두홍점의 관직 경력으로 보아 자격이 충분하다고 하면서도 양염이 재상의 지위로 청탁을 한 것은 위법 사항이라고 하였다.

25 賣(매): 배신하다. 배반하다.

26 姦人(간인): 간사한 사람. 사악하고 교활한 사람. '간인(奸人)'으로도 적는다. ≪국어·초어(楚語)하≫에 "내가 듣건대 국가가 장차 패망하려고 할 때면 필시 간사한 사람을 쓴다.(吾聞國家將敗, 必用姦人.)"라는 글귀가 보인다.

27 不可奈(불가내): '不可奈何', '無可奈何'와 같아 '어찌 해볼 도리가 없다'는 뜻이다. 여기서는 '참아낼 수 없다'는 의미이다.

28 欲杖而流之(욕장이류지): 장형(杖刑)과 유형(流刑)은 각각 곤장을 치는 형벌과 귀양 보내는 형벌로, 당나라의 형률(刑律)에서 규정한 오형(五刑) 중에서 두 번째와 네 번째에 해당하는 형벌이다.

29 衡州別駕(형주별가): 이때 영호환이 좌천된 직위를 두고 ≪구당서149≫와 ≪신당서102≫의 본전 및 ≪책부원구≫ 권554에서는 형주별가로 기록하고 있는 반면에, ≪구당서11·대종기≫에서는 "침주사마(郴州司馬)"로 적고 있다. ≪원화군현지≫ 권30에 따르면, 형주(衡州)는 강남도 소속의 상급 주로 형양(衡陽), 유(攸), 다릉(茶陵), 뇌양(耒陽), 상녕(常寧), 형산(衡山)의 6개 현을 관할하였고, 주청 소재지가 형양시(지금 湖南省 衡陽市)에 있었다. 별가(別駕)에 대해서는 [Ⅱ-8] 주석 2 참조.

30 李泌(이비): 722~789. 자가 장원(長源)이고 경조(京兆: 지금 陝西省 西安市) 사람이다. 도가학자로서 현종의 부름을 받고 ≪노자(老子)≫를 강의하기도 하였으며, 두 차례 산림에 은거한 적도 있었다. 한림학사와 초주자사(楚州刺史) 및 항주자사(杭州刺史) 등을 거쳐 중서시랑·동중서문하평장사까지 역임하였다. ≪구당서130·열전80≫과 ≪신당서139·열전64≫에 모두 전기가 실려 있다.

31 左庶子(좌서자): [Ⅱ-10] 주석 32 참조.

32 史館修撰(사관수찬): [Ⅰ-12] 주석 15 참조.

33 孔述睿(공술예): 730~800. 월주(越州) 산음(山陰: 지금 浙江省 紹興市) 사람이다. 소싯적에 형인 공극부(孔克符) 및 동생 공극양(孔克讓)과 함께 효자로 이름이 났으며, 부친 사후에 형제가 모두 숭산(嵩山)으로 들어가 은거한 바 있다. 출사하여 태상시(太常寺) 협률랑(協律郎), 국자박사, 사훈원외랑(司勳員外郎), 사관수찬 등을 지냈는데, 자리를 옮길 때마다 조정에 나와 감사의 뜻을 표하고 열흘이 지나면 병을 핑계로 사직하는 일이 일상사였다고 하며 태자빈객(太子賓客)을 끝으로 벼슬에서 은퇴하였다. 온화하고 겸양한 성품을 지녀 다른 사람과 다투지 않아 당시에 장자(長者)로 불렸다. ≪구당서192≫와 ≪신당서196≫의 <은일전(隱逸傳)>에 모두 전기가 실려 있다.

34 數(삭): 자주. 여러 차례.

35 竇參(두삼): 733~792. 자가 시중(時中)이고 하남(河南) 낙양(洛陽) 사람이다. 음서(蔭敍)로 관계에 발을 들여놓은 뒤 중서시랑·동중서문하평장사까지 지냈지만, 교활하고 괴팍한 성품에 권세를 믿고 이익을 탐하였을 뿐 아니라 번진 세력과 결탁한 행적까지 드러나 침주별가(郴州別駕)·환주사마(驩州司馬)로 유배되었다가 결국 사사(賜死)되었다. ≪구당서136·열전86≫과 ≪신당서145·열전70≫에 모두 전기가 실려 있다.

36 惡(오): 미워하다. 증오하다.

37 吉州(길주): [Ⅱ-8] 주석 4 참조.

38 齊映(제영): 747~795. 영주(瀛州) 고양(지금 河北省 高陽市) 사람인데, 대력(大曆) 4년(769)에 진사과에 장원 급제하고 박학굉사과를 통과한 뒤 하남부참군(河南府參軍)을 시작으로 영호창(令狐彰), 마수(馬燧), 장일(張鎰)의 막부에서 보좌관을 역임하였다. 뒤에 어사중승, 급사중, 중서사인을 거쳐 중서시랑·동중서문하평장사까지 오른 뒤, 기주자사(夔州刺史), 형주자사(衡州刺史), 계관관찰사(桂管觀察使), 홍주자사(洪州刺史)·강서관찰사(江西觀察使) 등 외

직을 지냈다. ≪구당서136·열전86≫과 ≪신당서150·열전75≫에 모두 전기가 실려 있다.

39 江西觀察(강서관찰): 강서관찰사 곧 강남서도관찰사(江南西道觀察使). ≪원화군현지≫ 권29의 '강남도(江南道)'조에 따르면, 홍주(洪州)는 강남서도관찰사의 행정 소재지이고, 강남서도관찰사는 홍주, 요주(饒州), 건주(虔州), 길주(吉州), 강주(江州), 원주(袁州), 신주(信州), 무주(撫州)의 8개 주를 관할하였다. 홍주는 지금 강서성(江西省) 남창시(南昌市)이다.

40 怏怏(앙앙): 심정이 답답하고 울적한 모양. 불만스러운 모양.

41 不以刺史禮見(불이자사례견): ≪구당서149·영호환전≫에 "관례에 따르면, 자사가 관찰사를 처음 만날 때는 군장을 갖추고 뜰을 빠른 걸음으로 달려가 예를 표하였다.(故事, 刺史始見觀察使, 皆戎服趨庭致禮.)"라는 내용이 보인다.

42 鞫(국): 심문하다. 죄상을 조사하다. ≪위본(魏本)≫에는 "국(鞫)"으로 되어 있다.

43 代宗實錄三十卷(대종실록삼십권): ≪구당서149·영호환전≫과 ≪신당서58·예문지2≫에는 모두 ≪대종실록≫이 40권으로 되어 있다.

44 不稱良史(불칭양사): 양당서의 본전에 영호환이 편찬한 ≪현종실록≫ 100권과 ≪대종실록≫ 40권이 모두 안사의 난 이후에 나온 관계로 황제의 언행을 기록한 기거주(起居注)가 망일되어 개원(開元)과 천보(天寶) 연간 명신들의 전기가 대부분 누락된 탓에 훌륭한 역사서로 불리지 않는다고 하였다.

45 元陵(원릉): 대종(代宗)의 능묘.

⇒ 영호환의 전기 서술.

- ≪주석(注釋)≫(542~543쪽)에서는 "이상 500여자는 영호환의 사적을 서술하고 있어 순종 대의 시사(時事)와 매우 동떨어져 있으니, 이것이 아마도 한유가 편찬한 ≪순종실록≫의 번잡함과 간결함이 온당하지 못하다고

하는 것이 아니겠는가?(以上五百餘字叙令狐峘事, 頗游離於順宗朝時事, 此豈所謂愈撰實錄繁簡不當者歟?)"라고 지적하였다.

- 이 단락은 484자로 순종 재위 이전 영호환의 사적을 주로 서술하고 있는 바 염기(閻琦) 교수의 지적이 매우 타당하다고 생각된다.

## [Ⅲ-15]

이 달에 양주(襄州)를 양부(襄府)로 삼았으며, 임한현(臨漢縣)을 옛 성으로 옮기고 등성현(鄧城縣)이라고 불렀다.

是月, 以襄州爲襄府[一]. 徙臨漢縣[1]於古城, 曰鄧城縣[2].

[一] 살펴보건대 ≪원화군현지≫에 "양양대도독부(襄陽大都督府)"로 되어 있으니 아마도 "양(襄)"아래에 마땅히 "양(陽)"자가 있어야 하지 않을까 한다.

[보충설명]

- 이는 ≪고이(考異)≫에 따른 것이다.
- ≪구당서14·순종기≫에 따르면, 영정 원년(805) 5월 정해일(丁亥日: 19일/양력 6월 19일)에 양주(襄州)를 대도독부로 승격시켰고, ≪원화군현지≫ 권23의 '산남도(山南道)'조에 양양대도독부의 양양절도사(襄陽節度使)가 양주(襄州), 등주(鄧州), 복주(復州), 영주(郢州), 당주(唐州), 수주(隨州), 균주(均州), 방주(房州)의 8개 주를 관할하였다고 되어 있다.
- 양주는 지금 호북성(湖北省) 양양시(襄陽市)이다.

**【주석】**

1 臨漢縣(임한현): 산남동도(山南東道) 양주(襄州) 소속의 현.

2 鄧城縣(등성현): 등성현은 ≪구당서39·지리지2≫에 따르면, 산남동도(山南東道) 양주(襄州) 소속 현으로 본래 한(漢)나라 등현(鄧縣) 땅이고 옛날 번성(樊城)이었는데, 천보(天寶) 원년(742)에 임한현(臨漢縣)으로 개칭되었다가 정원 21년(805)에 등성현으로 고쳤다고 한다. 지금 호북성(湖北省) 양양시(襄陽市) 번성구(樊城區)이다.

⇒ 주현(州縣)의 설치 사실 서술.

# 제4권

## 정원 21년 6월 ~ 7월

(起六月, 盡七月)

## 제4권

# 정원 21년 6월 ~ 7월
(起六月, 盡七月)

### [IV-1]

6월 기해일(己亥日)에 선주순관(宣州巡官) 양사악(羊士諤)을 정주(汀州) 영화현위(寧化縣尉)로 좌천시켰다. 양사악은 과격하고 조급한 성품을 지녔는데 한번은 공무로 도성에 갔을 때 왕숙문이 실권을 장악하고 그의 붕당이 서로 부추기며 설치고 있었기에 평정심을 지닐 수가 없어 공개적으로 그들의 잘못을 입에 담았다. 왕숙문이 이를 듣고 노하여 조칙을 내려 목을 베려고 하였으나 위집의가 동의하지 않았다. 왕숙문이 곤장을 쳐서 죽이도록 명하였으나 위집의가 이것 또한 동의하지 않아서 마침내 좌천시키게 된 것이다. 이 일로 말미암아 왕숙문이 위집의를 몹시 미워하기 시작하였기 때문에 두 사람의 문하를 왕래하던 사람들이 모두 두려워하였다. 이에 앞서 검남절도부사(劍南節度副使) 유벽(劉闢)이 검남삼천(劍南三川)

을 모두 통할하려는 위고(韋皐)의 의중을 가지고 왕숙문에게 가서 말하였다.

"태위(太尉)께서 저로 하여금 공께 자신의 보잘것없는 정성을 전하게 하셨는데, 만약 공께서 그에게 삼천(三川)을 주신다면 그는 마땅히 죽음으로써 공을 도울 것입니다. 만약 그에게 주지 않으신다면 그도 마땅히 보복을 하게 될 것입니다."

왕숙문이 노하여 그도 목을 베려고 하였으나 위집의가 불가하다는 뜻을 강하게 견지하였다. 유벽이 도성을 유람하며 떠나지 않고 있다가 왕사악의 일을 듣고서는 마침내 도망치듯 임지로 되돌아갔다.

六月乙亥[1], 貶宣州[2]巡官[3]羊士諤[4]爲汀州[5]寧化縣尉[6]. 士諤性傾躁[7], 時以公事至京, 遇叔文用事, 朋黨相煽, 頗不能平, 公言其非. 叔文聞之, 怒, 欲下詔斬之, 執誼不可; 則令杖殺之, 執誼又以爲不可; 遂貶焉. 由是叔文始大惡[8]執誼, 往來二人門下者皆懼. 先時, 劉闢[9]以劍南節度副使[10], 將韋皐[11]之意于叔文, 求都領劍南三川[12], 謂叔文曰: "太尉[13]使某致微誠[14]於公[一], 若與其三川[二], 當以死相助. 若不用[15], 某亦當有以相酬." 叔文怒, 亦將斬之, 而執誼固執不可. 闢尙遊京師未去[三], 至聞士諤[四], 遂逃歸.

[一] "모(某)"는 "벽(闢)"으로 된 판본도 있다.

[보충설명]

- 이는 ≪고이(考異)≫에 따른 것이다.

[二] "여기(與其)"는 마땅히 "여모(與某)"로 되어야 하지 않을까 한다.

[보충설명]

- 이는 ≪고이(考異)≫에 따른 것이다.

- ≪송본(宋本)≫, ≪축본(祝本)≫, ≪문본(文本)≫, ≪장본(蔣本)≫ 등에 "여

기(與其)"로 되어 있는데, ≪위본(魏本)≫에서는 "여모(與某)"가 "여기(與其)"로 되어 있는 것은 잘못이라고 하였다.

- 생각건대 "여모(與某)"로 되어야 한다는 견해는 뒤 구절("某亦當有以相酬")이 "모(某)"로 되어 있고, 동사 "여(與)"의 목적어로 대명사를 쓴다면 "지(之)"가 한문의 어법에 맞는 것으로 여긴 때문이 아닐까 한다.
- 이 두 "모(某)"는 "태위사모(太尉使某)"의 "모(某)"와 달리 유벽(劉闢)이 아니라 위고(韋皐)를 가리킨다.

[三] "상(尙)"아래에 "이(以)"자가 있는 판본도 있다.

[보충설명]

- 이는 ≪고이(考異)≫에 따른 것이다.
- ≪송본(宋本)≫, ≪축본(祝本)≫, ≪문본(文本)≫, ≪위본(魏本)≫ 등에 "이(以)"자가 더 들어 있다.

[四] "사(士)"는 "폄(貶)"으로 된 판본도 있다. 지금 살펴보건대 "사(士)" 앞에 마땅히 별도로 "폄(貶)"자가 있어야 한다.

[보충설명]

- 이는 ≪고이(考異)≫에 따른 것이다.
- 생각건대 "사(士)" 앞에 "폄(貶)"자가 있으면 의미 전달이 더 분명해지지만, 없더라도 뜻이 통하지 않는 것은 아니다.

**【주석】**

1 六月己亥(유월기해): 정원 21년(805) 6월 2일(음력)/7월 1일(양력). 여러 판본과 ≪고이(考異)≫에 모두 "을해(乙亥)"로 되어 있지만, ≪점감(點勘)≫에서 ≪구당서14·순종기≫의 기록에 따라 6월에는 '을해(乙亥)'가 없으므로 잘못이라고 하면서 '기해(己亥)'가 옳다고 하였다.

2 宣州(선주): ≪원화군현지≫ 권29에 따르면, 강남도(江南道) 소속의 긴주(緊州)

로 선흡관찰사(宣歙觀察使)의 행정 소재지였는데, 선성(宣城), 남릉(南陵), 경(涇), 당도(當塗), 율양(溧陽), 율수(溧水), 영국(寧國), 광덕(廣德), 태평(太平), 정덕(旌德)의 10개 현을 관할하였다. 선흡관찰사는 선주(宣州), 흡주(歙州), 지주(池州)의 3개 주를 관할하였고, 선주는 지금 안휘성(安徽省) 선성시(宣城市)이다.

3 巡官(순관): ≪신당서49하·백관지4하≫에 따르면, 외관(外官)인 절도사(節度使), 절도겸관찰사(節度兼觀察使), 지도사(支度使), 관찰사(觀察使), 단련사(團練使), 방어사(防禦使) 휘하에 각 순관 1인을 두었는데, 관찰사 휘하에는 부사(副使), 지사(支使), 판관(判官), 장서기(掌書記), 추관(推官), 순관(巡官), 아추(衙推), 수군(隨軍), 요적(要籍), 진주관(進奏官) 각 1인이 있었다. 참고로 ≪신당서46·백관지1≫에 따르면, 경관(京官)인 호부에는 순관 2인을 두었다. 선주순관은 선흡관찰사 휘하의 순관인데, 순관의 직무는 자세하게 밝혀져 있지 않다.

4 羊士諤(양사악): 762?~819. 자가 간경(諫卿)이고 태안(泰安) 태산(지금 山東省 泰安市 泰山區) 사람이다. 대리평사(大理評事), 감찰어사 등을 거쳐 여러 지방의 자사(刺史)와 호부낭중(戶部郎中)을 역임하였다. ≪구당서≫와 ≪신당서≫에 모두 전기가 실려 있지 않다.

5 汀州(정주): [Ⅱ-8] 주석 6 참조.

6 寧化縣尉(영화현위): ≪원화군현지≫ 권30에 따르면, 영화(寧化)는 정주(汀州) 소속의 중하급 현으로 지금 복건성(福建省)에 있었다. ≪구당서44·직관지3≫에 따르면, 중하급 현에는 종9품하의 현위 1인을 두었다. ≪신당서49하·백관지4하≫에 따르면, 현위는 육조(六曹)의 서무를 나누어 담당하면서 조세 징수 업무를 통솔하였다.

7 傾躁(경조): 과격하고 조급하다. 극단적이고 화를 잘 내다.

8 惡(오): 싫어하다. 미워하다.

9 劉闢(유벽): ?~806. 자가 태초(太初)이고 진사에 급제한 뒤 위고(韋皐)의 보좌

관을 시작으로 어사중승과 지도부사(支度副使) 등을 역임하였다. 영정(永貞) 원년(805) 8월 서천절도사(西川節度使) 위고가 죽은 뒤 유후(留後)를 자칭하며 조정에 항명하다가 뜻대로 되지 않자 반란을 꾀하였지만, 그 이듬해 9월에 토벌되어 장안으로 압송된 뒤 참수되었다. ≪구당서140·열전90≫과 ≪신당서158·열전83≫의 <위고전(韋皐傳)>에 모두 전기가 부기되어 있다.

10 節度副使(절도부사): ≪구당서140·열전90≫과 ≪신당서158·열전83≫ 및 ≪자치통감≫ 권236에 모두 "지도부사(支度副使)"로 되어 있다. ≪전교(全校)≫(2927쪽)에서는 ≪구당서15·헌종기≫와 ≪책부원구≫ 권177에 따라 유벽이 절도부사가 된 것은 영정 원년(805) 12월이므로 "절(節)"은 "지(支)"자의 잘못이라고 하였다.

11 韋皐(위고): 745~805. 자가 성무(城武)이고 경조(京兆) 만년(萬年: 지금 陝西省 西安市) 사람이다. 주체(朱泚)의 반란을 토벌한 공으로 어사대부(御史大夫)와 농주자사(隴州刺史) 및 봉의군절도사(奉義軍節度使)로 발탁되었다가, 좌금오위장군(左金吾衛將軍), 대장군(大將軍), 검교호부상서(檢校戶部尙書) 겸 성도윤(成都尹), 어사대부, 검남서천절도사(劍南西川節度使)로 승진하였다. 그 후 또 토번(吐蕃)을 토벌한 공으로 검교우복야(檢校右僕射), 동중서문하평장사, 검교사도(檢校司徒) 겸 중서령(中書令)에 올랐으며, 순종 즉위 후에 검교태위(檢校太尉)의 직함이 추가되었다. 유벽을 파견하여 검남삼천을 함께 통할하려는 제안을 하였지만 왕숙문이 거절하자 표문을 올려 황태자의 감국(監國)을 주청하고 왕숙문 일당을 축출하였다. ≪구당서140·열전90≫과 ≪신당서158·열전83≫에 모두 전기가 실려 있다.

12 劍南三川(검남삼천): 왕응린(王應麟)의 ≪소학감주(小學紺珠)≫ 권2에 따르면, 검남서천(劍南西川: 成都), 검남동천(劍南東川: 梓州), 산남서도(山南西道: 興元)가 삼천(三川)이다.

13 太尉(태위): 위고(韋皐)를 말한다. ≪구당서140·열전90≫의 본전에 "순종이

즉위하여 검교태위를 추가로 제수하였다.(順宗即位, 加檢校太尉.)"고 서술되어 있다.

14 微誠(미성): 보잘것없는 정성. 사소한 성의. 겸사(謙辭)이다.

15 用(용): ≪전정(箋正)≫ 권5에서 "여(與)"로 되어야 한다고 하였는데, 문맥으로 볼 때 합당한 견해라 생각된다. ≪자치통감≫ 권236에는 "약불용(若不用)"이 "여불여(如不與)"로 되어 있다.

⇒ 왕숙문이 강한 번진(藩鎭)의 외압을 거부한 사실 서술.

## [Ⅳ-2]

좌산기상시(左散騎常侍)를 끝으로 벼슬길에서 물러난 장만복(張萬福)이 죽었다. 장만복은 위주(魏州) 원성현(元城縣) 사람이다. 증조부부터 부친까지 모두 명경과(明經科) 출신인데 관직이 현령(縣令)이나 주(州) 자사(刺史)의 보좌관에 그쳤다. 장만복은 조부와 부친이 유학을 업으로 삼았기 때문에 모두 높은 관직에 올라가지 못하였다고 여기고서 책읽기를 좋아하지 않고 말타기와 활쏘기를 배웠다. 나이 열 일고여덟 살에 요동(遼東) 지방으로 종군하여 공을 세우고 장군이 되어 고향으로 돌아왔다. 여러 차례 승진하여 관직이 수주자사(壽州刺史)에 이르렀다. 주에서 거둔 조세를 도성으로 보내는데 영천(潁川) 지방의 경계에 이르렀을 때 도적들에게 탈취 당하자, 장만복이 정예 병사들로 하여금 영천으로 달려가 그들을 토벌하게 하였다. 도적들은 장만복이 오리라고 생각지도 못하고 있던 중이라 몹시 황급한 나머지 항전해볼 엄두도 내지 못하였다. 장만복이 그들을 모두 한데 모아 죽이고 자기가 잃어버린 물건을 다 되찾았으며, 아울러 앞뒤로 그들이 노략질한 다른 사람의 처자식과 수만에 달하는 재물 및 소와 말을 되찾아 모두 원 주인에게 되돌려주었다. 장만복은 회남절도사(淮南節度使) 최원(崔圓)의 미움을 사서 자사 직을 잃고 홍로경(鴻臚卿)으로 전임하였으며, 절도부사(節度副使)의 신분으로 사병 천 명을 거느리고 수주(壽州)에 주둔하며 지켰다. 장만복은 이 때문에 한스럽게 여기지 않았다. 허고(許杲)가 평로군(平盧軍) 행군사마(行軍司馬)로서 졸병 삼천 명을 거느리고 호주(濠州)에 주둔하며 떠나지 않고서 회남(淮南) 지방을 넘보며 수중에 넣고자 하는 뜻을 품고 있었다. 최원이 장만복에게 명하여 수주자사를 대리하도록 하자 허고가 이 소식을 듣고서는 바로 졸병들을 이끌고 그곳을 떠나 당도(當塗)에 가서 진을 쳤다. 진장(陳莊)의 도적들이 서주(舒州)를 함락시키자 최원이 또 장만복을 서주자사(舒州刺史)로 삼아 회수(淮水) 남안의 도적들을 감독하게 하자 장만복이 그 무리들을 연달아 격파하였다. 대력(大曆) 3년(768)에 부름을 받고 도성으로 갔다. 대종(代宗)이 일러 말하였다.

"경의 이름을 듣고 오래 전부터 경을 만나고 싶었는데, 또 장차 허고의 일로 경을 수고스럽게 하려고 하오."

장만복이 절하며 감사의 뜻을 표하고 앞으로 나아가 말하였다.

"폐하께서 허고의 일로 신을 부르셨는데, 만약 황하 이북의 흑심을 품은 여러 장군들이 반란을 일으키면 누구에게 그 일을 맡기려 하시옵니까?"

대종이 웃으며 말하였다.

"잠시 허고의 일을 의논하고자 하였는데, 지금 마땅히 경을 크게 써야겠소."

바로 장만복을 화주자사(和州刺史)와 행영방어사(行營防禦使)로 삼아 회수 남안의 반도들을 감독하게 하였다. 장만복이 화주에 부임하자 허고가 두려워서 자기 군대를 상원(上元)으로 이동시켰다. 허고가 초주(楚州)에 이르러 크게 노략질을 하자 절도사 위원보(韋元甫)가 장만복에게 명하여 토벌하게 하였다. 장만복이 회음(淮陰)에 당도하기 전에 허고는 휘하 장수 강자근(康自勤)에 의해 축출되었다. 강자근이 군대를 모아 계속 노략질하며 회수를 따라 동쪽으로 이동함에 장만복이 밤낮을 가리지 않고 빠른 속도로 추격하여 그들을 붙잡아 죽였는데 죽음을 면한 자가 십 중 두셋에 불과하였으며, 그들이 노략질한 금은과 부녀자 등을 다 되찾아 모두 원 주인에게 되돌려 보냈다. 대종이 조칙을 내려 화주의 천오백 병사로 도성 서쪽의 가을 방비를 하게 하자 이에 화주자사를 겸직하며 함양(咸陽)에 주둔하고 머물면서 황궁의 숙위를 담당하였다.

이정기(李正己)가 반란을 일으켜 장강(長江)과 회수(淮水)의 수로를 끊고자 병사들에게 명하여 용교(埇橋)와 와구(渦口)를 지키게 하였다. 장강과 회수 위의 헌물을 운송선 천여 척이 와구에 정박한 채 감히 움직이지 못하였다. 덕종(德宗)이 장만복을 호주자사(濠州刺史)로 삼음에 장만복이 말을 달려 와구에 이르러 물가 언덕에 말을 세우고 말을 탄 채 헌물 운송선을 출발시키자, (이정기 휘하) 치정(淄青)의 장수와 사졸들이 물가에 머물며 노려보기만 할 뿐 감히 움직이지 못하여 여러 경로에서 온 배들이 계속 앞으로 나아갈 수 있었다. 사주자사(泗州刺史)로 전임하였다. (그렇지만 장만복이) 두아(杜亞)의 미움을 삼에 좌금오위장군(左金吾衞將軍)으로 부름을 받았다. 황제의 부름을 받고 알현하자 덕종이 놀라며 말하였다.

"두아가 경이 연로하여 정신이 혼미하다고 보고하였는데 경은 도리어 이처럼 강건하시구려!"

능연각(凌煙閣)에 그의 초상화를 그려 넣게 하고 여러 차례 술과 음식 및 의복을 하사하였으며, 아울러 탁지(度支)에 조칙을 내려 그 집의 가솔과 가축을 등기부에 올리고 필요 경비를 지급하게 하였다. 연영문(延英門)

밖으로 나가 양성(陽城) 등을 하례할 때 천하 사람들이 그의 이름을 더욱 중히 여겼다. (정원) 21년(805)에 좌산기상시를 끝으로 벼슬길에서 물러났다. 원화 원년(806)에 죽었는데 향년 90세였다. 장만복은 종군한 때부터 죽을 때까지 70년 동안 국록을 받고 봉직하면서 하루도 몸이 아프다고 한 적이 없었다. 아홉 군(郡)을 다스렸는데 언제나 군민들에게 은혜와 사랑을 베풀었다.

左散騎常侍[1]致仕[2]張萬福[3]卒. 萬福, 魏州[4]元城[5]人也. 自曾祖至父皆明經, 官止縣令[6]州佐[7]. 萬福以祖父業儒[8]皆不達, 不喜書[9], 學騎射. 年十七八[10], 從軍遼東[11], 有功, 爲將而還. 累遷至壽州[12]刺史. 州送租賦詣京師, 至潁川界, 爲盜所奪, 萬福使輕兵[13]馳入潁川界討之[一]. 賊不意萬福至, 忙迫[14]不得戰, 萬福悉聚而誅之, 盡得其所亡物, 幷得前後所掠人妻子財物牛馬萬計, 悉還其家. 爲淮南節度[15]崔圓[16]所忌, 失刺史, 改鴻臚卿[17], 以節度副使[18]將兵千人鎭壽州. 萬福不以爲恨. 許杲[19]以平盧行軍司馬[20]將卒三千人駐濠州[21]不去, 有窺淮南意. 圓令萬福攝濠州刺史[22], 杲聞卽提卒去, 止當塗[23]陳莊[24]. 賊陷舒州[25], 圓又以萬福爲舒州刺史, 督淮南岸盜賊, 連破其黨. 大曆三年, 召赴京師. 代宗謂曰: "聞卿名, 久欲一識卿, 且將累卿以許杲." 萬福拜謝, 因前曰[26]: "陛下以許杲召臣, 如河北賊諸將叛[27], 以屬[28]何人?" 代宗笑曰: "且欲議許杲事, 方當大用卿." 卽以爲和州[29]刺史, 行營防禦使[30], 督淮南岸盜賊. 至州, 杲懼, 移軍上元[31]. 杲至楚州大掠[32], 節度使韋元甫[33]命萬福討之. 未至淮陰[34], 杲爲其將康自勸[35]所逐[二]. 自勸擁兵繼掠[三], 循淮而東, 萬福倍道[36]追而殺之, 免者十二三, 盡得其所虜掠金銀婦女等[四], 皆獲[37]致其家. 代宗詔以本州兵千五百人防秋[38]京西, 遂帶和州刺史鎭咸陽[39], 固留宿衛[40][五]. 李正己[41]反, 將斷江淮路, 令兵守埇橋[42]渦口[43][六]. 江淮進奉船[44]千餘隻, 泊渦口不敢進. 德宗以萬福爲濠州刺史, 萬福馳至渦口, 立馬岸上, 發進奉船, 淄青[45]將士停岸睥睨[46]不敢動, 諸道繼進. 改泗州[47]刺史. 爲杜亞[48]所忌, 徵拜左金吾衞將軍[49]. 召見, 德宗驚曰: "杜亞言卿昏耄[50], 卿乃如是健耶!" 圖形凌煙閣[51], 數[52]賜酒饌衣服, 幷敕度支[53]籍口畜[54]給其費. 至賀陽城等於延英門[55]外, 天下益重其名. 二十一年以左散騎常侍致仕. 元和元年卒[七], 年九十. 萬福自始從軍至卒, 祿食[56]七十年, 未嘗病一日[57]. 典九郡, 皆有惠愛[八].

[一] "입영천(入潁川)"은 "입영주(入潁州)"로 된 판본도 있다.

[보충설명]

- ≪문본(文本)≫에 "천(川)"이 "주(州)"로 되어 있다.
- ≪원화군현지≫ 권8에 따르면, 영주(潁州)는 하남도(河南道) 산하 상급 주로 여음(汝陰), 침구(沈丘), 영상(潁上), 하채(下蔡)의 4개 현을 관할하였다. 주청 소재지가 여음현에 있었는데 지금 안휘성(安徽省) 부양현(阜陽縣)이다.

[二] "근(勤)"은 "권(權)"으로 된 판본도 있다.

[보충설명]

- 이는 ≪고이(考異)≫에 따른 것이다.
- ≪축본(祝本)≫, ≪문본(文本)≫, ≪위본(魏本)≫에 "권(權)"으로 되어 있다.
- 양당서의 <장만복전>과 ≪자치통감≫ 권224에도 모두 "권(權)"자로 되어 있는 바, "권(權)"자로 고치는 것이 타당하다고 생각된다.

[三] "옹(擁)"은 "권(權)"으로 된 판본도 있는데 이하 같다.

[보충설명]

- 이는 ≪고이(考異)≫에 따른 것이다.
- ≪송본(宋本)≫, ≪문본(文本)≫에 "권(權)"으로 되어 있다.

[四] "여(女)"는 "인(人)"으로 된 판본도 있다.

[보충설명]

- 이는 ≪고이(考異)≫에 따른 것이다.

[五] "고(固)"는 "인(因)"으로 된 판본도 있다.

[보충설명]

- ≪송본(宋本)≫, ≪축본(祝本)≫, ≪문본(文本)≫, ≪위본(魏本)≫에 "인(因)"으로 되어 있다.

[六] "埇"은 음이 용(勇)이다.

[七] "원화원년(元和元年)"은 마땅히 "정원이십일년(貞元二十一年)"으로 되어야 한다.

[보충설명]

- ≪위본(魏本)≫에서 손여청의 견해를 끌어와 "원화원년(元和元年)"은 잘못이고 정원 21년 5월에 죽었다고 하였으며, ≪전정(箋正)≫ 권5에서는 "원화원년(元和元年)" 네 글자는 불필요하게 들어간 글귀라고 하였다.
- 장만복의 사망 시기에 대해서는 ≪구당서152≫ 본전에 "정원 21년에 좌산기상시를 끝으로 벼슬길에서 물러났다. 그해 5월에 죽었는데 향년 90세였다.(貞元二十一年, 以左散騎常侍致仕. 其年五月卒, 年九十.)"라고 기술하고 있다. 다만, ≪주석(注釋)≫(546쪽)에서 본 ≪순종실록≫ 제4권이 (정원 21년) 6월에서 7월까지의 사적을 기록하고 있으므로 장만복의 졸년이 정원 21년 5월이 될 수 없는 바, ≪신당서170≫ 본전에서도 장만복이 정원 21년에 퇴직하고 그해 5월에 죽었다는 ≪구당서≫ 본전의 정확성을 의심하여 퇴직 시기와 졸년을 언급하지 않고 향년이 90세라고만 하였다.

[八] [보주(補注)] 오여륜(吳汝綸)이 말하기를 "이것과 육지·양성 두 사람은 모두 여러 사람을 하나의 전기에 합하여 서술한 ≪사기≫의 방식이다.(此與陸陽二人, 皆史記合傳體.)"고 하였다.

[보충설명]

- 기전체(紀傳體) 역사서인 ≪사기≫에서 생존 시대가 동일하거나 비슷하여 일이 서로 관련되어 있는 사람들이나, 경력 또는 처지가 유사한 사람들을 하나의 전기에 합쳐서 서술한 합전(合傳)의 방식을 선보인 바 있는데, 후대

많은 사관들이 이런 역사 인물의 서술 방식을 좇아 썼다.

**【주석】**

1 左散騎常侍(좌산기상시): [Ⅰ-12] 주석 4번 참조.

2 致仕(치사): 나이가 들어 정상적으로 퇴직하는 것을 말하는데, 당나라 때 정년 퇴직한 관리에게는 직급에 따라 상당한 예우가 제공되었다.

3 張萬福(장만복): 716~805. ≪구당서152·열전102≫와 ≪신당서170·열전95≫에 모두 전기가 실려 있다.

4 魏州(위주): ≪원화군현지≫ 권20에 따르면, 위주는 하북도(河北道) 산하의 위군대도독부(魏郡大都督府)로 위박절도사(魏博節度使)의 막부가 있었으며, 귀향(貴鄕), 원성(元城), 위(魏), 관도(館陶), 관씨(冠氏), 조성(朝城), 신(莘), 창락(昌樂) 등 8개 현을 관할하였다. 주청 소재지는 귀향현 곧 지금 하북성(河北省) 한단시(邯鄲市) 대명현(大名縣) 동북에 있었다.

5 元城(원성): 지금 하북성(河北省) 대명현(大名縣)이다.

6 縣令(현령): 현의 행정 장관으로 ≪구당서44·직관지3≫에 따르면, 품계는 현의 규모에 따라 종5품상에서 종7품하까지 다양하였다. 직무에 대해서는 [Ⅲ-11] 주석 1 참조.

7 州佐(주좌): 주의 행정장관인 자사의 막료인 보좌관.

8 業儒(업유): 유학을 업으로 삼다. 유가 경전 공부를 평생의 업으로 여기다.

9 不喜書(불희서): 글공부를 좋아하지 않다. ≪구당서152≫ 본전에는 "서생이 되는 것을 좋아하지 않았다.(不喜爲書生.)"로 되어 있다.

10 年十七八(연십칠팔): ≪위본(魏本)≫에 이때 개원(開元) 20년(732) 장만복의 나이 17세라는 손여청의 견해가 실려 있다.

11 從軍遼東(종군요동): ≪신당서170≫ 본전에는 "왕곡사를 따라 별교로서 요동을 정벌하러 갔다.(從王斛斯以別校征遼東.)"라고 되어 있다. 요동은 요하(遼

河) 이동 지역으로 지금 요녕성(遼寧省) 동부와 남부 및 길림성(吉林省) 동남부에 해당한다. 요하평원, 요동 산지와 구릉, 요동반도의 세 구역으로 이루어져 있다.

12 壽州(수주): ≪구당서40·지리지3≫에 따르면, 수주는 회남도(淮南道) 산하 중급 주로 수춘(壽春), 안풍(安豐), 곽산(霍山), 성당(盛唐), 곽구(霍丘) 등 5개 현을 관할하였다. 주청 소재지가 수춘현 곧 지금 안휘성(安徽省) 수현(壽縣)에 있었다.

13 輕兵(경병): 행동이 민첩하고 날쌘 병사. 소수 정예병.

14 忙迫(망박): 몹시 황급하고 촉박하다.

15 淮南節度(회남절도): 회남절도사. 회남은 회수(淮水) 이남 지역으로 당나라 때 행정 단위인 도의 명칭으로 쓰이기도 하였다. ≪구당서38·지리지1≫에 따르면, 회남절도사는 양주(揚州), 관양(管揚), 초주(楚州), 저주(滁州), 화주(和州), 서주(舒州), 수주(壽州), 여주(廬州) 등 6개 주를 관할하였다. 막부의 행정 소재지가 양주 곧 지금 강소성(江蘇省) 양주시(揚州市)에 있었다.

16 崔圓(최원): 705~768. 자가 유유(有裕)이고 청하(清河) 동무성(東武城: 지금 河北省 邢台市 清河縣) 사람이다. 사훈원외랑(司勳員外郎)과 형부원외랑(刑部員外郎) 등을 거쳐 안사의 난으로 현종이 촉(蜀)으로 피난할 때 양국충(楊國忠)과의 관계를 이용하여 현종을 잘 모신 공으로 중서시랑·동중서문하평장사까지 올랐다. 또 행재소에서 숙종을 호위하여 장안으로 돌아온 뒤 중서령에 임명되었다. 뒤에 회주자사(懷州刺史)와 분주자사(汾州刺史) 등을 거쳐 양주대도독부장사(揚州大都督府長史), 회남절도관찰사(淮南節度觀察使) 등을 역임하였다. ≪구당서108·열전58≫과 ≪신당서140·열전65≫에 모두 전기가 실려 있다.

17 鴻臚卿(홍로경): 홍로시(鴻臚寺)의 장관. ≪구당서44·직관지3≫에 따르면, 홍로시에는 종3품의 경(卿) 1인과 종4품상의 소경(少卿) 2인을 두었는데, 홍로

경은 전객(典客)과 사의(司儀)의 두 부서를 거느리고 외교사절과 상례(喪禮)와 관련된 일을 관장하였다.

18 節度副使(절도부사): 절도사의 부관으로 막부의 업무를 보좌하였다. ≪신당서 49하·백관지4하≫에 따르면, 절도사 휘하에는 부대사지절도사(副大使知節度事), 행군사마(行軍司馬), 부사(副使), 판관(判官), 지사(支使), 장서기(掌書記), 추관(推官), 순관(巡官), 아추(衙推) 각 1인, 동절도부사(同節度副使) 10인, 관역순관(館驛巡官) 4인, 부원법직관(府院法直官)과 요적(要籍)과 축요친사(逐要親事) 각 1인, 수군(隨軍) 4인을 두었다.

19 許杲(허고): 당나라 재상을 역임한 허경종(許敬宗, 592~672)의 넷째 아들로 ≪구당서≫와 ≪신당서≫에 모두 전기가 실려 있지 않다.

20 平盧行軍司馬(평로행군사마): 평로군절도사의 행군사마. 평로군(平盧軍)은 ≪신당서66·방진표3≫에 따르면, 개원(開元) 7년(719)에 설치된 번진인데 안동도호부(安東都護府)와 영주(營州), 요주(遼州), 연주(燕州)의 3개 주를 거느렸다. 막부의 행정 소재지가 영주(지금 遼寧省 朝陽市)에 있었다. 행군사마는 절도사나 출정 나간 장수의 참모장 역할을 담당한 관직이다.

21 濠州(호주): ≪원화군현지≫ 권10에 따르면, 호주는 하남도(河南道) 산하 상급 주로 종리(鐘離), 정원(定遠), 초의(招義)의 3개 현을 관할하였는데, 주청 소재지가 종리현 곧 지금 안휘성 봉양현(鳳陽縣)에 있었다. Solomon(47쪽)은 ≪신당서38·지리지2≫에 근거하여 ≪순종실록≫에서 원화(元和) 3년(807) 이전에는 "호주(濠州)"의 "호(濠)"자가 물수 변이 없는 "호(豪)"자로 쓰여야 한다고 하였는데 일리 있는 지적이다.

22 攝濠州刺史(섭호주자사): '攝'은 '관직을 대행하다·대리하다'는 뜻이다. 장만복이 호주자사를 대행한 시기에 대해 양당서의 본전에는 밝혀져 있지 않고 ≪자치통감≫ 권224에서 대력(大曆) 3년(768) 12월 계축일(癸丑日: 13일)이라고 하였지만, ≪전교(全校)≫(2930~2931쪽)에서는 최원의 사망 시기가 대

력 3년 6월인 점을 들어 ≪자치통감≫이 잘못이라고 하면서 마땅히 광덕(廣德, 763~764)과 영태(永泰, 765~766) 사이일 것으로 고증하고 있다. 일리 있는 견해라 생각되어 적어둔다.

23 當塗(당도): 지금 안휘성(安徽省) 마안산시(馬鞍山市) 당도현(當塗縣). 당도현의 소재에 대해서는 ≪문본(文本)≫의 주석과 심흠한의 ≪보주(補注)≫에서 지금 안휘성 회원현(懷遠縣) 동남의 마두집(馬頭集)이라고 하였으나, ≪전교(全校)≫(2931쪽)에서는 뒷글에서 장만복이 화주자사가 되자 허고가 두려워하였다는 점을 들어 허고가 주둔한 곳은 강남도(江南道) 선주(宣州)의 당도현이라고 하였다. 허고가 두려움을 느낄 지리적 거리로 볼 때 ≪전교(全校)≫의 견해가 타당한 것으로 보인다.

24 陳莊(진장): ≪보주(補注)≫에서 미상이지만 지명일 것으로 보았는데, ≪전교(全校)≫(2931쪽)에서는 진장을 지명으로 여기고 위 구절에 붙인 것은 큰 잘못이라고 하였다. 그 유력한 근거로 이 사실을 기록한 ≪신당서170·장만복전≫의 "도적 진장이 서주를 함락시켰다.(賊陳莊陷舒州.)"라는 구절을 들고, 양당서에 보이는 진장, 원조(袁晁), 방청(方淸) 등이 안사의 난 이후에 반란을 일으킨 사적을 적시하고 있다. Solomon(35쪽)도 별다른 설명을 붙이지 않았지만 진장을 인명으로 보고 뒤 구절에 붙여 풀이한 바 있다. 지금 행정 구역상 당도현 마교진(馬橋鎭)에 진장이라는 마을이 있어 이를 지명으로 보아도 뜻이 통하지만, 양당서에 보이는 진장이라는 인물의 사적으로 미루어 이 책에서도 인명으로 간주하여 역문에서 ≪교주(校注)≫의 단구를 따르지 않고 뒤 구절에 붙이고 옮겼다.

25 舒州(서주): ≪구당서40·지리지3≫에 따르면, 서주는 회남도(淮南道) 소속의 하급 주로 회녕(懷寧), 숙송(宿松), 태호(太湖), 망강(望江), 동안(同安)의 5개 현을 관할하였는데, 주청 소재지가 회녕현 곧 지금 안휘성(安徽省) 잠산현(潛山縣)에 있었다.

26 因前曰(인전왈): ≪전정(箋正)≫ 권5에서 ≪구사(舊史)≫(≪구당서152·장만복전≫)의 기록을 따라 "전(前)"자 아래에 "주(奏)"자가 있어야 한다고 하였는데, 신하로서 황제에게 주청을 드리는 점을 고려하면 "주(奏)"자가 있는 것이 더 나은 것으로 보이지만 반드시 있어야 하는 것은 아니다. ≪신당서170·장만복전≫에는 "주(奏)"자가 들어 있지 않다.

27 河北賊諸將叛(하북적제장반): ≪전정(箋正)≫ 권5에서 ≪구사(舊史)≫(≪구당서152·장만복전≫)의 기록을 따라 "북(北)"자 아래에 "적(賊)"자가 없어야 한다고 하였는데, 의미상 없는 것이 더 나은 것으로 보인다. ≪신당서170·장만복전≫에도 "적(賊)"자가 들어 있지 않다.

28 屬(촉): 맡기다. 위촉하다.

29 和州(화주): ≪구당서40·지리지3≫에 따르면, 화주는 회남도(淮南道) 소속 주로 역양(歷陽), 오강(烏江), 함산(含山)의 3개 현을 관할하였는데, 주청 소재지가 역양현 곧 지금 안휘성(安徽省) 화현(和縣)에 있었다.

30 行營防禦使(행영방어사): 행영은 출정하였을 때의 군영 또는 군사 장관의 주둔지 사무처이다. 방어사는 당나라 때 처음 설치한 지방 군사 장관으로 정식 명칭은 방어수착사(防禦守捉使)이며 도방어사(都防禦使)와 주방어사(州防禦使)로 나누어진다. ≪신당서49하·백관지4하≫에 따르면, 측천무후 성력(聖曆) 원년(698)에 하주도독(夏州都督)을 염주방어사(鹽州防禦使)로 삼은 것이 주방어사의 시작이며, 안녹산의 난이 발생하자 여러 군의 전략적 요충지에 모두 방어사를 설치하였다. 뒤에 행영에도 방어사를 두었는데, 통상 절도사, 관찰사, 방어사, 단련사는 관할 주의 자사(刺史)가 겸직하였다.

31 上元(상원): ≪원화군현지≫ 권26에 따르면, 상원은 강남도(江南道) 윤주(潤州) 산하의 긴현(緊縣)으로 지금 강소성(江蘇省) 남경시(南京市)이다.

32 杲至楚州大掠(고지초주대략): ≪구당서40·지리지3≫에 따르면, 초주는 회남도(淮南道) 소속 주로 산양(山陽), 염성(鹽城), 우이(盱眙), 보응(寶應), 회음(淮

陰)의 5개 현을 관할하였는데, 주청 소재지가 산양현 곧 지금 강소성 화안현(淮安縣)에 있었다. 허고가 초주를 노략질하기까지의 경과에 대해 ≪자치통감≫ 권224의 호삼성 주에 "허고가 호주를 떠난 뒤 남으로 장강을 건너 당도현에 주둔하였다. 장만복이 역양현에 이르러 핍박을 하자 또 상원현으로 이동하였다가 또 상원현에서 장강을 건너 북으로 가서 초주를 노략질하였다.(許杲既去濠州, 南渡江而屯當塗. 及張萬福至歷陽逼之, 又移上元, 又自上元渡江而北, 掠楚州也.)"고 되어 있다.

33 韋元甫(위원보): ?~771. 경조(京兆) 두릉(杜陵: 지금 陝西省 西安市 동남) 사람이다. 소주자사(蘇州刺史), 절강서도도단련관찰사(浙江西道都團練觀察使), 상서우승(尚書右丞), 양주대도독부장사(揚州大都督府長史) 겸 어사대부, 회남절도관찰사(淮南節度觀察使) 등을 역임하였다. ≪구당서115·열전65≫에 전기가 실려 있다.

34 淮陰(회음): ≪구당서40·지리지3≫에 따르면, 회음은 회남도(淮南道) 초주(楚州) 소속 현으로 현청 소재지가 지금 강소성 회음현 동남에 있었다.

35 康自勤(강자근): 강자권(康自權). 생애 미상이다.

36 倍道(배도): 이동 속도를 배가하다. 하루에 이틀 갈 거리를 가다. 밤낮을 도와 가다. ≪손자(孫子)·군쟁(軍爭)≫에 "밤낮으로 쉬지 않고 하루에 이틀 갈 거리를 이동하였다.(日夜不處, 倍道兼行.)"라는 글귀가 보인다.

37 獲(획): ≪전정(箋正)≫ 권5에서 "획(獲)"은 잘못으로 마땅히 "호(護)"로 되어야 한다고 하였는데, 동제덕은 ≪교전(校詮)≫(761쪽)에서 두 글자가 고대에 통용된 만큼 이곳의 "획(獲)"은 "호(護)"의 가차자일 뿐 오류는 아니라고 하였다.

38 防秋(방추): 고대 서북방의 유목 부락들이 가을에 곡식이 무르익을 무렵 남침을 많이 해왔으므로 이때 변방의 군대가 특별히 경계를 강화하여 군대를 배치해 수비하는 것을 말한다. ≪구당서139·육지전(陸贄傳)≫에 "하서(河西)와 농우(隴右) 지방이 토번에 함락된 이후로 서북 변방에 중무장한 군대로 수비

하였는데 이를 방추라고 하였다.(以河隴陷蕃已來, 西北邊常以重兵守備, 謂之防秋.)"라는 글귀가 보인다. 이와 관련하여 범문란(范文瀾) 등의 ≪중국통사≫(第三編 第二章 第二節)에서: "당나라는 주요 병력을 도성 서쪽에 보내 가을 방비(토번의 가을 침입 방비)를 하느라 번진들에 대해서도 고식적으로 치욕을 참고 양보하는 쪽으로 전환할 수밖에 없었는데, 기타 야심을 품은 절도사들에 대한 통제력도 대대적으로 약화되어 도처에서 반독립적으로 할거하는 자들이 출현하였다.(唐用主要兵力到京西防秋(防吐蕃秋季入侵), 對对藩鎭不得不從姑息轉爲忍辱退讓, 對其他野心節度使的控制力也大爲削弱, 到處出現半獨立的割據者.)"라고 그 역사적 의미를 서술한 바 있다.

39 咸陽(함양): ≪원화군현지≫ 권1에 따르면, 함양은 관내도(關內道) 경조부(京兆府) 산하의 기현(畿縣)으로 지금 섬서성 함양시이다.

40 宿衛(숙위): 본래 궁중에서 숙직하며 궁궐 경비를 담당하는 것을 말하는데, 황제의 경호원이나 금군(禁軍) 곧 궁궐 호위대를 가리키기도 한다.

41 李正己(이정기): 733~781. 본명이 회옥(懷玉)이고 평로군(平盧軍)의 막부 소재지인 영주(營州: 지금 遼寧省 朝陽市) 출신으로 고구려 사람이다. 처음 평로군의 비장(裨將)으로 있을 때 절도사 왕현지(王玄志)가 사망하자 고종사촌 형인 후희일(侯希逸)을 군사로 옹립한 뒤 그를 따라 군사 근거지를 청주(지금 山東省 青州市)로 이동시켰다. 영태(永泰) 원년(765)에 후희일을 축출하고 평로치청절도관찰사(平盧淄青節度觀察使), 해운압신라발해양번사(海運押新羅渤海兩蕃使), 검교공부상서(檢校工部尙書) 겸 어사대부(御史大夫)와 청주자사(青州刺史)로 임명되었으며 '정기'라는 이름을 하사받았다. 뒤에 검교사공(檢校司空), 동중서문하평장사, 좌복야(左僕射), 태자태보(太子太保), 사도(司徒) 등 요직을 두루 거쳤다. 번진 세력 중에서 15개 주를 점거한 최대 세력으로 부상하여 장강과 회수를 가로막고 있어서 당나라의 조운(漕運)이 그로 말미암아 경로를 변경하는 일까지 생겼다. 아들 이납(李納) 대에 이르러 제왕(齊王)을

칭하기도 하였다. ≪구당서124·열전74≫와 ≪신당서213·열전138≫에 모두 전기가 실려 있다.

42 埇橋(용교): 하남도(河南道) 숙주(宿州) 부리현(苻離縣) 소재 변수(汴水)에 있는 교량 이름으로 후대에 부리교(苻離橋) 또는 영제교(永濟橋)로도 불렸다.

43 渦口(와구): 와수(渦水)가 회수(淮水)로 흘러들어가는 입구.

44 進奉船(진봉선): 공물 운송선. 황제에게 바치는 공물을 운송하는 선박.

45 淄青(치청): 상원(上元) 2년(761)에 평로군절도사(平盧軍節度使) 후희일(侯希逸)이 사조의(史朝義)의 압박을 견디지 못하고 청주(青州)로 옮긴 뒤 치청군(淄青軍)으로 불렸다.

46 睥睨(비예): 노려보다. 엿보다. 곁눈질하다.

47 泗州(사주): ≪원화군현지≫ 권10에 따르면, 사주는 하남도(河南道) 산하 상급 주로 임회(臨淮), 숙천(宿遷), 서성(徐城), 연수(漣水), 하비(下邳) 등 5개 현을 관할하였는데, 주청 소재지가 임회현 곧 지금 안휘성 사현(泗縣)에 있었다.

48 杜亞(두아): 725~798. 자가 차공(次公)이고 경조(京兆) 사람임을 자칭하였다. 교서랑(校書郎)을 시작으로 관계에 발을 들여놓은 뒤 공(工)·호(戶)·병(兵)·이(吏) 4부의 원외랑을 거쳐 홍주자사(洪州刺史) 겸 어사중승과 강서관찰사(江西觀察使)를 지냈다. 또 형부시랑, 양주장사(揚州長史), 회남절도사(淮南節度使), 동도유슈(東都留守), 기여주도방어사(畿汝州都防禦使), 검교이부상서(檢校吏部尚書), 판동도상서성사(判東都尚書省事) 등을 두루 역임하였다. ≪구당서146·열전96≫과 ≪신당서172·열전97≫에 모두 전기가 실려 있다.

49 左金吾衛將軍(좌금오위장군): [Ⅱ-5] 주석 12 참조.

50 昏耄(혼모): 노쇠하다. 연로하여 정신이 혼미하다.

51 圖形凌煙閣(도형능연각): 능연각에 초상화를 그리다. 당나라 때 태종 이후 공신을 표창하기 위해 그들의 초상화를 능연각에 그려 넣었는데, 능연각은 장안성 서내(西內) 태극궁(太極宮)의 자운각(紫雲閣) 서쪽에 있는 응음전(凝陰殿)

의 남쪽에 위치하였다. ≪전교(全校)≫(2937쪽)에서는 장만복의 초상화가 능연각에 그려진 시기를 정원 5년(789)일 것으로 고증하고 있다. ≪구당서13·덕종기하≫에 따르면, 이해 9월 임술일(壬戌日: 23일/양력 10월 16일)에 조칙을 내려 저수량(褚遂良) 이하 이성(李晟)까지 27명 공신들의 초상화를 능연각에 그려 넣었다.

52 數(삭): 여러 차례.

53 度支(탁지): 조세 관련 통계와 통제를 담당하는 호부(戶部) 산하 부서. ≪구당서43·직관지2≫에 따르면, 호부상서와 시랑의 관할 하에 호부(戶部), 탁지(度支), 금부(金部), 창부(倉部)의 4개 부서를 두었다.

54 籍口畜(적구축): 가솔과 가축의 수효를 등기하다.

55 延英門(연영문): 장안성 동내(東內) 대명궁(大明宮)의 연영전(延英殿)으로 들어가는 문으로 자신전(紫宸殿) 서쪽에 위치하였다. 이 구절에서 장만복이 양성 등을 하례한 사건에 대해서는 다음 [Ⅳ-6] 참조.

56 祿食(녹식): 관직에 있으면서 봉록을 향유하다. 국록을 먹고 살다.

57 未嘗病一日(미상병일일): ≪보주(補注)≫에 장만복은 의약에 정통한 사람으로 친구 유방(柳芳)의 아들 유등(柳登)이 중병에 걸렸다는 말을 듣고 그를 멀리서 살피고 진맥한 뒤 80세 이상 장수할 것이라고 진단하였는데 실제 90세 넘게 살았다고 하는 일화를 기록하고 있다. 이 일화는 ≪유양잡조(酉陽雜俎)≫ 전집 권7에 보인다.

⇒ 장만복의 전기 서술.

## [Ⅳ-3]

계축일(癸丑日)에 위고(韋皐)가 표문을 올려 황태자의 감국(監國)을 요청하고 또 황태자에게 서찰을 올렸다. 얼마 안 있어 배기(裴垍)와 엄수(嚴綬)의 표문이 연달아 올라왔는데 모두 위고와 같은 취지였다.

癸丑[1], 韋皐[2]上表[3]請皇太子監國[4], 又上皇太子牋[5]. 尋而裴垍、嚴綬[6]表繼至, 悉與皐同.

[보주(補注)] 심흠한이 말하기를 "≪통감고이≫에서 '≪순종실록≫의 간략본이 이와 같고 상세본에는 기(垍)가 모두 균(均)으로 되어 있다.'고 하였다. 살펴보건대 배기는 그때 고공원외랑(考功員外郎)이었고, 배균은 형남절도사(荊南節度使)였다. ≪자치통감≫은 상세본을 따랐는데 이는 실로 간략본의 잘못이다.(考異云: '實錄略本如此, 詳本垍皆作均.'按: 垍時爲考功員外郎, 均爲荊南節度使. 通鑑從詳本, 此實略本之誤.)"라고 하였다.

[보충설명]

- ≪위본(魏本)≫에서 "기(垍)"는 마땅히 "균(均)"으로 되어야 한다고 하면서 손여청의 견해를 끌어와 형남절도사 배균과 하동절도사 엄수의 표문이 연달아 올라와 위고와 같은 주장을 하였다는 입장을 밝히고 있다.
- 당시 배기의 관직이 고공원외랑이었던 점을 고려할 때 황제에게 표문을 올릴 처지는 아닌 것으로 보여 절도사 신분인 배균이 옳다고 여겨진다.
- 배기(裴垍, ?~810)는 자가 홍중(弘中)이고 강주(絳州) 문희(지금 山西省 聞喜縣) 사람이다. 감찰어사, 전중시어사, 예부원외랑, 고공원외랑, 한림학사, 고공낭중, 중서사인, 호부시랑, 중서시랑·동중서문하평장사 등을 역임

하였다. ≪구당서148·열전98≫과 ≪신당서169·열전94≫에 모두 전기가 실려 있다.

- 배균(裴均, 750~811)은 자가 군제(君齊)이고 강주(絳州) 문희(聞喜) 사람이다. 제기현위(諸暨縣尉)와 선부낭중(膳部郎中)을 거쳐 강릉윤(江陵尹) 겸 어사대부·형남절도사(荊南節度使), 상서우복야, 판탁지, 검교좌복야·동중서문하평장사, 양주장사(襄州長史)·산남동도절도사(山南東道節度使) 등을 역임하였다. 환관인 두문장(竇文場)에게 아첨하여 그의 양자라는 간관들의 상소가 있었고, 재물로 권세가들과 사귀며 법도에 어긋나는 짓도 서슴없이 저질렀다고 한다. ≪전교(全校)≫(2942쪽)에서는 왕숙문이 그의 형남절도사 자리를 방계(房啓)로 대체하려는 논의를 한 적이 있었다는 점을 그가 황태자의 감국을 주청한 유력한 이유로 보고 있다. ≪신당서108·열전33≫의 <배행검전(裴行儉傳)>에 그의 전기가 부기되어 있다.

**【주석】**

1 癸丑(계축): 정원 21년(805) 6월 16일(음력)/7월 15일(양력).

2 韋皐(위고): [Ⅳ-1] 주석 11 참조.

3 上表(상표): 위고의 표문은 ≪구당서140·열전90≫ 그의 본전에 발췌문이 실려 있고, ≪전당문≫ 권453에 <청황태자감국표(請皇太子監國表)>라는 제목으로 전문이 실려 있는데 두 글의 문자에 상당한 차이가 보인다. 글의 주된 취지는 병중에 있는 순종 황제가 국정 운영의 무거운 짐을 영명한 황태자에게 잠시 맡기고 요양하여 쾌차하도록 주청하는 것이 장군이나 재상의 지위에 오른 신하의 직분이라는 내용이다.

4 監國(감국): [Ⅲ-11] 주석 14 참조.

5 上皇太子牋(상황태자전): 위고의 서찰은 ≪구당서140·열전90≫ 그의 본전과 ≪전당문≫ 권453에 <상황태자전(上皇太子牋)>이라는 제목으로 전문이 실려

있는데 두 글의 문자에 상당한 차이가 보인다. 글의 주된 취지는 순종 황제가 중환으로 말을 할 수 없는 처지인지라 군국의 주요 업무가 모두 왕숙문, 왕비, 이충언과 같은 말단적인 기예에 밝은 사람들의 손에 맡겨져 있는 바, 장군이나 재상의 지위에 오른 신하의 충정으로서 도저히 묵과할 수 없으므로 영명한 황태자가 전면에 나서서 이들을 쓸어내기를 주청하는 내용이다. '전(牋)'은 주기류(奏記類) 산문 양식의 하나로 주로 황후나 태자 또는 왕들에게 올리는 서찰을 가리킨다.

6 嚴綬(엄수): 746~822. 촉(蜀) 곧 지금 사천성(四川省) 사람으로 형부원외랑, 행군사마, 검교사봉낭중(檢校司封郎中), 검교공부상서 겸 태원윤(太原尹)·어사대부·하동절도사(河東節度使), 강릉윤(江陵尹)·형남절도사(荊南節度使), 양주자사(襄州刺史)·산남동도절도사(山南東道節度使) 등을 역임하였다. 회서절도사(淮西節度使) 오원제(吳元濟)가 반란을 일으켰을 때 산남동도절도사와 회서초토사(淮西招撫使)로서 토벌을 나갔다가 전공을 올리지 못한 탓에 배도(裴度)의 주청에 따라 태자소보(太子少保)로 소환되었다. ≪전교(全校)≫(2942~2943쪽)에서는 그가 표문을 올려 황태자의 감국을 주청한 것은 환관의 지시를 받은 소행이고, 이때 이미 하동절도사 자리를 박탈당한 탓에 왕숙문과 왕비를 적대시하였다는 의견을 피력하고 있다. ≪구당서146·열전96≫과 ≪신당서129·열전54≫에 모두 전기가 실려 있다.

⇒ 위고(韋皐)를 위시해 배기(裴垍)와 엄수(嚴綬) 등 번진 세력들이 황태자의 감국과 왕숙문의 축출을 주청한 사실 서술.

≪자치통감≫ 권236

"6월 병진일(19일)에 왕숙문이 모든 학사들과 한림원에서 주연을 벌였다. 정사일(20일)에 왕숙문이 모친상으로 인해 관직에서 떠났다.(六月丙辰, 王叔文飮諸學士於翰林. 丁巳, 叔文以母喪去位.)”
- ≪통감고이≫에 따르면, 이 일이 본래 ≪순종실록≫의 상세본에 실려 있었는데 간략본에서 삭제되었다.

## [IV-4]

7월 병자일(丙子日)에 작고한 충주별가(州別駕陸) 육지(陸贄)에게 병부상서(兵部尙書), 작고한 도주자사(道州刺史) 양성(陽城)에게 좌상시(左常侍)를 추증하였다.

七月丙子, 贈[1]故[2]忠州別駕[3]陸贄[4]兵部尙書[5], 故道州刺史[6]陽城[7]左常侍[8].

[보주(補注)] 원본에는 “칠월병자(七月丙子)”라는 네 글자가 없는데 ≪구당서≫에 의거하여 증보하였다.

[보충설명]

- ≪송본(宋本)≫, ≪축본(祝本)≫, ≪문본(文本)≫, ≪위본(魏本)≫, ≪장본(蔣本)≫, ≪전당문≫에 모두 이 네 글자가 들어 있지 않다.
- ≪구당서14·순종기≫의 정원(貞元) 21년(805) 7월 병자일(丙子日)에 관련 기록이 보인다.
- ≪점감(點勘)≫에서 “살펴보건대, 육지와 양성에게 관직을 추증한 일은 월일이 달려 있지 않았는데, ≪구당서≫로 고찰해보면 7월 병자일이니 아마도 일월이 모두 누락된 때문이다.(按: 追贈陸贄陽城事不繫月日, 以舊史考之, 乃七月丙子, 蓋日月並脫也.)”라고 하였다.

- 7월 병자일은 음력 7월 9일(양력 8월 7일)이다.

【주석】

1 贈(증): [Ⅲ-4] 주석 1 참조.

2 故(고): 작고한. 고인이 된.

3 忠州別駕(충주별가): [Ⅱ-8] 주석 2와 8 참조.

4 陸贄(육지): [Ⅰ-1] 주석 16 및 [Ⅳ-5] 참조.

5 兵部尙書(병부상서): [Ⅱ-10] 주석 27 참조.

6 道州刺史(도주자사): [Ⅱ-8] 주석 15 참조.

7 陽城(양성): [Ⅰ-1] 주석 22 및 [Ⅳ-6] 참조.

8 左常侍(좌상시): 좌산기상시(左散騎常侍). [Ⅰ-12] 주석 4 참조.

⇒ 육지(陸贄)와 양성(陽城) 사후에 관직을 추증한 사실 서술.

## [Ⅳ-5]

육지(陸贄)는 자가 경여(敬輿)이고 오군(吳郡) 사람이다. 나이 열여덟 살에 진사과에 급제하였다. 또 박학굉사과 전형에 통과하여 정현(鄭縣) 현위(縣尉)에 임명되었고, 서판발췌과(書判拔萃科)를 통해 위남현(渭南縣) 현위에 임명되었다가 감찰어사로 승진하였다. 얼마 지나지 않아 한림학사가 되었고 사부원외랑(祠部員外郞)으로 승진하였다. 덕종이 봉천(奉天)으로 몽진할 때 육지가 행재소로 수행하였다. 나라 안에 난리가 나서 불안한 때였기에 원근에서 징발을 하느라 하루에 조칙이 수십 차례 하달되었는데 모두 육지의 손에서 작성되었다. 육지는 붓과 종이를 가지고서는 글의 초안을 잡는 일 없이 짧은 시간 내에 바로 완성하였다. 동료들이 모두 두 손을 포개어 맞잡은 채 찬탄만 할 뿐 도와줄 수 있는 것이 없었다. 늘 덕종에게 아뢰어 말하였다.

"바야흐로 지금 조칙은 폐하께서 통절히 스스로의 과오를 인정하고 자신의 죄를 물어 민심을 움직여야 마땅할 것이옵니다. 옛날에 탕왕(湯王)은 자신의 죄를 묻고 임금 자리에 올라왔기 때문에 후대 사람들이 그를 추대하여 성인으로 여기고 있습니다. 초(楚)나라 소왕(昭王)은 나라를 잃고 도망갔지만 한번 선한 말을 하고 나서 나라를 되찾았기 때문에 지금도 현인으로 불립니다. 폐하께서 진실로 단호한 태도로 잘못을 고쳐 바로잡고 말씀으로 천하 사람들에게 감사를 표시할 수 있으시다면, 신이 비록 어리석고 고루하지만 조칙의 글을 씀에 있어서 꺼려 피할 것이 없어서 천하의 반역자들로 하여금 마음을 돌려 폐하의 뜻을 알도록 할 수 있을 것입니다."

덕종이 그대로 따랐다. 따라서 행재소에서 칙령과 조서가 하달되기 시작하자 이를 들은 사람이 무사나 사나운 졸병들이라 하더라도 눈물을 흘리며 감격해하지 않는 일이 없었다. 논자들은 모두 덕종이 반란의 환난을 평정하고 천자의 자리를 되찾은 것은 신령하고 위풍당당한 제국의 위력이 공을 이루고 용감한 무사들이 능력을 발휘한 때문뿐만 아니라 문치의 덕이 널리 퍼져 심복들의 도움을 받은 결과라고 여겼다. 육지는 여러 차례 연이어 고공낭중, 간의대부, 중서사인 겸 한림학사로 전임하였다. 모친상을 당해 탈상 후 임시 병부시랑 대리가 되었고 다시 한림원으로 들어갔다. 안팎의 모든 사람들이 마음에 두기를 조만간에 그가 재상이 될 것으로 기대하였다. 두삼(竇參)이 그를 몹시 미워하였으며 육지도 두삼이 한 일의 단점을 지적하고 아울러 뇌물 수수를 언급하였는데, 그로 말미암아 두삼과 사이가 좋을 수 없었다. 얼마 안 있어 정식으로 병부시랑에 임명되었고,

예부에서 과거선발 시험을 주관하여 진사고시에서 인재를 많이 찾아내었다. 정원 8년(792) 봄에 중서시랑평장사로 전임하여 이부로 하여금 매년 관리 후보생들을 모으도록 하였다. 관례에 따르면 이부에서 매년 관리 후보생들을 모았지만 뒤에는 삼년에 한 차례씩만 모았다. 관리 후보생들이 많이 몰려와 전형 서류들이 대부분 제대로 점검되지 못한 탓에 참된 것과 허위 기록들이 뒤섞여 그로 말미암아 관리들이 대거 간교한 비리를 저지를 수 있었다. 관리 후보생들은 한번 차질이 생겨 일이 그르치게 되면 십년 동안 관리가 되지 못할 수도 있었지만, 반면에 자리가 빈 관직에 여러 해가 되도록 임명자가 없는 경우도 있었다. 육지가 이부로 하여금 중앙과 지방의 관리들을 세 범주로 나누도록 하고, 권원에 따라 관리 후보생들을 모으는 것을 상례로 삼게 하자 부정이 십 중 칠팔은 없어져 모든 사람들이 그를 칭찬하였다. 전에 두삼이 이손(李巽)을 상주자사(常州刺史)로 전출시키고 또 빨리 출발하도록 재촉하였기 때문에 이손이 늘 그것을 마음속으로 한스럽게 여기고 있었다. 두삼이 침주별가(郴州別駕)로 좌천되자 이손은 마침 호남관찰사(湖南觀察使)로 전임되었다. 덕종이 일찍이 두삼과 전임 재상인 강공보(姜公輔)의 죄상을 논한 적이 있었는데, 두삼이 황제가 한 말을 다른 사람들에게 발설하였다. 두삼이 강등되자 강공보가 상소하여 그 일을 진술하면서 자신의 잘못이 아니라고 하였다. 덕종이 힐문한 뒤 두삼이 자기가 한 말을 누설하였음을 알고 화가 났지만 겉으로 드러내지는 않았다. 마침 이손이 상주하여 변주절도사(汴州節度使) 유사녕(劉士寧)이 두삼에게 얼마간의 황금과 비단을 보냈다고 하였다. 유사녕이 변주의 자리를 얻었을 때 두삼이 그 논의에서 중요한 역할을 하였기에 유사녕이 감사하게 생각하여 그 때문에 후한 예물을 보냈던 것이다. 덕종은 두삼이 자신에게 죄를 짓고 무장들과 내왕하며 결탁하였다고 여겨 화를 내며 마침내 두삼을 처형하도록 하였다. 그러나 논자들은 대부분 두삼의 죽음은 육지로 말미암은 때문이라고 하였다.

배연령(裴延齡)이 판탁지로 있을 때 모든 사람들이 다 그를 싫어하였지만, 그가 유독 천자의 총애를 받고 있어서 조정에 감히 그의 단점을 말하는 이가 아무도 없었다. 단지 육지만이 몸소 그 일을 감당하여 날마다 그를 써서는 안 된다는 점을 아뢰었다. 배연령은 본디 육지를 제거하고 교체하고자 하던 차에, 또 그가 자신에게 우호적이지 않아서 자신이 황제에게 올리는 주청을 많이 제지하였다는 점을 알았다. 온갖 방법으로 그를 헐뜯고 비방하였다. 한림학사 오통현(吳通玄)은 본디 육지와 같은 부서의 동료였는데 간교하고 경박하여 그와 사이좋게 지내지 못하였다. 육지가 배연령과 불화가 심한 것을 알고 그의 단점을 극구 입에 담았다. 재상 조경(趙憬)은 본래 육지가 끌어준 덕에 동료가 되었지만 그의 권력을 질투하여 은밀히 그가 배연령을 탄핵하려 한다는 점을 배연령에게 고하였다. 그로 인해 배연령은 더욱 계책을 얻었다고 여겼다. 그로 말미암아 천자가 배연령을 더욱 신임하고 육지를 곧이곧대로 받아들이지 않게 되어 결국 육지를 재상에서 파직시키고 태자빈객(太子賓客)으로 삼았으며, 장방(張滂)과 이충(李充) 등도 자리에서 내쳤다. 이 일을 논하는 자들은 모두 좌천된 자들이 잘못하였다고 하였다. 육지는 매우 두려워하여 태자빈객이 되었을 때 문을 닫고 친척이나 친구들도 집으로 받아들이지 않았다.

봄에 가물었는데 덕종이 동산에서 자주 사냥을 할 때 배연령이 상소하여 말하였기를 "육지 등이 권력을 상실하고 원망하여 뭇사람들에게 '온 나라가 가물어 백성들이 장차 이리저리 떠돌아다니고 있는데 탁지(度支)에서 인색한 탓에 군대에 경비를 지원하지 않으려고 합니다. 군대에 근무하는 병사들이 먹을 것이 없으니 이 일을 어찌해야겠소?'라고 말하여 무리들의 마음을 동요하게 하니 그 의도가 단지 신을 중상하려는 데에 그치는 것이 아닙니다."라고 하였다. 그로부터 며칠 뒤에 또 동산에서 사냥을 하고 있는데 마침 신책군(神策軍)의 병사가 말 앞에 꿇어앉아 아뢰기를 "탁지에서 말을 먹일 건초를 공급하지 않습니다."라고 하였다. 덕종은 배연령이 앞서 한 말 뜻이 생각나서 즉시 말을 돌려 돌아가 육지를 충주별가(忠州別駕)로 좌천시키고 장방과 이충도 모두 내쳤다. 덕종의 노여움이 풀리지 않았기 때문에 육지는 자신이 어떻게 될지 헤아릴 수 없었는데 양성(陽城) 등이 구원해준 덕분에 그 정도에서 끝나게 된 것이었다.

육지가 재상으로 있을 때 늘 젊은 시절에 한림원에 들어가 천자의 총애를 받은 터라 장성하여 공덕을 이룰 수 있을 것으로 생각하였다. 그리하여 용감하게도 자중하지 않고 옳지 않다고 생각하는 일들은 모두 황제에게 간쟁하였다. 덕종이 황제의 자리에 있은 지가 오래되자 갈수록 스스로 권력을 독점하고 세세한 일까지 직접 챙겨 백성을 다스리는 중요한 도리를 잃어버렸고, 재상들은 갈수록 자신들의 직무를 행하지 못하였는데 논자들은 도리어 육지로부터 이렇게 되었다고 하였다. 육지가 충주에서 십여 년간 지내는 동안 늘 문을 닫고 출입을 하지 않아 그와 면식이 있는 이가 아무도 없었다. 비방을 피하기 위해 저술을 하지 않고 의술을 익혀 고금의 유명한 처방들을 모아 ≪육씨집험방(陸氏集驗方)≫ 50권을 편찬하였으며, 충주에서 죽었는데 향년 52세였다. 금상(순종)이 즉위하자 바로 정여경(鄭餘慶) 및 양성(陽城)과 함께 도성으로 불렀는데, 조칙이 막 내려갔을 때 양성과 육지는 이미 모두 죽고 없었다.

贄[1]字敬輿, 吳郡[2]人也. 年十八, 進士及第[一]. 又以博學宏詞[3]授鄭縣尉[4]; 書判拔萃[5], 授渭南尉[6], 遷監察御史[7]. 未幾, 選爲翰林學士[8], 遷祠部員外郎[9]. 德宗幸奉天[10], 贄隨行在, 天下搔擾[11], 遠近徵發, 書詔一日數十下[二], 皆出於贄. 贄操筆持紙, 成於須臾, 不復起草. 同職皆拱手[12]嗟嘆, 不能有所助. 常啓德宗言: "方今書詔, 宜痛自引過[13]罪己[14], 以感人心. 昔成湯以罪己致興[15], 後代推以爲聖人.

楚王失國亡走, 一言善而復其國[16], 至今稱爲賢者. 陛下誠能不悋改過[17], 以言謝[18]天下, 臣雖愚陋, 爲詔詞無所忌諱, 庶能令天下叛逆者迴心喻旨." 德宗從之. 故行在制詔始下, 聞者雖武人悍卒, 無不揮涕感激. 議者咸以爲德宗剋平[19]寇難[20], 旋復[21]天位, 不惟神武[22]成功, 爪牙[23]宣力, 蓋以文德廣被, 腹心有助焉. 累遷考功郎中[24]、諫議大夫[25]、中書舍人[26]兼翰林學士. 丁母憂[27], 免喪, 權知兵部侍郎[28], 復入翰林. 中外屬意[29], 旦夕[30]竢其爲相. 竇參[31]深忌之, 贄亦短參之所爲, 且言其黷貨[32], 於是與參不能平. 尋眞拜兵部侍郎, 知禮部貢擧[33], 於進士中得人爲多[34]. 八年春[35], 遷中書侍郎平章事, 始令吏部每年集選人[36]. 舊事[37]: 吏部每年集人, 其後遂三年一置選. 選人猥至, 文書多不了尋勘[38], 眞僞紛雜, 吏因得大爲姦巧. 選士一蹉跌[39], 或至十年不得官; 而官之闕者, 或累歲無人. 贄令吏部分內外官員爲三分, 計闕集人以爲常, 其弊十去七八[三], 天下稱之. 初, 竇參出李巽[40]爲常州[41]刺史, 且迫其行, 巽常銜[42]之. 至參貶爲郴州別駕[43], 巽適[44]遷湖南觀察[45]. 德宗常[46]與參言故相姜公輔罪[47], 參漏其語. 參敗, 公輔因上疏自陳其事非臣之過. 德宗詰之, 知參洩其語[48], 怒, 未有所發. 會巽奏汴州節度[49]劉士寧[50]遺參金帛若干[51]. 士寧得汴州, 參處其議[52], 士寧常德之, 故致厚貺[53]. 德宗以參得罪而以武將交結[54][四], 發怒, 竟致參於死. 而議者多言參死由贄焉[五]. 裴延齡[55]判度支[56], 天下皆嫉怨, 而獨幸於天子, 朝廷無敢言其短者. 贄獨身當之, 日陳其不可用[57]. 延齡固欲去贄而代之, 又知贄之不與己, 多阻其奏請也. 謗毀百端. 翰林學士吳通玄故與贄同職[58], 姦巧佻薄[59], 與贄不相能[60]. 知贄與延齡相持有間, 因盛言贄短[61]. 宰相趙憬[62]本贄所引同對[63], 嫉贄之權[64], 密以贄所戢彈延齡事告延齡[六]. 延齡益得以爲計. 由是天子益信延齡而不直贄, 竟罷贄相[65], 以爲太子賓客[66], 而黜張滂[67]、李充[68]等權[七]. 言事者皆言其屈[八]. 贄固畏懼, 至爲賓客, 拒門不納交親士友. 春旱, 德宗數獵苑中, 延齡疏言: "贄等失權怨望, 言於衆曰: '天下旱, 百姓且流亡, 度支愛惜, 不肯給諸軍. 軍中人無所食, 其事奈何?' 以搖動羣心, 其意非止欲中傷臣而已." 後數日, 又獵苑中, 會神策軍人跪馬前云: “度支不給馬草.” 德宗意延齡前言, 卽迴馬而歸, 由是貶贄爲忠州別駕[69], 滂、充皆斥逐[70]. 德宗怒未解, 贄不可測, 賴陽城等救乃止. 贄之爲相, 常以少年入翰林, 得幸於天子, 長養成就之. 不敢自愛, 事之不可者皆爭之. 德宗在位久, 益自攬持[71]機柄[72], 親治細事[73], 失君人[74]大體[75], 宰相益不得行其事職, 而議者乃云由贄而然[九]. 贄居忠州十餘年, 常閉門不出入, 人無識面者. 避謗不著書, 習醫方, 集古今名方爲陸氏集驗方[76]五十卷, 卒於忠州, 年五十二. 上初卽位, 與鄭餘慶[77]、陽城同徵, 詔始下, 而城、贄皆卒.

[一] 육지는 대력(大曆) 8년(773)에 급제하였는데 당시 나이 20세였다.

[보충설명]

- 이는 ≪위본(魏本)≫에 인용되어 있는 손여청의 견해이다.
- ≪주석(注釋)≫(549쪽)에서 손여청의 견해가 옳다고 하였다.
- ≪전교(全校)≫(2945쪽)에서는 육지가 18세에 진사에 급제하였다는 견해가 ≪순종실록≫과 권덕여(權德輿)의 <당증병부상서선공륙지한원집서(唐贈兵部尙書宣公陸贄翰苑集序)>에 처음 보이고, 양당서 본전에서 이를 따랐지만 잘못이라고 하였다. 그 근거로 ≪군재독서지≫ 권17, ≪당시기사(唐詩紀事)≫ 권32, ≪등과기고(登科記考)≫ 등에서 육지가 진사에 급제한 때가 대력 8년(773)이라고 한 기록을 들고 있다.

[二] “일일(一日)”은 “일백(日百)”으로 된 판본도 있는데 이는 잘못이다.

[보충설명]

- 이는 ≪고이(考異)≫에 따른 것인데, ≪위본(魏本)≫에 “일백(日百)”으로 되어 있다.
- 이렇게 되면 날마다 백 수십 차례 조서가 하달된 꼴이 되는데, 당시가 아무리 급박한 상황이었다고 하더라도 사리에 와 닿지 않는다.

[三] [보주] 하작(何焯)이 말하기를 “지금 권원을 일단락 짓는 방법이 여기

서 비롯된 것이다.(今截闕之法所始.)"라고 하였다.

[보충설명]

- 하작의 견해는 ≪의문독서기≫ 권34에 보인다.

[四] "이무(以武)"는 마땅히 "여무(與武)"로 써야 한다.

[보충설명]

- 이는 ≪고이(考異)≫에 따른 것이다.

- ≪위본(魏本)≫에 "이(以)"는 "여(與)"로도 쓴다고 하였는데, ≪교전(校詮)≫에서 "이(以)"와 "여(與)"는 예전에 통용되었다고 하였다.

[五] 사마온공(司馬溫公)이 말하기를 "〈육지전〉에서 '덕종이 두삼을 죽인 데는 육지가 힘을 보탰다.'고 하였다. 살피건대 육지의 〈(중서·문하·상서 삼성의) 장관들로 하여금 각 성의 소속 관리들을 천거하도록 하기를 청원하는 의견서〉에서 '다만 또한 사사로이 가까운 사람을 찾아야 하기 때문에 도리어 그들에 의해 농락을 당하게 될 터인데, 이 병폐는 아주 오래된 일이 아니므로 폐하께서 영명하게 살피시어 밝히 알고 계시는 것입니다.'라고 하였는데, 이는 두삼을 위해 해명한 말이다. 두삼이 죽음에 처해질 즈음에 육지가 매우 극진하게 해명하고 구하였었지만, 당시 사람들이 두삼과 육지과 사이가 좋지 않은 점을 알고 마침내 자기들 마음대로 추측을 하였고 (육지를) 좋아하지 않은 사관들도 그로 말미암아 육지에게 죄를 돌렸을 따름이다.(陸傳曰: '德宗殺參, 贄有力焉.' 按: 贄請令長官舉屬吏狀云: '亦由私訪所親, 轉爲所賣, 其弊非遠, 聖鑒明知.' 乃解參之語也. 及參之死, 贄解救甚至, 當時之人見參贄有隙, 遂以己意猜之; 史官不悅者, 因歸罪於贄耳.)"라고 하였다.

당나라 때의 소설에 이르기를 "두삼이 총애한 상청이라는 시녀가 있었는데 두삼이 죽자 후궁으로 들어가 그로 인해 육지가 두삼을 거짓으로 모함하였다는 일을 아뢰자 덕종이 바로 조칙을 내려 두삼의 억울함을 벗겨주었다.(竇參所寵青衣上淸者, 參死, 收入掖庭, 因言陸贄誣陷參事, 德宗乃下詔雪參.)"고 하였는데, 이 견해는 ≪구당서≫와 같다. [보주(補注)] 방동수(方東樹)가 말하기를 "이는 공(한유)이 단지 육지를 위해 사리를 따져 억울함을 밝힌 것이다. 두삼의 죽음은 이손(李巽)이 원한을 갚는 데서 말미암은 것인데, 논자들이 제대로 살피지 못하고 근거 없이 육지를 의심한 것이니 글의 뜻이 매우 분명하다. 사마온공의 견해는 이에 대해 상세히 가려서 한유의 뜻과 같다는 점을 말한 것이지 한유를 반박한 게 아니다. ≪구당서·육지전≫에서 '이의자다언(而議者多言)'이라는 다섯 글자를 빼버려 결과적으로 육지를 무고하고 한유도 무고한 꼴이 되고 말았다.(此公特爲陸辨誣也. 云參之死, 由李巽之報怨, 而議者不察, 妄疑陸公, 文意甚明. 溫公之說, 加詳辨焉, 與韓意同, 非駁韓也. 舊傳去而議者多言五字, 遂誣陸並誣韓矣.)"고 하였다.

[보충설명]

- 사마광의 언급은 ≪자치통감234·당기(唐紀)50≫ 덕종 정원 8년(792) 조에 보인다.
- <육지전>은 ≪구당서139·육지전≫인데, 원문에는 "두삼의 죽음에는 육지가 힘을 보탰다.(參之死, 贄有力焉.)"로 되어 있다.
- 당나라 때의 소설은 유정(柳珵)의 전기소설(傳奇小說)인 <상청전(上淸傳)>을 가리키는데, 그 내용이 ≪태평광기(太平廣記)≫ 권275에 실려 있다. ≪유설(類說)≫ 권3과 ≪당어림(唐語林)≫ 권6에도 보인다.
- ≪전교(全校)≫(2954~2957쪽)에서는 <한원집서(翰苑集序)>에서 두삼을 재상에서 파직시킨 죄를 육지에게 돌린 논자들의 견해를 거론한 것은 사실에 근거하지 않고 무리하게 그에게 죄명을 덮어씌운 혐의가 있는데도, ≪순종실록≫에서 두삼의 죽음을 육지의 탓이라고 언급한 것은 근거 없는 논의를 가지고와서 현인(육지)을 무고한 것이므로 옳지 않다고 하면서 한

유가 육지의 문하생인 만큼 그간의 자세한 곡절을 곱씹어 봄 직하다고 하였다.

- 방동수는 한유가 논자들의 견해가 근거 없는 잘못이라고 기록한 것일 뿐 육지가 두삼의 죽음에 단초를 제공하였다고 여긴 것은 아니라고 한 반면에, ≪전교(全校)≫(2954~2957쪽)에서는 한유가 이 사건을 삭제하지 않고 기록한 것 자체에 문제가 있음을 지적한 것이다. 그런데 ≪주석(注釋)≫(549쪽)에서 소설가의 견해는 근거로 삼을 만한 것이 못 된다고 지적하고, 이 구절("而議者多言參死由贄焉")은 문종(文宗) 때 ≪순종실록≫을 고치면서 첨가된 것일 뿐 한유의 본뜻은 아니라고 하였다.

[六] "집(戢)"은 ≪자치통감≫에는 "기(譏)"로 되어 있고 "담(談)"으로 된 데도 있으며, "집탄(戢彈)"은 "탄집(彈戢)"으로 된 데도 있다.

[보충설명]

- 이는 ≪고이(考異)≫에 따른 것이다.

[七] 살펴보건대 역사서에서 장방과 이충은 모두 배연령을 논한 것 때문에 미움을 샀다고 하였다. 여기서는 단지 장방과 이충 등이 좌천된 것만 기록하고 앞 문장에서 그들이 미움을 산 연유를 말하고 있지 않는데 아마도 누락된 때문일 것이다.(按史, 滂充等以論裴延齡得罪. 此但著黜滂充等, 而上文不言其所以得罪之由, 蓋脫漏也.)

[보충설명]

- 이는 ≪고이(考異)≫에 따른 것이다.
- 역사서는 ≪구당서135·배연령전≫을 가리킨다.
- ≪전정(箋正)≫ 권5에 따르면, 육지가 상소하여 배연령의 과실을 조목조목 지적한 것이 모두 2천자에 달하는데, 당시 염철전운사 장방과 경조윤 이충이 이 일과 관련하여 모두 배연령이 '사실을 날조하여 제멋대로 하였음(矯妄)'을 증명하였지만, 덕종이 육지를 재상에서 파직하여 태자빈객으로 삼

고, 장방과 이충을 모두 파직하여 좌천시켰다고 하였다.

- 육지가 배연령을 탄핵한 2천자에 달하는 글은 ≪구당서135·배연령전≫에 보이고, ≪육선공집(陸宣公集)≫ 권4에는 <배연령이 간사한 좀벌레임을 논하는 상서(論裴延齡姦蠹書)>라는 제목으로 실려 있다.
- ≪구당서135·배연령전≫에 장방(張滂) 및 이충(李充)과 함께 사농경(司農卿) 이섬(李銛)이 모두 배연령이 사실을 날조하여 제멋대로 하였음을 증명하였는데, 그로 인해 3인 모두 육지와 함께 파직 좌천된 것으로 기록되어 있다. [Ⅰ-1] 주석 19 참조.

[八] "개(皆)"자는 "다(多)"로 된 판본도 있다.

[보충설명]

- 이는 ≪고이(考異)≫에 따른 것인데, ≪위본(魏本)≫에서 "다(多)"로 된 데도 있다고 하였다.

[九] 사마온공이 말하기를 "대체로 재상이 된 사람들은 모두 권력을 자기 뜻대로 휘두르려고 하는데 어찌 스스로 실직하기를 구하겠는가? 재상에게 임무를 맡기지 않은 것은 덕종의 과실인데, 육지에게 허물을 덮어씌우는 것이 어찌 인지상정에 맞겠는가? 육지의 〈조정 관료의 궐원을 논하는 의견서〉에 '얼마 안 있어 황제를 보필하는 재상들이 임무를 감당하지 못하고 과분하게 부양을 받으며 구차하게 자리만 채우고 있어서 폐하의 성명하신 생각에 수고로움을 끼쳐 크고 작은 일에 심려를 하시도록 하였습니다.'라고 하였는데, 이것이 바로 덕종이 재상에게 임무를 맡기지 않고 사소한 일까지 직접 챙기는 것을 간한 말이다.(溫公云: "凡爲宰相者, 皆欲專權, 安肯自求失職? 不任宰相, 乃德宗之失, 而歸咎於贄, 豈人情也? 贄論朝官闕員狀云: '頃之, 輔臣鮮克勝任, 過蒙容養, 苟備職員, 致勞睿思, 巨小經慮.' 此乃諫德宗不任宰相親治細事之詞也.)"고 하였다.

[보주] 오여륜(吳汝綸)이 말하기를 "이것과 두삼의 죽음에 관한 일은 모두 먼저 그 까닭을 상세히 서술하고 당시의 논의로써 결말을 짓고 있는데, 언사가 가장 완곡하고 묘하다.(此與竇參死事, 皆先詳其故而以時議結之, 詞最婉妙.)"고 하였다.

[보충설명]

- 사마광의 언급은 ≪위본(魏本)≫에서 홍흥조(洪興祖)가 인용한 것으로, 이는 본래 ≪자치통감235·당기(唐紀)51≫의 ≪통감고이≫에 보이는 글인데 거기에는 "거소(巨小)"의 "소(小)"가 "세(細)", "세사지사(細事之詞)"의 "사(詞)"가 "사(辭)"로 되어 있다.
- 육지의 의견서는 ≪육선공집(陸宣公集)≫ 권4와 ≪전당문≫ 권475에 <중앙관의 궐원과 자사 등의 전임 순서를 논한 의견서(論朝官闕員及刺史等改轉倫序狀)>라는 제목으로 실려 있다.
- ≪전정(箋正)≫ 권5에 따르면, 사마광의 견해는 ≪육선공집≫에 의거하여 따져 바로잡은 것이므로 가장 확실하다. 육지와 사제관계에 있는 현명한 한유 공이 어떻게 제대로 알지 못하는 상태에서 분명히 믿고서 떠도는 이야기를 옮겨와 후대에 두삼의 죽음에 대해 의심하도록 하였겠는가? 이는 아마도 후대에 고친 것이지 한유가 당시에 직접 수정한 진본일 리 없다고 하였다. Solomon(49~50쪽)도 방성규의 견해를 주석에서 설명하고 있다.
- ≪주석(注釋)≫(550쪽)에서 "이의자내운유지이연(而議者乃云由贄而然)"이 앞 [5]의 "이의자다언삼사유지언(而議者多言參死由贄焉)"과 어투가 동일하고 필치가 유사하다고 보고, 이 또한 문종 때 ≪순종실록≫을 고치면서 첨가된 것일 뿐 한유의 본뜻은 아니라고 하였다.

**【주석】**

1 贄(지): 육지(陸贄, 754~805). [ I -1] 주석 16 참조.

2 吳郡(오군): 당나라 때 소주(蘇州)로도 불렸다. 양당서의 본전에 모두 육지가 소주 가흥(嘉興) 사람으로 되어 있는데 지금 절강성(浙江省) 가흥시(嘉興市)이다.

3 博學宏詞(박학굉사): 박학굉사과로 '굉(宏)'은 '홍(鴻)' 또는 '홍(弘)', '사(詞)'는 '사(辭)'로도 쓴다. 당나라 현종 개원 19년(731)때부터 실시하기 시작한 관리 선발 전형이다. 예부 주관의 진사과에 급제한 이후 관리에 임명되기 위해서는 이부 관할의 본 고시를 통과해야 하였는데, 시(詩), 부(賦), 의론(議論) 세 편의 글을 시험하여 문자 그대로 해박하고 깊이 있는 학식과 훌륭한 문장 구사력을 갖추었는지를 검증하였다. 또한 황제가 비상시의 인재 선발을 위해 임시로 설치한 과거인 제거(制擧)의 한 과목으로서의 '박학굉사과'도 있었다. 이에 대해서는 부선종(傅璇琮)의 ≪당대 과거와 문학(唐代科擧與文學)≫ 138쪽 및 496~503쪽 참조. ≪전교(全校)≫(2946쪽)에서는 육지가 대력(大曆) 8년(773)에 진사에 급제한 뒤 고향 소주(蘇州)로 돌아갔다가 12년(777)에는 상주(常州)에 머물렀으며 13년(778)에 박학굉사과에 응시한 뒤 정현 현위에 임명되었다고 고증하고 있다.

4 鄭縣尉(정현위): ≪원화군현지≫ 권2에 따르면, 정현(鄭縣)은 관내도(關內道) 화주(華州)의 주청 소재지가 있었던 하급 현으로 지금 섬서성(陝西省) 위남시(渭南市) 화주구(華州區) 경내에 해당한다. 당나라 때 화주는 정현, 화음(華陰), 하규(下邽)의 3개 현을 관할하였다. ≪구당서44·직관지3≫에 따르면, 하급 현에는 종9품하의 현위(縣尉) 1명을 두었다. ≪신당서49하·백관지4하≫에 따르면, 현위는 육조(六曹)의 서무를 나누어 담당하면서 조세 징수 업무를 통솔하였다.

5 書判拔萃(서판발췌): 서판발췌과. 이부 관할 관리 전형의 하나로 이 또한 '박학굉사과'와 마찬가지로 제거(制擧)의 한 과목에서 발전되어 나온 것이다. 파격적인 인재 선발을 위해 설치한 것으로 경의(經義)와 법률에 관한 문제를 시험의 주 내용으로 삼았다. 여기서 '서(書)'는 경의를 가리키는 것이지 서예를 가

리키는 것이 아니다. 즉, 당송(唐宋) 때 전시(銓試) 과목의 하나였던 '신언서판(身言書判)의 '서(書)'와 다르다. 이에 대해서는 장전우(張典友)의 <당송서판발췌과고변(唐宋書判拔萃科考辨)>, ≪미와 시대(美與時代): 중(中)≫, 2012.4, 106~108쪽 참조.

6 渭南尉(위남위): 위남현(渭南縣) 현위(縣尉). ≪구당서139·육지전≫에는 "위남현주부(渭南縣主簿)"로 되어 있다. ≪전교(全校)≫(2946쪽)에서는 권덕여(權德輿)의 <한원집서(翰苑集序)>(≪한원집≫은 육지의 문집 이름)와 노륜(盧綸)의 <역중망산희증위남육지주부(驛中望山戲贈渭南陸贄主簿)>라는 시 제목을 들어 ≪순종실록≫과 ≪신당서157·육지전≫의 기록이 잘못이라고 고증하고 있다. ≪원화군현지≫ 권1에 따르면, 위남현(渭南縣)은 관내도(關內道) 경조부(京兆府)에 속한 기현(畿縣)의 하나로 지금 섬서성(陝西省) 위남시(渭南市) 임위구(臨渭區)에 있었다. 기현의 현위에 대해서는 [Ⅲ-14] 주석 10 참조.

7 監察御史(감찰어사): ≪구당서44·직관지3≫에 따르면, 어사대(御史臺)에 정8품상의 감찰어사 10인을 두었는데, 군현(郡縣)의 순찰, 둔전(屯田)과 화폐주조 및 영남(嶺南)지방 관리의 선발, 태부시(太府寺)와 농사 관련 출납, 죄수 처단 등을 감찰하였으며, 제사용 희생제물과 기물 및 의복 등을 살펴 불경스러운 점이 있으면 제관을 탄핵하고 상서성(尙書省) 회의상의 오류도 감찰하였다. ≪신당서48·백관지3≫에는 정8품하의 감찰어사 15인을 두었다고 되어 있고 직무는 대동소이하다.

8 翰林學士(한림학사): [Ⅰ-1] 주석 60과 [Ⅰ-12] 주석 8 참조.

9 祠部員外郎(사부원외랑): ≪구당서43·직관지2≫에 따르면, 예부(禮部) 산하에 종5품상의 사부낭중(祠部郎中) 1인과 종6품상의 사부원외랑(祠部員外郎) 1인을 두어 사당(祠堂)의 건립과 제사, 제향(祭享), 천문(天文), 누각(漏刻), 국가의 기일(忌日), 황제의 휘(諱), 복서(卜筮), 의약(醫藥), 승니(僧尼) 등에 관한 일을 관장하도록 하였다. ≪전교(全校)≫(2947쪽)에서는 육지가 사부원외랑으

로 승진한 시기에 대해 여러 서적에서 명확히 기록하고 있지 않지만, 위집의(韋執誼)의 <한림원고사(翰林院故事)>와 정거회(丁居晦)의 ≪중수승지학사벽기(重修承旨學士壁記)≫에 기록된 육지의 관직 경력을 미루어 사부원외랑으로서 한림학사의 직무를 담당한 것으로 보고, 그 시기를 대력(大曆, 766~779)과 건중(建中, 780~783) 교체기일 것으로 추정하고 있다. 따라서 ≪순종실록≫의 이상 세 구절이 "얼마 안 있어 사부원외랑으로 승진하고 한림학사를 담당하였다.(未幾, 遷祠部員外郞, 充翰林學士.)"로 되었다면 문장이 더욱 분명할 것이라고 하였는데 일리가 있는 것으로 보인다. <한림원고사>와 ≪중수승지학사벽기≫는 ≪한원군서(翰苑群書)≫(사고전서본) 상권에 실려 있다.

10 德宗幸奉天(덕종행봉천): [Ⅰ-1] 주석 9 참조.

11 搔擾(소요): 난리가 나서 불안하다. 뒤죽박죽 어지럽다.

12 拱手(공수): 본래 '두 손을 포개어 맞잡고 경의를 표하는 예법'의 하나였지만, 여기서는 '손을 묶고 능력이 미치지 못하다'는 뜻을 내포한다.

13 引過(인과): 과실을 인정하다.

14 罪己(죄기): 스스로 잘못을 인정하고 자책하다. ≪좌전·장공(莊公) 11년≫에 "우임금과 탕임금은 스스로 잘못을 인정하고 자책하니 그들은 갑자기 일어나듯 흥성하였고, 걸왕과 주왕은 다른 사람에게 죄를 물으니 그들은 홀연히 다가오듯 망하였다.(禹湯罪己, 其興也悖焉; 桀紂罪人, 其亡也忽焉.)"라는 글귀가 보인다. 중국 역사에서 황제가 어리거나 무능하여 신하가 대신 국정을 농단한 경우, 나라가 극심한 자연 재해를 당한 경우, 정권이 위난에 처한 경우에 '죄기조(罪己詔)' 곧 황제가 자신에게 책임을 묻는 조칙을 내린 적이 있었다. 현재 온전히 남아 전하는 최초의 그것은 한(漢) 무제(武帝)의 <윤대죄기조(輪台罪己詔)>인데, 이 조서는 정화(征和) 4년(BC 89)에 상홍양(桑弘羊) 등이 윤대(지금 新疆維吾爾自治區 輪台縣)에서 수자리 보며 흉노족의 침입을 대비하라고 한 건의를 무제가 묵살한 뒤에 큰 피해를 보고 나서 자기반성의 취지에서 내

린 것이다.

15 成湯以罪己致興(성탕이죄기치흥): ≪서경·탕고(湯誥)≫에 "너희 만방에 죄가 있는 것은 나 한 사람에게 책임이 있고, 나 한 사람에게 죄가 있는 것은 너희 만방의 책임이 아니다.(其爾萬方有罪, 在予一人; 予一人有罪, 無以爾萬方.)"라는 글귀가 보인다. 탕임금은 이런 마음가짐으로 나라를 흥성시키게 되었다는 이야기로, 이것이 후대 제왕들이 내린 '죄기조'의 기원이 되었다.

16 一言善而復其國(일언선이복기국): 이상 두 구절의 내용과 관련하여 ≪좌전·애공(哀公) 6년≫에 "전에 소왕이 병에 걸리자 점을 치는 사람이 '황하의 신이 말썽을 부리고 있습니다.'고 하였다. 소왕이 제사지내지 않자 대부들이 교외로 나가 제사지내기를 청하였다. 왕이 '하·은·주 삼대 때에 규정한 제사 제도에 따르면, 제사는 본국의 산천을 넘지 않도록 되어 있다. 장강(長江), 한수(漢水), 저수(雎水), 장수(漳水)는 초나라의 큰 강들이다. 화나 복이 오는 것은 이들을 넘지 않을 것이다. 내가 비록 부덕하다고 하더라도 황하의 신에게 노여움을 샀을 리 없다.'고 하고 제사지내지 않았다. 공자가 '초나라 소왕은 큰 도리를 알고 있도다! 그가 나라를 잃지 않은 것은 당연한 일이로다! <하서>에서 "저 고대의 도당(요임금)은 하늘의 떳떳한 도를 따라 이 기주 지방을 차지하였다. 지금 [태강(太康)이] 정도에서 벗어나 치국의 기강을 문란하게 해서 끝내 멸망하게 되었다."고 하고, 또 "진실로 그 사람에 대한 믿음이 우러나오는 것도 그(皐陶)의 공적 때문입니다."고 하였다. 스스로 하늘의 도리에 복종하면 괜찮을 것이다.'고 하였다.(初, 昭王有疾, 卜曰: '河爲祟.' 王弗祭, 大夫請祭諸郊. 王曰: '三代命祀, 祭不越望, 江、漢、雎、漳, 楚之望也. 禍福之至, 不是過也. 不穀雖不德, 河非所獲罪也.' 遂弗祭. 孔子曰: '楚昭王知大道矣! 其不失國也, 宜哉! 夏書曰: "惟彼陶唐, 帥彼天常, 有此冀方. 今失其行, 亂其紀綱, 乃滅而亡." 又曰: "允出茲在茲." 由己率常, 可矣.')"라는 초나라 소왕의 말과 그것에 대한 공자의 평가가 보인다. <하서(夏書)>의 인용문은 <오자지가(五子之歌)>와 <대우모(大禹謨)>

편에 보이는데 <오자지가>편의 경우 문자에 다소간의 출입이 있다. 초나라 소왕은 노(魯) 정공(定公) 4년(BC 506)에 오나라가 초나라를 쳐들어와 전세가 불리하게 돌아가 도성이 함락되자 국외로 도망갔는데, 진(秦)나라의 구원에 힘입어 빼앗긴 나라를 되찾았다.

17 不恡改過(불린개과): 허물을 고치는 것에 인색해하지 않는다. 곧 주저하지 않고 단호한 태도로 허물을 고쳐 바로잡는 것을 가리킨다. '恡'은 '吝'과 같다. ≪서경·중훼지고(仲虺之誥)≫에 "사람을 등용할 때는 자신과 같이 대우하고 허물을 고침에 있어서는 주저하지 않는다.(用人惟己, 改過不吝.)"라는 글귀가 보인다.

18 言謝(언사): 말로 감사를 표시하다.

19 剋平(극평): 평정하다. 제압하다.

20 寇難(구난): 내란이나 외환으로 말미암아 일어난 재난. 여기서는 번진(藩鎭) 곧 군벌 세력에 의해 일어난 반란을 가리킨다. ≪순자·천론(天論)≫에 "예법과 정의가 닦여지지 않고 안팎이 분별이 없고 남녀가 음란하게 되면, 부자가 서로 의심하고 임금과 신하가 반목하여 내우외환이 동시에 닥치게 되니 대저 이를 두고 인간사의 이변이라고 한다.(禮義不脩, 內外無別, 男女淫亂, 則父子相疑, 上下乖離, 寇難並至: 夫是之謂人祆.)"라는 글귀가 보인다.

21 旋復(선복): 되돌아가다. 돌아오다. 여기서는 '되찾다'는 뜻이다.

22 神武(신무): 신령하고 위풍당당하다. 여기서는 제국 내지 황제의 위력을 가리킨다.

23 爪牙(조아): 발톱과 이빨로 '용맹한 무사 내지 군대'를 가리킨다. ≪시경·소아(小雅)·기보(祈父)≫에 "기보시여! 저희는 임금님 발톱이요 이빨이라오.(祈父! 予王之爪牙.)"라는 시구가 보인다.

24 考功郎中(고공낭중): ≪구당서43·직관지2≫에 따르면, 이부(吏部)에 종5품상의 고공낭중 1인을 두었는데 고공낭중과 고공원외랑은 문무백관의 인사고과

를 관장하였다. 이중 고공낭중은 경관(京官) 곧 도성의 관리, 고공원외랑은 외관(外官) 곧 지방관들의 고과를 판정하였다.

25 諫議大夫(간의대부): [Ⅰ-1] 주석 21 참조.

26 中書舍人(중서사인): [Ⅰ-12] 주석 10 참조.

27 丁母憂(정모우): 모친상을 당하다. '정(丁)'은 '당하다'·'만나다'는 뜻이다. 정거회의 ≪중수승지학사벽기≫에는 육지가 모친상을 당한 때가 정원(貞元) 3년(787)으로 기록되어 있다.

28 權知兵部侍郎(권지병부시랑): 통상 '권지(權知)'는 경력이 일천한 사람이 품계가 높은 관직을 잠시 대행하는 것을 뜻한다. ≪구당서43·직관지2≫에 따르면, 병부에 정4품하의 시랑 2인을 두었는데 무관의 선발과 임명 및 지도와 병장기에 관한 정령(政令)을 관장하였다.

29 屬意(촉의): 어떤 대상에 마음을 두다. 관심을 두고 마음이 이끌리다. ≪사기·하본기(夏本紀)≫에 "우임금의 아들 계가 현명하여 모든 사람들이 그에게 관심을 두고 마음이 이끌렸다.(禹子啓賢, 天下屬意焉.)"라는 글귀가 보이는데, '천하촉의(天下屬意)'는 지금도 사자성어로 쓰인다.

30 旦夕(단석): 아침과 저녁으로 아주 짧은 시간을 비유한다.

31 竇參(두삼): [Ⅲ-14] 주석 35 참조.

32 黷貨(독화): 옳지 못한 수단으로 재물을 손에 넣다. 재물을 횡령하거나 수뢰하다.

33 知禮部貢擧(지예부공거): 지공거는 지금으로 말하면 고시위원장에 해당하는 직무인데, 조익(趙翼)의 ≪해여총고(陔餘叢考·예부지공거(禮部知貢擧)≫에 "당나라 초에 명경과와 진사과는 모두 고공원외랑이 고시 업무를 주관하였다. 개원 24년(736)에 고공원외랑 이앙(李昂)이 천거를 받고 고시에 참가한 사람으로부터 질책을 당하자, 황제가 원외랑은 명망이 낮다고 여겨 마침내 고시 업무를 예부로 이관하고 시랑이 주관하게 하였다.(唐初明經進士, 皆考功員外

郞主試事. 開元二十四年, 考功員外郞李昂爲擧人詆訶, 帝以員外郞望輕, 遂移貢擧於禮部, 以侍郞主之, 後世禮部知貢擧自此始.)"라는 기록이 보인다. ≪전교(全校)≫(2951쪽)에 따르면, 육지가 예부의 지공거가 된 시기는 정원(貞元) 8년(792)인데 이때 한유도 진사에 급제하였다.

34 於進士中得人爲多(어진사중득인위다): 육지가 지공거로 주관한 정원(貞元) 8년(792)의 진사고시에서 특히 뛰어난 인재가 많이 배출되어 그해 급제한 23인의 명단을 '용호방(龍虎榜)'이라고 불렀다. 이와 관련하여 ≪신당서203·문예전하(文藝傳下)·구양첨전(歐陽詹傳)≫에 "구양첨이 진사시에 응거하여 한유, 이관, 이강, 최군, 왕애, 풍숙, 유승선 등과 나란히 급제하였는데, 모두 천하의 인재들이 선발된 것이어서 당시에 용호방이라고 불렀다.(擧進士, 與韓愈、李觀、李絳、崔羣、王涯、馮宿、庾承宣聯第, 皆天下選, 時稱龍虎榜.)"라는 기록이 보인다.

35 八年春(팔년춘): 이하 두 구절과 관련하여 육지가 중서시랑·동중서문하평장사가 된 시기는 ≪구당서139·육지전≫에 정원 8년(792) 4월로 되어 있고, ≪구당서13·덕종기하≫에는 정원 8년(792) 4월 을미일(乙未日: 11일/양력 5월 6일)로 연월일이 모두 밝혀져 있다. 따라서 ≪전정(箋正)≫ 권5에서 왕원계(王元啓)의 견해를 인용하여 "춘(春)"은 "하(夏)"로 되어야 한다며 "춘(春)"으로 된 여러 판본은 잘못이라고 하였는데, 음력 4월은 맹하(孟夏) 곧 여름이므로 타당한 견해라 생각된다.

36 始令吏部每年集選人(시령이부매년집선인): ≪전교(全校)≫(2952쪽)에서 육지가 관리 선발 제도의 변경을 통해 담당관들의 비리를 차단한 사실에 대한 여러 서적의 기록은 ≪순종실록≫을 따랐거나 그것에 근거하여 다소간 더 보탠 것이라고 하였다. 즉, ≪당회요≫ 권75와 ≪책부원구≫ 권630의 기록은 ≪순종실록≫과 동일하고, ≪신당서45·선거지하(選擧志下)≫와 ≪구당서139≫ 및 ≪신당서157≫의 육지 전기는 ≪순종실록≫에 근거해 약간 더 보

탠 것이라고 하였다. "선인(選人)"은 당나라 때 관리 후보생들을 가리키는 말이었는데 후대에 그대로 사용되었다.

37 舊事(구사): 이하 "천하칭지(天下稱之)"까지 당나라 때 관리 선발 제도의 변경에 있어 육지가 한 건의와 관련하여 ≪구당서139·육지전≫에 적힌 내용을 보면 다음과 같다. "당나라의 옛 제도에 따르면 이부에서 관리 후보생들을 선발함에 있어 매년 심사하고 뽑았다. 건원 이후로 전란이 끊이지 않아 군대가 들판에 주둔하고 간혹 흉년이 들기도 하여 마침내 삼년에 한 번씩 선발하게 되었다. 그로 말미암아 관리 후보생들이 정체되어 그 수가 매우 많아지고 문서도 접수되지 않아 참된 것과 거짓된 것을 가리기가 어렵게 되었다. 담당관들이 이 틈을 타서 부정을 저지르고 관직의 등기와 수여 업무가 제대로 처리되지 않아 엉클어지니 십년이 되도록 임명되지 못하는 관리 후보생도 있었다. 육지가 이부에 주청하여 중앙과 지방의 관리들을 세 범주로 나누어 궐원을 헤아려 인원을 모집하도록 매년 선발하게 하였다. 그 때문에 선발 담당관의 부정이 십 중 칠팔은 없어지게 되자 온 나라 사람들이 그를 칭찬하였다.(國朝舊制, 吏部選人, 每年調集, 自乾元已後, 屬宿兵于野, 歲或凶荒, 逐三年一置選. 由是選人停擁, 其數猥多, 文書不接, 眞僞難辨, 吏緣爲姦, 注授乖濫, 而有十年不得調者. 贄奏吏部分內外官員爲三分, 計闕集人, 每年置選. 故選司之弊, 十去七八, 天下稱之.)" 건원은 758~760년간 사용된 숙종의 연호인데, 이 구절은 안사의 난을 거치면서 당나라의 관리 선발과 임명 등의 인사 업무가 제대로 돌아가지 않았던 사실을 짐작하게 해준다.

38 尋勘(심감): 찾아 헤아리다. 진위 여부 따위를 점검하다.

39 蹉跌(차질): '발을 헛디디어 넘어지다'는 뜻인데, 원래의 계획이나 의도에서 벗어나 틀어지는 것을 가리킨다.

40 李巽(이손): 747~809. 자가 영숙(令叔)이고 조군(趙郡) 찬황(지금 河北省 贊皇縣) 사람으로 경제 전문 관료이다. 명경과로 화주참군(華州參軍)에 임명되

었고, 발췌등과(拔萃登科)로 호현위(鄠縣尉)에 제수되었다. 감찰어사와 전중시어사(殿中侍御史) 등을 거쳐 상주자사(常州刺史)로 전출되었다가 급사중으로 중앙 관직에 임명된 뒤 또 담주자사(潭州刺史) 겸 호남관찰사(湖南觀察使), 홍주자사(洪州刺史) 겸 강서관찰사(江西觀察使)로 검교산기상시(檢校散騎常侍) 겸 어사대부 등을 역임하였다. 순종 즉위 후 병부시랑(兵部侍郎)으로 판탁지염철전운사(判度支鹽鐵轉運使) 두우(杜佑)의 부사를 거쳐 병부상서와 판탁지염철전운사 및 이부상서 등을 두루 역임하였다. ≪구당서123·열전73≫와 ≪신당서149·열전74≫에 모두 전기가 실려 있다.

41 常州(상주): ≪원화군현지≫ 궈26에 따르면, 상주는 강남도 소속의 긴주(緊州)로 진릉(晉陵), 무진(武進), 강음(江陰), 무석(無錫), 의흥(義興)의 5개 현을 관할하였는데, 주청 소재기가 진릉현 곧 지금 강소성(江蘇省) 상주시에 있었다.

42 銜(함): 마음속에 담아두다. 마음속으로 한스럽게 여기다.

43 郴州別駕(침주별가): [Ⅱ-8] 주석 11 참조. ≪구당서13·덕종기하≫에 따르면, 덕종이 두삼을 침주별가로 좌천시킨 때는 정원(貞元) 8년(792) 4월 을사일(乙巳日: 21일/양력 5월 16일)이다.

44 適(적): 마침 때마침.

45 湖南觀察(호남관찰): 호남관찰사. ≪원화군현지≫ 권30에 따르면, 호남관찰사는 강남도(江南道) 산하에서 담주(潭州), 형주(衡州), 침주(郴州), 영주(永州), 연주(連州), 도주(道州), 소주(邵州)의 7개 주와 34개 현을 관할하였는데, 행정중심지가 담주 곧 지금 호남성(湖南省) 장사시(長沙市)에 있었다.

46 常(상): ≪문본(文本)≫에는 들어 있지 않고, ≪전정(箋正)≫ 권5에서는 "상(常)"자가 "상(嘗)"으로 되어야 한다고 하였는데, ≪교전(校詮)≫에서 "상(常)"과 "상(嘗)"은 예전에 통용되었으므로 "상(常)"은 '상(嘗)'으로 읽는다고 풀이해야 옳다고 하였다.

47 姜公輔罪(강공보죄): ≪구당서138·강공보전≫에 따르면, 덕종이 '경원병변(涇原兵變)'으로 말미암아 봉천(奉天)으로 피난하던 중 어가가 성고현(城固縣에 이르렀을 때 소덕황후(昭德皇后)의 소생인 총애하던 장녀 당안공주(唐安公主)가 죽자 담당 관리에게 조칙을 내려 후하게 장례를 치르도록 하였다. 그러자 강공보가 도성이 머지않아 회복되면 어차피 이장을 해야 할 터 검소하게 장례를 치르고 그 경비를 군사들에게 돌리는 것이 옳다고 간언하자, 덕종이 크게 노하여 육지(陸贄)의 간청에도 불구하고 강공보를 재상에서 파직하고 좌서자(左庶子)로 내친 것을 가리킨다. 강공보에 대해서는 [Ⅱ-8] 주석 3 참조. '경원병변(涇原兵變)'에 대해서는 [Ⅰ-1] 주석 9 참조.

48 知參洩其語(지삼설기어): ≪구당서138≫과 ≪신당서152≫의 강공보 전기에 아래와 같은 기록이 보인다. 강공보가 오랫동안 승진을 하지 못하고 있던 중 육지(陸贄)가 재상이 되자 여러 차례 관직을 달라고 요청하였다. 그러자 육지가 강공보에게 은밀하게 이런 말을 일러 주었다. 즉, 자신이 두삼(竇參)을 만났을 때 두삼이 여러 차례 강공보의 관직에 대해 주청하였지만, 황제가 윤허하지 않고 강공보에 대해 노여워하였다는 것이다. 이에 화들짝 놀란 강공보가 사직 상소를 올려 도사(道士)가 되기를 청하였지만 허락을 받지 못하던 중, 또 다시 조정에서 같은 주청을 하자 덕종이 그 까닭을 묻기에 강공보는 자신이 들은 내용을 육지가 한 말임을 숨기고 두삼이 한 말이라고 대답하였다. 이를 듣고 난 덕종이 노하여 강공보를 천주별가(泉州別駕)로 내치고, 환관을 사자로 파견하여 조칙을 들고 침주(郴州)로 가서 두삼을 문책하도록 하였다.

49 汴州節度(변주절도): ≪원화군현지≫ 권8에 따르면, 하남도(河南道) 산하 변주(汴州)는 변송절도사(汴宋節度使)의 막부 소재지로 변송절도사는 변주(汴州), 송주(宋州), 박주(亳州), 영주(潁州)의 4개 주와 28개 현을 관할하였다. 변주는 지금 하남성 개봉시(開封市)이다.

50 劉士寧(유사녕): 유현좌(劉玄佐)의 아들로 활주(滑州) 광성(匡城: 지금 河南

省 長垣縣) 사람이다. ≪책부원구≫ 권176에 따르면, 유현좌 사후 정원 8년(792) 4월 경인일(庚寅日)에 변송절도사가 되었다가 그 이듬해 12월 병진일(丙辰日)에 부장인 이만영(李萬榮)에 의해 축출되었다. ≪구당서145·열전95·유현좌전≫에 그의 전기가 부기되어 있다.

51 金帛若干(금백약간): 금백(金帛)은 '황금'과 '비단'으로 통상 '돈과 재물'을 두루 가리키기도 한다. Solomon(49쪽)은 ≪구당서136·두삼전≫에서 "금(金)"과 "백(帛)"을 문자 그대로 사용한 것 같지는 않다고 하면서 자유롭게 번역하여 '일정액의 값비싼 선물(a certain number of valuable gifts)'(39쪽)로 옮겼다는 주를 달았다. 그런데 유사녕이 두삼에게 보낸 선물에 대해 ≪구당서136≫과 ≪신당서145≫의 <두삼전>에는 각각 "비단 5천 필(絹五千匹)"과 "비단 5천(絹五千)", ≪구당서139·육지전≫에는 "비단 수천 필(絹數千匹)"로 명기되어 있고 "금(金)"에 대해서는 언급이 없다.

52 參處其議(삼처기의): 이상 두 구절과 관련하여 ≪구당서145·유사녕전≫에 따르면, 유현좌 사후에 본래 조정에서 오주(吳湊)를 변송절도사로 삼으려고 하였으나 그곳 군인들이 거부하고 유사녕을 옹립하여 유후(留後)로 삼은 뒤 조정에 인준을 요청함에, 덕종이 재상을 불러 이 문제를 논의하였을 때 두삼이 변주 군인들의 청을 들어주지 않을 경우 그들이 이납(李納)과 연합할까봐 두렵다는 의견을 피력한 바 있다.

53 厚貺(후황): 후한 예물.

54 以武將交結(이무장교결): 이하 세 구절의 내용과 관련하여 ≪구당서136·두삼전≫에 따르면, 두삼이 정원 8년(792) 4월에 침주별가로 좌천되어 있을 때 유사녕이 두삼에게 비단 5천 필을 보낸 일이 있었는데 이손(李巽)과 환관이 이를 조정에 고발하였다. 그러자 덕종이 크게 노하며 두삼을 죽이려고 함에 육지가 변호하였지만, 덕종은 두삼이 무장들과 내왕하고 교류하면서 사직에 위해를 끼칠 것이라는 의심을 지우지 않고 재차 환주사마(驩州司馬)로 좌천시

켰다가 도중에 사약을 내려 죽였다. ≪자치통감≫ 권234에 따르면, 두삼이 유배 도중 옹주(邕州) 무경진(武經鎭)에서 사사된 때는 정원 9년(793) 3월이다.

55 裴延齡(배연령): [Ⅰ-1] 주석 12 참조. ≪구당서13·덕종기하≫에 따르면, 배연령이 호부시랑·판탁지가 된 때는 정원 9년(793) 6월 갑인일(甲寅日: 7일/양력 7월 19일)이다.

56 判度支(판탁지): [Ⅰ-1] 주석 15 참조.

57 日陳其不可用(일진기불가용): ≪전교(全校)≫(2957~2958쪽)에서는 ≪자치통감≫ 권235 정원 10년(794) 조에 기록되어 있는 바, 육지가 배연령을 써서는 안 된다고 황제에게 건의한 내용은 <배연령이 간악한 좀벌레임을 논한 상서(論裴延齡姦蠹書)>(≪육선공집(陸宣公集)≫ 권21)에 보인다고 하고, 비단 이 글뿐만 아니라 처음 덕종이 배연령을 판탁지로 임명하려고 하였을 때도 육지가 사방의 웃음거리요 억조창생의 재앙이 될 것이라며 반대하는 의견서(<논선령제배연령탁지사장(論宣令除裴延齡度支使狀), ≪육선공집≫ 권18>)를 올린 적이 있다고 하였다. 아울러 권덕여(權德輿)의 <배연령이 판탁지에 응해서는 안 됨을 논한 상소(論裴延齡不應復判度支疏)>, 원진(元稹)의 <배연령을 논한 표문(論裴延齡表)>과 <또 배연령을 논한 표문(論裴延齡表)> 등도 있는 바 배연령이 간악한 좀벌레와 같은 인물이라는 견해는 그 당시의 공론이라고 하였다.

58 翰林學士吳通玄故與贄同職(한림학사오통현고여지동직): 이는 ≪구당서190하·문원전하(文苑傳下)≫에 따르면, 오통현이 기거사인·지제고로 있을 때 육지, 길중부(吉中孚), 위집의 등과 함께 황제의 조서를 기초한 것을 가리킨다. 오통현(?~792)은 해주(지금 江蘇省 連雲港市 海州區) 사람으로 도사인 부친 오도관(吳道瓘)이 입궁하여 태자와 여러 왕들에게 도교 경전을 가르친 일로 동생 오통미(吳通微)와 함께 동궁에서 덕종을 시종하여 놀았던 연고로 일찍이 덕종과 돈독한 관계를 구축하였다. 신동과(神童科)와 문사청려과(文詞清

麗科)를 통해 동주사호참군(同州司戶參軍)에 임명되었다. 덕종의 총애를 받아 한림학사, 기거사인·지제고, 간의대부 등을 역임하였다. 육지를 모함한 일에 동참하고 종실의 여인을 첩으로 둔 행적 등이 드러나 천주사마(泉州司馬)로 유배되던 중 화주(華州) 장성역(長城驛)에 이르렀을 때 사사되었다. ≪구당서190하·문원전하(文苑傳下)≫와 ≪신당서145·열전70≫에 모두 전기가 실려 있다.

59 佻薄(조박): 경박하다.

60 能(능): 화목하게 지내다. 사이좋게 지내다. ≪사기·소상국세가(蕭相国世家)≫에 "소하는 평소에 조삼과 사이좋게 지내지 못하였다.(何素不與曹參相能.)"라는 글귀가 보인다.

61 因盛言贄短(인성언지단): ≪문본(文本)≫의 주석에서 오통현은 육지가 재상이 되기 전에 사사되었는데, 이곳 ≪순종실록≫과 <한원집서>에서 오통현이 재상인 육지의 단점을 극구 입에 담았다고 하니 사관의 잘못일 것으로 추측한 바 있다. 이와 관련하여 ≪전교(全校)≫(2958쪽)에서는 <한원집서>와 ≪구당서≫·≪신당서≫의 <두삼전> 및 <오통현전>을 근거로 은밀히 배연령과 결탁하여 육지의 단점을 극구 입에 담은 자는 오통현이 아니라 그의 형인 오통미라고 보고 있다. 즉, 황제의 육지에 대한 총애가 시들고 배연령의 권세가 조야를 뒤흔들자 오통미가 동생의 원수를 갚기 위해 이런 일을 꾸며 육지를 비방한 것인데, 후인들은 오통현의 명성이 오통미보다 더 알려져 있었기에 오통현은 알고 오통미는 몰라서 이런 오류를 범하게 된 것이라고 하였다.

62 趙憬(조경): 736~796. 자가 퇴옹(退翁)이고 위주(渭州) 농서(지금 甘肅省 隴西縣) 사람이다. 수부원외랑(水部員外郞), 어사중승, 급사중 등을 거쳐 중서시랑·동중서문하평장사까지 올라 육지와 함께 재상으로서 황제를 보필한 바 있다. ≪구당서138·열전88≫과 ≪신당서150·열전75≫에 모두 전기가 실려 있다.

63 本贄所引同對(본지소인동대): <한원집서>에 “재상 조경은 공(육지)이 끌어와 동렬로 승진하였다.(宰相趙憬, 公之引拔, 昇爲同列.)”고 되어 있다.

64 嫉贄之權(질지지권): ≪구당서138·조경전≫에 조경이 육지와 함께 정사를 돌볼 때 육지가 오래 궁궐에 있었기에 황제의 총애를 믿고 국정을 자기만의 소임으로 생각하고서 1년 만에 조경을 문하시랑으로 전임시키자, 이때부터 조경이 육지에 대해 불만을 품고 자주 병을 핑계로 휴가를 내고는 정무를 돌보지 않았다는 기록이 보인다. ≪자치통감≫ 권234의 ≪통감고이≫에서는 조경이 중서시랑에서 문하시랑으로 전임하였어도 여전히 재상이고, 가탐(賈耽)과 노매(盧邁)도 재상 자리에 있었으니 육지가 국정을 독단적으로 처리하였을 리 없다고 하면서 조경이 문서시랑으로 전임시킨 일로 의심하였을 따름이라고 하였다.

65 竟罷贄相(경파지상): 육지가 재상으로 물러나 태자빈객으로 옮긴 때는 ≪구당서13·덕종기하≫에 따르면, 정원 10년(794) 12월 임술일(壬戌日: 23일/양력 795년 1월 18일)이다.

66 太子賓客(태자빈객): ≪구당서44·직관지3≫에 따르면, 태자빈객은 정3품의 동궁 속관으로 태자를 시종하며 간언을 하고 예의(禮儀)에 관한 일을 보좌하였다.

67 張滂(장방): [Ⅰ-1] 주석 17 참조.

68 李充(이충): [Ⅰ-1] 주석 18 참조.

69 忠州別駕(충주별가): [Ⅱ-8] 주석 2와 8 참조.

70 滂充皆斥逐(방충개척축): ≪구당서13·덕종기하≫에 따르면, 정원 11년(795) 4월 임술일(壬戌日: 25일/양력 5월 18일)에 태자빈객 육지를 충주별가로, 경조윤 이충을 신주장사(信州長史)로, 위위경(衛尉卿) 장방을 정주장사(汀州長史)로 좌천시켰다고 하였다.

71 攬持(남지): 독점하다. 틀어쥐다.

72 機柄(기병): 권력.

73 細事(세사): 자질구레한 일. 세세한 일.

74 君人(군인): 인군이 되어 백성들을 다스리다. 나라의 임금. ≪좌전·은공(隱公) 3년≫에 "백성을 다스리는 임금이 재앙을 힘써 없애야 할 것인데 도리어 불러 온다면 불가하지 않겠는가!(君人者, 將禍是務去, 而速之, 無乃不可乎!)"라는 글귀가 보인다.

75 大體(대체): 중요한 도리. 대세와 관계되는 도리.

76 陸氏集驗方(육씨집험방): 50권으로 된 의약서적으로 알려져 있으나 지금 전하지 않는다.

77 鄭餘慶(정여경): [Ⅱ-8] 주석 12 참조.

⇒ 육지(陸贄)의 전기 서술.

## [Ⅳ-6]

양성은 자가 항종(亢宗)이고 북평(北平) 사람인데 대대로 벼슬을 한 집안 출신이다. 공부하기를 좋아하였지만 책을 구할 형편이 되지 못하자, 곧 집현전으로 들어가 필경사가 되어 관가의 책을 몰래 훔쳐 읽느라 밤낮으로 집의 문 밖으로 나오지 않았다. 6년이 지나자 드디어 두루 통달하지 않은 데가 없었는데, 곧 섬주(陜州)의 중조산(中條山) 기슭으로 들어갔다. 원근 각지에서 그의 덕행을 흠모하여 배우러 오는 사람들로 길이 끊이지 않고 꽉 찼다. 마을에 다툼이 생긴 사람들은 관가로 가지 않고 양성을 찾아가 해결하였다. 이비(李泌)가 재상이 되어 간의대부로 천거하자 사양하지 않고 관직을 받아들였다. 도성에 도착하기 전에 사람들이 모두 풍모와 기품을 바라보고 싶어 하면서 "양성은 산속으로 물러나 산 사람으로서 스스로 고생을 애써 견뎌낼 수 있었기 때문에, 명성과 이익을 좋아하지 않고 반드시 임금에게 간쟁하여 직무를 다하기 위해 목숨을 바칠 것이다."고 하며 다들 그를 경외하였다. 도성에 도착하였을 때 모든 간관들이 분분하게 나랏일을 논하여 사소하고 자잘한 일들까지 황제에게 보고하지 않는 것이 없어 천자가 갈수록 그들에게 질려 고통스럽게 여겼지만, 양성은 한창 두 동생 및 객들과 함께 밤낮을 이어 술을 통음하여 그의 의중을 짐작할 수 있는 사람이 아무도 없었다. 그의 이런 태도를 나무라며 간언하려고 양성에게 와서 묻는 사람이 있었는데, 양성은 그의 의도를 미리 헤아려 간파하고 바로 강요하다시피 술을 먹였다. 어떤 때는 방문객이 먼저 취해 술자리에 쓰러져버렸고, 어떤 때는 양성이 먼저 취해 방문객의 품에 드러누워 버려서 방문객의 말을 들을 수가 없었다. 양성이 두 동생에게 약조하여 말하였다.

"내가 받는 월급 중에서 너희들이 우리 집의 식구가 몇이고 매월 먹을 쌀이 얼마인지와 땔나무, 야채, 소금을 사는 데 돈이 얼마가 필요한지를 헤아려 그것들을 먼저 갖추고 난 뒤 나머지는 모두 주모에게 보내고 남기지 말라."

그리하여 일찍이 저축해둔 돈이 한 푼도 없었다. 비록 자기가 긴급하게 사용하여 없어서는 안 되는 것이라고 하더라도, 방문객이 그 물건을 좋아할 만한 것이라고 칭찬하면 양성은 바로 기뻐하며 그것을 집어 들어 그 사람에게 주었다. 진장(陳萇)이라는 사람은 양성이 막 월급 받기를 기다렸다가 늘 그에게 가서 월급으로 받은 돈과 비단을 찬미하고는 매달 그 중의 일부를 타 갔다. 배연령이 육지 등을 참소하고 비방한 탓으로 그들이 폄직되어 유배를 가고 덕종의 노여움이 풀리지 않아도 조정에 구해주는 사람이 없자, 양성이 이 소식을 듣고 일어나 말하였다.

"내가 간관인데 천자로 하여금 죄 없는 사람들을 죽이고 간신을 믿고 쓰도록 할 수는 없다."

그러고는 습유(拾遺) 왕중서(王仲舒) 등 몇몇 사람들을 데리고 연영문(延英門)을 지키며 상소하여 배연령이 간사하고 아첨하는 인물이고 육지 등이 죄를 지은 사실이 없음을 논하였다. 덕종이 크게 노하여 재상들을 불러 궁궐로 들어와 이 문제를 상의하여 양성 등의 죄를 물으려고 하였다. 한참을 지나 덕종의 노여움이 풀리자 재상들로 하여금 그들을 타일러 집으로 돌려보내게 하였다. 이때 금오장군(金吾將軍) 장만복(張萬福)이 간관들이 궁궐 문 밖에 엎드려 황제에게 간하였다는 소식을 듣고 빠른 걸음으로 달려가 연영문에 이르러 큰 소리로 하례하며 말하였다.

"조정에 직언으로 간쟁하는 신하가 있으니 천하가 필시 태평하게 될 것이다!"

그러고는 양성과 왕중서 등에게 모두 절을 하며 말하였다.

"모든 간관들이 이와 같이 일에 대해 간언할 수 있는데 천하가 어떻게 태평하게 되지 않겠소!"

얼마 안 있더니 그는 "태평만세! 태평만세!"를 연달아 외쳤다. 장만복은 무장으로 그때 나이가 80여세였는데 그로부터 명성이 천하에 널리 알려졌다. 그때 황제는 조만간에 배연령을 재상으로 삼으려고 하고 있었는데, 양성이 말하였다.

"만약 배연령을 재상으로 삼으면 마땅히 흰 삼베에 적힌 조칙을 취해 찢어버리고 궁궐 뜰 안에서 통곡할 것이옵니다."

결국 양성은 배연령의 일에 연루되어 국자사업(國子司業)으로 전임되었다. 국자감에 이르렀을 때 모든 생도들을 모아놓고 일러 말하였다.

"대체로 학업이란 충과 효를 다하도록 배우는 것이다. 모든 생도들은 어찌하여 오래도록 양친을 찾아뵙지 않는단 말인가?"

그 다음날 양성을 찾아와 고향으로 돌아가 부모를 봉양하러 가겠다는 생도들이 이십 여 명이 되었다. 설약(薛約)이라는 이가 있어 일찍이 양성에게 배운 적이 있었는데, 성품이 사납고 조급하여 황제에게 간한 일 때문에 미움을 사서 장차 연주(連州)로 떠나려고 하고 있었다. 집밖에서 기거하며 종적이 사라지자 관리가 추적하여 양성의 집에서 그를 찾아내었는데, 양성이 관리를 문에 앉게 하고 설약과 술을 마시며 결별을 하고서 눈물을 흘리며 교외까지 가서 그를 전송하였다. 덕종이 이 소식을 듣고 양성이 죄인을 편들었다고 여기고서 그를 도주자사(道州刺史)로 전출시켰다. 국자감 생도인 왕로경(王魯卿)과 이당(李儻) 등 이백 칠십 명이 궁궐로 몰려가 양성의 유임을 간청하였다. 여러 날 궁궐 앞에 머물렀지만 관리들이 막고 저지하여 상소가 황제에게 올라갈 수 없었다. 도주에서 양성은 집안사람들을 대하는 예로 부하 관리들을 대하였으며, 마땅히 벌줄 사람에게는 벌을 주고 상줄 사람에게는 상을 주었을 뿐 문서를 가지고 일체 개입하지 않았다. 조세가 제대로 징수되지 않자 관찰사가 여러 차례 문책하였다. 관리들의 고과를 매겨 올릴 때 양성이 자신의 고과 등급을 매기기를 "백성들을 어루만지고 돌보는 데는 내 심혈을 다하였지만, 조세를 징수하는 업무는 서툴렀으니 고과는 하하 등급이다."고 하였다. 관찰사가 일찍이 판관(判官)을 파견하여 조세 징수를 감독하게 하였는데, 판관이 도주에 도착하였을 때 양성이 맞이하러 나오지 않은 것을 괴이하게 여겨 도주의 관리에게 물으니 관리가 말하였다.

"자사께서 판관이 오신다는 소식을 듣고 스스로 죄가 있다고 여기시고 옥에 갇히셨기 때문에 감히 나오시지를 못하였습니다."

판관이 크게 놀라 옥으로 달려 들어가 거기에서 양성을 만나고 말하였다.

"사또께서 무슨 죄가 있겠소이까? 아무개는 명령을 받들고 안부를 물으러 왔을 뿐입니다."

판관이 하루 이틀 머무르며 떠나지 않자 양성은 결코 공관으로 복귀하지 않았다. 문 밖에 낡은 문짝이 땅바닥에 가로로 누워 있었는데, 양성이 밤낮으로 그 위에 앉거나 누워 있어서 판관이 스스로 불안하여 하직하고 떠났다. 그 뒤에 또 다른 판관 최아무개를 파견하여 순찰하러 가도록 하였다. 최아무개는 명령을 받들고 사양을 하지 못하였지만, 처자식을 데리고 길을 나서서는 도중에 도망쳐버렸다. 양성은 효성스럽고 우애가 있어 차마 동생들과 떨어져 살 수가 없었는데, 그들이 모두 결혼을 하지 않고 죽을 때까지 양성을 시중들었다. 과부가 된 여동생이 양성에게 의지하여 살았으며, 나이 마흔이 넘은 생질이 하나 있었는데 많이 모자라 사람구실을 하지 못하였지만 양성이 늘 동생들과 그를 등에 업고 다니며 놀았다. 전에 양성의 매부가 다른 곳에서 죽었지만 집이 너무 가난하여 장례를 치를 수 없자, 양성이 몸소 동생들과 함께 시신을 운구하여 집으로 돌아와 자기 사는 곳 옆에 묻어주었는데 오간 길이 천여 리에 달하였다. 양성이 죽었을 때 향년 60여세였다.

城[1]字亢宗, 北平[2]人, 代爲官族. 好學, 貧不能得書, 乃求入集賢爲書寫吏[3], 竊官書讀之, 晝夜不出. 經六年, 遂無所不通, 乃去陜州中條山下[一]. 遠近慕其德行, 來學者相繼於道. 閭里有爭者, 不詣官府, 詣城以決之. 李泌[4]爲相, 擧爲諫議大夫[5], 拜官不辭. 未至京師, 人皆想望風采[6][二], 云: "城山人能自苦刻[7], 不樂名利, 必諫諍死職下[8]", 咸畏憚[9]之. 旣至, 諸諫官紛紛言事[10], 細碎[11]無不聞達[12], 天子益厭苦[13]之[三], 而城方與其二弟牟、容連日夜痛飮[四], 人莫能窺其意. 有懷刺譏[14]之者, 將造城而問者[五], 城揣知[15]其意, 輒彊與酒[六]. 客或時先醉仆席上; 或時先醉臥客懷中, 不能聽客語. 約其二弟云: "吾所得月俸, 汝可度吾家有幾口, 月食米當幾何, 買薪菜鹽米[16]凡用幾錢, 先具之, 其餘悉以送酒媼, 無留也."

未嘗有所貯積. 雖其所服用[17]切急不可闕者, 客稱其物可愛, 城輒喜, 擧而授之. 陳萇[18]者, 候其始請月俸, 常往稱其錢帛之美, 月有獲焉[七]. 至裴延齡[19]讒毁陸贄等, 坐貶黜, 德宗怒不解, 在朝無救者, 城聞而起曰: "吾諫官也, 不可令天子殺無罪之人, 而信用姦臣." 卽率拾遺[20]王仲舒[21]數人守延英門上疏[22], 論延齡姦佞, 贄等無罪狀. 德宗大怒, 召宰相入語, 將加城等罪. 良久乃解, 令宰相諭遣之. 於是金吾將軍張萬福[23]聞諫官伏閤[24]諫, 趨往[25], 至延英門, 大言賀曰: "朝廷有直臣[26][八], 天下必太平矣!" 遂徧拜城與仲舒等曰: "諸諫議能如此言事, 天下安得不太平也![九]" 已而連呼: "太平萬歲, 太平萬歲!" 萬福武人, 時年八十餘, 自此名重天下. 時朝夕相延齡, 城曰: "脫[27]以延齡爲相, 當取白麻[28]壞之. 慟哭於庭." 竟坐延齡事改國子司業[29]. 至, 引諸生告之曰: "凡學者, 所以學爲忠與孝也. 諸生寧有久不省其親乎?" 明日謁城歸養[30]者二十餘人. 有薛約[31]者, 嘗學於城, 狂躁[32], 以言事得罪, 將徙連州[33]; 客寄[34]有根蔕[35], 吏縱求得城家[十]; 坐吏於門, 與約飮決別[36], 涕泣送之郊外. 德宗聞之, 以城爲黨罪人, 出爲道州刺史[37]. 太學王魯卿、李儻等二百七十人詣闕乞留[38]. 住數日, 吏遮止之, 疏不得上. 在州, 以家人禮待吏人, 宜罰者罰之, 宜賞者賞之, 一不以簿書[39]介意. 賦稅不登[40][十一], 觀察使數誚讓[41]. 上考功第, 城自署第曰: "撫字[42]心勞, 徵科政拙, 考下下." 觀察使嘗使判官督其賦, 至州, 怪城不出迎, 以問州吏, 吏曰: "刺史聞判官來, 以爲己有罪, 自囚於獄, 不敢出." 判官大驚, 馳入, 謁城於獄, 曰: "使君何罪? 某奉命來候安否耳." 留一兩日未去, 城固不復歸館. 門外有故門扇橫地, 城晝夜坐臥其上, 判官不自安, 辭去. 其後又遣他判官崔某往按之[十二]. 崔承命不辭, 載妻子一行, 中道而逃. 城孝友, 不忍與其弟異處, 皆不娶[43], 給侍終身. 有寡妹依城以居. 有生年四十餘[44][十三], 癡不能如人, 常與弟負之以遊. 初, 城之妹夫亡在他處, 家貧不能葬, 城親與其弟舁尸以歸[十四], 葬於其居之側, 往返千餘里. 卒時年六十餘.

[一] "주(州)"가 "주(洲)"로 된 판본도 있는데 잘못이다. [보주] 요범(姚範)이 "주(州)" 밑에 "가(家)"자가 빠진 것이 아닌가 한다고 하였고, 유자후(柳子厚)는 〈유애갈(遺愛碣)〉에서 양성은 "북평에 살았으며 중조산에 은거하였다.(家於北平, 隱於條山.)"고 하였다.

[보충설명]

- "주(州)"가 "주(洲)"로 된 판본도 있는데 잘못이라는 것은 ≪고이(考異)≫에 따른 것이다.
- "섬주(陜州)"는 ≪송본(宋本)≫, ≪축본(祝本)≫, ≪문본(文本)≫에는 "창주(滄洲)"로, ≪위본(魏本)≫, ≪장본(蔣本)≫, ≪전당문≫, ≪고이(考異)≫에는 "창주(滄州)"로 되어 있다.
- ≪전교(全校)≫(2961쪽)에서는 중조산이 하내도(河內道) 안읍현(安邑縣) 남쪽 20리에 있다는 ≪원화지(元和志)≫의 기록에 따라 "창주(滄州)"는 "섬주(陜州)"의 잘못일 것이라는 ≪전정(箋正)≫ 권5의 견해 등과 양성이 정주(定州) 북평(北平)에 살았고 여러 서적에서 창주(滄州)에 살았다고 한 기록이 없는 점에 근거하여 "창(滄)"은 "섬(陜)"의 잘못이 분명하므로 고쳐야 마땅하다고 하였다.
- ≪원화군현지≫ 권7에 따르면 섬주는 하남도(河南道) 산하의 대도독부(大都督府)로 섬괵관찰사(陜虢觀察使)의 행정 중심지였으며, 섬(陜), 협석(硤石), 영보(靈寶), 하(夏), 안읍(安邑), 평륙(平陸), 예성(芮城), 원(垣) 등 8개 현을 관할하였다. 섬주의 주청 소재지는 지금 하남성 섬현에 있었다.
- 중조산은 지금 중조산맥으로 산서성(山西省)의 하현 및 안읍현 남쪽과 하남성의 섬현 북쪽에 가로로 걸쳐 있다.
- 유종원의 글은 원제목이 <국자사업양성유애갈(國子司業陽城遺愛碣)>이다. 이 글에 대해서는 오수형·이석형·홍승직 옮김, ≪유종원집≫1, 282~287쪽 참조.

[二] "상(想)"은 "상(相)"으로 된 판본도 있다.

[보충설명]

- 이는 ≪고이(考異)≫에 따른 것으로 "상(相)"으로 된 것은 잘못이라고 하였다.
- ≪송본(宋本)≫, ≪축본(祝本)≫에 "상(相)"으로 되어 있다.

[三] "자(子)"는 "하(下)"로 된 판본도 있는데 잘못이다.

[보충설명]

- 이는 ≪고이(考異)≫에 따른 것이다.
- ≪송본(宋本)≫, ≪축본(祝本)≫, ≪문본(文本)≫, ≪위본(魏本)≫에 "자(子)"로 되어 있다.

[四] "모(牟)"는 "병(幷)"으로, "용(容)"은 "밀(密)"로, 두 글자가 "병객(幷客)"으로 된 판본도 있다.

[보충설명]

- 이는 ≪고이(考異)≫에 따른 것인데, 본서의 저본인 ≪교주(校注)≫에 "병객(幷客)"이 "병용(幷容)"으로 잘못 적혀 있어 필자가 바로잡았다.
- ≪전정(箋正)≫ 권5에서 "모용(牟容)"은 ≪신당서≫에는 "계역(堦域)"으로, ≪구당서≫에는 "급객(及客)"으로 되어 있다고 하였다.
- 이 일을 기록하면서 ≪구당서192≫와 ≪신당서194≫ 본전에는 각각 "양성은 한창 두 동생 및 객들과 더불어 밤낮으로 통음하였다.(城方與二弟及客日夜痛飮.)", "양성은 두 동생과 더불어 객들을 초치하여 밤낮으로 많이 마셨다.(城與二弟延賓客, 日夜劇飮.)"로 되어 있다.
- ≪전교(全校)≫(2962쪽)에서는 이를 근거로 ≪순종실록≫의 전본(傳本)에서 글자 모양이 비슷한 때문에 "급객(及客)"이 "모용(牟容)"으로 잘못되었다고 하고, 양성과 두 동생의 이름이 모두 '흙 토(土)'변인 것은 의심할 여지가 없다고 하면서 여러 판본에서 두 동생의 이름을 여러 가지로 적고 있

는 것은 모두 잘못이라고 단정하였다. 타당한 견해라 생각되어 번역문에서 이를 수용하여 옮겼다.

[五] 지금 살펴보건대 이 두 구절도 한 구절은 군더더기로 잘못 들어간 것이니 중복된 것을 고치면서 잘못된 것이 아닌가 한다. 지금 "기지자장(譏之者將)" 네 글자는 마땅히 삭제해야 한다.

[보충설명]

- 이는 ≪고이(考異)≫에 따른 것이다.
- 참고로 ≪고이(考異)≫의 견해를 따르면, 이 두 구절은 "만나려고 양성을 찾아가 물은 사람이 있었다."로 새길 수 있다. "회자(懷刺)"는 '명함을 가슴에 품다'는 뜻으로 '만나려고 하다'는 것을 나타낸다.

[六] "첩(輒)"자 위에 "강여좌(彊與坐)" 세 글자가 있는 판본도 있다.

[보충설명]

- 이는 ≪고이(考異)≫에 따른 것인데, ≪송본(宋本)≫, ≪축본(祝本)≫, ≪문본(文本)≫, ≪위본(魏本)≫에 세 글자가 더 들어 있다.
- 참고로 ≪구당서192≫ 본전에는 "맞이하여 같이 앉은 뒤 바로 술로 강권하였다.(引之與坐, 輒強以酒.)"로 되어 있다.

[七] [보주] 하작(何焯)이 말하기를 "서사가 천 년이 지난 뒤에 읽어도 그 목소리와 웃는 모습이 선명하게 눈에 들어오는 것을 느끼게 되니 사마천과 반고 이후로 다시 보게 되었도다!(敍事至千載下而讀之, 猶覺聲音笑貌顯顯在目, 馬班而下, 可復見乎!)"라고 하였다.

[보충설명]

- 이는 하작의 ≪의문독서기≫ 권34에 보인다.

[八] "직언(直言)"으로 된 판본도 있다.

[보충설명]

- 이는 ≪고이(考異)≫에 따른 것인데, ≪축본(祝本)≫과 ≪위본(魏本)≫에

"신(臣)"은 "언(言)"으로 쓰기도 한다고 하였다.

[九] "야(也)"자가 없는 판본도 있다.

[보충설명]

- 이는 ≪고이(考異)≫에 따른 것인데, ≪송본(宋本)≫, ≪축본(祝本)≫, ≪문본(文本)≫, ≪위본(魏本)≫에는 "야(也)"자가 없다.

[十] "종(縱)"은 마땅히 "종(蹤)"으로 되어야 한다.

[보충설명]

- ≪위본(魏本)≫에 이렇게 되어 있고, ≪고이(考異)≫에서는 "종(縱)"은 마땅히 "종(蹤)"으로 되어야 하지 않을까 한다고 하였다.
- ≪전정(箋正)≫ 권5에서 ≪설문(說文)≫에는 "종(蹤)"자가 없고 고서에 "종(蹤)"은 "종(縱)"으로 쓰여 있다고 하면서 주희(朱熹)의 고증이 잘못이라고 하였다. ≪교전(校詮)≫(762~763쪽)에서 "종적(縱跡)"의 "종(縱)"은 본 글자가 "종(衝)"으로 쓰여야 하지만 경전에서 거의 드물게 보이고, ≪맹자≫와 ≪장자)≫ 및 굴원의 <이소(離騷)> 등에서 모두 "종(踵)"으로 쓰였다고 하면서 방성규의 견해에 보충 설명을 달았다.

[十一] "부세(賦稅)"는 "세부(稅賦)"로 된 판본도 있다.

[보충설명]

- 이는 ≪고이(考異)≫에 따른 것인데, ≪문본(文本)≫에 "세부(稅賦)"로 되어 있다.

[十二] "안(按)'은 "혹(或)"으로 된 판본도 있는데 잘못이다.

[보충설명]

- 이는 ≪고이(考異)≫에 따른 것이다.

[十三] "생(生)"은 "생(甥)"또는 "남(男)"으로 된 판본도 있다.

[보충설명]

- 이는 ≪고이(考異)≫에 따른 것인데, ≪문본(文本)≫, ≪위본(魏本)≫에 "생

(甥)"으로 되어 있다.

- "생(甥)" 곧 여동생의 아들인 생질로 되면 뜻이 더 분명해지므로 번역문에 이를 수용하여 옮겼다.

[十四] "여(舁)"는 음이 "여(輿)"이다.

**【주석】**

1 城(성): 양성(陽城, 736~805.) [Ⅰ-1] 주석 22 참조.

2 北平(북평): ≪원화군현지≫ 권22에 따르면, 북평은 하북도(河北道) 정주(定州) 산하의 상급 현인데 지금 하북성 완현(完縣)이다. ≪신당서194≫ 본전에 양성은 정주 북평 사람인데 섬주 하현으로 이주하였다고 되어 있고, 하작의 ≪의문독서기≫ 권34에 선조인 양목(陽鶩, ?~360)이 모용씨(慕容氏) 때에 현달해진 이후 북평 지방의 명망 있는 집안이 되었다고 하였다.

3 書寫吏(서사리): 필경사. ≪구당서192≫ 본전에는 "사서리(寫書吏)"로 되어 있다.

4 李泌(이비): [Ⅲ-14] 주석 30 참조.

5 擧爲諫議大夫(거위간의대부): 이비의 천거로 양성이 벼슬길로 나오게 된 경과에 대해서는 ≪구당서192≫와 ≪신당서194≫ 본전의 기록에 다소간의 차이가 보인다. 즉, ≪구당서192≫에서는 섬괵관찰사인 이비가 양성의 명성을 듣고 몸소 그가 사는 마을로 찾아가 만난 뒤 마음에 들었던 차에, 재상이 되어 저작랑(著作郞)으로 천거하였는데 덕종이 장안현위(長安縣尉) 양녕(楊寧)을 그의 집으로 파견하여 부르자 그는 갖옷을 입고 도성에 나타나 사양하는 상소를 올림에 덕종이 다시 환관을 파견하여 비단 50필을 하사하고 간의대부로 올렸다고 되어 있다. 반면에 ≪신당서194≫ 본전에서는 이비가 섬괵관찰사 재직 시에 자기의 수하에 불렀으나 응하지 않자 조정에 천거하여 저작좌랑(著作佐郞)으로 부르는 조칙이 내려갔지만 이 역시 사양을 하였는데, 뒤에 이비가 재상이

되자 다시 덕종에게 우간의대부로 천거하였다고 되어 있다. 그리고 유종원(柳宗元)의 <국자사업양성유애갈(國子司業陽城遺愛碣)>에는 양성이 간의대부로 발탁된 때가 정원(貞元) 4년(788) 5월로 되어 있다.

6 風采(풍채): 풍채. 풍모와 기품. ≪한서·곽광전(霍光傳)≫에 "전에 어린 임금을 보좌하여 정령이 자기로부터 나갔기에 천하 사람들이 그의 풍모와 기품을 듣고자 하였다.(初輔幼主, 政自己出, 天下想聞其風采.)"라는 글귀가 보인다.

7 苦刻(고각): 노고를 아끼지 않다. 고생을 견뎌내다. '각고(刻苦)'와 같은 뜻이다.

8 必諫諍死職下(필간쟁사직하): 반드시 임금에게 간쟁을 하다 직무 아래에서 죽을 것이다. '직무를 위해 목숨을 바칠 것이다'는 뜻이다. ≪신당서194≫ 본전에는 "초야에 묻혀 살다 세상으로 나와 간쟁하는 관리의 자리에 있게 되자, 선비들이 그가 장차 직무를 위해 목숨을 바칠 것으로 여겼고 천하 사람들이 더욱 그를 경외하였다.(旣興草茅, 處諫諍官, 士以爲且死職, 天下益憚之.)"라고 하여 "직(職)"다음에 "천(天)"자가 더 들어 있다.

9 畏憚(외탄): 본래 '무서워하거나 꺼려하다'는 나쁜 뜻으로 많이 쓰였지만, 여기서는 '경외하다'는 좋은 의미로 쓰였다.

10 言事(언사): 특히 임금에게 간언을 올리거나 정사에 대해 따지며 진언하는 것을 가리킨다. ≪순자·대략(大略)≫에 "맹자가 세 번 선왕을 찾아가 만났지만 정사에 대해 진언하지 않았다.(孟子三見宣王, 不言事.)"라는 글귀가 보이고, 한유(韓愈)의 <왕수재 송별사(送王秀才序)>에도 "건중(780~783) 초에 천자께서 보위를 이어받아 정관과 개원 시절의 위대한 치적을 재현하는 데 뜻을 두시자 조정에 있는 신하들이 앞 다투어 정사에 대해 진언하였습니다.(建中初, 天子嗣位, 有意貞觀、開元之丕績, 在廷之臣爭言事.)"라는 용례가 보인다.

11 細碎(세쇄): 사소하고 자잘하다.

12 聞達(문달): 특히 '황제에게 보고하다'는 것을 가리킨다.

13 厭苦(염고): 질려서 고통스럽게 여기다.

14 刺譏(자기): 잘못을 나무라며 간하다. ≪사기·공자세가(孔子世家)≫에 “공자는 현인으로 나무라며 간하는 것이 모두 제후들의 병통에 부합하였다.(孔子賢者, 所刺譏皆中諸侯之疾.)”라는 글귀가 보인다.

15 揣知(췌지): 헤아려 알다. 미리 간파하다.

16 買薪菜鹽米(매신채염미): 앞 구절에 “미(米)”가 이미 나오므로 여기서는 삭제하는 것이 좋을 듯하여 번역문에서 이를 반영하여 옮겼다. ≪구당서192≫ 본전에도 뒤 구절에는 “미(米)”자가 들어 있지 않다.

17 服用(복용): 사용하다. ≪예기·내칙(內則)≫에 “자신의 자제들이 기물이나 의복, 갖옷과 이불, 수레와 말 등을 얻게 되면 그중에서 최상의 것을 종손에게 바치고 그런 뒤에 자신은 차등의 것들을 사용한다.(子弟猶歸器、衣服、裘衾、車馬, 則必獻其上, 而後敢服用其次也.)”라는 글귀가 보인다.

18 陳萇(진장): ≪원화성찬(元和姓纂)≫ 권3의 임회(臨淮) 진씨(陳氏) 조에 따르면, 진장은 경조법조(京兆法曹)를 지냈고 우보궐(右補闕) 진겸(陳兼)의 아들이다. ≪신당서71·재상세계표(宰相世系表)1≫에 따르면, 진장은 진씨(陳氏)의 후손으로 이름이 올라 대리평사(大理評事)를 지낸 것으로 되어 있고 진겸은 우보궐과 한림학사를 역임한 것으로 되어 있다.

19 裴延齡(배연령): [Ⅰ-1] 주석 12 참조.

20 拾遺(습유): [Ⅲ-14] 주석 11 참조.

21 王仲舒(왕중서): 762~823. 자가 홍중(弘中)이고 병주(并州) 기현(祁縣: 지금 山西省 太原市) 사람이다. 정원 10년(794)에 현량방정과(賢良方正科)를 통해 좌습유에 임명되었고, 우보궐, 예부(禮部)·고공(考功)·이부(吏部) 원외랑(員外郎)을 거쳐 소주자사(蘇州刺史), 홍주자사(洪州刺史), 중서사인, 어사중승, 강서관찰사(江西觀察使) 등을 역임하였다. 강서관찰사 재직 시인 원화 연간(806~820)에 남창(南昌)에서 문학을 장려하여 그곳의 문학기풍이 성행하였는데, 당시 원주자사(袁州刺史)로 있던 한유를 초청하여 남창 문학의 발

전에 크게 기여하였다. 이때 한유가 써준 작품이 <등왕각 중수 기문(新修滕王閣記)>이다. 이밖에 한유는 일찍이 그를 위해 <연희정 기문(燕喜亭記)>을 써준 바 있고, 그의 사후에 <당나라 강남서도관찰사 중대부 홍주자사 겸 어사중승 상주국으로 자색 관복과 금어대를 하사받고 산기상시에 추증된 태원왕공 신도비명(唐故江南西道觀察使中大夫洪州刺史兼御史中丞上柱國嗣紫金魚袋贈左散騎常侍太元王公神道碑銘)>과 <강남서도관찰사로 좌산기상시에 추증된 고 태원왕공 묘지명(故江南西道觀察使贈左散騎常侍太原王公墓誌銘)>을 써주었다. 이들 네 작품에 대해서는 각각 필자의 ≪한유산문역주≫ 1의 268~273쪽과 241~247쪽, ≪한유산문역주≫ 4의 206~220쪽과 308~315쪽 참조. ≪구당서190하·열전140하≫와 ≪신당서161·열전86≫에 모두 전기가 실려 있다.

22 數人守延英門上疏(수인수연영문상소): ≪자치통감≫ 권235 정원 11년(795) 4월 임술(壬戌: 25일/양력 5월 20일) 조에 따르면, 이때 양성과 함께 연영문에서 상소를 한 인물은 왕중서 외에 습유 귀등(歸登)과 우보궐 웅집이(熊執易) 및 최빈(崔邠) 등이 있었으며, 태자(순종)의 구원 덕에 덕종의 노여움이 풀린 것으로 되어 있다. 연영문(延英門)에 대해서는 앞의 [Ⅳ-2] 주석 55 참조.

23 張萬福(장만복): 장만복에 대해서는 [Ⅳ-2] 참조.

24 伏閤(복합): [Ⅰ-1] 주석 23 참조.

25 趨往(추왕): 빠른 걸음으로 가다. 종종걸음으로 가다. ≪맹자·공손추상(公孫丑上)≫에 "송나라 사람 중에 곡식 싹이 잘 자라지 않는 것을 안타깝게 여겨 그것을 뽑아 올려놓은 자가 있었다. 그는 정신이 흐릿한 모습으로 집에 돌아와 집안사람들에게 '오늘 매우 피곤하다! 싹이 빨리 자라도록 도와주었다.'고 하였다. 그의 아들이 빠른 걸음으로 달려가 보니 싹은 이미 말라죽어 있었다.(宋人有閔其苗之不長而揠之者, 芒芒然歸, 謂其人曰: '今日病矣! 助苗長矣!'其子趨

而往視之, 苗則槁矣.)"라는 글귀가 보인다.

26 直臣(직신): 직언으로 간쟁하는 신하. ≪한서·주운전(朱雲傳)≫에 "뒤에 난간을 보수할 때 임금(성제)이 말하기를 '바꾸지 말라! 원래 모양대로 잘 보완하여 그로써 직언으로 간쟁한 신하를 표창하도록 하라.'고 하였다.(及後當治檻, 上曰: '勿易! 因而輯之, 以旌直臣.')"라는 글귀가 보인다.

27 脫(탈): 가정접속사로 '만약'의 뜻이다.

28 白麻(백마): 백마지(白麻紙). [Ⅰ-12] 주석 8 참조.

29 國子司業(국자사업): 국자감(國子監)의 교감. ≪구당서44·직관지3≫에 따르면, 국자감에 종4품하의 사업 2인을 두었는데, 교장인 국자좨주와 함께 유학의 훈도에 관한 정령을 관장하였다. ≪구당서13·덕종기하≫에 따르면, 양성이 우간의대부에서 국자사업으로 전임된 시기는 정원 11년(795) 7월 병인(丙寅) 삭일(朔日: 1일/양력 21일)이다.

30 歸養(귀양): 집으로 돌아가 부모를 봉양하다. ≪사기·위공자열전(魏公子列傳)≫에 "부자가 함께 군대에 있으면 아버지가 귀가하고, 형제가 함께 군대에 있으면 형이 귀가하고, 독자로서 형제가 없으면 귀가하여 부모를 봉양한다.(父子俱在軍中, 父歸; 兄弟俱在軍中 , 兄歸; 獨子無兄弟, 歸養.)"라는 글귀가 보인다.

31 薛約(설약): ≪신당서73·재상세계표3≫에 따르면, 설약은 설씨(薛氏) 남조(南祖)의 후손에 이름이 올라 있으며 아버지는 설안(薛顔)이고 아들은 설아경(薛阿卿)이다.

32 狂躁(광조): 성품이 사납고 조급하다. 현대 심리학에서는 폭력적이고 인신 공격적 성향을 나타내는 정신질환의 하나인 조병(躁病) 또는 조광증(躁狂症)을 가리키는 용어로 쓰인다.

33 連州(연주): ≪원화군현지≫ 권30에 따르면, 연주는 강남도(江南道) 소속의 하급 주로 계양(桂陽), 연산(連山), 양산(陽山)의 3개 현을 관할하였다. 지금 광

동성 연주시이다.

34 客寄(객기): 집밖에서 기숙하는 것을 가리킨다.

35 有根蒂(유근체): 근체(根蒂)는 나무뿌리와 꼭지를 가리킨다. ≪위본(魏本)≫의 주(注)에 "유(有)"는 마땅히 "무(無)"로 쓰야 한다고 하였고, ≪전정(箋正)≫ 권5에서도 "유(有)"는 ≪구당서192≫ 본전처럼 "무(無)"로 쓰는 것이 좋다고 하였다. ≪교전(校詮)≫(762쪽)에서 이들 견해가 옳다고 하고, 한유의 <영사가 거문고 타는 소리를 듣고(聽穎師彈琴)> 시에서 "뜬구름과 버들개지는 뿌리가 없네.(浮雲柳絮無根蒂)."라고 하여 "무근체(無根蒂)"를 쓰고 있는 점을 방증으로 들면서 "유근체(有根蒂)"라고 한다면 "객기(客寄)"라고 할 수 없다고 하였다. 번역문에서 이들 견해를 수용하여 옮겼다. 참고로 ≪문본(文本)≫의 주(注)에 "설약이 양성의 집에 숨은 것이 마치 겨우살이가 소나무나 편백나무에 기생하는 것과 같음을 말한다.(言約隱城家, 如蘿蔦之寄於松柏也.)"라는 독특한 풀이가 달려 있다.

36 決別(결별): '결별(訣別)'과 같다. ≪전정(箋正)≫ 권5에서 "결(決)"은 ≪구당서192≫를 따라 "결(訣)"로 써야 하지만, "결(決)"로 써도 통한다며 ≪한서·소무전(蘇武傳)≫에서 "소무와 결별하고 떠났다.(與武決去.)"의 안사고(顔師古) 주에서 "결(決)"은 '별(別)'의 뜻이라고 한 것을 예로 들었다.

37 道州刺史(도주자사): [Ⅱ-8] 주석 15 참조. ≪전교(全校)≫(2965쪽)에서는 양성이 도주자사로 전출된 시기를 정원(貞元) 15년(799) 9월 기사일(己巳日: 28일/양력 10월 31일)로 고증하고 있다.

38 太學王魯卿李儻等二百七十人詣闕乞留(태학왕로경이당등이백칠십인예궐걸류): 이 구절과 관련하여 ≪전교(全校)≫(2965~2966쪽)에서는 이 ≪순종실록≫과 "태학생 왕로경과 계상 등 270명이 대궐에 가서 유임을 청하였다.(太學生王魯卿、季儻等二百七十人詣闕乞留.)"는 ≪구당서192≫ 본전 및 "태학생 하번, 계상, 왕로경, 이당 등 200명이 대궐 아래에서 머리를 조아리고 양

성의 유임을 청하였다.(太學諸生何蕃、季償、王魯卿、李讜等二百人頓首闕下，請留城.)"는 ≪신당서194≫ 본전의 기록이 모두 잘못이라고 하고, 유종원(柳宗元)의 <국자사업양성유애갈(國子司業陽城遺愛碣)>에서 "태학생 노군(魯郡) 사람 계상(季償)과 여강(廬江) 사람 하번(何蕃) 등 160명이 학업을 내던지고 달려가 대궐 아래에서 머리를 조아리고 조정과 하늘을 향해 억울함을 호소하며 원래대로 되돌길 것을 청원하였다.(太學生魯郡季償, 廬江何蕃等百六十人投業奔走, 稽首闕下, 叫閽吁天, 願乞復舊.)"고 한 것이 옳다고 고증하고 있다. 일리가 있는 견해라 생각되어 참고용으로 적어 둔다.

39 簿書(부서): 재물의 출납을 기록하는 장부. 관공서의 문서 장부.

40 不登(부등): 수확이 좋지 않다. 흉작이다. ≪예기·곡례하(曲禮下)≫에 "흉년이 들어 곡물의 수확이 좋지 않았다.(歲凶, 年穀不登.)"라는 글귀가 보인다.

41 誚讓(초양): 문책하다. 꾸짖다. 가의(賈誼)의 ≪신서(新書·회난(淮難)≫에 "회남왕이 패악 무도하여 폐하께서 그 때문에 태후의 앞에서 머리를 조아리고 사죄하였지만 일찍이 회남왕은 문책하지 않으셨습니다.(淮南王之悖逆亡道, 陛下爲頓顙謝罪皇太后之前, 淮南王曾不誚讓.)"라는 글귀가 보인다.

42 撫字(무자): 백성들을 어루만지고 돌보다. 백성들을 위로하고 구휼하다.

43 皆不娶(개불취): ≪신당서194≫ 본전에 타성 사람이 들어오면 형제 사이가 소원해질 수 있다며 양성이 장성하여 나이가 차도 결혼하지 않자 동생들도 의롭게 여기고 평생 결혼하지 않았다고 하였다.

44 卒時年六十餘(졸시연육십여): ≪신당서194≫ 본전에 따르면 순종이 등극한 뒤 양성을 소환하였지만 이미 죽었는데 향년 70세였다고 하였다.

⇒ 양성(陽城)의 전기 서술.

## [IV-7]

무인일(戊寅日)에 호부시랑 반맹양(潘孟陽)을 탁지염철전운부사(度支鹽鐵轉運副使)로 삼았다. 그날 왕비가 거짓으로 병을 핑계로 스스로 집으로 돌아가기를 청하였다. 왕숙문이 사직을 한 때부터 왕비는 날마다 환관들과 두우(杜佑)에게 가서 왕숙문을 재상으로 기용하고 북군(北軍)을 통솔하도록 해야 한다고 청하였다. 이것이 이루어지지 않자 (왕숙문을) 위원군사(威遠軍使)·평장사(平章事)로 삼아야 한다고 청하였지만 이 또한 이루어지지 않았다. 그 당파에 속한 사람들이 모두 스스로를 보전할 수 없을 것으로 여겨 걱정이 되어 가슴이 두근거렸다. 왕비는 그날 한림원에 가서 앉아 있으면서 세 차례나 황제에게 상소를 하였지만 아무런 회답을 받지 못하자 일이 뜻대로 풀리지 않을 것임을 알아차렸다. 걸어가다가 누웠다 하다가 밤이 되자 갑자기 소리치면서 "내가 중풍에 걸렸소!"라고 하였다. 그 다음날 마침내 수레를 타고 귀가한 뒤 문밖으로 나오지 않았다.

戊寅[1], 以戶部侍郎[2]潘孟陽[3]爲度支鹽鐵轉運副使[4]. 其日, 王伾詐稱疾自免. 自叔文歸第[一], 伾日詣中人[5]幷杜佑[6]請起叔文爲相, 且總北軍[7]. 旣不得, 請以威遠軍使[8]平章事, 又不得. 其黨皆憂悸[9]不自保. 伾至其日, 坐翰林中, 疏三上, 不報, 知事不濟. 行且臥, 至夜忽叫曰: "伾中風矣!" 明日, 遂輿歸不出.

[一] [보주] 심흠한이 말하기를 "왕숙문이 사직하고 귀가한 것은 모친상 때문이다. 이 판본에는 왕숙문의 모친이 죽기 하루 전에 왕숙문이 50명의 사람들과 술이며 음식을 지고 한림원에 들어가 이충언, 유광기, 구문진 및 여러 학사 등과 주연을 벌였다고 한 소절이 빠져 있다. ≪통감고이≫에 인용된 상세본에는 이 소절이 들어 있다.(叔文歸第, 以

母喪也. 此本脫去叔文母將死前一日, 叔文以五十人擔酒饌入翰林, 讌李忠言、劉光琦、俱文珍及諸學士等一節事. 據考異引詳本有之.)"고 하였다.

[보충설명]

- ≪통감고이≫ 권236에 ≪순종실록≫ 상세본의 내용으로 다음 글을 수록하고 있다.

≪순종실록≫ 상세본에 이렇게 적혀 있다.(實錄詳本曰.)

"왕숙문의 모친이 죽기 하루 전에 왕숙문이 50명의 사람들과 술이며 음식을 지고 한림원에 들어가 이충언, 유광기, 구문진 및 여러 학사 등과 주연을 벌였다. 술을 마시던 중에 왕숙문이 술잔을 들었다.(叔文母將死前一日, 叔文以五十人擔酒饌入翰林, 讌李忠言、劉光琦、俱文珍及諸學士等. 中飮, 叔文執盞.)"고 하고, 또 "양사악(羊士諤)이 왕숙문을 헐뜯자 왕숙문이 그를 곤장으로 쳐 죽이려고 하였지만 위집의가 유약하여 감히 그렇게 하지 못하였다. 유벽(劉闢)이 위고(韋皐)의 일로 삼천(三川)을 요구하며 왕숙문을 협박하였는데, 왕숙문은 전에 유벽이 누구인지를 알지 못하였다. 왕숙문이 지금 이름과 지위가 어떠한가? 그런데 유벽이 앞으로 나와 왕숙문의 손을 잡으려고 하니 어찌 흉악한 인간이 아니겠는가! 왕숙문은 그때 이미 목재를 쌓아둔 마당을 치우게 하고서 뭇 사람들을 모아놓고 그를 참살하려고 하였지만 위집의가 또 불가하다고 고집하였다. 이 두 도적을 없애지 못한 것을 생각할 때마다 불쾌하였다. 또 왕숙문이 판탁지를 맡은 이후로 나라에 유리한 사업은 시행하고 해가 되는 일은 없앤 것에 대해 진술하며 얼마간의 돈을 내어 공으로 삼으려고 하였다. 구문진이 말끝마다 제지를 하였다. 왕숙문이 아무 대꾸를 하지 못하고 잔에 술을 가득 채워 서로 주고

받으며 마셨는데, 술이 여러 순배 돈 뒤에 술자리를 파하였다. 한창 술을 마시고 있었을 때 어떤 이가 잠깐 일어나 대청 곁으로 갔다가 왕숙문을 따라온 종들이 '모친이 이미 돌아가셨거늘 입관하여 염습하려고 하지 않고 한창 다른 사람들과 술을 마시고 계시니 무슨 일을 하려는 것인지 모르겠네!'라고 하는 말을 들었다. 집으로 돌아간 다음날 모친이 죽었다. 혹은 모친이 죽고 난 며칠 뒤에 초상이 난 것을 알렸다고 전해진다.(羊士諤毁叔文, 叔文將杖殺之, 而韋執誼懦不敢. 劉闢以韋皐迫脅叔文求三川, 叔文平生不識闢. 叔文今日名位何如, 而闢欲前執叔文手, 豈非凶人邪! 叔文時已令掃木場, 將集衆斬之, 執誼又執不可. 每念失此兩賊, 令人不快. 又自陳判度支已來. 所爲國家興利除害, 出若干錢以爲功能. 俱文珍隨語折之. 叔文無以對, 命滿酌雙飄對飮, 酒數行而罷. 方飮時, 有暫起至廳側者, 聞叔文從人相謂曰: '母死已是, 不欲棺斂, 方與人飮酒, 不知欲何所爲!' 歸之明日, 而其母死. 或傳母死數日乃發喪.)"

**【주석】**

1 戊寅(무인): 정원 21년(805) 7월 11일(음력)/8월 9일(양력). "인(寅)"자가 원본 및 여러 판본에 "오(午)"자로 되어 있는데, ≪점감(點勘)≫에 따르면 반맹양이 관직에 임명된 때는 무인일이지 무오일이 아니니 7월에는 또한 무오일(戊午日)이 없으므로 마땅히 역사서(≪구당서14 · 순종기≫)의 기록이 옳다고 봐야 한다고 하였다. 반면에 ≪전정(箋正)≫ 권5에서는 왕숙문이 6월 20일(양력 7월 19일) 정사일(丁巳日)에 모친상으로 사직을 하였는데 탁지(度支)가 군대와 나라의 재정업무를 담당하는 만큼 오래 비워둘 수 있는 자리가 아니므로 그 다음날 바로 반맹양을 그 자리에 채운 것이 사리에 맞다며 7월 11일 무인

일이라고 한 ≪구당서≫의 기록이 잘못이고 무오일(6월 21일)이 옳다고 하였고, Solomon(50쪽)도 이 견해를 따랐다. 하지만 ≪전교(全校)≫(2966~2967쪽)에서는 왕숙문이 모친상을 당한 날(6월 20일) 하루 동안에 왕비가 왕숙문의 재상 기용과 북군 통솔 및 위원군사평장사 기용 청원, 세 차례 상소 등을 도저히 할 수 없다며, 왕비가 사직한 날이 결코 왕숙문이 모친상을 당한 날이 아니고 반맹양이 탁지염철전운부사에 임명된 날은 ≪구당서14·순종기≫에서 기록한 무인일이 옳다고 하였다. 따라서 ≪순종실록≫에서 이 기록을 육지와 양성을 추증한 7월 병자일(丙子日: 9일/양력 8월 7일) 다음에 놓은 것은 잘못이 아니라며 "인(寅)"자가 "오(午)"자로 잘못되었을 뿐이라고 하였는데, 앞뒤 문맥과 사리를 따져 볼 때 타당한 견해라 생각된다.

2 戶部侍郎(호부시랑): [Ⅱ-8] 주석 5 참조.

3 潘孟陽(반맹양): ?~815. 예부시랑 반염(潘炎)의 아들로 부친의 음서(蔭敍)로 관계에 나와 박학굉사과에 올랐으며, 전중시어사, 호부원외랑, 호부낭중, 병부낭중 등을 지냈다. 순종 때 탁지염철전운부사에 발탁되었고, 호탕한 성품 탓에 헌종 때 같은 관직으로 강회(江淮) 지방의 재정과 조세 등을 살피러 나가서는 주연에 빠져 물의를 일으키기도 하였다. 화주자사(華州刺史), 재주자사(梓州刺史), 검남동천절도사(劍南東川節度使) 등을 거쳐 호부시랑·판탁지 등을 역임하였다. ≪구당서162·열전112≫와 ≪신당서160·열전85≫에 모두 전기가 실려 있다.

4 度支鹽鐵轉運副使(탁지염철전운부사): [Ⅱ-10] 주석 20 참조.

5 中人(중인): 환관. ≪한서19상·백관공경표상(百官公卿表上)≫에 "장행은 진나라 때 설치한 관직으로 경제 중원(中元) 6년(BC 144)에 대장추로 명칭이 바뀌었는데, 중인을 쓰기도 하고 사인을 쓰기도 하였다(將行, 秦官, 景帝中六年更名大長秋, 或用中人, 或用士人.)"라는 글귀가 보이는데, 안사고(顔師古)의 주에 "중인은 환관(奄人)이다."고 하였다.

6 杜佑(두우): [Ⅰ-2] 주석 13 참조. 이 구절과 관련하여 ≪문본(文本)≫의 주석에서 실권을 쥔 환관들과 재상인 두우에게 가서 청한 것을 말한다고 하였고, ≪자치통감≫ 권236의 호삼성(胡三省) 주에 두우가 당시 재상이었으므로 그에게 청하였다고 하였다.

7 北軍(북군): ≪구당서44·직관지3≫에 따르면, 당나라 때의 황제와 황궁 및 도성의 경비를 담당하는 금군(禁軍)으로 좌우위(左右衛), 좌우효위(左右驍衛), 좌우무위(左右武衛), 좌우위위(左右威衛), 좌우영군위(左右領軍衛), 좌우금오위(左右金吾衛), 좌우감문위(左右監門衛), 좌우천우위(左右千牛衛)의 16위와 좌우우림군(左右羽林軍), 좌우용무군(左右龍武軍), 좌우신무군(左右神武軍), 좌우신책군(左右神策軍), 좌우신위군(左右神威軍)이 있었는데, 이중 16위가 남군(南軍)이고 나머지는 모두 북군(北軍) 편제에 속하였다. ≪전교(全校)≫(2968쪽)에서는 정원(貞元) 연간에 이르러 좌우신책군이 북군의 핵심 전력이었는데 그 두 군대의 중위(中尉)가 통솔하였으므로 금군의 군권이 환관의 수중에 있었다고 하고, 위 글(Ⅲ-8, Ⅲ-9)에서 범희조(范希朝)와 한태(韓泰)가 좌우신책군을 통솔하며 여기에서 왕숙문이 북군을 통솔하도록 요청한 것은 모두 환관의 수중에서 군권을 빼앗아 내기 위한 조치라고 하였다.

8 威遠軍使(위원군사): ≪자치통감≫ 권236의 호삼성 주에 따르면, 위원군은 숙종 상원(上元) 원년(760)에 설치한 군대로 덕종 때 이르러 좌우위원영(左右威遠營)을 홍려시(鴻臚寺)에 예속시키고 가탐(賈耽)을 홍려경(鴻臚卿) 겸 위원군사로 삼았는데, 헌종 때 환관을 군사로 삼은 뒤로는 다시는 홍려시에 예속시키지 않았다고 하였다. 그런데 이는 ≪신당서50·병지(兵志)≫에 보이는 검남절도사(劍南節度使) 휘하의 영주(榮州)에 설치된 방진(方鎭)의 군대인 동명의 위원군과 다르다.

9 憂悸(우계): 걱정이 되어 심장이 두근거리다.

⇒ 왕비(王伾)의 사직과 왕숙문(王叔文) 일파의 실권 관련 사실 서술.

## [Ⅳ-8]

무자일(戊子日)에 예부시랑 권덕여(權德輿)를 호부시랑으로 삼고, 창부낭중(倉部郎中)·판탁지(判度支) 진간(陳諫)을 하중소윤(河中少尹)으로 삼았다. 왕비와 왕숙문의 당파에 속한 인사들은 이때부터 관직에서 떨어져 나가기 시작하였다.

戊子[1], 以禮部侍郎[2]權德輿[3]爲戶部侍郎[4]; 以倉部郎中[5]判度支[6]陳諫[7]爲河中少尹[8]. 伾、叔文之黨, 於是始去.

**【주석】**

1 戊子(무자): 정원 21년(805) 7월 21일(음력)/8월 19일(양력).

2 禮部侍郎(예부시랑): [Ⅰ-2] 주석 26 참조.

3 權德輿(권덕여): [Ⅰ-2] 주석 27 참조.

4 戶部侍郎(호부시랑): [Ⅱ-8] 주석 5 참조.

5 倉部郎中(창부낭중): ≪구당서43·직관지2≫에 따르면, 창부(倉部)는 호부상서가 관할하는 4개 부서의 하나로 종5품상의 낭중 1인을 두어 창고 물자의 비축과 조세의 수납 및 녹봉용 양곡의 출납 등에 관한 업무를 관장하도록 하였다.

6 判度支(판탁지): [Ⅰ-1] 주석 15 참조.

7 陳諫(진간): 생졸년 미상. 영천(潁川) 사람으로 정원 연간에 창부낭중, 영정 원년에 판탁지 등을 지내다가 왕숙문 실각 후 외직으로 밀려나 하중소윤(河中少尹), 태주사마(台州司馬), 봉주자사(封州刺史), 순주자사(循州刺史) 등을 역임하

였다. 매우 영민하고 특히 회계에 밝았다고 한다. 송나라 사람 진사(陳思)가 중국 각지의 비각(碑刻)을 모아 편찬한 ≪보각총편(寶刻叢編)≫ 권19에 따르면, 순주자사 재직 시에 영남절도사 공규(孔戣)의 청으로 원주자사(袁州刺史) 한유가 지은 <남해신 사당 비문(南海神廟碑)>을 비석에 직접 쓴 것으로 적혀 있다. ≪구당서135·열전85≫와 ≪신당서168·열전93≫의 <왕숙문전>에 매우 간략한 전기가 부기되어 있다.

8 河中少尹(하중소윤): ≪원화군현지≫ 권14에 따르면, 하중부(河中府)는 하동도(河東道) 소속으로 하중부, 강주(絳州), 진주(晋州), 자주(慈州), 습주(隰州)의 5개 주와 37개 현을 관할한 하중절도사의 막부 소재지였는데, 그 행정 중심지는 하동현(河東縣) 곧 지금 산서성(山西省) 영제현(永濟縣)에 있었다. ≪구당서44·직관지3≫에 따르면 경조(京兆), 하남(河南), 태원(太原) 등의 부에 종4품하의 소윤 2인을 두었다. [Ⅰ-11] 주석 2 참조. 참고로 ≪자치통감≫ 권236에서는 진간이 하중소윤으로 전출된 것을 7월 기축일(己丑日: 22일/양력 8월 20일) 아래에 적고 있다.

⇒ 왕비(王伾)와 왕숙문(王叔文) 일파의 실권 관련 사실 서술.

## [Ⅳ-9]

을미일(乙未日)에 이런 조칙이 내려졌다.

"군대와 나라의 정사를 의당 잠정적으로 황태자 아무개가 주관하도록 한다. 모든 군왕들이며 도성과 지방의 백관들은 마음을 다해 보필하여 잘 다스려지도록 하라. 짐의 뜻을 선포하여 모든 사람들이 들어 알게 하노라!"

황제가 즉위한 때부터 병을 앓아 말을 못하였다. 4월이 되자 상태가 더욱 심해졌다. 이따금씩 부축을 받고 편전에 앉았지만 뭇 신하들은 멀리서 바라보며 절을 할 뿐 알현한 자가 아무도 없었다. 제국의 사무는 모두 왕숙문에 의해 독단적으로 처결되었는데, 이충언과 왕비가 궁궐 내에서 일하며 외부와 소통을 하고 위집의가 밖에서 시행을 하였다. 붕당이 시끌벅적하며 영예와 치욕, 나아감과 물러남이 순식간에 이루어져 오직 자기들이 하고자 하는 대로 할 뿐 법도에 구애받지 않았다. 저들이 궁궐 안팎에서 미움을 사고 있음을 알아차린 뒤에는 자신들이 좌초될까봐 염려하여 바로 병권의 장악을 도모함으로써 스스로의 권력 기반을 공고히 하고자 하였다. 그리하여 사람들은 더욱 의구심을 품고 저들의 소행이 어디까지 갈지를 예측할 수 없어 아침저녁으로 예의 주시하였다. 마침 그(왕숙문)가 위집의와 사이가 나빠지고 심복들이 당파 안에서 분열하게 되자, 밖에서 위고(韋皐), 배기(裴垍), 엄수(嚴綬) 등이 표문을 올리고 선대 황제가 임용한 노신하인 유광기(劉光奇), 구문진(俱文珍), 설영진(薛盈珍), 상연(尙衍), 해옥(解玉) 등 환관들이 모두 한 마음으로 원망하고 시기하여 여러 차례 황제에게 아뢰었다. 황제가 본디 이미 국사 처리에 싫증이 난데다 왕숙문과 그 무리들을 미워하던 차에, 이때 드디어 한림학사 정인(鄭絪), 위차공(衞次公), 왕애(王涯) 등을 불러 지덕전(至德殿)에 들어와 조칙을 작성하여 반포하게 하였다. 또 조칙을 내려 태상경(太常卿) 두황상(杜黃裳)을 문하시랑, 좌금오위대장군(左金吾衞大將軍) 원자(袁滋)를 중서시랑 겸 평장사로 삼았다. 또 조칙을 내려 이부상서평장사 정순유(鄭珣瑜)와 형부상서평장사 고영(高郢)은 모두 본 관직을 담당하게 하고 재상의 직위는 파하였다. 황태자가 동조(東朝)에서 백관들을 조회하였는데, 백관들이 절하며 하례를 하자 황태자는 눈물을 흘리고 울며 답례의 절을 하지 않았다.

乙未[1], 詔[2]: “軍國政事, 宜權令皇太子某勾當[3]. 百辟[4]羣后[5], 中外庶僚, 悉心[6]輔翼[7], 以底于理. 宣布朕意, 咸使知聞!”上自初卽位, 則疾患不能言. 至四月, 益甚. 時扶坐殿, 羣臣望拜而已, 未嘗有進見者. 天下事皆專斷於叔文, 而李忠言[8]、王伾爲之內主[9], 執誼行之於外, 朋黨諠譁[10], 榮辱進退[11], 生於造次[12], 惟其所欲, 不拘程度[13]. 旣知內外厭毒[14], 慮見摧敗, 卽謀兵權, 欲以自固, 而人情益疑懼, 不測其所爲, 朝夕伺候. 會其與執誼交惡, 心腹內離, 外有韋皐[15]、裴垍[16]、嚴綬[17]等牋表[一], 而中官[18]劉光奇[19]、俱文珍[20]、薛盈珍[21]、尙解玉[22]等皆先朝任使[23]舊人[24], 同心怨猜, 屢以啓上. 上固已厭倦萬機[25], 惡叔文等, 至是遂召翰林學士鄭絪[26]、衞次公[27]、王涯[28]等入至德殿[29], 撰制詔而發命焉[30][二]. 又下制以太常卿[31]杜黃裳[32]爲門下侍郎[33]; 左金吾衞大將軍[34]袁滋[35]爲中書侍郎, 並平章事[36]. 又下制, 吏部尙書[37]平章事鄭珣瑜[38]、刑部尙書[39]平章事高郢[40]並守本官, 罷相. 皇太子見百寮[41]於東朝[42], 百寮拜賀, 皇太子涕泣, 不答拜.

[一] “기(垍)”는 마땅히 “균(均)”으로 쓰여야 한다.

[보충설명]

- 이에 대한 자세한 설명은 [Ⅳ-3] 보충설명 참조.

[二] “조(詔)”는 “고(誥)”로 된 판본도 있다.

[보충설명]

- 이는 ≪고이(考異)≫에 따른 것인데, ≪위본(魏本)≫에 “고(誥)”로 되어 있다.

**【주석】**

1 乙未(을미): 정원 21년(805) 7월 28일(음력)/8월 26일(양력).

2 詔(조): 이 조칙은 ≪당대조령집≫ 권30에 <순종명황태자구당군국칙(順宗命皇太子句當軍國敕)>이란 제목으로 실려 있는데, ≪책부원구≫ 권259와

≪전당문≫ 권55에도 보인다.

3 勾當(구당): 주관하다. 처리하다. "구(勾)"는 ≪문본(文本)≫에 "구(句)"로 적혀 있다.

4 百辟(백벽): 제후. ≪서경·낙고(洛誥)≫에 "그대께서 공경히 하면 여러 제후들이 공물 바치는 일을 분별하게 될 것이며, 또 그들이 공물을 바치지 않는 것도 분별하여 알게 될 것이다.(汝其敬識百辟享, 亦識其有不享.)"라는 글귀가 보인다.

5 羣后(군후): 여러 제후 곧 사방의 제후 및 구주(九州)의 목백(牧伯). ≪서경·요전(舜典)≫에 "날마다 사방의 제후와 구주의 목백을 만나보시고 서옥(瑞玉)을 그들 여러 제후들에게 돌려주었다.(乃日覲四岳羣牧, 班瑞于羣后.)"라는 글귀가 보인다.

6 悉心(실심): 마음을 다하다. 온 마음으로 하다. ≪한비자·외저설좌하(外儲說左下)≫에 "주군이 현명하면 마음을 다해 섬기지만, 못나고 어리석으면 간사함을 꾸며 시험한다.(主賢明則悉心以事之, 不肖則飾姦而試之.)"라는 글귀가 보인다.

7 輔翼(보익): (태자·세자를) 보필하다. ≪예기·문왕세자≫에 "보라는 것은 세자의 몸을 삼가게 하고 보필하여 정도로 돌아가게 하는 것이다.(保也者, 愼其身以輔翼之, 而歸諸道者也.)"라는 글귀가 보이는데, 공영달(孔穎達)의 소(疏)에 "보는 돕는다는 뜻이다. 익은 보조한다는 뜻이다. 세자의 몸을 보호하고 삼가게 하여 돕고 보필하여 세자로 하여금 정도로 돌아가게 하는 것이다.(輔, 相也; 翼, 助也. 謂護愼世子之身, 輔相翼助, 使世子而歸於道.)"라고 하였다.

8 李忠言(이충언): [Ⅰ-2] 주석 11 참조.

9 內主(내주): 내부에 있으면서 외부와 호응하는 사람. ≪국어·진어(晉語)3≫에 "(진나라 임금이) 국내적으로는 외부와 호응하던 사람을 죽이고, 국외적으로는 우리에게 성을 주겠다는 약속을 저버렸다.(殺其內主, 背其外賂.)"라는 글귀가 보인다.

10 諠譁(훤화): 시끌벅적하다. 시끄럽게 떠들다.

11 榮辱進退(영욕진퇴): 벼슬길에서의 영예와 치욕, 승진과 퇴진을 가리킨다. 한유와 동시대 사람인 백거이(白居易)의 <호부 최시랑에게 보내는 답신(答户部崔侍郎書)>에서 "비록 수리부엉이가 눈앞에 모여 앉고 마른 버들이 팔꿈치에 생겨나더라도 그 마음을 변하게 할 수 없는데, 하물며 승진과 퇴진, 영예와 치욕 따위가 누가 되겠는가?(雖鵩鳥集於前, 枯柳生於肘, 不能動其心也; 而况進退榮辱之累耶?)"라고 한 데 보이는 '진퇴영욕(進退榮辱)'이란 글귀가 지금도 사자성어로 쓰인다.

12 造次(조차): 매우 급하게. 총망하게. '너무 급하게 일을 진행하다'는 뜻의 '조차행사(造次行事)'와 '너무 급하게 하지 말고 신중하게 해야 한다'는 뜻의 '불가조차(不可造次)'라는 사자성어로 널리 쓰인다.

13 程度(정도): 법도.

14 厭毒(염독): 미워하다. 증오하다.

15 韋皐(위고): [Ⅳ-1] 주석 11 참조.

16 裴垍(배기): [Ⅳ-3] 보충설명 참조.

17 嚴綬(엄수): [Ⅳ-3] 주석 6 참조.

18 中官(중관): 환관.

19 劉光奇(유광기): ?~812. ≪구당서184·구문진전(俱文珍傳)≫과 ≪신당서207·유정량전(劉貞亮傳)≫에는 "기(奇)"가 "기(琦)"로 되어 있다. 경조부 삼원현(지금 陝西省 咸陽市 三原縣) 사람이다. 환관으로 덕종 말과 헌종 원화 연간에 정치적으로 크게 활약하였는데, 원화 원년(806)에 추밀사(樞密使)가 된 뒤 중서성의 관리인 골환(滑涣)과 결탁하여 조정을 농단하였다. 구문진 등과 함께 순종을 양위시키고 헌종을 옹립하여 왕숙문 일파의 혁신 세력을 제거하는 데 일조를 하였다. 관직이 개부의동삼사(開府儀同三司)까지 올랐고 내시감(內侍監)을 끝으로 벼슬에서 물러났다.

20 俱文珍(구문진): [Ⅲ-13] 주석 3 참조.

21 薛盈珍(설영진): 환관으로 ≪구당서184·구문진전(俱文珍傳)≫과 ≪신당서207·유정량전(劉貞亮傳)≫에는 "영(盈)"이 "문(文)"으로 되어 있다. 일찍이 덕종의 봉천(奉天) 피난길을 수행한 바 있고, 정원 연간에 정활감군사(鄭滑監軍使)로 있으면서 군정을 침탈하여 요남중(姚南仲)과 마총(馬摠) 등을 모함하기도 하였다. 관직이 우신책군중위(右神策軍中尉)까지 올랐다.

22 尙解玉(상해옥): 상연(尙衍)과 해옥(解玉). 두 사람 모두 환관으로 헌종의 옹립에 간여하였다. ≪구당서184·구문진전(俱文珍傳)≫과 ≪신당서207·유정량전(劉貞亮傳)≫에 모두 두 사람으로 되어 있다. ≪전교(全校)≫(2971쪽)에서는 이 사실을 기록한 ≪책부원구≫ 권259와 권668의 글이 ≪순종실록≫과 같은 바 의당 ≪순종실록≫에서 나온 것일 터인데, "상연(尙衍)·해옥(解玉)"으로 되어 있으므로 송나라 초까지 ≪순종실록≫이 잘못되지 않았고 후세에 전해진 판본에서 한 글자가 잘못 빠져나갔다고 하였다.

23 任使(임사): 부리다. 임용하다. ≪좌전·소공(昭公) 6년≫: "거기에다가 현명하고 명철한 재상, 사리에 밝은 관리, 충성스럽고 신의가 있는 마을 어른, 자상하고 은혜로운 스승을 구해야 하니, 백성들은 그래야 비로소 부릴 수 있어 재앙이 일어나지 않을 수 있다.(猶求聖哲之上, 明察之官, 忠信之長, 慈惠之師, 民於是乎可任使也, 而不生過亂.)"라는 글귀가 보인다.

24 舊人(구인): 나이가 지긋하고 덕망이 높은 노신하. ≪서경·반경상(盤庚上)≫에 "고대의 우리 성왕들도 덕망이 높은 노신하를 임용하여 함께 정치를 하려고 하였다.(古我先王, 亦惟圖任舊人共政.)"라는 글귀가 보인다.

25 萬機(만기): 임금이 보는 여러 가지 정무. 제반 국사 업무.

26 鄭絪(정인): [Ⅰ-12] 주석 9 참조.

27 衛次公(위차공): 752~818. 자가 종주(從周)이고 하중부(河中府) 하동(河東: 지금 山西省 太原市) 사람이다. 대종(代宗) 대력(大曆) 13년(778) 진사과에

급제하여 숭문관교서랑(崇文館校書郎)으로 관계에 발을 들여놓은 뒤 한림학사와 중서사인 등을 거쳐 헌종 대에 태자빈객, 상서우승, 섬괵관찰사(陝虢觀察使), 병부시랑, 회남절도사(淮南節度使) 등을 역임하였다. ≪구당서159·열전109≫와 ≪신당서164·열전89≫에 모두 전기가 실려 있다.

28 王涯(왕애): 764~835. 자가 광진(廣津)이고 산서(山西) 태원(太原) 사람이다. 정원(貞元) 8년(792)에 진사과에 급제하였고, 18년(802)에 박학굉사과에 합격한 뒤 한림학사에 임명되었다. 중서시랑·동중서문하평장사, 검남동천절도사(劍南東川節度使), 산남서도절도사(山南西道節度使) 등을 거쳐 사공(司空)의 반열까지 올랐지만, 말년에 '감로(甘露)의 변'에 연루되어 처형되었다. ≪구당서169·열전119≫와 ≪신당서179·열전104≫에 모두 전기가 실려 있다.

29 至德殿(지덕전): ≪전교(全校)≫(2973쪽)에서는 ≪구당서184·구문진전(俱文珍傳)≫, ≪신당서207·유정량전(劉貞亮傳)≫, ≪순종실록≫에 따라 기록한 ≪책부원구≫(권259와 권668)에 의거해 "금란전(金鑾殿)"으로 고쳤는데 타당한 견해라 생각된다. 금란전은 대명궁(大明宮)의 봉래전(蓬萊殿)과 환주전(環周殿) 서쪽에 있는 전각으로 그 서편에 한림학사원(翰林學士院)이 있었다.

30 撰制詔而發命焉(찬제조이발명언): ≪신당서207·유정량전(劉貞亮傳)≫에 "유정량(구문진)이 한림학사 위차공, 정인, 이정, 왕애를 불러 금란전에 오도록 하여 조칙을 기초하였다.(貞亮召學士衛次公、鄭絪、李程、王涯至金鑾殿草定制詔.)"고 되어 있다. "제조(制詔)"는 황제의 명령으로 채옹(蔡邕)의 ≪독단(獨斷)≫에 "한나라 천자의 정식 호칭이 '황제', 자칭이 '짐', 신하와 백성이 일컬어 '폐하', 그의 명령이 '제조'이다.(漢天子正號曰皇帝, 自稱曰朕, 臣民稱之曰陛下, 其言曰制詔.)"고 하였다.

31 太常卿(태상경): [Ⅰ-2] 주석 29 참조.

32 杜黃裳(두황상): 738~808. 자가 준소(遵素)이고 경조부 만년현(萬年縣: 지금 陝西省 西安市) 사람이다. 숙종 보응(寶應) 2년(763) 진사과에 급제한 뒤 곽

자의(郭子儀)의 막부에서 삭방종사(朔方從事)를 시작으로 시어사, 태자빈객, 태상경 등을 역임하였다. 헌종 감국(監國) 때 문하시랑·동중서문하평장사를 지냈다. 헌종 때 번진 세력의 약화를 위해 적극적으로 토벌할 것을 주장하여 서천절도사(西川節度使) 유벽(劉闢)의 난을 진압하는 데 기여하기도 하였다. ≪구당서147·열전97≫과 ≪신당서169·열전94≫에 모두 전기가 실려 있다.

33 門下侍郎(문하시랑): [Ⅰ-4] 주석 2 참조.

34 左金吾衛大將軍(좌금오위대장군): [Ⅱ-5] 주석 12 참조.

35 袁滋(원자): 749~818. 자가 덕심(德深)이고 화음(지금 陝西省 華陰市) 사람이다. 고종사촌 형님인 도주자사(道州刺史) 원결(元結)의 명성이 자자하여 그에게 의탁한 바 있으며, 출척사(黜陟使) 조찬(趙贊)의 천거로 시교서랑(試校書郎)에 임명되어 관계에 발을 내디뎠다. 정원 연간에 중서시랑·동중서문하평장사에 올랐으며, 여러 지방의 자사와 관찰사 및 절도사 등을 두루 역임하였다. ≪구당서185하·열전135하≫와 ≪신당서151·열전76≫에 모두 전기가 실려 있다.

36 中書侍郎並平章事(중서시랑병평장사): '中書侍郎平章事'에 대해서는 [Ⅰ-1] 주석 47 참조.

37 吏部尙書(이부상서): [Ⅱ-11] 주석 3 참조.

38 鄭珣瑜(정순유): [Ⅰ-4] 주석 3 참조.

39 刑部尙書(형부상서): [Ⅱ-10] 주석 9 참조.

40 高郢(고영): [Ⅰ-1] 주석 48 참조.

41 百寮(백료): 백관(百官). '백료(百僚)'와 같다.

42 東朝(동조): 동조당(東朝堂). ≪자치통감≫ 권236의 호삼성 주에 "≪당육전≫에 따르면 대명궁 함원전의 협전에 두 전각이 있는데 왼쪽이 상란각으로 상란각의 아래가 동조당이다. 오른쪽이 서봉각으로 그 아래가 서조당이다.(唐六典: 大明宮含元殿夾殿有兩閣, 左曰翔鸞, 翔鸞閣下爲東朝堂; 右曰棲鳳, 棲鳳閣

下爲西朝堂.)"고 하였다.

⇒ 순종의 양위와 황태자의 감국(監國)에 따른 일련의 조치 서술.

## [IV-10]

병신일(丙申日)에 재상들에게 조서를 내려 천지신명과 종묘사직에 고하도록 하였고, 황태자가 인덕전(麟德殿)의 서쪽 정자에서 사방에서 온 사신들을 접견하였다.

景申[1], 詔宰臣告天地社稷, 皇太子見四方使於麟德殿[2]西亭.

**【주석】**

1 景申(경신): 병신(丙申). 정원 21년(805) 7월 29일(음력)/8월 27일(양력).

2 麟德殿(인덕전): 대명궁 내의 궁전의 하나로 당나라 황제가 연회를 열거나 비공식적인 접견이나 오락을 하던 곳인데, 건물 뒤편 동서에 각각 동정(東亭)과 서정(西亭)이 있었던 것으로 알려져 있다.

⇒ 황태자의 감국(監國)에 따른 일련의 조치 서술.

# 제5권

## 정원 21년 8월 ~ 장례

(起八月, 盡至山陵)

**제5권**

# 정원 21년 8월 ~ 장례
(起八月, 盡至山陵)

## [V-1]

8월 경자일(庚子日)에 이런 조칙이 반포되었다.

"위대한 하늘이 우리의 빛나는 시조를 보우하고 명령하여 온 천하를 다 받아들이도록 하고 아홉 성스러운 황제께서 복을 쌓으심에 온 나라가 다 기뻐하였노라. 나 한 사람은 위대한 기업을 계승하여 엄숙하고 공경하게 자리를 지키느라 한가하거나 안일한 겨를이 없었노라. 그러나 하늘의 보우하심이 내리지 않으시어 신병이 낫지 않으니, 장차 어떻게 종묘의 영령들을 받들고 천지신명께 제사지내는 예를 거행할 수 있겠는가? 어떻게 재상에게 자문을 구하고 하늘에 감사하며 찬미할지 안으로는 짐의 마음속으로 부끄러워하고 위로는 천명을 경외하여 아침 일찍부터 저녁 늦게까지 삼가고 두려워하며 영구적인 해법을 생각하였노라. 황제의 자리는 하루에도 만 가지 업무가 몰려오니 오래 비워둘 수 없고, 하늘의 일을 사람이 대신해야 하니 오래 피할 수 없노라. 황태자 아무개는 지혜롭고 명철하며 온화하고 교양이 있으며 관대하고 화순하며 자애롭고 은혜로워, 부모에게 효도하고 형제간에 우애하는 덕과 아랫사람을 사랑하고 윗사람을 공경하는 정성이 신명에게 통하고 천지에까지 이르렀노라. 이 때문에 고대 성왕의 지극히 공정한 도리를 받들고 부자간에 전승해온 제도를 준수하여 통치권을 네게 넘겨 억조창생을 어루만지게 하노라. 황태자는 필시 선조의 빛나는 공덕을 펼치고 천지의 아름다운 명령을 짊어지고서 선조들이 만들어놓은 법도를 받들고 따라서 사방을 영원히 편안하게 하라. 마땅히 황태자에게 명하여 황제의 자리에 오르게 하고, 짐은 태상황으로 불리며 흥경궁(興慶宮)에서 살고 조칙은 고명(誥命)으로 불리도록 하노라. 담당관은 날을 택해 책봉의 의례를 거행하도록 하라."

八月庚子[1], 詔[2]曰: "惟[3]皇天[4]祐命烈祖[5], 誕受[6]方國[7], 九聖[8]儲祉[9], 萬方咸休, 肆予一人[10], 獲纘[11]丕業[12], 嚴恭守位, 不遑[13]暇逸[14][一]. 而天祐匪降[二], 疾恙[15]無瘳[16][三], 將何以奉宗廟之靈, 展郊禋[17]之禮? 疇咨[18]庶尹[19], 對越[20]上玄[21], 內愧于朕心, 上畏于天命, 夙夜祗慄[22] 惟懷永圖[23][四]. 一日萬機[24] 不可以久曠; 天工人代[25], 不可以久違. 皇太子某[26], 睿哲溫文[27], 寬和[28]慈惠[29][五], 孝友[30]之德, 愛敬[31]之誠[六]. 通于神明[32], 格于上下[33]. 是用推皇王[34]至公[35]之道, 遵父子傳歸[36]之制, 付之重器[37], 以撫兆人[38]. 必能宣祖宗之重光[39], 荷天地之休命[40], 奉若[41]成憲[42], 永綏四方. 宜令皇太子卽皇帝位, 朕稱太上皇, 居興慶宮[43], 制敕稱誥. 所司擇日行冊禮[44]."

[一] "일(逸)"은 "급(給)"으로 된 판본도 있는데 지금 역사서를 따랐다.

[보충설명]

- 이는 ≪고이(考異)≫에 따른 것인데, ≪송본(宋本)≫과 ≪위본(魏本)≫에 "급(給)"으로 되어 있다.
- 역사서는 ≪구당서14·순종기≫이다.

[二] "비(匪)"는 역사서에 "불(不)"로 되어 있다.

[보충설명]

- 이는 ≪고이(考異)≫에 따른 것이다.
- 역사서는 ≪구당서14·순종기≫인데 ≪당대조령집≫ 권30에도 "불(不)"로 되어 있다.

[三] "무(無)"는 "불(弗)"로 된 판본도 있는데 지금 역사서를 따랐다.

[보충설명]

- 이는 ≪고이(考異)≫에 따른 것인데, ≪송본(宋本)≫과 ≪위본(魏本)≫에 "불(弗)"로 되어 있다.
- 역사서는 ≪구당서14·순종기≫로 "무(無)"로 되어 있다.

[四] "유회(惟懷)"는 역사서에 "심유(深惟)"로 되어 있다.

[보충설명]

- 이는 ≪고이(考異)≫에 따른 것이다.
- ≪구당서14·순종기≫와 ≪당대조령집≫ 권30에 "심유(深惟)"로 되어 있다.

[五] "자(慈)"는 역사서에 "인(仁)"으로 되어 있다.

[보충설명]

- 이는 ≪고이(考異)≫에 따른 것인데, 역사서는 ≪구당서14·순종기≫이다.

[六] "애경(愛敬)"은 "경애(敬愛)"나 "인애(仁愛)"로 된 판본도 있는데 지금 역사서를 따랐다.

[보충설명]

- 이는 ≪고이(考異)≫에 따른 것인데, 역사서는 ≪구당서14·순종기≫이다.

- ≪송본(宋本)≫, ≪문본(文本)≫, ≪위본(魏本)≫, ≪당대조령집≫ 권30에 "인애(仁愛)"로 되어 있다.

**【주석】**

1 庚子(경자): 정원 21년(805) 8월 4일(음력)/8월 31일(양력).

2 詔(조): 이 조칙은 ≪구당서14·순종기≫와 ≪당대조령집≫ 권30에도 실려 있다.

3 惟(유): 발어사로 글의 분위기를 정중하게 하는 기능을 한다.

4 皇天(황천): 위대한 하늘. 하늘의 높임말. 하늘의 상제(上帝). ≪좌전·희공(僖公) 15년≫에 "임금이 땅을 밟고 하늘을 머리에 이고 있는데, 하늘과 땅이 실로 임금님의 말씀을 듣고 있으니 뭇 신하들은 삼가 아래에서 분부를 따를 것입니다.(君履后土而戴皇天, 皇天后土, 實聞君之言, 群臣敢在下風.)"라는 글귀가 보인다.

5 烈祖(열조): 주로 새로운 왕조(국가)를 창건한 선조를 가리킨다. 이는 ≪시경·상송(商頌)≫에 들어 있는 시 제목으로, 상나라의 시조인 탕(湯)임금을 찬미하며 제사지낼 때 부른 노래로 알려져 있기도 하다.

6 誕受(탄수): 크게 받다. ≪서경·미자지명(微子之命)≫에 "위대한 하늘이 돌보고 보우하여 크게 천명을 받았다.(皇天眷佑, 誕受厥命.)"라는 글귀가 보인다.

7 方國(방국): 모든 나라. 온 천하.

8 九聖(구성): 순종(順宗) 이전의 당나라 아홉 황제로, 고조(高祖), 태종(太宗), 고종(高宗), 중종(中宗), 예종(睿宗), 현종(玄宗), 숙종(肅宗), 대종(代宗), 덕종(德宗)을 가리킨다.

9 儲祉(저지): 복을 쌓다.

10 予一人(여일인): 나 한 사람. 고대 천자의 자칭으로 자신도 보통 사람들 중의 한 사람일 뿐이라는 뜻의 자기 겸사이다. ≪서경·탕고(湯誥)≫에 "아! 너희 만

방의 무리들아, 나 한 사람의 훈계를 분명히 들어라.(嗟! 爾萬方有衆, 明聽予一人誥.)"라는 글귀가 보이는데, 공영달(孔穎達)의 전(傳)에 "천자가 스스로를 칭하여 '여일인'이라고 한다.(天子自稱曰予一人.)"고 하였다. ≪서경≫에는 같은 표현으로 "아일인(我一人)" 또는 그냥 "일인(一人)"이라고 한 용례가 많이 보인다.

11 獲纘(획찬): 계승하다. 잇다. [Ⅱ-12] 주석 14 참조.

12 丕業(비업): 대업. 위대한 사업.

13 不遑(불황): 겨를이 없다.

14 暇逸(가일): 한가하고 안일하다. ≪서경·주고(酒誥)≫에 "일을 다스리는 신하들도 공손하게 보필하여 감히 스스로 한가하거나 안일하지 않았다.(惟御事厥棐有恭, 不敢自暇自逸.)"라는 글귀가 보인다.

15 疾恙(질양): 질병. 신병(身病).

16 瘳(추): 병이 낫다.

17 郊禋(교인): 고대 제왕들이 불을 피워 천지에 지내는 큰 제사. "인(禋)"은 땔나무를 불태워 연기를 피워 올린 뒤에 희생제물을 올려 태우는 번제의 일종이다.

18 疇咨(주자): 이는 ≪서경·요전(堯典)≫의 "누가 때를 따라서 (나를 위해) 다스릴 수 있는 사람을 등용할 만한가?(疇咨若時登庸?)"에 보이는 글귀로 "疇"는 '누구'의 뜻이고 "咨"는 뜻이 없는 어조사이지만, 여기서는 '찾아 구하다', '자문을 구하다'는 뜻으로 쓰였다..

19 庶尹(서윤): 백관의 우두머리. 재상. ≪서경·익직(益稷)≫에 "온갖 짐승들이 모두 따라서 춤을 추며 백관의 우두머리가 진실로 화합합니다.(百獸率舞, 庶尹允諧.)"라는 글귀가 보인다.

20 對越(대월): 사례하며 찬미하다. ≪시경·주송(周頌)·청묘(淸廟)≫에 "제사일 도우는 수많은 사람들이 문왕의 덕을 받들어 하늘의 신에 감사하여 찬미하며 묘

당 안을 분주히 오간다.(濟濟多士, 秉文之德, 對越在天, 駿奔走在廟.)"라는 시구가 보인다.

21 上玄(상현): 하늘. 상천(上天).

22 祗慄(지율): 삼가고 두려워하다. '지율(祗栗)'로도 적는다. ≪한서·광형전(匡衡傳)≫에 "대체로 공경하고 삼가며 두려워하는 것이 하늘을 섬기는 모습이다.(蓋欽翼祗栗, 事天之容也.)"라는 글귀가 보인다.

23 永圖(영도): 영구적인 해법. 장기적인 계획. ≪서경·태갑상(太甲上)≫에 "검약의 덕을 삼가 행하여 영구적인 해법을 생각하소서.(愼乃儉德, 惟懷永圖.)"라는 글귀가 보인다.

24 一日萬機(일일만기): 제왕의 정무가 매우 많아 매일 만 가지에 달하는 일들을 처리해야 함을 말한다. ≪서경·고요모(皐陶謨)≫에 "삼가고 두려워하십시오, 하루 이틀 사이에도 만 가지 기틀이 생기게 됩니다. 모든 관리들이 직분을 저버리지 않도록 하십시오, 하늘의 일을 사람들이 대신하는 것입니다.(兢兢業業, 一日二日萬幾, 無曠庶官, 天工人其代之.)"라는 글귀가 보인다. 여기서 "기(幾)"는 여러 가지 사건의 발단으로 "기(機)"와 통한다.

25 天工人代(천공인대): 하늘의 직책을 사람이 대신하는 것을 말한다. 바로 위 주석 24 참조.

26 皇太子某(황태자모): ≪구당서14·순종기≫와 ≪당대조령집≫ 권30에는 "모(某)"가 "순(純)" 곧 황태자의 이름으로 바로 쓰여 있다.

27 溫文(온문): 온화하고 교양이 있다. 온화하고 예의 바르다. ≪예기·문왕세자≫에 "예악은 마음속에 스며들어 밖으로 나타나기 때문에 태자들이 순조롭게 성장하게 하여 공손하고 삼가며 온화하고 교양이 있도록 하였다.(禮樂交錯於中, 發形於外, 是故其成也懌, 恭敬而溫文.)"라는 글귀가 보인다.

28 寬和(관화): 관대하고 화순하다. ≪한서·한신전(韓信傳)≫에 "사람됨이 관대하고 화순함으로 스스로를 지키고 온화한 얼굴과 겸손한 말씨로 윗사람을 받들

고 아랫사람을 대하니 뜻대로 되지 않는 것이 없었다.(爲人寬和自守, 以溫顔遜辭承上接下, 無所失意.)"라는 글귀가 보인다.

29 慈惠(자혜): 자애롭고 은혜롭다. ≪좌전·성공(成公) 12년≫에 "이때 향연의 예가 생겨났는데, 향례로써 공경하고 검약함을 가르치고 연례로써 자애롭고 은혜로움을 표시한다. 공경하고 검약함으로써 예의를 행하고 자애롭고 은혜로움으로써 정치 교화를 펼친다.(於是乎有享宴之禮, 享以訓共儉, 宴以示慈惠. 共儉以行禮, 而慈惠以布政.)"라는 글귀가 보인다.

30 孝友(효우): 부모에게 효도하고 형제간에 우애롭다. ≪시경·소아(小雅)·유월(六月)≫에 "그 자리에 있는 친구 누구일까? 효성스럽고 우애로운 장중이라네.(侯誰在矣, 張仲孝友.)"라는 시구가 있는데, 모전(毛傳)에서 "부모에게 잘하는 것이 효이고, 형제에게 잘하는 것이 우이다.(善父母爲孝, 善兄弟爲友.)"라고 풀이하였다.

31 愛敬(애경): 친애하고 공경하다. ≪효경·천자장(天子章)≫에 "(천자의) 친애하고 공경하는 도리가 부모를 섬기는 데서 극진하게 되면, 덕에 의한 교화가 백성들에게 베풀어져 온 천하에 드러나게 되니 이게 바로 천자의 효이다.(愛敬盡於事親, 而德教加於百姓, 刑于四海, 蓋天子之孝也.)"라는 글귀가 보인다.

32 通于神明(통우신명): 천지신명과 통하다. ≪효경·감응장(感應章)≫에 "(천자의) 효성과 우애가 지극하니 천지신명에 통하고, 그 빛이 온 천하에 뻗쳐 미치지 아니하는 곳이 없도다.(孝悌之至, 通于神明, 光于四海, 無所不通.)"라는 글귀가 보인다.

33 格于上下(격우상하): 상하 천지에까지 미치다. ≪서경·요전(堯典)≫에 "(요임금은) 광채가 사방 밖에 입혀지고 천지에까지 미쳤다.(光被四表, 格于上下.)"라는 글귀가 보인다.

34 皇王(황왕): 대왕. 고대의 성왕을 가리킨다. ≪시경·대아(大雅)·문왕유성(文王有聲)≫에 "사방 제후들 한데 모여 대왕님을 받드네.(四方攸同, 皇王維辟.)"라

는 시구가 보인다.

35 至公(지공): 가장 공정하다. ≪여씨춘추(呂氏春秋)·신대(愼大)≫에 "탕임금이 즉위하여 천자가 되자 하나라 백성들이 크게 기뻐하여 마치 자애로운 어버이를 얻은 것 같았다. 조정의 벼슬아치들은 직분을 바꾸지 아니하였고, 농민들은 밭을 떠나지 아니하였으며, 상인들은 가게를 옮겨 다니지 아니하였으니 은나라를 마치 하나라와 같이 친근하게 여겼는데, 이를 두고 공정함의 극치라고 한다.(湯立爲天子, 夏民大說, 如得慈親, 朝不易位, 農不去疇, 商不 變肆, 親郼如夏, 此之謂至公.)"라는 글귀가 보인다.

36 傳歸(전귀): 전하여 귀속하게 하다. ≪한서·고조기하(高祖紀下)≫에 "인간관계에서 지극히 친한 것은 부자보다 더 가까운 것이 없기 때문에, 아비가 천하를 차지하면 아들에게 전하여 귀속하게 하고 아들이 천하를 차지하면 아비에게 높여 귀속하게 하니 이것이 인간 도리의 극치이다.(人之至親, 莫親於父子, 故父有天下傳歸於子, 子有天下尊歸於父, 此人道之極也.)"라는 글귀가 보인다.

37 重器(중기): 정권. [ I -1] 주석 32 참조.

38 兆人(조민): 뭇 백성. 억조창생. '조민(兆民)'과 같다. ≪서경·여형(呂刑)≫에 "(나) 한 사람에게 경사가 있을 것이고 뭇 백성들이 그것에 힘입어 그 편안함이 영원할 것이다.(一人有慶, 兆民賴之, 其寧惟永.)"라는 글귀가 보인다.

39 重光(중광): 거듭 빛난 덕. 여러 대에 걸쳐 전승되어 온 성대한 덕의 광채를 비유한다. ≪서경·고명(顧命)≫에 "예전에 군주이신 문왕과 무왕이 거듭 빛난 덕을 베푸셨다.(昔君文王武王, 宣重光.)"라는 글귀가 보인다.

40 休命(휴명): 아름다운 명령. 주로 천지신명이나 천자의 뜻을 가리킨다. ≪역경·대유(大有)≫의 상사(象辭)에 "군자는 악을 막고 선을 선양하여 하늘의 아름다운 명령을 따른다.(君子以遏惡揚善, 順天休命.)", ≪서경·열명하(說命下)≫에 "부열(傅說)이 절하고 머리를 조아리며 '감히 천자의 아름다운 명령을 받들어 뭇 백성들에게 널리 알리겠습니다.'라고 하였다.(說拜稽首曰: '敢對揚天

子之休命.')"라는 글귀가 보인다.

41 奉若(봉약): 받들고 따르다. [Ⅰ-1] 주석 49 참조.

42 成憲(성헌): 기성의 법률이나 제도. ≪서경·열명하(說命下)≫에 "선대 성왕들의 법도를 살피시어 길이 잘못이 없게 하소서.(監于先王成憲, 其永無愆.)"라는 글귀가 보인다.

43 興慶宮(흥경궁): 당나라 장안성(長安城)의 3대 궁전의 하나로 태극궁(太極宮)의 동남쪽에 위치하여 '남내(南內)'로 불렸다. ≪장안지≫ 권11에 따르면, 만년현(萬年縣) 동남 5리쯤 되는 곳에 있었다고 한다. 안사의 난 이후에 정치적 활동의 중심으로서의 지위를 상실하고 태상황이나 태후가 한가히 거처하는 곳으로 되었다고 한다.

44 所司擇日行冊禮(소사택일행책례): ≪구당서14·순종기≫에는 이 구절이 들어 있지 않다.

⇒ 순종의 퇴위와 태자의 등극 사실 서술.

## [V-2]

영정(永貞) 원년 8월 신축일(辛丑日)에 태상황이 흥경궁에 거처하면서 이런 고명(誥命)을 내렸다.

"천하를 차지한 사람은 그 나라의 통치를 아들에게 전하여 돌아가게 하는 것이 전대 왕들의 제도였노라. 혼신의 힘을 다해 나라의 중요한 법도를 따르는 것이 지극히 공정하니, 빛나는 광채를 본받아 드날려서 예악을 통한 교화를 구현하려 하였노라. 짐이 종묘 제사를 받드는 임무를 받고 온 천하를 통치하는 자리에 올랐건만, 하늘에서 내린 신병이 낫지 않아 온갖 정무를 많이 빠뜨렸노라. 이에 원자(元子)에게 명하여 나를 대신해 나라를 지키도록 하니 좋은 때에 책봉의 예를 영광스럽게 받도록 하라. 마땅히 이번 달 9일에 선정전(宣政殿)에서 황제를 책봉할 터, 검교사도(檢校司徒) 두우(杜佑)를 책봉사로 문하시랑 두황상(杜黃裳)을 부사로 명하노라. 나라에 하늘로부터 받은 중대한 사명이 있으니 그 은덕이 새롭게 되도록 하여 마땅히 새 황제가 등극하는 경사로 인해 천하 만물을 편안히 있는 그대로 놓아두고 아무런 구속도 가하지 않고 관용하는 은택을 널리 베풀고자 하노라. 마땅히 정원(貞元) 21년(805)을 영정(永貞) 원년으로 개원하노라. 정원 21년 8월 5일 여명 이전부터 천하의 사형에 해당하는 죄를 저지른 자들은 특별히 유형으로 감형하고, 유형 이하 죄인들은 차례대로 한 등급씩 감형하노라."

또 이런 고명(誥命)을 내렸다.

"인륜의 근본이 왕정을 통한 교화의 급선무이거늘 이에 원대한 계책을 세움에 있어 진실로 내조의 공에 힘입노라. 후비의 덕을 내보여 나라의 모범을 드러내도록 하는 것이 바로 ≪예경(禮經)≫의 위대한 법도이다. 양제(良娣) 왕씨(王氏)는 집안이 명문가 출신으로 덕이 중궁전에서 으뜸가서, 평소에 규방의 법도를 익혔고 스승의 훈도를 잘 흠모하였노라. 개구리밥과 마름을 모으는 일을 부지런히 수행하면서부터 종묘를 공경히 받들어 모범이 될 만한 아름다운 덕이 갈수록 빛났고 국모로서의 본보기가 드러났노라. 이는 황후로서의 지위에 꼭 합당하고, 그 아들이 황위를 계승할 존귀함을 밝히는 데 마땅하노라. 양원(良媛) 동씨(董氏)는 후궁에 자리를 갖추어 평소 현숙하고 신중하다는 찬사를 받았으니, 호칭과 지위를 격상하는 것이 예에도 마땅하노라. 양제는 '태상황후(太上皇后)'로 책봉하고 양원은 마땅히 '태상황덕비(太上皇德妃)'로 책봉할 만하므로, 담당관에 명하노니 예를 갖추어 책봉의 의식을 거행할 날을 가려 국내외에 선포하여 모두 들어서 알도록 하라."

永貞元年八月辛丑[1], 太上皇居興慶宮, 誥[2]曰: "有天下者, 傳歸[3]於子, 前王之制也. 欽若[4]大典[5], 斯爲至公[6]; 式揚[7]耿光[8], 用體文德[9]. 朕獲奉宗廟, 臨御萬方, 降疾不瘳, 庶政[10]多闕. 乃命元子[11], 代予守邦, 爰以令辰, 光膺[12]冊禮[13]. 宜以今月九日冊皇帝於宣政殿[14], 仍命檢校[15]司徒[16]杜佑[17]充冊使, 門下侍郎[18]杜黃裳[19]充副使[一]. 國有大命[20], 恩俾惟新[21], 宜因紀元之慶, 用覃[22]在宥[23]之澤. 宜改貞元二十一年爲永貞元年. 自貞元二十一年八月五日昧爽[24]已前, 天下應犯死罪, 特降從流; 流已下遞減一等." 又下誥曰: "人倫之本, 王化之先, 爰擧令圖[25], 允資內輔[26]. 式表后妃之德[27], 俾形邦國之風, 玆禮經[28]之大典也. 良娣[29]王氏[30], 家承茂族, 德冠中宮[31], 雅修彤管[32]之規, 克佩姆師[33]之訓. 自服勤[34]蘋藻[35], 祗奉[36]宗祧[37], 令範[38]益彰, 母儀[39]斯著. 宜正長秋之位[40], 以明繼位之尊. 良媛[41]董氏[42], 備位後庭, 素稱淑愼, 進升號位[二], 禮亦宜之. 良娣可冊爲'太上皇后[43]', 良媛宜冊爲'太上皇德妃[44]', 仍令所司備禮[45], 擇日冊命[46], 宣示中外, 咸使知聞."

[一] "잉명(仍命) 이하 21자는 역사서에는 들어 있지 않다.

[보충설명]

- 이는 ≪고이(考異)≫에 따른 것인데, ≪구당서14·순종기≫에는 "잉명(仍命)"에서 "부사(副使)"까지의 21자가 없다.

[二] "호위(號位)"는 "위호(位號)"로 된 판본도 있다.

[보충설명]

- 이는 ≪고이(考異)≫에 따른 것인데, ≪위본(魏本)≫에 "위호(位號)"로도 쓴다고 되어 있다.

【주석】

1 永貞元年八月辛丑(영정원년팔월신축): 영정 원년(805) 8월 5일(음력)/양력 9월 1일.

2 誥(고): 고명(誥命). 이 고명은 ≪구당서14·순종기≫, ≪당대조령집≫ 권30, ≪책부원구≫ 권89에도 실려 있는데 문자에 약간의 출입이 보인다.

3 傳歸(전귀): [Ⅴ-1] 주석 36 참조.

4 欽若(흠약): 공경히 따르다. 혼신의 힘을 다해 따르다. ≪서경·요전(堯典)≫에 "이에 희씨와 화씨에게 명하여 넓고 큰 하늘을 공경히 따르게 하였다.(乃命羲和, 欽若昊天.)"라는 글귀가 보인다.

5 大典(대전): 위대한 전거. 국가의 중요한 제도나 법령.

6 至公(지공): [Ⅴ-1] 주석 35 참조.

7 式揚(식양): 본받아 드날리다.

8 耿光(경광): 빛나는 광채. 밝은 빛. ≪서경·입정(立政)≫에 "그로써 문왕의 빛나는 광채를 보시고 무왕의 위대한 공적을 드날리게 하소서.(以覲文王之耿光, 以揚武王之大烈.)"라는 글귀가 보인다.

9 文德(문덕): 예악을 통한 교화. '무공(武功)'과 상대되는 말이다. ≪역경·소축(小畜)≫의 상사(象辭)에 "군자는 이로써 예악을 통한 교화를 아름답게 한다.(君子以懿文德.)"라는 글귀가 보인다.

10 庶政(서정): 각종 정무(政務). 온갖 정치상의 업무. ≪역경·비(賁)≫의 상사(象辭)에 "군자는 이로써 온갖 정무를 밝히고 과감하게 옥사를 결단하지 않는다.(君子以明庶政, 無敢折獄)"라는 글귀가 보인다.

11 元子(원자): 천자나 제후의 적장자. ≪서경·미자지명(微子之命)≫에 "왕이 이렇게 말씀하셨다. 아! 은나라왕의 원자여.(王若曰: 猷! 殷王元子.)"라는 글귀가 보인다.

12 光膺(광응): 영광스럽게 받다.

13 冊禮(책례): 책립 또는 책봉의 의례. 홍매(洪邁)의 ≪용재수필(容齋隨筆)·책례불강(冊禮不講)≫에 "당나라 때 후비와 왕공을 책봉하거나 관직을 추증할 경우 모두 책례를 거행하였다.(唐 封拜后妃王公及贈官, 皆行冊禮.)"라는 내용이 보인다.

14 冊皇帝於宣政殿(책황제어선정전): ≪장본(蔣本)≫에 "대행황제 덕종이 아직 빈소에 있고 상황이 흥경궁에 거처하고 있었기에 헌종이 감히 정전(正殿)에서 즉위하지 못하였다.(德宗大行在殯, 上皇在興慶宮, 故憲宗不敢於前殿卽位也.)"라는 주석이 달려 있다. 선정전은 대명궁(大明宮) 내의 두 번째 전각으로 정전인 함원전(含元殿) 북쪽에 있었으며, 평일에 황제가 신하들을 조회하고 국사를 처리하거나 삭망의 정기적 조회와 관리 임명 등의 행정업무를 주로 수행하던 곳이었다. 황제의 즉위식은 통상 정전인 함원전에서 거행하였다.

15 檢校(검교): [Ⅰ-2] 주석 12 참조.

16 司徒(사도): [Ⅱ-10] 주석 3 참조.

17 杜佑(두우): [Ⅰ-2] 주석 13 참조.

18 門下侍郎(문하시랑): [Ⅰ-4] 주석 2 참조.

19 杜黃裳(두황상): [Ⅳ-9] 주석 32 참조.

20 大命(대명): 국가의 중대한 사명. 하늘로부터 받은 중대한 사명. 천명.

21 惟新(유신): 새롭게 되다. '유신(維新)'과 같다. ≪시경·대아(大雅)·문왕(文王)≫에 "주는 오래된 나라지만 그 명운은 새로워진다.(周雖舊邦, 其命維新.)"라는 시구가 보인다.

22 覃(담): 뻗치다. 널리 베풀다.

23 在宥(재유): "재(在)"는 '만물을 편안히 있는 그대로 놓아두다'는 뜻이고, "유(宥)"는 '아무런 구속도 가하지 않고 관용한다'는 뜻이다. 자유롭게 발전하도록 맡기고 인위적인 제약이나 재촉을 하지 않아서 만물(사람과 사물)이 제각각 자기 자리를 얻어 아무 일없이 편안하도록 방임하는 것을 말한다. 여기서

는 제왕의 어진 정치 내지 덕에 의한 교화를 찬미하는 말로 쓰였다. ≪장자·재유≫편에 "천하 만물을 있는 그대로 놓아두고 아무런 구속을 가하지 않는다는 말은 들었어도 천하를 다스린다는 말은 듣지 못하였다.(聞在宥天下, 不聞治天下也.)"라는 글귀가 보인다.

24 昧爽(매상): 동틀 무렵. 여명. [Ⅱ-1] 주석 5 참조.

25 令圖(영도): 훌륭한 계획. 원대한 책략. ≪좌전·소공(昭公) 원년≫에 "신이 듣건대 군자가 자기 잘못을 알 수 있으려면 필시 훌륭한 계책이 있어야 합니다. 훌륭한 계책은 하늘이 도와주는 것입니다.(臣聞君子能知其過, 必有令圖. 令圖, 天所贊也.)"라는 글귀가 보인다.

26 內輔(내보): 내조. 후비가 어진 덕을 가져 안에서 임금을 잘 보좌하는 것을 말한다.

27 后妃之德(후비지덕): ≪문본(文本)≫의 주석에 "≪백호통(白虎通)≫에서 '천자의 비를 후라고 하는데, 후는 무슨 뜻인가? 온 나라 안을 밝히는 소군이다.'고 하였다. ≪주남·관저≫시의 서문에 '관저는 후비의 덕을 노래한 것으로 국풍의 시작이다. 그것으로 천하를 교화하고 부부를 바르게 할 수 있다. 따라서 시골 백성들을 교화하는 데도 쓰고 제후의 나라를 교화하는 데도 쓸 수 있다.'고 하였다.(白虎通曰: '天子之妃曰后, 后者何也? 明海內之小君也.' 周南關雎詩(序)曰: '關雎, 后妃之德也, 風之始也. 所以風天下而正夫婦也. 故用之鄉人焉, 故用之邦國焉.')"라는 글귀가 보인다.

28 禮經(예경): ≪예기·혼의(昏義)≫에 "옛날에 천자의 황후는 여섯 궁을 세워 여섯 궁에는 3부인(夫人), 9빈(嬪), 27세부(世婦), 81어처(御妻)를 두었는데, 이로써 천하의 여성에 대한 교육을 담당하고 여성이 순종하는 도리를 밝히 드러내니 온 천하에 집안이 화목하고 가정이 다스려졌다.(古者天子后立六宮, 三夫人, 九嬪, 二十七世婦, 八十一御妻, 以聽天下之內治, 以明章婦順; 故天下內和而家理.)"라는 글귀가 보인다.

29 良娣(양제): ≪신당서47·백관지2≫의 '태자내관(太子內官)'조에 따르면, 정3품의 양제(良娣) 2인과 정4품의 양원(良媛) 6인 및 정5품의 승휘(承徽) 10인을 두었다.

30 王氏(왕씨): 순종(順宗) 장헌황후(莊憲皇后, 763~816). 낭야군(琅玡郡) 임기(지금 山東省 臨沂市) 사람으로 금자광록대부(金紫光祿大夫)·위위경(衛尉卿)을 지낸 왕안(王顔)의 딸이다. 대종(代宗) 때 재인(才人)으로 입궁하여 13세에 순종의 처가 된 뒤 대력(大曆) 13년(778)에 헌종을 낳고 선왕(宣王: 순종)의 유인(孺人)이 되었다. 순종이 태자가 되었을 때 양제에 올랐고, 순종이 즉위한 후 질병으로 말을 하지 못해 황후로 책봉되지 못하고 있다가 순종이 양위하였을 때 태상황후(太上皇后)로 책봉되었으며, 원화 원년(806) 정월 순종이 죽고 난 뒤 5월에 황태후(皇太后)로 책봉되었다. 원화 11년(816) 3월에 남내(南內) 함녕전(咸寧殿)에서 죽었는데 사후에 장헌(莊憲)이란 시호가 내려졌다. ≪구당서52·열전2·후비하(后妃下)≫와 ≪신당서77·열전2·후비하≫에 모두 전기가 실려 있다.

31 中宮(중궁): 고대에 궁궐을 건축할 때 황후의 궁실을 자오선 위 후궁의 중심이 되는 곳에 세웠기 때문에 중궁이라 하였다. 황후 또는 황후가 거처하는 궁실을 가리키기도 한다.

32 彤管(동관): 고대 왕후의 의례에 관한 일을 담당하던 여사(女史)가 사실을 기록할 때 쓰던 대가 붉은 색으로 된 붓. ≪문본(文本)≫에 "≪오경요의≫에 후는 왕후와 부인으로 필시 여사를 두었다. 동관의 법에 따르면 후비와 뭇 후궁들이 예에 따라 임금의 처소에서 시중을 드는데 여사는 그 잘하거나 잘못하는 것을 기록하였다. 일의 대소에 관계없이 모두 법도가 되었다. 따라서 ≪시경·패풍·정녀≫에서 '어여쁘고 얌전한 아가씨 나에게 붉은 붓대를 주네. 붉은 붓대 고운 것은 그녀의 아름다움이 기쁜 때문이지.'라고 하였다. 동관은 붉은 붓대이다.(五經要義曰: 后者, 后夫人, 必有女史. 彤管之法: 后妃群妾以禮御於君

所, 女史書其美惡. 事無大小, 以成法. 故邶風·靜女詩曰: '靜女其孌, 貽我彤管. 彤管有煒, 說懌女美.' 彤管, 赤筆管也.)"라는 주석이 보이는데, ≪전교(全校)≫(2989쪽)에서는 유향(劉向)이 편찬한 ≪오경요의(五經要義)≫가 지금 전하지 않고, ≪문본(文本)≫의 주석에서 인용한 이 내용도 다른 서적에는 보이지 않는다고 하였다. ≪문본(文本)≫의 주에는 "패풍(邶風)"이 "용풍(衛風)"으로 잘못되어 있다.

33 姆師(모사): 고대에 여성들에게 부녀자의 도리를 가르치던 여자 스승.

34 服勤(복근): 부지런히 직무를 담당하다. 노고를 마다하거나 불평하지 않고 주어진 임무를 부지런히 수행하다. ≪예기·단궁상(檀弓上)≫에 "부모를 섬길 때는 잘못이 있더라도 숨기고 직언으로 범하지 않고, 좌우에서 지극 정성으로 봉양하여 노고를 마다하거나 불평하지 않으며 돌아가실 때까지 섬기고 3년간 애통하며 거상을 한다.(事親有隱而無犯, 左右就養無方, 服勤至死, 致喪三年.)"라는 글귀가 보인다.

35 蘋藻(빈조): 개구리밥과 마름. 수초(水草) 이름으로 옛 사람들이 제사용으로 썼다. 제수 또는 제사를 가리키고, 부녀자의 미덕을 가리키기도 한다. ≪좌전·양공(襄公) 28년≫에 "물가의 언덕과 길가에 괸 물에 떠 있는 개구리밥과 마름은 종실에 제수로 쓰고, 난초를 찬 소녀를 시동으로 삼으니 삼가 공경하기 때문이다.(濟澤之阿, 行潦之蘋藻, 寘諸宗室, 季蘭尸之, 敬也.)"라는 글귀가 보인다.

36 祗奉(지봉): 공경히 받들다.

37 宗祧(종조): 종묘. "조(祧)"는 본래 먼 조상을 합사하는 사당을 가리킨다. ≪예기·제의(祭義)≫에 "궁실을 건축하고 종묘를 세우는 것은 친하고 소원함, 멀고 가까움을 구별하여 백성들에게 고대에 시작하던 데로 돌아가도록 가르쳐 태어난 근본을 잊지 않도록 하기 위한 것이다.(築爲宮室, 設爲宗祧, 以別親疏遠邇, 教民反古復始, 不忘共所由生也.)"라는 글귀가 보인다.

38 令範(영범): 모범으로 삼을 만한 미덕.

39 母儀(모의): 어머니로서의 본보기. 주로 황후에게 쓰였다.

40 長秋之位(장추지위): 장추(長秋)는 본래 황후가 거처하는 궁실 이름으로 황후를 대칭한다. ≪후한서·명덕황후기(明德皇后紀)≫에 "영평 3년 봄에 담당관이 장추궁(황후)을 세우도록 상주하였다.(永平三年春, 有司奏立長秋宮.)"라는 글귀가 보이는데, 장회태자(章懷太子)의 주에 "황후가 거처하는 곳이다. '장'은 '오래되다'는 뜻이고 '추'는 '만물이 성숙하는 때'이므로 그것으로 이름을 삼았다. 황후를 세우도록 청하면서 감히 곧이곧대로 바로 말할 수 없었기 때문에 궁실로 말한 것이다.(皇后所居也. 長者, 久也; 秋者, 萬物成熟之初也, 故以名焉. 請立皇后, 不敢直言, 故以宮稱之.)"라고 하였다.

41 良媛(양원): 위의 주석 27 참조.

42 董氏(동씨): 자세한 생애는 미상이고, ≪구당서14·헌종기상(憲宗紀上)≫에 따르면 원화 원년(806) 3월 임진일(壬辰日: 28일/양력 4월 20일)에 죽은 것으로 되어 있다.

43 太上皇后(태상황후): 태상황(순종)의 황후. 채옹(蔡邕)의 ≪독단(獨斷)≫ 하에 "황제의 정실이 황후, 황제의 모친이 황태후, 황제의 조모가 태황태후이다.(帝嫡妃曰皇后, 帝母曰皇太后, 帝祖母曰太皇太后.)"고 하였다. ≪문본(文本)≫에 "순종이 즉위하여 신병이 이미 떨쳐버리지 못할 정도로 심한 상태가 되어 일찍이 황후를 세우지 못하였기 때문에 두 사람(왕씨와 동씨)은 번왕의 저택에서 바로 태상으로 올랐다.(順宗卽位, 病已綿頓, 未嘗立皇后, 故二人自藩邸而進於太上.)"라는 주석이 보인다.

44 太上皇德妃(태상황덕비): 태상황(순종)의 덕비. ≪신당서47·백관지2≫의 '내관(內官)'조에 따르면, 당나라 때는 정1품의 황후 아래에 귀비(貴妃)·숙비(淑妃)·덕비(德妃)·현비(賢妃) 등 정1품 부인(夫人) 4인, 소의(昭儀)·소용(昭容)·소원(昭媛)·수의(修儀)·수용(修容)·수원(修媛)·충의(充儀)·충용(充容)·충원(充媛)

등 정2품 빈(嬪) 9인, 정3품 첩여(婕妤) 9인, 정4품 미인(美人) 4인, 정5품 재인(才人) 5인, 정6품 보림(寶林) 27인, 정7품 어녀(御女) 27인, 정8품 채녀(采女) 27인이 있었다.

45 備禮(비례): 예를 빠짐없이 갖추다. ≪시경·소아(小雅)·어려(魚麗)≫의 서문에 “만물이 성대하여 예를 갖출 수 있는 것을 찬미한 것이다.(美萬物盛多, 能備禮也.)”라는 글귀가 보인다.

46 冊命(책명): 고대에 제왕이 계승자나 후비 및 왕이나 대신을 책봉하여 세우는 명령으로, 책봉하여 세우는 행위를 가리키기도 한다. ≪서경·고명(顧命)≫에 “태사는 책을 잡고서 빈계를 따라 올라가 왕에게 책명을 바쳤다.(太史秉書, 由賓階隮, 御王册命.)”라는 글귀가 보인다.

⇒ 순종이 흥경궁으로 물러나 있으면서 황제와 태상황태후 및 태상황덕비의 책봉을 명한 사실 서술.

## [V-3]

임인일(壬寅日)에 왕비를 개주사마(開州司馬)로, 왕숙문을 투주사호(渝州司戶)로 임명하고 두 사람 모두 원외치(員外置)로 삼고서 인부로 하여금 역말을 타고 호송하도록 하는 제서(制書)를 내렸다.

壬寅[1], 制[2]: 王伾[3]開州司馬[4], 王叔文[5]渝州司戶[6], 並員外置[7], 馳驛[8]發遣[9].

**【주석】**

1 壬寅(임인): 영정 원년(805) 8월 6일(음력)/양력 9월 2일.

2 制(제): 제서(制書). 황제가 내리는 조칙의 일종. ≪구당서14·순종기≫에 "임인일에 우산기상시 왕비를 개주사마로, 전임 호부시랑·탁지염철전운사 왕숙문을 투자사호로 폄직시켰다.(壬寅, 貶右散騎常侍王伾爲開州司馬, 前戶部侍郎·度支鹽鐵轉運使王叔文爲渝州司戶.)"라고 되어 있다. 이 제서는 ≪책부원구≫ 권153과 ≪전당문≫ 권56에 실려 있다.

3 王伾(왕비): [Ⅰ-2] [一] 보충설명 참조.

4 開州司馬(개주사마): ≪구당서39·지리지2≫에 따르면, 개주는 산남서도(山南西道) 소속으로 성산(盛山), 신포(新浦), 만세(萬歲)의 3개 현을 관할하였는데, 주청 소재지가 성산현 곧 지금 중경시(重慶市) 개주구(開州區)에 있었다. ≪신당서40·지리지4≫에 따르면 개주는 하급 주인데, ≪구당서44·직관지3≫의 '주현관원(州縣官員)'조에 따르면 하급 주에는 종6품하의 사마 1인을 두었다.

5 王叔文(왕숙문): [Ⅰ-2] [二] 보충설명 및 아래 [Ⅴ-4]의 전기 참조.

6 渝州司戶(투주사호): ≪원화군현지≫ 권33에 따르면, 투주는 검남도(劍南道) 소속의 하급 주로 파(巴), 강진(江津), 만수(萬壽), 남평(南平), 벽산(壁山)의 5개 현을 관할하였는데 주청 소재지가 파현 곧 지금 중경시(重慶市)에 있었다. ≪구당서44·직관지3≫의 '주현관원'조에 따르면 하급 주에는 종8품하의 사창(司倉)·사호(司戶)·사법(司法) 3조(曹)의 참군사(參軍事) 각 1인을 두었다.

7 員外置(원외치): 정원 이외로 임명된 관리. 그 중에 일체의 대우가 정원 내의 관리와 동등한 특례가 있었는데 이를 '원외치동정원(員外置同正員)'이라고 하였다. ≪책부원구≫ 권153에 실린 이 제서에는 왕비와 왕숙문이 모두 '원외치동정원'이 되었다고 쓰여 있다.

8 馳驛(치역): 역마를 따고 빨리 가다. 고대에 관리가 황제를 알현하러 도성으로 올라가거나 임명을 받고 도성을 떠날 때 연도의 지방관들이 역참별로 인부나 마필 및 급여 따위를 제공하는 것을 가리킨다.

9 發遣(발견): 호송하다.

⇒ 헌종 즉위 3일 전에 왕비와 왕숙문을 폄직시킨 사실 서술.

## [V-4]

왕숙문은 월주(越州) 사람으로 바둑 잘 두는 솜씨로 인해 동궁으로 들어갔다. 그는 늘 스스로 책을 많이 읽어 나라를 다스리는 도리를 알고 있다고 말하면서 틈 내는 대로 황제에게 세상 백성들의 고통에 대해 언급하였다. 황제가 궁시(宮市)에 관한 일을 가지고 대대적인 논의를 하였을 때 왕숙문의 견해가 황제의 뜻에 부합하여 마침내 총애를 받게 되었다. 그로 인하여 황제에게 진언하였다.

"아무개는 장군이 될 만하고 아무개는 재상이 될 만하오니 훗날 그들을 등용하시기 바랍니다."

그는 위집의와 은밀하게 친분을 맺었고, 아울러 당시에 명망가들로서 요행으로 고속 승진을 바라는 육질(陸質), 여온(呂溫), 이경검(李景儉), 한엽(韓曄), 한태(韓泰), 진간(陳諫), 유우석(劉禹錫), 유종원(柳宗元) 등 십여 명과 생사를 같이하는 친구가 되었다. 그리고 능준(淩準)과 정이(程异) 등도 또 그들의 당파이기 때문에 임용하였는데, 서로 교제하는 종적이 매우 묘연하여 아무도 그 내막을 알지 못하였다. 정원 19년(803)에 보궐(補闕) 장정매(張正買)가 상소하여 다른 일에 대해 간언하려고 황제를 알현할 수 있게 되었다. 장정매는 왕중서(王仲舒), 유백추(劉伯芻), 배채(裴茝), 상중유(常仲孺), 여동(呂洞) 등과 친하여 자주 어울려 놀다가 쉬었다 하는 사이였다. 장정매가 황제를 알현할 수 있게 되자 그와 왕래하는 자들이 모두 와서 하례를 하였다. 그와 사이가 좋지 않은 자가 왕숙문과 위집의에게 고하였다.

"장정매가 상소하려고 하는 것이 그대들의 붕당에 관한 일인 것 같으니 마땅히 좀 주의하셔야 하겠습니다!"

위집의와 왕숙문이 그 사람의 말을 믿었다. 위집의는 일찍이 한림학사였지만 부친이 돌아갔을 때 관직에서 물러난 터이라, 이때는 비록 일개 산랑(散郎)이었음에도 불구하고 황제(덕종)의 은총으로 때때로 부름을 받고 입궁하여 조정의 정사에 대해 자문에 응하였다. 위집의는 그로 인해 위성계(韋成季) 등의 붕당이 무절제하게 연회를 하고 모여 논다고 황제에게 진언하여, 그들은 모두 견책을 받았지만 아무도 그 연유를 알지 못하였다. 왕숙문이 뜻하는 대로 되어 왕비 및 이충언 등과 조정의 정사를 마음대로 처리할 수 있게 되자 마침내 우선적으로 위집의를 재상으로 등용하였다. 그리고 그들과 늘 교제하던 사람들이 차례대로 발탁되어 하루에 여러 명이 관직에 임명되어 밤낮으로 무리지어 모여 있었다. 왕비는 시서(侍書)로서 황제(순종)의 총애를 받았는데 용모가 누추하고 오방언(吳方言)을 말해 황제가 흉허물 없이 매우 가깝게 대하였다. 반면에 왕숙문은 대사를 감당할 능력이 있다고 자못 자부하였으며 글을 대충은 아는 편이었는데, 황제에게 정사에 대해 논하기를 좋아하여 황제도 그 때문에 그를 매우 경외하였지만 왕비처럼 아무런 제지를 받지 않고 황제 곁을 출입할 수는 없었다. 왕숙문은 한림원까지 들어갔지만, 왕비는 시림원(柿林院)까지 들어가 이충언과 우소용(牛昭容) 등을 만날 수가 있었기 때문에 각자 주관하는 바가 있었다. 왕비는 궁정과 당파 사이를 오가며 전달하는 임무를 주관하였고, 유유석, 진간, 한엽, 한태, 유종원, 방계(房啓), 능준 등은 서로 의기투합하여 입안을 하고 조정의 정사에 대한 정보 수집에 주력하였다. 황제가 병에 걸린 지 오래되도록 낫지가 않자, 조정 안팎에서 황제가 태자의 자리를 일찌감치 정하기를 바랐지만 왕숙문은 침묵을 지키며 발의하지 않았다. 태자를 세우고 나자 온 천하 사람들이 기뻐하였지만 왕숙문은 홀로 우려하는 기색이었다. 늘 두보(杜甫)가 제갈량(諸葛亮)의 사당에 제한 시의 마지막 구인 "군대를 내어 쓰기도 전에 몸이 먼저 죽으니 길이 영웅으로 하여금 눈물이 옷깃에 가득하게 하네.(出師未用身先死, 長使英雄淚滿襟.)"를 읊조리면서 탄식하고 눈물을 흘렸다. 듣는 사람들이 모두 몰래 그를 비웃었다. 비록 두 부사(副使)의 업무를 주관하였지만 일찍이 문서 따위에는 뜻을 두지 않고 날마다 자기 당파의 사람들을 끌어들여 다른 사람들이 알지 못하도록 은밀히 낮은 소리로 이야기를 나누면서 환관들로부터 병권을 탈취하여 온 천하를 통제하고자 하였다. 이미 범희조(范希朝)와 한태로 하여금 도성 서쪽 모든 성진(城鎭)과 행영(行營)의 병마를 총괄하도록 하였지만, 환관들은 아직 저들의 의중을 알아차리지 못하였다. 마침 변방의 모든 장수들이 제각각 장계를 올려 중위(中尉)에게 사직을 하면서 또 "장차 범희조에게로 귀속될 것입니다."라고 하자, 환관들이 그때서야 비로소 병권이 왕숙문에 의해 탈취될 것임을 알아차리게 되었다. 이에 크게 노하며 말하였다.

"그의 계획대로 따르게 된다면 우리 무리들은 필시 그의 손에 죽게 될 것이다."

은밀히 그 사절들에게 명령하여 돌아가 모든 장수들게 보고하게 하였다.

"병권을 다른 사람에게 넘기지 말라!"

범희조가 봉천(奉天)에 도착하였을 때 모든 장수들 중에 나타난 사람이 아무도 없었다. 한태가 왕숙문에게 이를 보고하자 어떻게 할 바를 모르면서 단지 "어찌할고! 어찌할고!"라고만 하였다. 얼마 안 있어 왕숙문의 모친이 죽자 위집의는 갈수록 왕숙문의 말을 듣지 않아 왕숙문이 노하며 자기 당파 사람들과 밤낮으로 본래 자리로 복귀하기를 도모하여, 복귀하게 되면 필시 우선적으로 위집의의 목을 베고 자기에게 들붙지 않는 사람들을 다 죽이려고 하였다. 이를 들은 사람들이 모두 두려움에 떨었다. 황태자가 감국을 함에 마침내 왕숙문을 축출하고 그 이듬해 곧 그를 처형하였다.

왕비는 항주(杭州) 사람인데 좌천된 곳에서 병으로 죽었다. 그 당파에 속한 사람들은 모두 쫓겨났다. 저들 중에서 왕숙문이 가장 존중한 사람은 이경검이고 가장 기발한 재주를 가졌다고 여긴 사람은 여온이었다. 왕숙문이 실권을 장악하고 있을 때 이경검은 모친상을 지키느라 동도(東都)에 있었고, 여온은 반년 동안 토번(吐蕃)에 사신으로 나가 있다가 왕숙문이 실각하고 나서 바로 돌아왔기 때문에 두 사람은 모두 등용되지 못하였다. 왕숙문이 실각하고 수개월이 지난 뒤에 곧 위집의를 애주사마(崖州司馬)로 폄직시켰는데, 그로부터 2년 뒤에 그는 바닷가에서 병으로 죽었다. 위집의는 두황상(杜黃裳)의 사위로 두황상과 함께 재상의 자리에 있었기 때문에 가장 뒤에 폄직되었던 것이다.

叔文[1], 越州[2]人, 以碁入東宮. 頗自言讀書知理道, 乘間常言人間疾苦. 上將大論宮市事[3], 叔文說中上意, 遂有寵. 因爲上言: “某可爲將, 某可爲相, 幸異日用之.” 密結韋執誼[4], 幷有當時名欲僥幸而速進者: 陸質[5]、呂溫[6]、李景儉[7]、韓曄[8]、韓泰[9], 陳諫[10], 劉禹錫[11], 柳宗元[12]等十數人, 定爲死交[13]; 而凌準[14]、程异[15]等又因其黨而進, 交遊蹤跡詭秘[16], 莫有知其端者. 貞元十九年, 補闕[17]張正買[18]疏諫他事, 得召見. 正買與王仲舒[19]、劉伯芻[20]、裴茝[21]、常仲孺[22]、呂洞[23]相善[一], 數遊止[24]. 正買得召見, 諸往來者皆往賀之. 有與之不善者, 告叔文、執誼云: “正買疏似論君朋黨事, 宜少誡!” 執誼、叔文信之. 執誼嘗爲翰林學士[25], 父死罷官[26], 此時雖爲散郎[27], 以恩時時召入問外事[28]. 執誼因言成季等朋讌聚遊無度, 皆譴斥之, 人莫知其由. 叔文旣得志, 與王伾、李忠言等專斷外事, 遂首用韋執誼爲相; 其常所交結[二], 相次拔擢, 至一日除數人[三], 日夜羣聚. 伾以侍書幸, 寢陋[29], 吳語[30], 上所褻狎[31]. 而叔文頗任事[32]自許, 微知文義, 好言事[33], 上以故稍敬之, 不得如伾出入無阻[34]. 叔文入至翰林[35], 而伾入至柿林院[36], 見李忠言[37]、牛昭容[38]等, 故各有所主. 伾主往來傳授; 劉禹錫、陳諫、韓曄、韓泰、柳宗元、房啓[39]、凌準等主謀議唱和[40], 採聽外事[41]. 上疾久不瘳, 內外皆欲上早定太子位, 叔文默不發議. 已立太子, 天下喜, 而叔文獨有憂色[四]. 常吟杜甫題諸葛亮廟詩末句云: "出師未用身先死[五], 長使英雄淚滿襟." 因歔欷[42]流涕[六]. 聞者咸竊笑之. 雖判兩使[43]事, 未嘗以簿書爲意, 日引其黨, 屏人[44]切切細語[45], 謀奪宦者兵, 以制四海之命. 旣令范希朝[46]、韓泰總統京西諸城鎭行營兵馬[47], 中人[48]尙未悟; 會邊上諸將各以狀辭中尉[49], 且言"方屬希朝", 中人始悟兵柄爲叔文所奪. 乃大怒曰: "從其謀, 吾屬必死其手." 密令其使歸告諸將曰: "無以兵屬人!" 希朝至奉天, 諸將無至者. 韓泰白叔文, 計無所出, 唯曰: "奈何, 奈何!" 無幾而母死, 執誼益不用其語, 叔文怒, 與其黨日夜謀起復[50], 起復必先斬執誼, 而盡誅不附己者. 聞者皆恟懼[51]. 皇太子旣監國, 遂逐之, 明年乃殺之. 伾, 杭州人, 病死遷所. 其黨皆斥逐[52]. 叔文最所賢重者李景儉, 而最所謂奇才者呂溫. 叔文用事時, 景儉持母喪在東都, 而呂溫使吐蕃半歲, 至叔文敗方歸, 故二人皆不得用. 叔文敗後數月, 乃貶執誼爲崖州司馬[53][七], 後二年, 病死海上[54]. 執誼, 杜黃裳[55]子壻; 與黃裳同在相位, 故最在後貶.

[一] 살펴보건대 역사서에는 "왕중서(王仲舒)" 밑에 "위성계(韋成季)"세 글자가 더 있는데, 지금 아래 문장을 보면 "성계(成季)"라는 글자가 있으므로 여기에 마땅히 이 세 글자가 있어야 하니 누락된 것이다. "채(茝)"는 독음이 창(昌)과 해(亥)의 반절이다.

[보충설명]

- 세 글자의 누락에 관한 것은 ≪고이(考異)≫에 따른 것인데, 아래 문장에 성이 없이 이름만 다시 등장하는 것으로 보아 타당하다고 생각된다.

- 역사서는 ≪구당서135·열전85≫의 <위집의전>으로 그곳에 이 내용이 실려 있다.

[二] "상(常)"은 "상(嘗)"으로 된 판본도 있다.

[보충설명]

- 이는 ≪고이(考異)≫에 따른 것인데, ≪송본(宋本)≫, ≪축본(祝本)≫, ≪문본(文本)≫, ≪위본(魏本)≫에 "상(嘗)"으로 되어 있다.

[三] "지(至)"자가 없는 판본도 있다.

[보충설명]

- 이는 ≪고이(考異)≫에 따른 것인데, ≪문본(文本)≫에 "지(至)"자가 없다.

[四] "희(喜)"위에 "개(皆)"자가 있는 판본도 있다.

[보충설명]

- ≪고이(考異)≫에 "하(下)"아래에 "개(皆)"자가 있어야 하지 않을까 한다고 하였는데, ≪전교(全校)≫(2999쪽)에서는 ≪구당서135≫와 ≪신당서168≫의 <왕숙문전>에는 "개(皆)"자가 있지만 ≪책부원구≫ 권480에서 이 사실을 기록한 글이 ≪순종실록≫과 동일하고 "개(皆)"자가 없어도 말뜻이 순통하므로 주희(朱熹)의 추정은 근거가 없다고 하였다.

[五] 살펴보건대 두보(杜甫)의 시에는 "용(用)"자가 "첩(捷)"으로 되어 있고, "전(戰)"으로 된 판본도 있다.

[보충설명]

- "첩(捷)"으로 되어 있다고 한 것은 ≪고이(考異)≫에 따른 것이고, ≪문본(文本)≫에도 이렇게 되어 있다.
- "전(戰)"으로 된 판본은 미상이다.

[六] "覰"는 음이 '허(虛)'이고, "欷"는 음이 '희(希)'이다.

[七] [보주] 진경운(陳景雲)이 말하기를 "위집의는 처음에 사마로 폄직되었다가 다시 사호로 폄직되었다(韋初貶司馬, 再貶司戶.)"고 하였다.

[보충설명]

- ≪보주(補注)≫에서 인용한 진경운의 견해는 ≪점감(點勘)≫에 보인다.

**【주석】**

1 叔文(숙문): 왕숙문(王叔文, 753~806). [Ⅰ-2] 보충설명 [二] 참조.

2 越州(월주): ≪구당서135·열전85≫와 ≪신당서168·열전93≫의 <왕숙문전>에는 월주 산음(山陰: 지금 浙江省 紹興市 越城區) 사람이라고 하였다. ≪구당서40·지리지3≫에 따르면, 월주는 강남동도(江南東道) 소속의 중도독부(中都督府)로 회계(會稽), 산음(山陰), 제기(諸暨), 여요(餘姚), 염(剡), 소산(蕭山), 상우(上虞)의 7개 현을 관할하였으며, 주청 소재지가 산음현에 있었다.

3 上將大論宮市事(상장대론궁시사): 이하 세 구절의 궁시에 관한 일로 왕숙문이 당시 태자였던 순종의 총애를 받게 된 경과에 대해서는 [Ⅰ-2]의 내용 참조.

4 韋執誼(위집의): [Ⅰ-9] 주석 3 참조.

5 陸質(육질): [Ⅲ-2] 주석 25 참조.

6 呂溫(여온): 771~811. 자가 화광(化光) 또는 화숙(和叔)이고 하중(河中: 지금 山西省 永濟市) 사람이다. 정원 14년(798) 진사과에 급제하였고 그 이듬해 박학굉사과에 합격하여 집현전교서랑(集賢殿校書郎)에 임명되었으며, 정원 19년(803)에 왕숙문의 천거로 좌습유에 올랐다. 정원 20년(804)년 여름에 시어서로서 장천(張薦)의 부사가 되어 토번에 사신으로 갔다가 1년여 체류한 관계로, 순종 즉위 후 왕숙문이 실권을 장악하였을 때 영정혁신에 참여하지 못하였다. 영정(永貞) 원년(805) 가을에 도성으로 돌아와 호부원외랑, 사봉원외랑(司封員外郞), 형부낭중 등을 역임하였으며, 재상 이길보(李吉甫)와 사이가 벌어져 원화 3년(808) 10월에 도주자사(道州刺史)로 폄직되었다가 형주자사(衡州刺史)로 전임하였다. 형주에서 치적을 쌓아 '여형주(呂衡州)'로 불렸다. ≪구당서137·열전87≫과 ≪신당서160·열전85≫에 모두 전기가 실려 있다.

7 李景儉(이경검): 자가 관중(寬中) 또는 치용(致用)이고 예종(睿宗)의 후손으로 정원 15년(799)에 진사에 급제하였다. 왕숙문이 동궁에서 실권을 행사하고 있을 때 관중(管仲)과 제갈량(諸葛亮)의 재주를 지녔다고 여기며 중시하였지만, 순종 즉위 시에 모친상을 당하였기 때문에 등용되지 않아 왕숙문 실각 후 유배를 면할 수 있었다. 감찰어사, 충주자사(忠州刺史), 예주자사(澧州刺史), 건주자사(建州刺史), 간의대부 등을 역임하였다. ≪구당서171·열전121≫과 ≪신당서81·열전6≫에 모두 전기가 실려 있다.

8 韓曄(한엽): [Ⅲ-12] 주석 5 참조.

9 韓泰(한태): [Ⅲ-8] 주석 9 참조.

10 陳諫(진간): [Ⅳ-8] 주석 7 참조.

11 劉禹錫(유우석): 772~842. 자가 몽득(夢得)이고 관향(貫鄉)에 대해서는 여러 설이 있지만 낙양(洛陽) 사람이라는 것이 가장 유력하다. 정원 9년(793)에 진사과에 급제하였고 그 이듬해 박학굉사과에 합격하였다. 두우(杜佑)의 눈에 띄어 그의 보좌관을 거쳐 감찰어사로 발탁되었다. 유종원 등과 함께 왕숙문 일파의 정치집단에 가담하여 영정혁신에 참여하였지만, 왕숙문 실각 후 낭주사마(朗州司馬)로 좌천되었다. 연주(連州)·기주(夔州)·화주(和州)·소주(蘇州)·여주(汝州)·동주(同州) 등지의 자사(刺史)와 주객낭중 및 예부낭중 등을 거쳐 검교예부상서 겸 태자빈객을 지냈다. 유명 문인으로 유종원과 함께 '유유(劉柳)', 위응물(韋應物)·백거이(白居易)와 함께 '삼걸(三傑)', 백거이와 함께 '유백(劉白)'으로 병칭되었는데 ≪유빈객집(劉賓客集)≫이 전하고 있다. ≪구당서160·열전110≫과 ≪신당서168·열전93≫에 모두 전기가 실려 있다.

12 柳宗元(유종원): 773~819. 자가 자후(子厚)이고 하동(河東: 지금 山西省 運城市·永濟市 일대) 사람이다. 정원 9년(793) 유우석과 동년 진사였고 정원 12년(796)에 박학굉사과에 합격한 뒤 집현전정자(集賢殿正字)에 임명되었다. 남전현위(藍田縣尉)와 감찰어사를 거쳐 순종 즉위 후 예부원외랑에 올라 영정

혁신의 핵심 인사로 활동하였다. 왕숙문의 실각과 함께 영정 원년(805) 9월에 소주자사(邵州刺史)로 폄직되었다가 부임 도중 11월에 재차 영주사마(永州司馬)로 좌천되어 그곳에서 10년 세월을 보냈다. 원화 10년(815) 3월에 유주자사(柳州刺史)에 부임한 뒤 14년(819) 11월 8일에 그곳에서 세상을 떠났다. 유명 문인으로 훌륭한 시와 산문을 창작하였으며 한유와 함께 당대 고문운동을 선도하여 당송팔대가의 반열에 올랐다. 한유와는 고문운동의 동지인 동시에 정치적으로 노선 차이를 지녀 라이벌 관계에 있기도 한 바 '한류(韓柳)'로 병칭되고 있으며, 동년 진사인 유우석과 함께 '유유(劉柳)'로도 불린다. 관향을 따라 '유하동(柳河東)' 또는 '하동선생(河東先生)'으로 불리며, 마지막 관직이 유주자사(柳州刺史)로서 선정을 베푼 관계로 '유유주(柳柳州)'로도 불린다. 현전하는 ≪하동선생문집(河東先生集≫에 600여 편의 주옥같은 시문을 남기고 있다. ≪구당서160·열전110≫과 ≪신당서168·열전93≫에 모두 전기가 실려 있다.

13 死交(사교): 죽어도 변치 않는 교제. 생사를 같이하는 사귐.

14 凌準(능준): 752~808. 자가 종일(宗一)이고 부춘(富春: 지금 浙江省 杭州市 富陽區) 사람이다. 약관의 나이에 공적을 세우고 싶은 열망으로 재상에게 자천의 서한을 올려 재상이 불러 대면한 뒤 하루에 1만자에 달하는 글을 지을 정도로 재주가 명민한 것을 보고 숭문관교서랑(崇文館校書郎)으로 발탁하였다. 정원 20년(804)에 한림학사로 발탁된 뒤 도관원외랑(都官員外郎), 판탁지 등을 거치며 왕숙문의 조력자로 활동하다가 왕숙문 실각 후 화주자사(和州刺史)와 연주자사(連州刺史)로 좌천되었다. ≪구당서135·열전85≫와 ≪신당서168·열전93≫의 <왕숙문전>에 간략한 전기가 부기되어 있다.

15 程异(정이): ?~819. 자가 사거(師擧)이고 경조부 장안(長安: 지금 陝西省 西安市) 사람이다. 명경과에 급제한 뒤 양주(揚州) 해녕현주부(海寧縣主簿)가 되었고, 다시 개원예과(開元禮科)에 합격하고서 화주(華州) 정현현위(鄭縣縣尉)에

임명되었다. 재정 분야에 밝아 순종이 즉위한 뒤 왕숙문의 천거로 우부원외랑(虞部員外郞), 염철전운(鹽鐵轉運)·양자원유후(揚子院留後)에 올라 소금 가격을 떨어뜨려 고염가로 백성들을 착취하는 환관과 번진 세력에 타격을 입힌 바 있다. 왕숙문 실각 후 악주자사(岳州刺史)와 침주사마(郴州司馬)로 좌천되었다. 이손(李巽)의 천거로 시어사에 임명된 뒤 여러 관직을 거쳐 공부시랑·동중서문하평장사까지 올랐다. ≪구당서135·열전85≫와 ≪신당서168·열전93≫의 <왕숙문전>에 간략한 전기가 부기되어 있다.

16 詭秘(궤미): 은밀하고 신비스럽다. 행동이나 태도 따위가 은밀하여 종잡을 수 없는 것을 가리킨다.

17 補闕(보궐): ≪신당서47·백관지2≫에 따르면, 문하성에 종7품상의 좌보궐(左補闕) 6인을 두어 황제에 대한 풍간과 조정의 회의 업무를 주관하였고, 중서성에 우보궐(右補闕) 6인을 두었는데 직무는 문하성과 같다고 하였다.

18 張正買(장정매): ≪자치통감≫ 권236에서는 "장정일(張正一)"로 되어 있는데 ≪통감고이≫에서 ≪순종실록≫에는 "장정매(張正買)"로 되어 있지만 ≪덕종실록(德宗實錄)≫을 따랐다고 하였다. ≪전교(全校)≫(2994~2995쪽)에서는 ≪구당서135≫와 ≪신당서168≫의 <위집의전>과 기타 여러 글에서 모두 "장정일(張正一)" 또는 "장정일(張正壹)"로 되어 있음을 근거로 ≪순종실록≫이 잘못이라고 하였는데 일리가 있는 견해라 생각된다. 장정일은 ≪구당서≫와 ≪신당서≫에 전기가 실려 있지 않은데, 정원 말에 좌보궐을 지냈고 호부원외랑, 간의대부 등을 거쳐 국자사업을 끝으로 관직에서 물러났다.

19 王仲舒(왕중서): [Ⅳ-6] 주석 21 참조.

20 劉伯芻(유백추): 755~815. 자가 소지(素芝)이고 명주(洺州) 광평(지금 河北省 廣平縣) 사람이다. 진사과에 급제하고 두우(杜佑)의 보좌관을 시작으로 우보궐과 주객원외랑을 지냈다. 고공원외랑, 고공낭중, 급사중, 형부시랑 등을 거쳐 좌산기상시를 끝으로 관직에서 물러났다. ≪구당서153·열전103≫과

≪신당서160·열전85≫에 모두 전기가 실려 있다.

21 裴茝(배채): 생졸년 미상. 동권배씨(東眷裴氏) 배도호(裴道護)의 후손으로 사훈원외랑(司勳員外郎), 주객낭중, 국자사업, 태상소경 등을 역임하였다. ≪구당서≫와 ≪신당서≫에 전기가 실려 있지 않다.

22 常仲孺(상중유): 생졸년 미상. ≪위본(魏本)≫에서 이름을 "중유(仲儒)"로도 쓴다고 하였다. 신풍상씨(新豐尙氏) 사농경(司農卿) 상개(尙皆)의 아들로 감찰어사, 이부원외랑, 이부낭중, 간의대부 등을 역임하였다. ≪구당서≫와 ≪신당서≫에 전기가 실려 있지 않다.

23 呂洞(여동): 생졸년 미상. 풍익(馮翊) 사람으로 태자사인(太子舍人)을 지낸 여광(呂廣)의 아들이다. 비서성(秘書省) 낭관(郎官)을 거쳐 태상박사를 지냈다. ≪구당서≫와 ≪신당서≫에 전기가 실려 있지 않다.

24 遊止(유지): 놀이와 휴식을 취하다. 함께 놀다가 휴식하다 하는 친밀한 사이임을 말한다.

25 翰林學士(한림학사): [Ⅰ-1] 주석 60, [Ⅰ-2] 주석 1, [Ⅰ-12] 주석 8 참조.

26 父死罷官(부사파관): ≪구당서135≫와 ≪신당서168≫의 <위집의전>에는 모두 모친상으로 되어 있다.

27 散郎(산랑): 낭관(郎官)의 일종. 당나라 때 6부의 직사관(職事官)인 낭중·원외랑과 조의랑(朝議郎)·통직랑(通直郎)·장사랑(將仕郎) 등 산관(散官)이 낭관에 속하였다. 위집의가 모친상을 탈상하였을 때 ≪구당서135≫ 본전에는 남궁랑(南宮郎)에 기용하고 덕종이 황궁으로 불러 들였다고 되어 있고, ≪신당서168≫ 본전에는 이부낭중이 되어 자주 황궁에 불려갔다고 되어 있다.

28 外事(외사): [Ⅰ-2] 주석 7 참조.

29 寢陋(침루): 못생기다. 용모가 누추하다. '침루(寑陋)'로도 쓴다.

30 吳語(오어): 중국 7대 방언의 하나인 오방언(吳方言). 지금 중국의 절강성(浙江省), 상해(上海)와 강소성(江蘇省) 남부, 안휘성(安徽省) 남부, 강서성(江西

省) 동북부, 복건성(福建省) 북부 일대에서 사용되고 있으며, 사용 인구는 9천 여만 명에 달한다고 한다. ≪신당서168≫ 본전에는 왕비가 "초어(楚語)"를 하였다고 되어 있는데, 그가 항주(杭州) 사람임을 고려할 때 ≪순종실록≫과 ≪구당서135≫ 본전의 기록이 옳다고 생각된다.

31 褻狎(설압): 가까이에 두고 총애하다. ≪문본(文本)≫에 "왕비는 오지방 사람이다. 황제(순종)와 함께 잠을 자며 밤에 속어로 서로 장난하였다.(伾, 吳人也. 與上同寢, 夜漏里語以相戲狎也.)"라는 주석이 보인다.

32 任事(임사): 직무를 맡기다. 맡은 직무를 잘 감당하다. ≪예기·왕제(王制)≫에 "무릇 백성 중에서 유능한 사람을 골라 관리로 삼을 때 먼저 반드시 덕성과 재주를 잘 따져봐야 한다. 잘 따져본 연후에 시험 삼아 써보고, 맡은 바 직무를 잘 감당한 연후에 작위를 수여하고, 작위가 정해진 연후에 봉록을 지급한다.(凡官民材, 必先論之. 論辨, 然後使之; 任事, 然後爵之; 位定, 然後祿之.)"라는 글귀가 보인다.

33 言事(언사): [Ⅳ-6] 주석 10 참조.

34 不得如伾出入無阻(부득여비출입무조): 이상 아홉 구절의 내용과 관련하여 왕숙문과 왕비를 대한 순종의 태도 차이를 ≪신당서168·왕비전≫에서 대조적으로 이렇게 잘 기록하고 있다. "왕비는 본래 용렬하고 비루한 사람으로 용모가 누추하고 초지방 말을 하였으며 별다른 큰 뜻을 품지도 않았는데 황제가 가까이에 두고 총애하긴 하였지만, 왕숙문이 호기를 부리고 정사에 대해 진언하기를 좋아하여 황제의 예우를 받는 것만 못하였다. 나아가거나 멈추어 쉬는 경우에는 또 왕숙문이 왕비가 황제와 격의 없는 사이인 것에 미치지 못하였다.(伾本闒茸, 貌遾陋, 楚語, 無它大志, 帝褻寵之, 不如叔文任氣好言事, 爲帝所禮. 至出處, 又不及伾之無間也.)"

35 翰林(한림): 한림원(翰林院). [Ⅰ-2] 주석 1 참조.

36 柿林院(시림원): ≪당양경성방고(唐兩京城坊考)≫ 권1에서 대명궁 내에 있었

지만 그 위치를 알지 못한다고 하였다.

37 李忠言(이충언): [Ⅰ-2] 주석 11 참조.

38 牛昭容(우소용): 순종의 빈. 우씨(牛氏)의 생애는 ≪구당서14·순종기≫, ≪구당서≫와 ≪신당서≫의 <왕비전(王伾傳)>·<왕숙문전(王叔文傳)>·<구문진전(俱文珍傳)>, ≪신당서·정인전(鄭絪傳)≫ 등에 산발적으로 보인다. ≪전교(全校)≫(2998쪽)에서는 우씨가 ≪구당서14·순종기≫에서 순종이 태자 시절에 "승휘(承徽)"였고 즉위 후 영정 원년(805) 5월에 "수의(修儀)"로 책봉되었다고 한 반면에, 여러 인물들의 열전 속에서는 "미인(美人)" 또는 "소용(昭容)"으로 적혀 있는데 ≪구당서14·순종기≫가 옳다고 봐야 한다고 하였다. 내관(內官)과 태자내관(太子內官)에 대해서는 [Ⅴ-2] 주석 42와 27 참조.

39 房啓(방계): [Ⅲ-11] 주석 2 참조.

40 唱和(창화): 서로 의기투합하다. 주로 나쁜 뜻으로 쓰인다. ≪후한서·황후기하(皇后紀下)≫의 '안사염황후(安思閻皇后)'조에 "황문시랑 번엄(樊嚴) 등이 서로 알랑거리며 위압을 주기도 하고 복을 베풀기도 하면서 몰래 황궁을 정탐하고 서로 의기투합하였는데 모두 크게 도리에 맞지 않았다.(黃門侍郎樊嚴等, 更相阿黨, 互作威福, 探刺禁省, 更爲唱和, 皆大不道.)"라는 글귀가 보인다.

41 採聽外事(채청외사): ≪용재속필(容齋續筆)≫ 권4의 <유종원당숙문(柳宗元黨叔文)>조에 한유가 유종원과 유우석이 왕숙문의 당파에 연루되어 좌천된 사건에 대해 이렇게 평가한 대목이 보인다. "유자후와 유몽득은 모두 왕숙문의 당파에 연좌되어 자리에 쫓겨나 퇴출되었다. (중략) 한퇴지와 두 사람과의 관계는 돈독한 친구 사이였지만 ≪순종실록≫을 편찬함에 이르러서는 그 사건을 곧이곧대로 서술하여 '왕숙문은 당시에 명망가로서 요행으로 고속 승진을 하기 바라는 유유석·유종원 등 십여 명과 은밀히 교제하여 생사를 함께하는 친구가 되어 그 종적이 매우 은밀하였다. 왕숙문이 뜻을 펼치게 되자 유유석과 유종원이 의기투합하여 입안을 하고 조정의 정사에 대한 정보 수집에 주

력하였다. 왕숙문이 실패하게 되자 그 당파가 모두 쫓겨났다.'고 하였는데 이 논의는 매우 적절하다. 비록 친구 사이의 의리이지만 조금도 은폐할 수 없었다.(柳子厚、劉夢得皆坐黨叔文廢黜. (중략) 韓退之於兩人爲摯友, 至修順宗實錄, 直書其事云: '叔文密結有當時名欲僥倖而速進者劉禹錫、柳宗元等十數人, 定爲死交, 蹤跡詭秘. 既得志, 留柳主謀議唱和, 采聽外事. 及敗, 其黨皆斥逐.' 此論切當. 雖朋友之義, 不能以少弊也.)"

42 歔欷(허희): 슬피 울다. 탄식하다. ≪초사(楚辞)·이소(離騷)≫에 "내 가슴속 울적함을 탄식하고 나의 때가 맞지 않음을 슬퍼한다.(曾歔欷余鬱邑兮, 哀朕時之不當.)"라는 시구가 보인다.

43 兩使(양사): 탁지부사(度支副使)와 염철부사(鹽鐵副使)를 말한다.

44 屛人(병인): 다른 사람들이 알지 못하도록 하다.

45 切切細語(절절세어): 은밀히 몰래 낮은 소리로 이야기를 나누다. "절(切)"은 "절(竊)"과 통한다.

46 范希朝(범희조): [Ⅲ-8] 주석 3 참조.

47 總統京西諸城鎭行營兵馬(총통경서제성진행영병마): 이 내용에 대해서는 [Ⅲ-8] 본문 및 관련 주석 참조.

48 中人(중인): 환관. [Ⅳ-7] 주석 5 참조.

49 中尉(중위): 좌우신책군호군중위(左右神策軍護軍中尉). ≪구당서44·직관지3≫의 '좌우신책군'조에 따르면, 광덕(廣德) 원년(763)에 토번이 도성을 침범하여 대종(代宗)이 섬주(陝州)로 피난 갔을 때 거기서 신책군을 통솔하고 있던 중사(中使) 어조은(魚朝恩)이 호위를 하였고, 영태(永泰) 원년(765)에 토번이 경기 지방을 침범하였을 때 어조은이 방어하였는데 이때부터 신책군은 환관이 장수를 도맡았으며, 정원 연간에 특별히 신책군호군중위를 두자 그 이후로 중위의 권한이 천하에 진동하여 황제의 폐립도 그 손에서 좌지우지되었다고 한다. ≪전교(全校)≫(2999~3000쪽)에서는 ≪순종실록≫에서 말하는 중위

가 환관 양지렴(楊志廉), 손영의(孫榮義), 설영진(薛盈珍) 등이었다고 한다.

50 起復(기복): 관리가 부모상을 당한 뒤 탈상을 하기 전에 부름을 받고 직무를 담당하는 것을 가리킨다. 남송(南宋) 오증(吳曾)의 ≪능개재만록(能改齋漫錄)·사시(事始)≫의 <기복지례(起復之禮)>조에 이런 기록이 보인다. "고승(高承)의 ≪사물기원(事物紀原)≫에서 '기복은 ≪예기·증자문(曾子問)≫의 "자하(子夏)가 묻기를 삼년상 기간에 정벌하는 일을 피하지 않는 게 예에 맞지 않는 것이지요? 하니, 공자가 내가 노담(老聃)으로부터 듣기로는 옛날 노(魯)나라 임금 백금(伯禽)이 (졸곡 후에) 전쟁을 한 적이 있는데 그것은 부득이한 상황에서 그렇게 한 것일 뿐이라고 하였다."라는 데 뿌리를 두고 있다. 주(注)에서 "노나라의 서융족(徐戎族)이 난리를 일으키자 상중이었지만 졸곡 후에 정벌을 하였는데 국가 대사가 급하였기 때문이었다."고 하였다. 따라서 ≪춘추≫에서도 진(晉)나라 양공(襄公)이 검은색 상복을 입고 전쟁한 일을 기록하고 있다. 한(漢)·당(唐) 이후에 마침내 기복의 예가 생겨났는데 아마도 이는 백금으로부터 시작된 것이다.'고 하였다. 이상은 고승의 견해이다. 내가 살펴보건대 전한(前漢) 때 적방진(翟方進)이 상중에 장사지낸 지 26일 되는 날에 상복을 벗고 일어나 일을 보았다. 후한(後漢) 때 환언(桓焉)이 태자태부였을 때 모친상에 스스로 요청하여 대부로서 상을 치르도록 허락받았다. 그 이듬해 조칙을 내려 사자로 하여금 소와 술을 내리고 탈상을 하도록 하였다. 대체로 기복이라는 것은 상을 끝내고 일어나 돌아와 일을 보도록 하는 것이다. 고승이 근거도 없이 한나라와 당나라라고 포괄적으로 말하였을 따름이다. 따라서 내가 두 가지 경우를 적어 그 시작을 보이고자 한다.(高承事物紀原云: '起復, 本禮曾子問云: "子夏問曰: 三年之喪, 金革之事無避也者, 非與? 孔子曰: 吾聞諸老聃曰: 昔者魯公伯禽有爲爲之也." 注云: "魯徐戎作難, 有喪, 卒哭而征之, 急王事也." 故春秋亦紀晉襄公墨衰之事. 漢唐以來, 遂有起復之禮, 蓋自伯禽始也.' 以上皆高說. 予按, 前漢翟方進在喪, 既葬二十六日, 除服, 起視事. 後漢桓焉爲太子太傅, 以母

憂自乞, 聽以大夫行喪. 踰年, 詔使者賜牛酒奪服. 夫謂之起復者, 就喪起之, 復令視事耳. 高承無所據, 但泛言漢唐而已. 故予疏二條, 以見其始.)"

51 恟懼(흉구): 혼란스러워 두려워하다. 몹시 두려워하다.

52 斥逐(척축): 쫓아내다.

53 崖州司馬(애주사마): ≪구당서41·지리지4≫에 따르면, 애주는 영남도(嶺南道) 소속의 하급 주로 사성(舍城), 징매(澄邁), 문창(文昌)의 3개 현을 관할하였으며, 주청 소재지가 사성현 곧 지금 해남성(海南省) 삼아시(三亞市) 애성진(崖城鎭)에 있었다. ≪구당서44·직관지3≫의 '주현관원(州縣官員)'조에 따르면 하급 주에는 종6품하의 사마 1인을 두었다.

54 病死海上(병사해상): ≪구당서147·두황상전≫에 따르면, 두황상은 사위인 위집의가 쫓겨나게 되자 끝까지 보호하였고 멀리 영남의 바닷가에서 죽자 조정에 상주하여 고향으로 상여를 운구해와 장례를 치러주었으며, 그 뒤 자신도 병에 걸려 원화 3년(808)에 죽었다고 하였다. ≪전교(全校)≫(3004쪽)에서는 이에 근거하여 두황상이 위집의의 장례를 치르느라 병에 걸려 결국 일어나지 못한 바 위집의의 죽음이 두황상보다 조금 전일 것이므로, 위집의가 좌천된 지 2년 뒤에 바닷가에서 죽었다고 한 ≪순종실록≫의 기록과 일치한다고 하였다.

55 杜黃裳(두황상): [Ⅳ-9] 주석 32 참조.

⇒ 왕숙문의 전기 및 왕숙문 일파의 좌천 관련 사실 서술.

## [V-5]

위집의는 진사과에 급제하고 대책(對策)에서 일등으로 합격한 뒤 빨리

습유(拾遺)로 승진하였고 나이 이십여 세에 한림원으로 들어갔는데, 총명하고 비위를 잘 맞추어 덕종의 총애를 받았지만 성품이 탐욕스러우며 간사하고 교활하였다. 종조부의 손자로 형님인 위하경(韋夏卿)이 이부시랑이고 위집의가 한림학사였을 때, 위집의가 뇌물을 받고 다른 사람을 위해 과거시험에서의 석차를 올려달라고 요청하였지만 위하경이 응하지 않자 곧 가슴속에 품고 있던 금을 더듬어 꺼내 위하경의 소매 안에 넣어주었는데, 위하경이 놀라며 말하였다.

"나와 그대는 선조들의 은덕에 힘입어 명성과 지위를 이루어 다행히 각각 이미 현달하였거늘 어찌 이와 같이 스스로 무너뜨릴 수 있단 말인가!"

그러고는 소매를 흔들며 몸을 뒤로 물러나 가버렸다. 위집의는 몹시 창피하여 원망스럽게 여겼다. 얼마 안 있어 왕숙문에 의해 천거되어 임용되자 처음에는 왕숙문을 저버리지 않았지만, 공적인 여론에 압박을 받아 때때로 다른 의견을 낼 때면 그때마다 다른 사람을 보내 왕숙문에게 이렇게 사과하였다.

"감히 배은망덕하여 다른 의견을 낸 것이 아니라 다양한 방법으로 형님의 일을 이루게 하려고 하였을 따름입니다."

왕숙문이 이를 믿지 않고 마침내 그를 원수처럼 여기며 미워하게 되었다. 그러나 왕숙문이 실각하자 위집의 역시 자신이 기대어 온 세력을 저절로 잃게 되어 화가 장차 곧 닥칠 것을 알아차렸기에, 비록 여전히 재상이었음에도 불구하고 늘 안절부절못하였다. 늘 숨이 가물가물하며 기운이 없어 다른 사람의 발자국 소리만 들어도 곧 몹시 두려워서 가슴이 두근거리고 얼굴빛이 하얗게 질리더니 쇠하여 죽음에 이르렀는데, 그때 나이 겨우 마흔 남짓에 불과하였다. 위집의는 낮은 관직에 있을 때부터 늘 영남(嶺南) 지방 주현(州縣)의 이름을 꺼려하며 입에 담지 않았다. 낭관(郎官)으로 있었을 때 일찍이 동료 관리들과 직방(職方)에 가서 지도를 살피곤 하였는데, 영남 지방의 지도를 볼 경우에 위집의는 늘 없애도록 명하고는 눈을 감고 보지 않았다. 재상에 임명되어 사무실로 돌아왔을 때 앉는 자리의 대청 북쪽 벽에 지도가 있는 것을 보고는 일고여드레 동안 다가가 살피지 않았다. 시험 삼아 다가가 살펴보니 바로 애주(崖州) 지도였다. 불길하다고 여겨 몹시 싫어하였는데, 마음속으로 꺼림칙하였지만 입 밖으로 발설할 수 없었다. 폄직됨에 이르러서는 과연 애주로 가게 되었다.

執誼[1], 進士對策[2]高等[一], 驟遷[3]拾遺, 年二十餘入翰林[4], 巧惠[5]便辟[6], 媚幸[7]於德宗, 而性貪婪[8]詭賊[9]. 其從祖兄夏卿[10]爲吏部侍郎[11], 執誼爲翰林學士[12], 受財爲人求科第[13], 夏卿不應, 乃探出懷中金以內[14]夏卿袖, 夏卿驚曰: "吾與卿賴先人德致名位, 幸各已達[二], 豈可如此自毀壞[15]!" 擺袖[16]引身[17]而去. 執誼大慙恨[18]. 旣而爲叔文所引用[19], 初不敢負叔文; 迫公議[20], 時時有異同[21], 輒令人謝叔文云: "非敢負約[22]爲異同[三]. 蓋欲曲成[23]兄弟爾.[四]" 叔文不之信, 遂成仇怨[24]. 然叔文敗, 執誼亦自失形勢, 知禍且至, 雖尙爲相, 常不自得; 長奄奄[25]無氣, 聞人行聲, 輒惶悸[26]失色, 以至敗死, 時纔四十餘. 執誼自卑, 嘗諱不言[27]嶺南[28]州縣名. 爲郎官[29]時, 嘗與同舍郎[30]詣職方[31]觀圖, 每至嶺南圖, 執誼皆命去之, 閉目不視. 至拜相還, 所坐堂北壁有圖, 不就省七八日. 試就觀之, 乃崖州圖也. 以爲不祥, 甚惡之, 憚不能出口. 至貶, 果得崖州焉[五].

[一] 위집의는 경조부 사람으로 건중 3년(782)에 진사과에 급제하였고, 정원 원년(785)에 현량방정직언극간과(賢良方正直言極諫科)에 장원으로 합격하였다.

[보충설명]

- 이는 ≪위본(魏本)≫에서 손여청의 견해를 인용한 것인데, 거기에는 현량

방정직언극간과에 장원으로 합격한 시기가 정원 원년(785) 9월로 되어 있다.

- ≪책부원구≫ 권644에 따르면, 책론(策論)의 방식으로 시험을 본 때는 9월 을사일(乙巳日: 13일, 양력 10월 20일)이었고, 관직에 임명된 때는 10월 갑자일(甲子日: 2일, 양력 11월 8일)이었다.

[二] "이(已)"는 "이(以)"로 된 판본도 있다.

[보충설명]

- 이는 ≪고이(考異)≫에 따른 것인데, ≪문본(文本)≫에 "이(以)"로 되어 있다.

[三] "약(約)"은 "종(終)"으로 된 판본도 있는데 잘못이다.

[보충설명]

- 이는 ≪고이(考異)≫에 따른 것이다.

[四] "제(弟)"는 마땅히 "사(事)"로 되어야 하지 않을까 한다.

[보충설명]

- 이는 ≪고이(考異)≫에 따른 것이다.
- 참고로 ≪구당서135≫와 ≪구당서168≫의 <위집의전>에는 각각 "함께 나라의 일을 이루하려고 한 때문이다.(欲共成國家之事故也.)", "함께 나라의 일을 하려고 한 따름이다.(欲共濟國家事爾.)"로 되어 있다.

[五] [보주] 증국번(曾國藩)이 말하기를 "장천과 영호환의 전기를 써서 ≪실록≫ 속에 난입(闌入)시킨 것은 둘 다 마땅하지 않다. 장만복·육지·양성의 경우는 한 시대의 위인이고, 왕비·왕숙문·위집의는 한 시대의 간사하고 사특한 사람들이므로 그들의 전말을 상세하게 서술하는 것은 본디 마땅하다. 하지만 그럼에도 불구하고 장만복·육지·양성은 모두 덕종 대의 사람들이므로 ≪순종실록≫ 속에 난입시킨 것은 옳지 않다. 유독 세 간사한 인물들만 순종과 시종을 같이 하였을 따름이다.(爲張薦、令狐峘立傳, 俱不宜闌入實錄中. 若張萬福、陸贄、陽城爲

一時偉人, 王伾、王叔文、韋執誼爲一時姦回, 自宜詳敍顚末, 然張、陸、陽皆德宗朝人, 尙不宜闌入順宗實錄. 獨三姦爲與順宗相終始耳.)"고 하였다.

[보충설명]

- 증국번의 견해는 ≪구궐재독서록(求闕齋讀書錄)≫ 권8의 ≪창려외집(昌黎外集)≫에 보인다.

**【주석】**

1 執誼(집의): 위집의(韋執誼, ?~808). [Ⅰ-9] 주석 3 참조.

2 對策(대책): 한(漢)나라 때부터 시작된 인재 선발 방식의 하나로 정사 및 경전의 뜻 등에 대한 설문에 응시자가 대답하도록 하는 것을 말한다. 여기서는 정원 원년(785)에 초야에 묻혀 있는 인재를 선발하기 위해 특별고시로 치룬 '현량방정직언극간과'를 가리킨다.

3 驟遷(취천): [Ⅰ-11] 주석 31 참조.

4 翰林(한림): 이상 두 구절과 관련하여 ≪전교(全校)≫(3010쪽)에서는 정거회(丁居晦)의 ≪중수승지학사벽기(重修承旨學士壁記)≫와 위집의의 <한림원고사기(翰林院故事記)>(≪전당문≫ 권455 수록)의 마지막에 붙은 서명에 근거하여, 정원 원년(785) 10월 갑자일에 위집의에게 수여된 관직이 좌습유로 한림학사를 담당하는 것이라고 하였다.

5 巧惠(교혜): 꾀가 많고 총명하다.

6 便辟(편벽): 편벽하여 아첨하다. ≪논어·계씨(季氏)≫에 "편벽하여 아첨 잘하는 사람을 사귀거나, 너무 착하기만 하여 줏대 없이 남에게 곰살궂기만 하는 사람을 사귀거나, 말만 번드르르하게 잘하고 실속이 없는 사람을 사귀면 해롭다.(友便辟, 友善柔, 友便佞, 損矣.)"라는 글귀가 보인다.

7 媚幸(미행): 임금에게 어여쁘게 보여 총애를 받다.

8 貪婪(탐람): 갈망하여 만족할 줄 모르다. ≪초사·이소(離騷)≫에 "뭇 사람들이

모두 탐욕으로 다투어 나아가 찾고 구하는 데 싫증내지 않는다.(衆皆 競進以貪婪兮, 憑不猒乎求索.)"라는 시구가 보이는데 왕일(王逸)의 주에 "재물을 사랑하는 것이 탐이고, 음식을 사랑하는 것이 남이다.(愛財曰貪, 愛食曰婪.)"고 하였다.

9 詭賊(궤적): 간사하고 교활하다.

10 夏卿(하경): 위하경(韋夏卿, 743~806). 자가 운객(雲客)이고 경조부 만년현(萬年縣: 지금 陝西省 西安市) 사람이다. 대력(大曆) 2년(767)에 동생 정경(正卿)과 함께 무재이행과(茂才異行科)에 급제하여 고릉현주부(高陵縣主簿)에 임명되었다. 형부원외랑, 이부의 원외랑과 낭중, 급사중 등을 거쳐 상주(常州)와 소주(蘇州)의 자사(刺史)를 지냈고, 말년에 이부시랑, 경조윤, 태자빈객, 검교공부상서, 동도유수(東都留守), 태자소보(太子少保) 등을 두루 역임하였다. ≪구당서165·열전115≫와 ≪신당서162·열전87≫에 모두 전기가 실려 있다.

11 吏部侍郎(이부시랑): [Ⅰ-9] 주석 2 참조.

12 翰林學士(한림학사): [Ⅰ-1] 주석 60, [Ⅰ-2] 주석 1, [Ⅰ-12] 주석 8 등 참조.

13 科第(과제): 과거고시의 석차를 매기다.

14 內(납): 들이다. '납(納)'과 같다.

15 毁壞(훼괴): 손상시키다. 훼손시키다. ≪사기·주본기(周本紀)≫에 "지금 은나라 왕 주(紂)가 여인네의 말을 따라 스스로를 하늘과 절연시키고 저 천·지·인 삼재의 바른 도를 훼손시켰다.(今殷王紂乃用其婦人之言, 自絶於天, 毁壞其三正.)"라는 글귀가 보인다.

16 擺袖(파수): 소매를 흔들다. '소매를 흔들며 금을 물리치다'는 뜻의 '파수각금(擺袖却金)'이라는 사자성어로 쓰여 사람됨이 청렴하여 뇌물을 받지 않는 것을 비유한다.

17 引身(인신): 몸을 빼내 물러나다. 송옥(宋玉)의 <신녀부(神女賦)>에 "나의 마음이 미처 통하지도 않았는데 작별을 고하고 떠나려고 하여, 뒷걸음쳐 몸을 뒤로 빼지만 가까이 갈 수가 없다.(歡情未接, 將辭而去, 遷延引身, 不可親附.)"

라는 글귀가 보인다.

18 慙恨(참한): 창피하여 원망스럽게 여기다.

19 引用(인용): 천거하여 임용하다. 끌어와 임용하다. ≪후한서·이응전(李膺傳)≫에 "따라서 천하의 유명한 인사들을 천거해 임용하여 곧 이응을 장락소부로 삼았다.(故引用天下名士, 乃以膺爲長樂少府.)"라는 글귀가 보인다. 위집의가 왕숙문과 알고 서로 친하게 지내게 된 경위에 대해서는 [Ⅰ-9] 주석 7 참조.

20 公議(공의): 공공의 이익을 기준으로 국가의 정사를 논의하거나 공공이 함께 국가의 정사를 논평하는 것을 가리킨다. ≪한비자·설의(說疑)≫에 "다른 제후국에서 온 사신처럼 위장하여 자기 군주에게 유세하고, 몰래 사심을 품고 있으면서 나라를 위해 정사를 논의하는 것 같이하다.(使諸侯淫說其主, 微挾私而公議.)"라는 글귀가 보인다.

21 時時有異同(시시유이동): ≪전교(全校)≫(3011쪽)에 따르면, 위집의가 왕숙문과 다른 견해를 낸 것은 양사악(羊士諤), 유벽(劉闢), 두군(竇群) 등에 관한 일과 광릉왕(廣陵王)을 태자로 세우는 것에 관한 일의 네 가지로 간추려진다. 양사악과 유벽에 관한 일은 [Ⅳ-1]에 이미 나와 있으며, ≪구당서135≫와 ≪신당서168≫의 <왕숙문전>에도 적혀 있다. 두군에 관한 일은 ≪구당서155·두군전≫에 "왕숙문의 당파인 유종원과 유우석이 모두 두군을 업신여겨 두군이 그들에게 들붙지 않았다. 왕숙문 당파의 사람들이 두군의 관직을 깎아내리려고 논의하였지만 위집의가 그것을 제지하였다.(王叔文之黨柳宗元、劉禹錫皆慢群, 群不附之. 其黨議欲貶群官, 韋執誼止之.)"고 적혀 있다. 광릉왕의 태자 책봉과 관련해서는 이고(李翺)의 <고동천절도사노공전(故東川節度使盧公傳)>(≪전당문≫ 권640)에 "순종황제가 와병 중이어서 왕숙문이 한림원에 있으면서 국가의 정무를 결단하자 천하 사람들이 벌벌 떨었다. 노탄(盧坦)이 재상 위집의에게 말하기를 '조속히 황태자를 세워 나라의 근본을 세우도록 황제에게 아뢰어야 합니다.'고 하자 위집의가 그 말을 마음 속 깊이 받아들이고 장

차 전중시어사로 삼으려고 하였다.(順宗皇帝寢疾, 王叔文居翰林, 決大政, 天下懍懍. 坦說宰相韋執誼: '速白立皇太子, 以樹國本.' 執誼深納其言, 將以爲殿中侍御史.)"라는 내용이 보인다. ≪구당서135≫와 ≪신당서168≫의 <왕숙문전>에 모두 보이듯이 왕숙문은 순종의 신병에도 불구하고 황태자를 세우려고 하지 않았다.

22 負約(부약): 약속을 저버리다. 약속을 어기다. 신용을 잃다.

23 曲成(곡성): 곡진히 이루다. 다방면으로 방법을 강구하여 일이 이루어지도록 하다. ≪역경·계사전상(繫辭傳上)≫에 "만물을 곡진히 이루어 하나도 버리지 않는다.(曲成萬物而不遺.)"라는 글귀가 보이는데, 한강백(韓康伯)의 주(注)에 "곡성은 변화에 따라 만물에 대응하고 일방에 얽매이지 않는 것이다.(曲成者, 乘變以應物, 不繫一方者也.)"고 하였고, 공영달(孔穎達)의 소(疏)에 "성인이 변화에 따라 호응하여 곡진하고 섬세하게 만물이 이루어지도록 하는 것을 말한다.(言聖人隨變而應, 屈曲委細, 成就萬物.)"고 하였다.

24 仇怨(구원): 원수처럼 여기며 미워하다. ≪사기·진시황본기(秦始皇本紀)≫에 "진왕이 한단으로 가서 당초에 진왕이 조나라에서 살 때 외가와 원수처럼 여기며 미워한 사람들을 찾아내 모두 생매장시켜 버렸다.(秦王之邯鄲, 諸嘗與王生趙時母家有仇怨, 皆阬之.)"라는 글귀가 보인다.

25 奄奄(엄엄): 숨이 가물가물 미약한 모양.

26 惶悸(황계): 두려워 가슴이 두근거리다.

27 嘗諱不言(상휘불언): 이상 두 구절의 교감과 관련하여 ≪전정(箋正)≫ 권5에서 "비(卑)" 아래에는 마땅히 ≪구당서≫를 따라 "관(官)"자가 있어야 하고, "상(嘗)"은 "상(常)"으로 되어야 하며, "불(不)"자는 불필요하게 들어간 것이 아닌가 한다고 하였다. ≪구당서135·위집의전≫에는 "애당초에 위집의는 낮은 관직에 있을 때부터 늘 꺼려하며 사람들이 영남도의 주와 현의 이름을 말하는 것을 바라지 않았다.(初, 執誼自卑官, 常忌諱不欲人言嶺南州縣名.)"로 되어 있

다. 생각건대 "불(不)"자는 없어도 되지만 있어도 뜻이 통하지 않은 것은 아니다. 다른 두 글자의 교감은 타당한 견해라 생각되어 번역문에 반영하였다.

28 嶺南(영남): 영남도(嶺南道). 정관(貞觀) 10도와 개원(開元) 15도의 하나로 도청 소재지가 광주(지금 廣東省 廣州市)에 있었는데, 관할 지역이 지금 복건성(福建省)과 광동성(廣東省) 전부, 광서성(廣西省) 대부분, 운남성(雲南省) 남부, 월남(越南) 북부를 포함한다.

29 郎官(낭관): 당나라 때 6부의 낭중 및 원외랑과 같은 직사관(職事官), 조의랑(朝議郎)·통직랑(通直郎)·장사랑(將仕郎) 등의 산관(散官)을 가리킨다.

30 同舍郎(동사랑): 같은 건물에서 근무하는 낭관으로 후대에는 동료 관리를 두루 가리켰다.

31 職方(직방): ≪구당서43·직관지2≫에 따르면, 병부(兵部) 산하 4개 부서의 하나로 종5품상의 낭중 1인과 정6품상의 원외랑 1인이 천하의 지도를 담당하였다.

⇒ 위집의의 전기 서술.

## [V-6]

영정 2년(806) 정월 병인일(丙寅日) 초하루에 태상황이 흥경궁(興慶宮)에서 조정 백관들의 경하를 받았는데, 황제(헌종)가 백관들을 거느리고 응건성수태상황(應乾聖壽太上皇)이라는 존호를 받들어 올렸다. 그 책문(冊文)은 이러하다.

"영정 2년 해의 차례는 병술년(丙戌年)인데, 정월 병인일 초하루에 황제의 신 아무개가 머리를 땅에 조아려 두 번 절하고 책문을 올리나이다.

신이 듣기로 뛰어난 성인들은 심원하여 홀로 들리지도 보이지도 않는 세계로 초월해 있고, 위대한 도는 극치에 이르러 형체가 없는 허무의 경지에 존재하고 있으니, 어떻게 하면 자연에 순응하여 인위적인 작위를 하지 않는 무위의 덕을 표상하고 만물을 주재하려고 하지 않는 공적을 빛나게 할 수 있겠습니까! 그러나 호칭을 부여하여 책문에 드러나게 함에 있어서는 태상황의 도덕에 흠뻑 빠져들고 정성에 감동을 받아, 위대한 휘호를 우러러 받들어 올리고자 제 혼신을 다할 수 있사옵니다. 엎드려 생각건대 태상황제폐하께서는 도는 노자(老子)를 계승하였고 업적은 크고 바른 통치의 준칙을 이어셨으며, 천년을 지속할 태평성대를 물려받고 아홉 전임 성군들의 빛나는 광채를 이어받으시어 교화의 근원을 밝게 펼치고 위대한 호령을 떨쳐 일으키셨습니다. 정사에 있어서 근본을 돈독히 하고 검약함을 내보이시어 경사스러운 복록이 하늘에 닿으셨으며, 은혜로움이 봄바람처럼 높이 날아올랐고 인애하심이 만물을 기르셨습니다. 그렇지만 공을 이루고도 누리지 않으시고 치마를 걷어 올리고 양위를 하시어 나라의 통치권을 제게 넘겨주시고 분수(汾水)의 북쪽으로 가 은둔하려고 하시니 요임금의 덕을 체현하고 천지신명과 꼭 일치하시나이다. 행동하실 때는 하늘과 같고 고요히 계실 때는 땅과 같아서 우뚝 높이 솟은 위대한 성취를 필설로 다할 수 없나이다. 아는 것이 없어 사리에 밝지 못한 제가 마침 황제의 자리를 물려받게 되니 전승되어 제게 온 대업을 더럽히고 그것을 이어 수행해야 하는 뜻을 펼치지 못할까봐 두려워, 아침 일찍부터 저녁 늦게까지 전전긍긍 두려워하며 마음속에 장기적인 계획만 품을 따름입니다. 지금 다행히 천하가 태평한 것은 모두 폐하의 영명하신 가르치심 덕분이지만 미처 존호를 올리지 못하였으니 어떻게 군왕과 부친께 보답할 수 있겠사옵니까? 이 때문에 각료들과 문무백관들이 조정안에서 상소를 올리고 지방 수령들과 번진의 장수들 및 억조창생이 도성 밖에서 한 목소리로 요청하고 있나이다. 청하옵건대 새해에 위대한 칭호를 반포하고자 함에 신은 큰 바람을 감당할 수 없나이다. 삼가 '응건성수태상황'이라는 존호를 올림에 있어 정월 초하루 축수를 하는 때, 기원을 여는 해와 달과 날 그리고 별과 역수의 시작에 응하여 영광스럽게 이 아름다운 칭호를 드리나니 진실로 신명이 내리는 복과 합치하여 온 천하 만민들의 경사이옵나이다."

永貞二年正月景戌朔[1][一], 太上皇於興慶宮受朝賀[2], 皇帝率百僚奉上尊號, 曰應乾聖壽太上皇, 冊文[3]曰: "維永貞二年[二], 歲次景戌, 正月景戌朔, 皇帝臣某稽首再拜奉冊言: 臣聞上聖[4]玄邈, 獨超乎希夷[5]; 彊名之極[6][三], 猶存乎罔象[7], 豈足以表無爲之德[8], 光不宰之功[9]! 然稱謂所施, 簡冊[10]攸著, 涵泳[11]道德, 感於精誠, 仰奉洪徽, 有以自竭. 伏惟太上皇帝陛下, 道繼玄元[12], 業纘皇極[13], 膺千載之休曆[14], 承九聖[15]之耿光[16], 昭宣化源, 發揚大號[17]. 政有敦本示儉[四], 慶裕格天[18], 恩翔春風, 仁育羣品[19]; 而功成不處[20], 褰裳去之[21], 付神器[22]於沖人[23], 想汾陽以高蹈[24], 體堯之德, 與神同符. 其動也天, 其靜也地[25], 巍巍[26]事表, 無得而言. 顧茲寡昧[27], 屬膺[28]大寶[29], 懼忝傳歸[30]之業, 莫申繼述之志, 夙夜兢畏, 惟懷永圖[31]. 今天下幸安, 皆睿訓[32]所被, 而未極徽號[33], 孰報君親? 是以台臣[34]庶官[35]文武之列, 抗疏[36]於內; 方伯[37]藩守億兆之衆, 同詞於外: 請因壽曆, 以播鴻名[38], 臣不勝大願. 謹上尊號曰應乾聖壽太上皇, 當三朝[39]獻壽之辰, 應五紀[40]启元[41]之始, 光膺[42]徽稱[43], 允協神休[44], 斯天下之慶也."

[一] "술(戌)"은 역사서에 "인(寅)"으로 되어 있는데 이하 동일하다.

[보충설명]

- 이는 ≪고이(考異)≫에 따른 것인데, 역사서는 ≪구당서14≫ <순종기>와 <헌종기상(憲宗紀上)>이다.
- ≪구당서14≫의 <순종기>에 "원화 원년(806) 정월 초하루 병인일에 황

제가 백관들을 거느리고 태상황의 존호를 올려 '응건성수'라고 하였다(元和元年正月丙寅朔, 皇帝率百僚上太上皇尊號曰應乾聖壽.)", <헌종기상>에 "원화 원년 봄 정월 초하루 병인일에 황제가 흥경궁에서 백관들을 거느리고 태상황의 존호를 받들어 올려 '응건성수태상황'이라고 하였다.(元和元年春正月丙寅朔, 皇帝率群臣於興慶宮奉上太上皇尊號曰應乾聖壽太上皇.)"로 되어 있다.

- "술(戌)"이 "인(寅)"의 잘못이라는 지적은 ≪축본(祝本)≫과 ≪위본(魏本)≫, ≪점감(點勘)≫, ≪십칠사상각(十七史商榷)≫ 권74 '상순종존호(上順宗尊號)'조에 두루 거론된 바 있다.
- ≪전교(全校)≫(3012쪽)에서는 이해가 병술년(丙戌年)이기 때문에 그 "술(戌)"자로 말미암아 잘못되었다고 하였다.

[二] "이(二)"는 "원(元)"으로 된 판본도 있는데 잘못이다.

[보충설명]

- 이는 ≪고이(考異)≫에 따른 것이다.
- ≪십칠사상각≫ 권74 '상순종존호'조에서는 또 "이 일은 실록에서 영정 2년이라고 하였다. 그렇지만 이해 정월 초하루가 병인일이고 정묘일(丁卯日)에 원화(元和)로 개원하였으므로 영정이라는 연호는 단지 이날 하루뿐이었다. 이 일이 다만 ≪순종실록≫에 있기 때문에 영정 2년이라고 할 수밖에 없었다.(此事實錄作永貞二年. 然是年正月朔爲丙寅, 而丁卯卽改元元和, 則永貞號, 只此一日. 此特因在順宗實錄, 不得不如此.)"고 하였다.

[三] "강(彊)"은 "강(疆)"으로 된 판본도 있는데 잘못이다.

[보충설명]

- 이는 ≪고이(考異)≫에 따른 것이다.

[四] "정유(政有)" 두 글자는 불필요하게 들어간 것이 아닌가 한다.

[보충설명]

- 이는 ≪고이(考異)≫에 따른 것이다.
- ≪전교(全校)≫(3013쪽)에서는 이에 대해 주희(朱熹)가 아래 구절과 대구가 잘 되지 않는 점을 들어 "정유(政有)"가 불필요하게 들어간 것으로 여겼다고 보고, ≪당대조령집≫ 권8과 ≪전당문≫ 권63에 다음 구절의 "천(天)"자 밑에 "누천(漏泉)"이란 두 글자가 더 들어 있는 점을 근거로 주희의 견해가 잘못이라고 하였다.

**【주석】**

1 永貞二年正月景戌(영정이년정월경술): 영정 2년(806년) 정월 병인일(丙寅日: 음력 1일/양력 24일).

2 朝賀(조하): 조정 백관들이 알현하여 올리는 하례. ≪사기·진시황본기(秦始皇本纪)≫에 "지금은 물의 덕이 시작하는 해이므로 (하늘의 뜻에 순응하기 위해서는) 이해의 시작을 바꾸어야 하는 바 조정 백관들이 알현하여 올리는 하례는 10월 초하루부터였다.(方今水德之始, 改年始, 朝贺皆自十月朔.)"라는 글귀가 보인다.

3 冊文(책문): 이 글은 ≪당대조령집≫ 권8에 <응건성수태상황책문(應乾聖壽太上皇冊文)>이라는 제목 하에 장홍정(張弘靖)이 지은 것으로 되어 있고, ≪전당문≫ 권63에는 <상순종존호책문(上順宗尊號冊文)>이라는 제목으로 실려 있다. 반면에 ≪전당문≫ 권544에는 ≪당대조령집≫과 같은 제목 하에 장굉정(張宏靖)이 지은 것으로 되어 있다. 장홍정(張弘靖, 760~824)은 ≪신당서 127·열전52≫의 본전에 따르면 원화 연간에 형부상서·동중서문하평장사를 지낸 것으로 되어 있다.

4 上聖(상성): 지성(至聖). 도덕과 지혜가 지극히 뛰어난 사람. ≪묵자·공맹(公孟)≫에 "지극한 성인이 천자로 세워지고 그 다음이 경대부로 세워진다.(上聖立爲天子, 其次立爲卿大夫.)"라는 글귀가 보인다.

5 希夷(희이): 고요하고 현묘하다. ≪노자≫ 14장에 "보아도 보이지 않은 것을 이(夷)라고 하고, 들어도 들리지 않는 것을 희(希)라고 한다.(視之不見名曰夷, 聽之不聞名曰希.)"라는 글귀가 보인다.

6 彊名之極(강명지극): "彊名"은 이름 붙일 수 없는 도(道)를 가리킨다. "강(彊)"은 '강(强)'과 같다. ≪노자≫ 25장에 "나는 그 이름을 알지 못하지만 억지로 글자로 표현하자면 도(道)라고 하고 억지로 이름을 붙인다면 대(大)라고 할 것이다.(吾不知其名, 强字之曰道, 强爲之名曰大.)"라는 글귀가 보인다. ≪교전(校詮)≫(765쪽)에서 왕원계(王元啓)가 "之極(지극)"이 위의 "현막(玄邈)"과 대구가 되지 않는다고 한 데 대해 "'지'는 '이르다'는 뜻이고, '현'은 '심오하여 아득하다'는 뜻이므로 '현원'과 '지극'이 대구가 되지 않는 것이 아니다.(之, 至也; 玄, 幽遠也. 玄邈與之極非不對.)"라는 설명을 달았다.

7 罔象(망상): 도교(道教) 용어로 '허무(虛無)의 상(象)' 곧 '형체가 없는 것'을 말한다. 도가(道家) 서적인 ≪성명쌍수만신규지(性命雙修萬神圭旨)≫에 "망상은 형체를 잊어버린 것을 이르는 말이다.(罔象者, 忘形之谓也.)"라는 글귀가 보인다.

8 無爲之德(무위지덕): 자연에 순응하며 인위적인 작위를 하지 않는 덕. ≪노자≫ 38장에 "최고의 덕을 갖춘 사람은 겉으로 덕을 드러내지 않기 때문에 덕이 있고, 낮은 덕을 가진 사람은 겉으로 드러나는 덕을 잃지 않으려고 하기 때문에 덕이 없다. 최고의 덕을 가진 사람은 자연에 순응하여 작위를 하려 함이 없고 낮은 덕을 가진 사람은 자연에 순응하면서도 의도적인 작위를 하려고 함이 있다.(上德不德, 是以有德. 下德不失德, 是以無德. 上德無爲而無以爲, 下德無爲而有以爲.)"라는 글귀가 보이고, ≪장자·천도(天道)≫에 "대체로 제왕의 덕은 천지를 근본으로 삼고 도덕을 중심으로 삼으며 자연에 순응하여 인위적인 작위를 하지 않는 것을 상규로 삼는다.(夫帝王之德, 以天地爲宗, 以道德爲主, 以無爲爲常.)"라는 글귀가 보인다.

9 不宰之功(부재지공): 주재하지 않는 공적. 제한을 가하지 않는 공적. ≪노자≫

10장에 "(도는 만물을) 낳고 길러주는데, 낳고도 소유하려 들지 않고 일을 하고도 자랑하지 않으며 자유롭게 자라도록 하고 주재하려 들지 않으니 이를 두고 현묘한 덕이라고 한다.(生之畜之, 生而不有, 爲而不恃, 長而不宰, 是謂玄德.)"라는 글귀가 보인다.

10 簡冊(간책): 죽간(竹簡)과 목독(木牘). 여기서는 '책문(冊文)'을 가리킨다.

11 涵泳(함영): 물속에 깊이 빠지다.

12 玄元(현원): 노자(老子)를 가리킨다. ≪구당서5·고종기하(高宗紀下)≫에 건봉(乾封) 원년(666) 2월 기미일(己未日: 22일/양력 4월 2일)에 "노자의 사당에 행차하여 '태상현원황제'라는 호를 추서하였다.(幸老君廟, 追號曰太上玄元皇帝.)"라는 내용이 보인다.

13 皇極(황극): [Ⅰ-1] 주석 51 참조.

14 休曆(휴력): 태평성대.

15 九聖(구성): [Ⅴ-1] 주석 8 참조.

16 耿光(경광): [Ⅲ-1] 주석 34 참조.

17 大號(대호): 제왕의 호령. 중대한 명령. ≪역경·환괘(渙卦)≫ 구오(九五) 효사(爻辭)에 "몸의 땀을 흩날리게 하는 것처럼 중대한 명령을 내다.(渙汗其大號.)"라는 글귀가 보이는데, 공영달(孔穎達)의 소(疏)에서 "몸의 땀을 흩날리게 하는 것처럼 중대한 명령을 낸다는 것은 사람이 험악한 경우를 당해 놀라 힘들게 되면 몸에서 땀이 나기 때문에 땀으로 험악한 경우를 비유한 것이다. 구오는 높은 자리에 있으면서 정도를 행하여 호령하는 가운데 호령함으로써 험악한 경우를 흩어지게 할 수 있는 것이다.(人遇險阨驚怖而勞, 則汗從體出, 故以汗喻險阨也. 九五處尊履正, 在號令之中, 能行號令以散險阨者也.)"라고 하였다.

18 格天(격천): 하늘에 닿다. 하늘을 감동시키다. "격(格)"은 '이르다'는 뜻이다.

19 羣品(군품): 만사(萬事) 만물(萬物). 공영달의 ≪주역정의(周易正義)·서(序)≫

에 "성인은 우러러 살피고 굽어 살필 수 있으므로 천지를 본받아 만사 만물을 기른다.(聖人有以仰觀俯察, 象天地而育羣品.)"라는 글귀가 보인다.

20 功成不處(공성불처): 공을 세우고도 거기에 머물러 누리려 하지 않는다. ≪노자≫ 77장에 "이 때문에 성인은 일을 하고도 자랑하지 않고 공을 이루고도 누리지 않으니 현명함을 드러내려 하지 않기 때문이다.(是以聖人爲而不恃, 功成而不處, 斯不見賢.)"라는 글귀가 보인다.

21 褰裳去之(건상거지): 제왕이 양위하는 것을 말한다. ≪죽서기년(竹書紀年)≫ 상(上)에 "14년에 경사스러운 구름이 나타나자 우임금에게 명하여 순임금을 대신하게 하였다. 그러자 임금이 곧 다시 노래 부르기를 '해와 달이 순행하고 별들도 순행하네. (중략) 정수가 이미 다하여 치마를 걷어 올리고 자리에서 떠나네.'라고 하였다. 이때 팔방에서 불어오는 바람이 순통하고, 경사스러운 구름이 한데 모이며, 서린 용이 숨은 곳에서 떨쳐 오르고, 물고기가 못에서 뛰어올랐다. 거북과 자라가 모두 살던 집에서 나와 우나라에서 옮겨 하나라를 섬겼다. 이에 순임금이 황하에 단을 설치하고 요임금의 전례를 따랐다.(十四年卿雲見, 命禹代虞事: 帝乃再歌曰: '日月有常, 星辰有行. (중략) 精華已竭, 褰裳去之.' 於是八風循通, 慶雲叢聚, 蟠龍奮迅於其藏, 蛟魚踊躍於其淵. 龜鱉咸出其穴, 遷虞而事夏. 舜乃設壇於河, 依堯故事.)"라는 글귀가 보인다.

22 神器(신기): 제왕의 옥새. 제왕의 자리 또는 국가 권력을 가리킨다.

23 沖人(충인): 나이가 어려 무지한 사람이란 뜻으로 고대 제왕이 자신을 낮추어 부르는 호칭으로 쓰였다. ≪서경·반경하(盤庚下)≫에 "그러므로 나 어린 사람은 그대들을 위한 계책을 내버리려는 것이 아니다.(肆予沖人, 非廢厥謀.)"라는 글귀가 보인다. ≪문체명변≫ 권20의 '옥책(玉冊)'조에 <상응건성수태상황책문(上應乾聖壽太上皇冊文)>이라는 제목 하에 실린 글에는 "충인(冲人)"으로 되어 있다.

24 想汾陽以高蹈(상분양이고도): 분수의 북쪽으로 가서 은둔하다. 순종이 황제

자리를 넘겨주고 한가롭게 지내고 싶다는 뜻을 나타낸다. ≪장자·소요유(逍遙遊)≫에 "요임금이 천하의 백성들을 다스리고 해내의 정치를 평안하게 하다가 막고야의 산과 분수의 북쪽으로 가서 네 선생을 만나고는 망연자실 자기 천하를 잃어버렸다.(堯治天下之民, 平海內之政, 往見四子邈姑射之山、汾水之陽, 窅然喪其天下焉.)"라는 글귀가 보인다. "고도(高蹈)"는 '은둔하다'는 뜻이다.

25 其動也天(기동야천), 其靜也地(기정야지): ≪역경·계사전상(繫辭傳上)≫에 "무릇 건괘는 고요할 때는 전일하고 움직일 때는 곧아서 그 때문에 크기가 거기에서 생기며, 무릇 곤괘는 고요할 때는 합쳐져 있고 움직일 때는 열려 있어서 그 때문에 넓이가 거기에서 생긴다.(夫乾, 其靜也專, 其動也直, 是以大生焉; 夫坤, 其靜也翕, 其動也闢, 是以廣生焉.)"라는 글귀가 보인다.

26 巍巍(외외): 산이 우뚝 높이 솟은 모양.

27 寡昧(과미): 지식이 천박하여 사리에 밝지 못하다.

28 屬膺(속응): 마침 …를 만나다.

29 大寶(대보): 제왕의 자리. ≪역경·계사전하(繫辭傳下)≫에 "천지의 큰 덕은 살리는 것이고, 성인의 큰 보배는 제왕의 자리이다.(天地之大德曰生, 聖人之大寶曰位.)"라는 글귀가 보인다.

30 傳歸(전귀): [Ⅴ-1] 주석 36 참조.

31 永圖(영도): [Ⅴ-1] 주석 23 참조.

32 睿訓(예훈): 황제의 가르침.

33 徽號(휘호): 기리고 찬미하는 호칭으로 옛날에 전적으로 제왕이나 황후에게 붙여준 존호(尊號)를 가리켰다. 통상 경축 의식이 있을 때마다 두 글자씩 더 보탰는데 모두 공덕을 칭송하는 말로 이루어졌다. 봉연(封演)의 ≪봉씨문견기(封氏聞見記)·존호(尊號)≫에 "진한 이후에 천자는 단지 황제라고만 칭하고 별도로 찬미하는 호칭이 없었는데, 측천무후 수공 4년(688)에 낙수에서 상서로운 돌을 발견하자 '성스러운 어머니께서 백성들에게 임하여 제왕의 대업을 영

원토록 창성하게 한다.'라는 글이 적혀 있었다. 그 돌을 보물로 여기고 뭇 신하들이 존호를 올려 '성모신황후'라고 칭하도록 청원하였다.(秦漢以來, 天子但稱皇帝, 無別徽號, 則天垂拱四年, 得瑞石於洛水, 文曰: '聖母臨人, 永昌帝業.' 號其石爲寶圖, 於是群臣上尊號, 聽稱'聖母神皇后'.)"라는 설명이 보인다.

34 台臣(대신): 재상 등 황제를 보좌하는 중신(重臣).

35 庶官(서관): 백관(百官). ≪서경·주관(周官)≫에 "어진 사람에게 미루고 유능한 이에게 양보하면 모든 관리들이 화합할 것이다.(推賢讓能, 庶官乃和.)"라는 글귀가 보인다.

36 抗疏(항소): 황제에게 직언의 상소를 올리다. ≪한서·양웅전하(揚雄傳下)≫에 "황제에게 직언의 상소를 올려 당시 정치의 득실을 논하는 수밖에 없습니다.(獨可抗疏, 時道是非.)"라는 글귀가 보인다.

37 方伯(방백): 지방 수령. 은주(殷周) 시대에 지방 제후의 우두머리를 가리켰는데, ≪예기·왕제(王制)≫에 "도성 천리 밖에 방백을 두었다(千里之外設方伯.)"라는 글귀가 보인다. 후대에는 널리 '지방 장관'을 지칭하였는데, 당나라 때는 도 단위에 둔 채방처치사(採訪處置使: 약칭 採訪使) 또는 관찰처치사(觀察處置使: 약칭 觀察使)와 같은 등급을 가리켰다.

38 鴻名(홍명): 위대한 명성. 성대한 이름. ≪사기·사마상여열전(司馬相如列傳)≫에 "전대의 성인들이 위대한 명성을 영원히 보전하여 항상 칭찬을 받은 까닭은 이 때문이니 마땅히 장고(掌故)에게 명하여 봉선 의식의 대의를 모두 아뢰게 하여 살피셔야 합니다.(前聖之所以永保鴻名而常爲稱首者用此, 宜命掌故悉奏其義而覽焉.)"라는 글귀가 보인다.

39 三朝(삼조): 정월 초하루. 해와 달과 날의 시작이므로 삼조라고 하였다. 반고(班固)의 <동도부(東都賦)>에 "봄날 정월 초하루에 한나라 도성에서 회동하였다.(春王三朝, 會同漢京.)"라는 글귀가 보이는데, 이선(李善)이 "삼조는 정월 초하루이다.(三朝, 歲首朔日也.)"라는 주를 달았다.

40 五紀(오기): ≪서경·홍범(洪範)≫에 "오기는 첫 번째는 해, 두 번째는 달, 세 번째는 날, 네 번째는 별, 다섯 번째는 역수이다.(五紀: 一曰歲, 二曰月, 三曰日, 四曰星辰, 五曰曆數.)"라는 글귀가 보이는데, 공영달(孔穎達)의 소(疏)에서 "대저 이 다섯 가지는 모두 하늘의 때를 기록하는 것이므로 오기라고 하였다.(凡此五者, 皆所以紀天時, 故謂之五紀也.)"고 풀이하였다.

41 啓元(계원): 기원을 열다. ≪공양전·은공(隱公) 원년≫에 "원년이란 무엇인가? 임금이 시작하는 해이다.(元年者何? 君之始年也.)"라고 하였다.

42 光膺(광응): [V-2] 주석 10 참조.

43 徽稱(휘칭): 기리고 찬미하는 호칭.

44 神休(신휴): 천지신명이 내리는 복이나 행운. 양웅(揚雄)의 <감천부(甘泉賦)>에 "한나라 10대 황제께서 장차 하늘에 제사를 지내고자 태치(제단)를 세워 신명이 복을 내려주기를 바랐네.(惟漢十世, 將郊上玄, 定泰畤, 擁神休.)"라는 글귀가 보이는데, 이선이 "장차 태치에서 제사를 지내 신명이 행운으로 보우해주기를 바라는 것을 말한다.(言將祭泰畤, 冀神擁祐之以美祥.)"라는 주를 달았다.

⇒ 태상황(순종)의 존호를 책립한 일 서술.

## [V-7]

원화 원년 정월 갑신일(甲申日)에 태상황이 흥경궁(興慶宮) 함녕전(咸寧殿)에서 붕어하였는데 향년 46세였다. 유고(遺誥)는 이러하다.

"짐이 듣기로 죽음이란 생명을 가진 만물의 필연적 귀착점이고, 수명은 사람의 변치 않는 정해진 운명이다. 옛날의 현명하신 성왕들께서는 지극한 도에 밝아서 자신들의 종국을 알아 의를 보존하며 변화에 순응하여 슬픔을 절제하지 않으신 적이 없었다. 따라서 살아 있는 자들은 생명을 상하게 하는 데 이르지 않고 죽어가는 자들은 몹시 애통하는 데 이르지 않는 것을 사리에 통달하였다고 하고, 상례 기간 동안 일관되게 지켰다. 짐은 젊어서부터 간소하고 작위를 하지 않는 것을 돈독히 여겼고, 근년에 들어와 또 고질병에 걸려 일찍이 나라의 정사를 직접 돌보았지만 근무에 더욱 게을렀노라. 황제는 타고난 자질이 어질고 효성스러운데다 성스럽고 정중함이 날마다 증진되었기에, 내가 무거운 짐을 벗어 네게 백성들을 평강하게 하고 환난에서 구제하는 임무를 맡기노라. 너는 안으로는 구족을 화목하게 하고 밖으로는 온갖 정무에 근면하며, 내게 더욱 근엄하게 문안 인사를 다하고 식사 시중에도 게으름피우지 않을 수 있었다. 이런 지극한 덕을 밀고 나가 온 나라를 편안하게 할지니 짐이 내 아들을 알거늘 온 천하에 부끄럽지 않노라. 지금 신병이 매우 위중하여 깨어나지도 일어나지도 못함에 나라를 맡길 계승자를 찾았으니 내 또 무엇을 한스럽게 여기겠는가? 천하의 억조창생들도 무엇을 슬퍼할 게 있겠는가? 다만 성인의 큰 효도는 잘 계승하는 데 있으니, 중추부서의 막중한 기무와 나라와 군대의 무수한 일들을 이어 받아 잠시라도 빠뜨려서는 안 될 것이다. 날로 달을 대신하는 것이 옛 법도일 따름이다. 황제는 마땅히 사흘 만에 조정에서 정무를 돌보고 열사흘에 소상(小祥), 스무닷새 날에 대상(大祥)을 치루고 나서 스무 일곱째 날에 상복을 벗도록 하라. 지방 군정 장관과 지방 수령들은 애도를 표하기 위해 임지를 떠나 도성으로 올 필요가 없으며, 천하의 관리와 백성들은 유고(遺誥)가 도착한 뒤 사흘 동안 애도를 표하고는 상복을 벗도록 하고 혼인과 제사 및 음주와 육식을 금하지 말지라. 궁궐 내에서 조문하는 사람들은 진시(辰時)와 신시(申時)에 각각 열다섯 번 소리 내어 곡을 하고 진시와 신시 외에는 조문할 때 곡을 하지 못하도록 금할 것이며, 상복을 벗은 뒤에는 음악 연주를 금하지 말지라. 기타 유고 속에 언급되지 않은 사항들은 모두 같은 방식으로 처리하라. 엎드려 생각건대 숭릉(崇陵)의 봉분 조성 작업이 겨우 끝나 도성 인근 고을 피곤한 백성들이 공사를 마무리한 지가 얼마 지나지 않았노라. 지금 또 거듭 능묘 조성공사로 수고를 해야 하니 짐이 긍휼히 여기는 바로다. 게다가 한(漢)나라와 위(魏)나라의 두 문제(文帝)께서 모두 상례를 간소하게 하라는 유촉의 조칙을 지었는데, 그 영원한 말씀과 고상한 덕행을 내가 늘 평소의 소망으로 마음속에 새기고 있었노라. 내 무덤의 규모는 힘써 검약함을 좇고, 아울러 금과 은이나 비단을 장식으로 쓰지 말지라. 공경대부 등 모든 관리들은 한 마음으로 협력하여 짐에게 충성을 다해 망자를 보내는 애도를 표하고 새로운 임금을 섬기는 예를 펼치도록 하라. 천하에 널리 알려 짐의 생각을 밝히 알도록 하노라!"

元和元年正月甲申[1], 太上皇崩於興慶宮咸寧殿[2], 年四十六. 遺詔[3]曰: "朕聞死生[4]者[一], 物之大歸[5]; 脩短[6]者, 人之常分. 古先哲王, 明於至道, 莫不知其終以存義[7], 順其變以節哀[8]: 故存者不至於傷生, 逝者不至於甚痛. 謂之達理, 以貫通喪[9]. 朕自弱齡, 即敦清靜[10]; 逮乎近歲, 又嬰沈痼[11]; 嘗亦親政, 益倦于勤. 以皇帝天資仁孝, 日躋聖敬[12], 爰釋重負[13], 委之康濟[14]. 而[15]能內睦于九族[16], 外勤于萬機[17], 問寢益嚴, 侍膳[18]無曠[19]; 推此至德, 以安庶邦, 朕之知子[20], 無愧天下. 今厥疾大漸[21], 不寤不興, 付託得人[22], 顧復何恨? 四海兆庶, 亦奚所哀? 但聖人大孝, 在乎善繼[23], 樞務之重, 軍國之殷, 纘而承之, 不可暫闕. 以日易月[24], 抑惟舊章[25]. 皇帝宜三日而聽政[26], 十三日小祥[27], 二十五日大祥[28][二], 二十七日釋服[29]; 方鎮[30]岳牧[31]不用離任赴哀; 天下吏人, 詔至後, 出臨[32]三日皆釋服; 無禁婚嫁祠祀飲酒食肉; 宮中當臨者, 朝晡[33]各十五舉音[34], 非朝晡臨時禁無得哭, 釋服之後, 勿禁樂[35]. 他不在詔中者, 皆以類從事. 伏以崇陵[36]仙寢[37], 復土[38]纔終, 甸邑[39]疲人, 休功未幾[40]. 今又重勞營奉[41], 朕所哀矜[42]. 況漢、魏二文[43], 皆著遺令[44]; 永言[45]景行[46], 常誌夙心[47]. 其山陵[48]制度[49], 務從儉約, 並不用以金銀錦綵爲飾. 百辟[50]卿士[51], 同力盡忠, 克申送往[52]之哀, 宜展事居[53]之禮[三]. 布告天下, 明知朕懷!"

[一] "문(聞)"은 "관(觀)"으로 된 판본도 있다.

[二] "오(五)"는 "삼(三)"으로 된 판본도 있는데 잘못이다.

[三] "거(居)"는 "군(君)"으로 된 판본도 있는데 잘못이다.

**【주석】**

1 元和元年正月甲申(원화원년정월갑신): 원화 원년(806) 정월 갑신일(甲申日: 19일/양력 2월 11일).

2 咸寧殿(함녕전): 남내(南內) 흥경궁 내에 있었던 전각으로 ≪구당서14·순종기≫와 ≪구당서52·열전2·후비하(后妃下)≫에 따르면 순종과 장헌황후(莊憲皇后)가 이곳에서 붕어하였다고 한다. 흥경궁에 대해서는 [Ⅴ-1] 주석 43 참조.

3 遺誥(유고): 선왕이 남긴 교훈. 유촉의 조칙.

4 死生(사생): 죽음. 편의복사(偏義複詞)로 "사(死)"에 중점이 있다.

5 大歸(대귀): 본디 가서 돌아오지 않는다는 뜻인데 최종적 귀착점 내지 필연적 추세로 곧 죽음을 뜻한다.

6 脩短(수단): 장단. 수명을 가리킨다. ≪주서(周書)·무제기하(武帝紀下)≫에 "사람은 천지의 모습을 본뜨고 오행의 바탕을 타고나서 수명의 기한은 운명이 아닌 것이 없다.(人肖形天地, 禀質五常, 脩短之期, 莫非命也.)"라는 글귀가 보인다.

7 知其終以存義(지기종이존의): 마칠 데(종국, 마지막)를 알아 의를 보존하다. ≪역경·건괘(乾卦)≫ 구삼(九三) 효사(爻辭)에 대한 <문언전(文言傳)>의 풀이에 "이를 데를 알아 이르므로 더불어 기미를 알 수 있고, 마칠 때를 알아 마치므로

더불어 의를 보존할 수 있다.(知至至之, 可與幾也; 知終終之, 可與存義也.)"라는 글귀가 보인다.

8 順其變以節哀(순기변이절애): 변화에 순응하여 슬픔을 절제하다. ≪예기·단궁하(檀弓下)≫에 "상례는 슬퍼함이 지극함에 이르는 것이고, 슬픔을 절제하는 것은 변화에 순응하는 것이다.(喪禮, 哀戚之至也; 節哀, 順變也.)"라는 글귀가 보인다.

9 通喪(통상): 위아래 할 것 없이 통용되는 상례(喪禮). ≪논어·양화(陽貨)≫에 "대저 삼년상은 천하의 통용되는 상례이다.(夫三年之喪, 天下之通喪也.)"라는 글귀가 보인다.

10 清靜(청정): 어지럽게 하지 않다. 주로 정치가 간소하여 인위적 작위 없이 다스리는 것을 가리킨다. ≪노자≫ 45장에 "움직임은 추위를 이기고 고요함은 더위를 이기니 인위적 작위를 하지 않는 것이 천하의 바름이 된다.(躁勝寒, 靜勝熱, 清靜爲天下正.)"라는 글귀가 보인다.

11 沈痼(침고): 오랫동안 앓고 있어서 고치기 어려운 병. 고질병(痼疾病).

12 日躋聖敬(일제성경): 날로 성스럽고 정중함이 증진되다. ≪시경·상송(商頌)·장발(長發)≫에 "탕왕의 탄생은 하늘의 때와 호응하였고 성스럽고 정중함은 날로 더해졌다.(湯降不遲, 聖敬日躋.)"라는 시구가 보이는데, 이는 ≪예기·공자한거(孔子閒居)≫와 ≪군서치요(群書治要)·상송(商頌)≫에도 인용되어 있다.

13 重負(중부): 무거운 짐. 무거운 부담. ≪곡량전(穀梁傳)·소공(昭公) 29년≫에 "소공이 도성 밖으로 도망을 가자 백성들이 무거운 짐을 벗은 것 같았다.(昭公出奔, 民如釋重負.)"라는 글귀가 보인다.

14 康濟(강제): 백성들을 평강하게 하고 환난에서 구제하다. ≪서경·채중지명(蔡仲之命)≫에 "백성들을 평강하게 하고 구제하며, 중도를 따르고 총명함을 일으켜 옛 법도를 어지럽히지 말라.(康濟小民, 率自中, 無作聰明亂舊章.)"라는 글귀가 보인다.

15 而(이): 너. 2인칭대명사. '이(爾)'와 같다.

16 九族(구족): 널리 친척을 가리킨다. 고조부, 증조부, 조부, 부, 자신, 아들, 손자, 증손, 고손을 가리키기도 하고, 부계 4족(고모의 자녀, 자매의 자녀, 딸의 자녀, 자기의 부모·형제·자매·자녀), 모계 3족(외조부, 외조모, 외삼촌), 처계 2족(장인, 장모)을 가리킨다는 설도 있다.

17 萬機(만기): [Ⅴ-1] 주석 24 참조.

18 侍膳(시선): [Ⅰ-2] 주석 6 참조.

19 無曠(무광): 비우지 않다. 곧 '게으름피우지 않다'는 뜻이다. ≪서경·고요모(皐陶謨)≫에 "삼가고 두려워하십시오, 하루 이틀 사이에도 만 가지 기틀이 생기게 됩니다. 모든 관리들이 직분을 저버리지 않도록 하십시오, 하늘의 일을 사람들이 대신하는 것입니다.(兢兢業業, 一日二日萬幾, 無曠庶官, 天工人其代之.)"라는 글귀가 보인다. [Ⅴ-1] 주석 24 참조.

20 知子(지자): 아들에 대해 알다. ≪관자(管子)·대광(大匡)≫에 "아들을 아는 데는 아비만한 이가 없고, 신하를 아는 데는 임금만한 자가 없다.(知子莫若父, 知臣莫若君.)"라는 글귀가 보인다.

21 大漸(대점): [Ⅰ-2] 주석 9 참조.

22 得人(득인): 재주와 덕을 겸비한 인재를 얻다. ≪논어·옹야(雍也)≫에 "공자께서 말씀하시기를 '너는 거기서 인재를 얻었는가?'라고 물었다.(子曰: '女得人焉耳乎?')"라는 글귀가 보인다.

23 善繼(선계): ≪중용≫ 18장에 "대저 효는 다른 사람의 뜻을 잘 계승하고 다른 사람의 일을 잘 전하여 서술하는 것이다.(夫孝者, 善繼人之志, 善述人之事者也.)"라는 글귀가 보인다.

24 以日易月(이일역월): [Ⅰ-3] 주석 3 참조.

25 舊章(구장): [Ⅱ-12] 주석 19 참조.

26 聽政(청정): [Ⅰ-3] 주석 2 참조.

27 十三日小祥(십삼일소상): 부모의 초상 후 13개월째에 올리는 제례인 소상을 13일째 날에 치르다.

28 二十五日大祥(이십오대상): 부모의 초상 후 25개월째에 올리는 제례인 대상을 25일째 날에 치르다.

29 二十七日釋服(이십칠일석복): 부모의 초상 후 27개월째에 하는 탈상을 27일째 날에 하다.

30 方鎭(방진): 절도사(節度使) 등 지방 군정(軍政) 장관. ≪신당서≫ 권64에서 권69까지에 여섯 권의 <방진표(方鎭表)>가 실려 있다.

31 岳牧(악목): 주(州) 자사(刺史) 등 지방 수령. 요순시대에 두었다는 사악(四岳) 십이목(十二牧)의 약칭으로 ≪서경≫의 <순전(舜典)>에 "12주(州)의 목에게 물으셨다.(咨十有二牧.)", <주관(周官)>에 "당요와 우순이 옛날 제도를 상고하여 관리를 세우되 백으로 하였으니, 안으로는 백규와 사악이 있고 밖으로는 주목과 후백이 있어 모든 정사가 조화로워 만국이 다 편안하였다.(唐虞稽古, 建官惟百, 內有百揆四岳, 外有州牧侯伯, 庶政惟和, 萬國咸寧.)"라는 글귀가 보인다.

32 出臨(출림): 조문하다. 애도의 뜻을 표하다. ≪한서·무오자전(武五子傳)≫의 <연랄왕유단전(燕刺王劉旦傳)>에 "곽광의(郭廣意)가 말하기를 오자궁에서 황제의 조서를 기다리고 있던 중 궁궐 안에서 시끌벅적 무제가 붕어하였다고 하자 여러 장군들이 함께 태자를 황제로 세웠는데, 태자의 나이가 여덟아홉 정도였고 장례를 거행할 때 나와 애도하지 않았다.(廣意言待詔五莋宮, 宮中讙言帝崩, 諸將軍共立太子爲帝, 年八九歲, 葬時不出臨.)"라는 글귀가 보인다.

33 朝晡(조포): 조시(朝時)와 포시(晡時), 곧 진시(辰時: 오전 7시~9시)와 신시(申時: 오후 3시~533 시). 진시에서 신시까지를 가리키기도 한다.

34 擧音(거음): 망자를 애도하기 위해 소리 내어 슬피 울다.

35 禁樂(금악): 이상 15구절의 내용은 ≪문헌통고(文獻通考)122·왕례고(王禮

考)17≫ '국휼(國恤)'조에 반영되어 있다.

36 崇陵(숭릉): 당나라 덕종(德宗, 779~805 재위) 이괄(李适, 742~805)의 능침으로 섬서성(陝西省) 경양현(涇陽縣) 장로향(蔣路鄕) 차아산(嵯峨山) 남쪽 산록에 있다.

37 仙寢(선침): 제왕 무덤가의 침전(寢殿). 왕릉을 가리키기도 한다.

38 復土(복토): 구덩이를 파서 하관한 뒤 그 흙으로 관위에 덮어 봉분을 만들어 능묘(陵墓)를 세우는 것을 말한다. ≪사기·진시황본기(秦始皇本紀)≫에 "선제가 함양의 조정이 작다고 여겼기 때문에 아방궁을 건설하여 방과 대청으로 삼으려고 하였다. 완공되기 전에 마침 시황제가 붕어하여 궁궐 건축을 그만두고 그 흙으로 여산에 능침을 세웠다.(先帝爲咸陽朝廷小, 故營阿房宮爲室堂. 未就, 會上崩, 罷其作者, 復土酈山.)"라는 글귀가 보인다.

39 甸邑(전읍): 도성 부근의 현읍(縣邑).

40 未幾(미기): 얼마 지나지 않다. ≪시경·제풍(齊風)·보전(甫田)≫에 "얼마 지나지 않아 만나니 어느새 관 쓴 어른.(未幾見兮, 突而弁兮.)"이라는 시구가 보인다.

41 營奉(영봉): 시공하여 조성하다.

42 哀矜(애긍): 불쌍히 여기다. 긍휼히 여기다. ≪서경·여형(呂刑)≫에 "황제(순임금)가 여러 형벌을 받은 자의 무고함을 긍휼히 여겼다.(皇帝哀矜庶戮之不辜.)"라는 글귀가 보인다.

43 漢魏二文(한위이문): 한(漢)나라 3대 황제인 문제(BC 179~BC 157 재위) 유항(劉恒, BC 203~BC 157)과 위(魏)나라 초대 황제인 문제(220~226 재위) 조비(曹丕, 187~226).

44 皆著遺令(개저유령): 한문제의 '유조(遺詔)'는 ≪한서·문제기≫에, 위문제의 '종제(終制)'는 ≪삼국지(三國志)·위서(魏書)·문제기≫에 실려 있다. 둘 다 상례를 간소하게 치르도록 하는 취지가 들어 있는데, 특히 이중 350자에 달하는

한 문제의 '유조'는 이 '유고'와 유사한 내용이 매우 많다.

45 永言(영언): 영원히 지속된 훌륭한 말씀.

46 景行(경행): 본뜻은 '평탄한 큰길'로 '고상한 덕행'을 가리킨다. ≪시경·소아(小雅)·거할(車舝)≫에 "높은 산은 우러러보고 평탄한 큰길은 따라 걷는다.(高山仰止, 景行行止.)"라는 시구가 보인다.

47 夙心(숙심): 평소의 바람. 소망.

48 山陵(산릉): [Ⅰ-2] 주석 15 참조.

49 制度(제도): 규모. 양식. ≪사기·효무본기(孝武本紀)≫에 "황상이 봉고현(奉高縣) 곁에 명당을 세우려고 하였지만 그 규모를 알지 못하였다. 제남 사람 공옥대가 황제 때의 명당도를 헌상하였다.(上欲治明堂奉高旁, 未曉其制度. 濟南人公玊帶上黃帝時明堂圖.)"라는 글귀가 보인다.

50 百辟(백벽): [Ⅳ-9] 주석 4 참조.

51 卿士(경사): 공경(公卿)·대부(大夫). '경사(卿史)' 또는 '경사(卿事)'라고도 썼다. 서주(西周) 때는 삼공(三公)·육경(六卿)의 통칭으로 집정관을 가리켰는데 뒤에는 관리의 범칭으로 쓰였다. ≪서경·목서(牧誓)≫에 "이들을 믿고 부려서 대부와 경사로 삼았다.(是信是使, 是以爲大夫卿士.)"라는 글귀가 보이는데, 손성연(孫星衍)의 소(疏)에 "대부·경사를 경·대부·사라고 하지 않은 것은 아마도 이 사는 경에 속하기 때문이다.(大夫卿士不云卿大夫士, 蓋以此士, 卿之屬也.)"고 풀이하였다.

52 送往(송왕): 망자를 보내다. ≪예기·제의(祭義)≫에 "즐거운 마음으로 오는 사람을 맞이하고 슬픈 심정으로 망자를 보낸다.(樂以迎來, 哀以送往.)"라는 글귀가 보인다.

53 事居(사거): 살아 있는 사람을 섬기다. 주로 새로운 임금을 섬기는 것을 가리킨다. ≪좌전·희공(僖公) 9년≫에 "망자를 보내고 살아 있는 사람(새로운 임금)을 섬겨 두 가지에 모두 의심이 없는 것이 정이다.(送往事居, 耦俱無猜, 貞

也.)"라는 글귀가 보이는데, 두예(杜预)의 주에 "왕은 망자이고 거는 살아 있는 사람이다.(往, 死者; 居, 生者.)"라고 하고, 양백준(楊伯峻)의 주에 "왕은 망자를 가리키고, 거는 새로운 임금을 가리킨다.(往指死者, 居指新君.)"라고 하였다.

⇒ 순종의 붕어 서술.

## [V-8]

7월 임신일(壬申日)에 풍릉(豐陵)에 장사지냈는데, 시호가 지덕대성대안효황제(至德大聖大安孝皇帝)이고 묘호가 순종(順宗)이다.

七月壬申[1], 葬豐陵[2], 謚曰至德大聖大安孝皇帝[3], 廟曰順宗.

**【주석】**

1 壬申(임신): 임인일(壬寅日)의 잘못이다. 임인일은 7월 11일(음력)/8월 28일(양력). ≪전정(箋正)≫ 권5에서 ≪구당서≫와 ≪자치통감≫에 모두 "임인(壬寅)"으로 되어 있는 바, 이해에 윤6월이 있어 7월 초하루의 간지가 '임진(壬辰)'이므로 임인일은 11일이라고 하면서 "임신(壬申)"으로 된 것은 잘못으로 7월에는 임신일이 없다고 하였다. 살피건대, ≪구당서≫ 권14에서 <순종기>에는 "가을 7월 임신(秋七月壬申)"으로 되어 있는 반면에 바로 뒤의 <헌종기>에는 "7월 임인(七月壬寅)"으로 되어 앞뒤가 맞지 않는데, 방성규의 고증과 ≪자치통감237·당기(唐紀)53≫의 기록으로 볼 때 임인일이 옳다.

2 豐陵(풍릉): 순종의 능호(陵號). ≪자치통감≫ 권237의 호삼성(胡三省) 주에 따르면, 풍릉은 경조부(京兆府) 부평현(富平縣) 동쪽 30리 지점의 옹금산(甕金山)

에 있다.

3 謚曰至德大聖大安孝皇帝(시왈지덕대성대안효황제): [Ⅰ-1] [一] 보충설명 참조.

⇒ 순종의 장례 서술.

[보충] ≪당회요1·제호상(帝號上)≫에 실린 순종 황제에게 붙은 각종 호칭은 이러하다.

'순종지덕굉도대성대안효황제(順宗至德宏道大聖大安孝皇帝)'는 휘가 '송(誦)'이다. 덕종(德宗)의 장자로 어머니는 소덕황후(昭德皇后) 왕씨(王氏)이다. 상원(上元) 2년(761) 신축년(辛丑年) 정월 12일에 장안의 동내(東內)에서 태어났는데, 탄신 기념일은 두지 않았다. 대력(大曆) 14년(779) 6월에 '선왕(宣王)'으로 책봉되었다. 건중(建中) 원년(780) 정월에 '태자'로 책봉되었다. 정원(貞元) 21년(805) 정월에 즉위하였는데 춘추 45세였다. 7월에 신병이 낫지 않아 황태자에게 명하여 감국(監國)을 하게 하였다. 8월에 양위를 하고 흥경궁(興慶宮)에 거처하면서 고명(誥命)을 발하였다. 원화(元和) 원년(806) 정월에 '응건성수태상황(應乾聖壽太上皇)'이라는 존호를 올렸다. 그 달 19일에 흥경궁 함녕전(咸寧殿)에서 붕어하였는데 향년 46세였다. 7월에 '풍릉(豐陵)'에 장사지냈다. 시호는 '지덕대성대안효황제(至德大聖大安孝皇帝)'이고 묘호는 '순종(順宗)'이다. 애책문(哀冊文)은 예부시랑 조종유(趙宗儒)가 지었고, 시책문(謚冊文)은 예부시랑 최분(崔汾)이 지었으며, 시의(謚議)는 태상소경 최추(崔樞)가 지었다. 대중(大中) 3년(849) 12월에 시호를 높여 '지덕굉도대성대안효황제(至德宏道大聖大安孝皇帝)'를 추증하였다. 시책문은 중서시랑 마식(馬植)이 지었고, 시의는 병부상서 귀융(歸融)이 지었다. 연호는 하나인데 영정(永貞) 1년이다.

(順宗至德宏道大聖大安孝皇帝諱誦. 德宗長子, 母曰昭德皇后王氏. 上元二年辛丑歲正月十二日, 生于長安之東內, 不置節名. 大曆十四年六月, 封為宣王. 建中元年正月, 冊為皇太子. 貞元二十一年正月, 即位, 年四十五. 七月, 以疾未瘳, 令皇太子監國. 八月, 傳位, 居興慶宮, 稱誥. 元和元年正月, 上尊號曰應乾聖壽太上皇. 其月十九日, 崩于興慶宮之咸寧殿, 年四十六. 七月, 葬豐陵. 謚曰至德大聖大安孝皇帝, 廟號順宗. 哀冊文, 禮部侍郎趙宗儒撰. 謚冊文, 禮部侍郎崔汾撰. 謚議, 太常寺少卿崔樞撰. 大中三年十二月, 追崇尊謚曰至德宏道大聖大安孝皇帝. 謚冊文, 中書侍郎馬植撰. 謚議, 兵部尚書歸融撰. 年號一, 永貞一年.)

## I. 순종과 혁신 정치세력

순종(順宗, 761~806)은 당나라 제10대[01] 황제로 이름이 이송(李誦)이다. 숙종(肅宗) 상원(上元) 2년(761) 1월 12일 장안의 동내(東內) 대명궁(大明宮)에서 덕종(德宗)의 장자로 태어났으며, 모친은 소덕황후(昭德皇后) 왕씨(王氏)이다. 대력(大曆) 14년(779) 6월 2일 선왕(宣王)으로 봉해졌다가 12월 19일 황태자로 삼는다는 조칙이 내려진 뒤, 그 이듬해 건중(建中) 원년(780) 1월 1일에 책봉의 예를 거행하고 정식으로 황태자가 되었다. 그때부터 만 25년 뒤인 정원(貞元) 21년(805) 정월 23일 황제의 자리를 물려준다는 덕종의 유조(遺詔)가 내려지고 그 다음날 선포되어 26일 공식으로 황제에 즉위하였다. 같은 해 8월 4일에 황태자 이순(李純, 778~820)에게 양위하고 태상황을 자칭했다가, 5개월여 뒤인 그 이듬해 헌종(憲宗, 805~820 재위) 원화(元和) 원년(806) 1월 19일 향년 46세를 일기로 세상을 떠났다. 시호는 지덕대성대안효황제(至德大聖大安孝皇帝)이고 묘호는 순종(順宗)이며 능호는 풍릉(豐陵)이다. 그가 퇴위한 뒤 개원이 되어 영정

01 측천무후(則天武后)와 상제(殤帝)는 역사학계의 입장을 반영하여 당나라 황통에서 제외하였다.

(永貞)이란 연호는 805년 8월 5일에서 806년 1월 1일까지 사용되었다.

그는 무려 26년간 태자의 자리에 있었던 반면에 황제로 재위한 기간은 186일에 불과하였던 비운의 황제였다. 태자 시절 번진(藩鎭)들의 반란으로 인한 국가의 혼란과 전쟁을 몸소 겪었다. 건중 4년(783) 10월 회서절도사(淮西節度使) 이희열(李希烈, 750?~786)의 반란으로 촉발된 '경원병변(涇原兵變)'으로 장안의 황궁이 반란군에 점령당하는 비상사태가 발생하였을 때, 덕종을 호위하여 봉천(奉天: 지금 陝西省 乾縣)으로 피난한 뒤 40여일에 걸쳐 봉천성 보위 전투에서 덕종을 호위하며 독전함으로써 전공을 세운 것은 그 대표적 사례이다. 또한 조정 대신들의 알력과 중상모략 등을 직접 목도하고 귀로 들으며 정치적 안목을 키워나갔다.

태자 시절 덕종의 눈 밖에 나지 않으려고 매사에 극도로 신중한 처신을 하였지만, 그냥 침묵만 하지 않고 당시 정국(政局)과 관련하여 중요한 건의를 한 적도 있었다. 이를테면, 배연령(裵延齡, 728~796)이 판탁지(判度支)로 국가의 재정 업무를 총괄하면서 가혹한 세금 징수에 힘쓰는 것을 자기의 공으로 여겨 천하 모든 사람들의 원한과 노여움을 사고 있었을 때, 그는 덕종의 안색을 살펴 기분을 봐가면서 배연령이 그 업무에 맞지 않다고 건의하였다. 당시 조정의 신하들은 배연령의 비방으로 육지(陸贄, 754~805), 장방(張滂, 725~800), 이충(李充) 등이 견책을 당하자 모두 두려워하고 있었으며, 간의대부(諫議大夫) 양성(陽城, 736~805) 등이 극구 간하였으나 덕종은 몹시 노여워하며 양성 등의 죄를 물으려고 하였다. 결과적으로 덕종이 배연령과 위거모(韋渠牟, 749~801)를 재상으로 임명하지 않았던 것은 그의 노력이 가장 결정적이었다. 당시는 덕종이 황제의 자리에 있은 지가 오래되어 재상들에게 권한을 내주지 않아 좌우의 측근 신하들이 권력을 잡고 영향력을 행사하였으며, 배연령과 위거모 등이 간사하고

교활한 말재주로 서로 돌아가며 차례대로 발탁되던 때였다.[02]

그는 태자 시절 왕숙문(王叔文, 753~806)과 왕비(王伾, ?~806)를 정치적 조력자로 삼아 제왕 수업을 받아왔다. 왕숙문은 그 중심에 있었던 인물로 태자가 동궁에서 여러 시독(侍讀) 및 왕숙문과 정사를 논하면서 궁시(宮市)에 관한 일에 미쳤을 때, 당장 황제에게 이 문제에 대해 끝까지 진언할 준비가 되어 있다고 하자 이를 막은 적이 있었다.[03] 태자의 직분은 황제의 식사 시중을 들고 문안을 여쭙는 것이지 조정의 정사로 왈가왈부해서는 안 된다는 것이 충고의 요지였다. 태자가 인심을 얻으려고 한다는 인상을 주어 덕종의 의심을 사게 되면 해명할 방법이 없다는 이유에서였다.

이왕(二王)은 정치적 야심가들로 태자와 밀접한 관계를 맺은 뒤 유종원(柳宗元, 773~819) 및 유우석(劉禹錫, 772~842)과 같은 진사과 출신의 젊은 인재들을 규합하여 동궁에 인재풀을 만들어 정치세력을 구축해왔다. 왕숙문은 위집의(韋執誼, ?~808)와 은밀하게 친분을 맺었고, 아울러 당시에 명망가들로서 고속 승진을 바라던 육질(陸質: 陸淳, ?~806), 여온(呂溫, 771~811), 이경검(李景儉), 한엽(韓曄), 한태(韓泰), 진간(陳諫), 유우석, 유종원 등 십여 명과 생사를 같이하는 친구가 되었다고 ≪순종실록≫은 기록하고 있다.[04]

태자는 정원 20년(804) 9월부터 중풍에 걸려 말을 할 수가 없게 되었고 연말에는 매우 위중한 지경에 이르렀다. 그리하여 정원 21년(805) 정월 초하루에 덕종이 함원전(含元殿)에서 조회를 받았을 때 태자만 병 때문에

02 한유, ≪순종실록≫ 제1권, [Ⅰ-1] 참조.
03 한유, ≪순종실록≫ 제1권, [Ⅰ-2] 참조.
04 한유, ≪순종실록≫ 제5권, [Ⅴ-4] 참조.

참석하지 못하였다. 이때 태자의 총애를 독차지한 왕숙문은 왕비와 함께 서로 의지하며 동궁을 마음대로 드나들었으며. 덕종의 병환이 위중하고 태자도 병들어 말을 할 수 없다는 사실을 알고는 왕비가 즉각 궁궐로 들어가 조칙으로 왕숙문이 들어오도록 부른 뒤 한림원에 앉아 대사를 결정하도록 하였는데, 왕비가 왕숙문의 뜻을 환관 이충언(李忠言)에게 전달해 조칙을 사칭하여 공문을 하달하는 일도 자행되었다.[05] 새해 벽두부터 덕종이 중병에 걸려 승하하기까지 약 3주간의 시간 동안, 즉 황제와 태자가 동시에 심각한 병중에 있는 상황을 이용하여 이왕(二王)은 정권을 장악하였던 것이다.[06] 이런 와중에 1월 23일 덕종이 승하한 뒤 환관들이 태자의 중병을 이유로 등극에 문제 제기를 하여 한림학사들과 의견 대립이 빚어지기도 하였지만, 부득이한 경우를 제외하고는 적장자에 의한 승계 원칙을 지켜야지 다른 의도가 개입되어서는 안 된다는 위차공(衛次公, 753~818)의 의견이 한림학사들의 동의를 얻어 즉위를 둘러싼 논란이 종식되고[07], 순종은 1월 26일 황제의 자리에 올랐다.

순종의 즉위로 지위가 확고해진 이왕(二王)은 자신들의 권력 기반을 다지기 위한 일련의 조치들을 실행에 옮겼다. 805년 이들에 의해 이루어진 조치들이 일지별로 하원수의 논문에 자세하게 정리되어 있다.[08] 그 중 특히 중요한 것은 자신들의 정권에 대한 신망을 얻고 재정권과 군사권을 장악

---

05 한유, ≪순종실록≫ 제1권, [ I -2] 참조.

06 Bernard S. Solomon, *The Veritable Record of the T'ang Emperor Shun-tsung, Han Yu's Shun-tsung shih-lu*(Harvard-Yenching Institute Studies Ⅷ), Harvard University Press, 1955, p.xii 참조.

07 ≪구당서159·위차공전≫: "二十一年正月, 德宗昇遐. 時東宮疾恙方甚, 倉卒召學士鄭絪等至金鑾殿. 中人或云: '內中商量, 所立未定.' 衆人未對, 次公遽言曰: '皇太子雖有疾, 地居冢嫡, 內外繫心. 必不得已, 當立廣陵王. 若有異圖, 禍難未已.' 絪等隨而唱之, 衆議方定."

08 河元洙, <唐 順宗代(805年) 執權勢力의 性格>, ≪東亞文化≫ 제25호(1987. 12), 234~235쪽.

하기 위한 조치들이었다. 즉, 2월 11일 명문가 출신인 위집의를 재상(左丞同中書門下平章事)에 임명하고, 3월 17일 재상이자 노련한 정치가인 두우(杜佑, 735~812)를 국가의 재정을 관할하는 자리(度支·鹽鐵·轉運使)에 앉혔으며 이틀 뒤에 왕숙문이 그의 조수(度支·鹽鐵·轉運副使)가 되어 실권을 꿰찼다. 그리고 5월 3일에는 범희조(范希朝, ?~815)를 검교우복야(檢校右僕射)·우신책경서제성진행영병마절도사(右神策京西諸城鎭行營兵馬節度使)로 삼고, 5월 6일 자기 당파인 한태를 행군사마(行軍司馬)로 삼아 실제 업무를 관장하게 하였다.

순종의 병세는 4월이 되자 더욱 악화되어 관료들이 알현조차 할 수 없게 되었기에 제국의 사무는 모두 왕숙문에 의해 독단적으로 처결되었으며, 이충언과 왕비가 궁궐 내에서 일하며 외부와 소통을 하고 위집의가 밖에서 집행하는 상황에 이르렀다는 평가가 나오게 되었다.[09] 그 후 이들 집권세력의 전횡에 대한 관료와 환관들의 비난의 목소리가 높아가던 때, 6월 16일 강한 군벌세력인 검남서천절도사(劍南西川節度使) 위고(韋皐, 745~805)가 태자감국을 주장하는 표문을 상주하고, 바로 이어서 배균(裴均, 750~811)과 엄수(嚴綬, 746~822)도 이에 동조하는 표문을 상주한데다가 왕숙문이 모친상으로 자리를 떠남에 따라 정국은 급변의 소용돌이로 휘말려 들어갔다. 급기야 7월 28일 태자감국이 실시되었고, 8월 4일에는 순종이 퇴위하면서 태상황을 자칭하게 되었다. 이로써 약 7개월에 걸친 순종의 짧은 통치는 종언을 고하였다.

순종은 재위기간 동안 중병으로 말미암아 황권을 행사할 수 없는 식물 황제와 다름없었다. 하원수는 왕숙문을 중심으로 한 정치세력에 직접적으로 포함된 당(黨)의 구성원을 왕숙문, 왕비, 위집의, 유종원, 유우석,

---

09 한유, ≪순종실록≫ 제4권, [Ⅳ-9] 참조.

한태, 정이, 한엽, 능준, 진간, 여온, 이경검 등 12인으로 보고, 저들이 황제의 무능상태를 이용하여 권력을 장악한 점은 인정한다고 하더라도 정책을 보면 권력 장악만을 목적으로 한 것은 아니라고 진단하였다.[10] 즉, 하원수는 이들 정치세력이 '중당 시기 유교에 의한 정치·사회의 개혁안' 혹은 '경세치용의 경학'으로 불리는 '새로운 춘추학(春秋學)'에 대한 관심과 이와 관련된 적극적인 정치의식, 환관에 반대하는 정치적 입장을 공유하였다는 평가를 내리고 있다.[11] 사실 이들 정치세력은 짧은 집권기간 동안 경조윤(京兆尹) 이실(李實) 파면, 상공(常貢) 이외의 모든 진공(進貢)과 궁시(宮市) 및 오방소아(五坊小兒) 제도 폐지, 환관 수중의 병권 탈환, 후궁 3백 명과 궁정 교방(教坊)의 기녀 6백 명 출궁 등 일련의 개혁 정치를 단행하여 역사에서 '영정혁신(永貞革新)'으로 평가받고 있다.

## II. 한유의 ≪순종실록≫ 편찬과 그 가치

한유는 46세인 원화 8년(813) 3월 12일에 형부(刑部)의 비부낭중(比部郎中) 겸 사관수찬(史館修撰)을 맡아 이듬해 12월 15일 고공낭중(考功郎中) 겸 지제고(知制誥)로 전임하기까지 1년 9개월간 역사 편찬 업무를 담당하는 자리에 있었다. 그는 사관으로 재임 중이던 원화 8년 11월에 사관감수(史館監修)를 담당하고 있던 재상 이길보(李吉甫, 758~814)로부터 전임 사관 위처후(韋處厚, 773~828)가 편찬한 ≪선제실록(先帝實錄)≫ 3권을 건네받으며 순종 집정 시기의 실록을 다시 편찬하라는 주문을 받았다.

10 하원수, 앞의 논문, 240~246쪽 참조.

11 같은 논문, 246~262쪽 참조.

위처후의 해당 실록이 주도면밀하지 못하고 빠진 내용도 많다는 것이 주된 이유였다.

그는 이 실록 재편찬 작업의 주필이었고, 심전사(沈傳師, 777~835)와 우문적(宇文籍, 770~828)도 동참하였다. 이들 세 사람은 모두 진사과 출신이라는 공통점을 가지고 있었다. 심전사는 그와 함께 사관수찬이었고, 우문적은 직관(直館), 곧 다른 관직에 있으면서 국사관(國史館)에 들어와 사관(史官)의 직무를 겸하고 있었다. 이에 그는 두 사람과 함께 자료 수집, 현장 방문, 조서(詔書)나 칙령(勅令) 점검 등의 작업을 거쳐 ≪순종실록≫ 5권을 편찬한 뒤 이길보에게 전달하여 감수하도록 하였다. 이 초고는 위처후의 ≪선제실록≫에서 일상적인 자질구레한 사건은 삭제하고 나라 정치와 관계있는 것만 남겼으며, 충신과 간신배 등 관련 인물과 당시대에 관한 주요 사건들을 빠짐없이 기록하여 분량도 그것에 비해 6, 70% 정도 늘어났다.

그런데 이 초고가 환관 집단에 대한 공격과 당시의 민감한 정치 문제 등을 담고 있었기 때문에, 이길보는 연구·검토를 진행하며 감수 작업에 신중을 기하다가 원화 9년(814) 10월에 세상을 떠나고 말았다. 한유는 그의 집을 찾아가 전달하였던 초고를 되찾아 와서 직접 수정을 가하기 시작하여 작업을 마치고 원화 10년(815) 4월 29일 헌종에게 진상하였다. 따라서 한유가 주필로서 실록의 초고 작성과 수정 작업에 투입한 시간은 1년 6개월 남짓 된다. 이것이 한유가 '표문(表)'과 함께 조정에 진상한 첫 번째 ≪순종실록≫이다. 다만, 표문을 올린 다음 달 곧 5월 4일 조정에서 진상한 내용에 잘못된 것이 있다는 심사 의견을 달아 칙령으로 재개정을 요구하였기 때문에 한유는 부득불 다시 보완할 수밖에 없었다. 이에 한유는 사료 수집에 있어 떠도는 소문에 의거한 것이 없지 않았고 사료의 선택과 편성 또한 정밀하지 못하였음을 자인하고, 현장답사를 통해 순종이 태자

시절 덕종의 봉천현(奉天縣) 피난 사건 때 거둔 공적 등을 보완한 뒤 '보고서(狀)'와 함께 다시 개정한 실록을 원화 10년(815) 가을 무렵에 진상하였다.

우리는 이 표문과 보고서를 통해 한유가 주필이 되어 편찬한 ≪순종실록≫의 초고 집필과 개정 작업의 경과를 대체적으로 살필 수 있다. 즉, 위처후가 편찬한 ≪순종실록≫ 3권을 참고로 하여 현지답사와 자료 조사 등에 신중을 기하여 초고를 작성하였으며, 이길보의 사망에 따른 감수의 지연, 한유의 손에 의한 초고에 대한 1차 수정, 그리고 진상 이후 헌종의 칙령에 따른 2차 수정 등이 이루어졌다. 수정에 수정을 거듭하고 현지답사와 자료 조사 및 선택 등에 신중을 기한 역사 편찬의 근엄한 태도를 엿볼 수 있기도 하다.

실록(實錄)은 특정 황제나 왕이 통치하던 시기의 대사건을 전문적으로 기록하는 편년체 역사 서술의 한 방식이다. 중국에서 실록이라는 이름의 역사 기록이 처음 출현한 것은 남북조(南北朝) 시대 양(梁)나라 무제(武帝, 502~549 재위) 때로, 주흥사(周興嗣, 469~537) 등이 무제 집정 시기의 대사건을 기록하여 편찬한 ≪양황제실록(梁皇帝實錄)≫으로 알려져 있지만 이는 현재 전하지 않는다. 당(唐)나라 초에 사관(史官)이 작고한 황제 통치 기간의 조정 대사를 실록으로 기록하는 것이 관례로 굳어졌다. 즉, 당나라 이후에 황제가 승하하면 다음 보위를 이은 황제가 사관에게 명하여 실록을 편찬하도록 하는 것이 관례가 된 것이다. 당나라 이후로 역대 왕조에서 이를 답습하였는데, 특히 명청(明清) 양대(兩代)에는 실록관(實錄館)을 설치·운영하였기 때문에 보존하고 있는 실록이 매우 많은 편이다. 즉, 명대(明代)에는 전체 16명의 황제 중에서 13명 황제의 통치 기간의 사적을 기록한 ≪황명실록(皇明實錄)≫이 있고, 청대(淸代)에는 ≪대청역조실록(大淸歷朝實錄)≫이 있다. 중국의 이 두 실록이 우리나라의 ≪조선왕조실록(朝鮮王朝實錄)≫과 함께 왕조 전체 기간의 역사를 기록한 실록으로 유명하다.

현재까지 전하는 가장 오래된 실록인 동시에 당나라 황제의 실록으로 유일하게 남아 있는 것이 바로 한유가 주편한 ≪순종실록≫ 5권이다. 아마 이 실록이 대문호인 한유의 손에서 집필된 데다가 송나라 때 ≪창려선생집(昌黎先生集)≫의 〈외집(外集)〉에 수록되었기 때문에 지금까지 전해질 수 있었을 것이다.

한유는 헌종(憲宗) 옹립의 주역으로 당시 권력의 실세였던 환관 구문진(俱文珍, ?~813)과 친분이 밀접하였고 사관이라는 신분과 당시 정치 환경의 제약을 받았던 관계로, 영정혁신을 둘러싼 기록에 있어 일정한 영향을 받지 않을 수 없었다. 이로써 이 실록에서 환관을 두둔한 기록이 많다는 주장도 있는 등 내용의 신빙성 등에 걸쳐 상당한 논란이 벌어져 온 게 사실이다. 게다가 금본 ≪순종실록≫은 한유의 손을 떠난 뒤에도 정국의 변화에 따라 여러 차례 손질이 가해졌는데, 그 개정 작업에 당나라 후기로 접어들수록 정치적 영향력이 확대된 환관들의 입김이 더 많이 작용한 점 또한 간과해서는 안 될 것이다. 이런 점에도 불구하고 ≪구당서·순종기(順宗紀)≫보다 세 배나 많은 분량으로 순종 재위 7개월간에 긴박하게 전개된 조정의 대사와 태자 시절의 상황까지 가장 직접적으로 기록하고 있는데다가, 특히 왕숙문과 왕비 집정 시기 영정혁신 정치의 조치에 대해 소상하게 언급하고 있어 매우 진귀한 사료로서의 가치가 있다. 또한 당시 역사는 물론 한유와 유종원의 관계, 당시 정치와 사상 및 문학의 포괄적 이해에 필수적인 고문운동(古文運動) 전개의 이면을 심층적으로 규명하는 데도 많은 시사점을 던져주고 있다.

한유가 〈순종황제실록을 진상하며 올리는 표문과 보고서(進順宗皇帝

實錄表狀)〉라는 제목으로 쓴 글의 전문은 이러하다.[12]

> 신 한유 아룁니다. 현재에서 고대에 대해 알 수 있는 근거와 후세에서 현재에 대해 알 수 있는 근거는 말로 전해 내려오는 것만으로는 안 되므로 반드시 여러 가지 역사기록에 의지해야 합니다. 설령 요순(堯舜) 두 임금과 하(夏)의 우왕(禹王), 은(殷)의 탕왕(湯王), 주(周)의 문왕(文王)과 무왕(武王) 등 세 성왕의 성대한 사적이라고 하더라도, 만약 연대기나 기록이 남아 있지 않다면 그들의 이름과 성씨나 연대는 현재로서는 알 수가 없고, 공적이나 덕행 및 사적과 위업도 지금 칭송할 수 없을 것입니다.
>
> 순종(順宗) 황제는 지극히 성스러운 자태를 갖추시고 일찍부터 황태자의 지위에 오르신 뒤 아침저녁으로 폐하께 문안 인사를 올릴 때에는 반드시 자신의 의견을 말씀하시어 일찍이 이십여 년 간 나태하신 적이 없으셨던 터라, 드러나지 않은 이면의 공적과 숨겨진 덕행으로 끼친 이로움이 온 나라에 미치고 있었습니다. 황제의 자리를 이어받으신 뒤에는 들어 알고 계시던 것을 실행에 옮기고, 하늘의 뜻에 순응하며 다른 사람들의 의견을 받아들이시다가 성명하신 폐하께 전수하셨습니다. 폐하께서는 삼가 공경스럽게 선왕의 유지를 계승하여 이어서 천하를 태평성대에 이르게 하셨는데, 폐하의 위대하심과 공적의 근원을 찾아내기 위해서는 실로 역사 편찬에 바탕을 두어야 할 것입니다.
>
> 지난 원화 8년(813) 11월에 신은 사관(史官)의 직무를 맡고 있었는데, 사관감수(史館監修) 이길보(李吉甫)가 신에게 전임 사관 위처후(韋處厚)가 편찬한 ≪선제실록(先帝實錄)≫ 3권을 건네면서 아직 주도면밀하지 못하고 빠

---

12 이하 이 글은 <표장(表狀)>으로 약칭한다. 이 글의 번역은 필자의 ≪한유산문역주≫ 5(서울: 소명출판, 2012), 118~120쪽의 문장을 옮겨왔다.

진 것이 많다고 하며 신에게 다시 고쳐 쓰도록 명했습니다. 저는 사관수찬(史館修撰)·좌습유(左拾遺) 심전사(沈傳師)와 직관(直館)·경조부(京兆府) 함양현위(咸陽縣尉) 우문적(宇文籍) 등과 함께 자료를 수집하고 현장을 방문하며 또 조서(詔書)나 칙령을 찾아 점검하여 ≪순종황제실록(順宗皇帝實錄)≫ 5권을 편찬 완료했습니다. 일상적인 자질구레한 사건은 삭제하고 나라 정치와 관계있는 것만을 저록하여 원래의 ≪선제실록≫에 비해 분량이 열에 예닐곱은 더 늘어났는데, 충성스럽고 선량한 사람이나 간사하고 영악한 사람들 할 것 없이 빠짐없이 자세히 적었고 현 시대에 관계되는 일이라면 기록하지 않은 것이 없습니다. 이길보는 이 일에 신중을 기하느라 다시 연구와 검토를 더하고자 했지만, 세상을 떠날 때까지 미처 그 작업을 다 완성하지 못했습니다. 신은 이길보의 집에서 제가 전에 올린 그 책을 그대로 가지고 돌아와, 지난 겨울에서 올 여름까지 잘못된 것을 바로잡아 이제 겨우 마무리가 되었습니다. 문장이 거칠고 서툴러서 원 모습을 손상시켜 더럽힌 것이 아닐지 실로 두렵사오나, 삼가 이 표문과 함께 진상하나이다. 신 한유는 황공하여 머리를 조아리고 또 조아립니다. 삼가 아뢰나이다.

(臣愈言: 今之所以知古, 後之所以知今, 不可口傳, 必憑諸史. 自雖二帝三王之盛, 若不存紀錄, 則名氏年代, 不聞于玆, 功德事業, 無可稱道焉.

順宗皇帝以上聖之姿, 早處儲副, 晨昏進見, 必有所陳, 二十餘年, 未嘗懈倦, 陰功隱德, 利及四海. 及嗣守大位, 行其所聞, 順天從人, 傳授聖嗣. 陛下欽承先志, 紹致太平, 原大推功, 實資撰次.

去八年十一月, 臣在史職, 監脩李吉甫授臣以前史官韋處厚所撰先帝實錄三卷, 云未周悉, 令臣重脩. 臣與脩撰左拾遺沈傳師, 直館京兆府咸陽縣尉宇文籍等共加採訪, 并尋檢詔敕, 脩成順宗皇帝實錄五卷: 削去常事, 著其繫於政者, 比之舊錄, 十益六七, 忠良姦佞, 莫不備書, 苟關於時, 無所不錄. 吉甫愼重其事, 欲更研討, 比及身歿, 尚未加功. 臣於吉甫宅取得舊本, 自冬及夏, 刊正方畢. 文字鄙陋, 實懼塵玷, 謹隨表獻上. 臣愈誠惶誠恐, 頓首頓首, 謹言.)

이는 신이 지난달 29일에 진상한 바 앞서 이미 언급한 ≪순종황제실록≫에 관한 일입니다. 이 달 4일 재상이 황제의 명령을 선포하여 앞서 진상한 ≪실록≫ 중에 잘못된 것이 있다고 하며 신에게 개정하여 마무리하게 하시고, 그 ≪실록≫을 다시 진상하지 못하도록 하셨습니다. 신이 편찬할 때 사관 심전사 등이 사료를 모음에 있어 떠도는 소문을 통해 얻은 것이 있었고, 사료의 선택과 편성 또한 정밀하지를 못하여 오류를 저지르고 말았는데, 성명하신 폐하께서 털끝만큼의 누락도 없이 검정하시어 신이 직무를 다하지 못한 것을 용서하고 다시 개정하도록 명하셨습니다. 지금 첨가하고 개정하는 작업이 모두 마무리되었습니다. 선대 덕종(德宗) 황제께서 봉천현(奉天縣)으로 피난 가셨을 때 있었던 공적은 신이 다시 현장을 방문한 뒤 이미 들은 것에 근거하여 제1권에 기록해놓았습니다. 만약 논의하거나 기재한 내용에 아직 주도면밀하지 않고 상세하지 못한 곳이 있다면, 신이 몰랐던 바이니 아무쪼록 폐하께서 가르쳐 선포해주시기를 간구하며 편집해 넣어서 영원무궁토록 전해질 수 있기를 바라나이다. 삼가 기록하여 보고하나이다. 삼가 아뢰었습니다.

(右臣去月二十九日進前件實錄. 今月四日, 宰臣宣進止, 其間有錯誤, 令臣改畢, 却進舊本者. 臣當脩撰之時, 史官沈傳師等採事得於傳聞, 詮次不精, 致有差誤; 聖明所鑒, 毫髮無遺, 恕臣不逮, 重令刊正. 今並添改訖. 其奉天功烈, 更加尋訪, 已據所聞, 載於首卷. 儻所論著, 尙未周詳, 臣所未知, 乞賜宣示, 庶獲編錄, 永傳無窮. 謹錄奏聞. 謹奏.)

## Ⅲ. 금본 ≪순종실록≫의 작자 문제

금본 ≪순종실록≫의 작자 문제는 ≪순종실록≫의 판본과 맞물려 일찍부터 거론된 바 있었다. 청대 심흠한(沈欽韓, 1775~1831)이 ≪순종실록≫ 일곱 판본 중 다섯 판본은 간략하고 두 판본은 상세하다고 한 사마광(司馬光, 1019~1086)의 ≪통감고이(通鑑考異)≫의 기록을 염두에 두면서 위처후의 3권은 간략본이고 한유의 5권은 상세본이라고 단정하고, 내용 교감을 통해 금본 ≪순종실록≫은 한유가 편찬한 것이 아니라고 주장한 것이 그 단초였다.[13]

그렇지만 역사학계의 공인된 입장은 금본 ≪순종실록≫의 작자가 한유임에 틀림없다는 것이다. 1978년 진광숭(陳光崇)이 〈당 실록 편찬 고찰(唐實錄纂修考)〉[14]의 '순종실록' 부분에서 이 점을 확인하였고, 1979년 구임동(瞿林東)이 〈한유와 ≪순종실록≫(韓愈與≪順宗實錄≫)〉[15]이라는 논문을 통해 한유가 당나라의 역사학에 중요한 공헌을 하였으며, 그가 편찬한 ≪순종실록≫이 현존하는 당나라의 유일한 실록으로 진귀한 문헌이라는 평가를 하였다. 이보다 2년 전에 호여뢰(胡如雷)는 〈당대 한·류 논쟁에 대한 몇 가지 문제(關於唐代韓柳之爭的幾個問題)〉[16]라는 논문에서 금본 ≪순종실록≫의 내용에 근거하여 한유가 왕숙문 일파의 개혁활동에 찬동하였다는 논조를 전개하였다.

그런데 1980년 장국광(張國光)은 '구임동·호여뢰와의 토론을 겸하여(兼與瞿林東·胡如雷諸同志商榷)'라는 부제를 단 〈금본 ≪순종실록≫은 한

13 이에 대한 자세한 논의는 다음 장 판본 문제 참조.
14 ≪遼寧大學學報≫ 1978年 第2期.
15 ≪社會科學戰線≫ 1979年 第3期.
16 ≪歷史研究≫ 1977年 第4期.

유의 작이 아니라는 변석(今本≪順宗實錄≫非韓愈所作辨)〉[17]이라는 논문을 통해 구씨와 호씨 두 사람의 논조를 조목조목 반박하고, 금본 ≪순종실록≫은 한유의 작품이 아니므로 두 학자의 입론 자체가 사실 무근이라는 주장을 펼쳤다. 장씨는 영정혁신을 연구하는 1차 자료가 ≪순종실록≫이고 신구 ≪당서(唐書)≫의 〈순종기(順宗紀)〉는 이 자료를 근거로 불필요한 부분을 삭제하고 편찬한 것이므로, ≪순종실록≫의 작자를 분명히 하는 것이 매우 중요하다는 문제의식에서 해당 논문을 작성하여 역사학계의 공인된 입장에 반론을 제기한 것이었다. 장씨 문제 제기의 핵심 근거는 ≪구당서·순종기≫의 말미에 유구(劉昫, 887~946)가 "사신한유왈(史臣韓愈曰)"이라고 한 단락의 내용이 금본 ≪순종실록≫에 보이지 않는다는 점이다. 장씨는 해당 부분의 요지가 왕숙문 등의 권력 농단을 깎아내리고 순종이 일찍 태자 이순(李純)에게 양위한 점을 추켜세운 것으로 한유가 〈영정행(永貞行)〉시에서 노래한 논조와 일치함에도 불구하고, 그 내용이 금본 ≪순종실록≫뿐만 아니라 ≪한창려집≫ 어디에도 보이지 않는 점이 매우 뜻밖이라고 하였다. 장씨는 이에 근거하여 ≪구당서≫의 주편자인 유구가 본 ≪순종실록≫은 금본 ≪순종실록≫이 아니라고 단정하고, 여러 논거를 끌어와 사마광이 본 간략본이 위처후가 편찬한 금본 ≪순종실록≫이라고 결론지었다.

구임동이 장씨의 이런 주장에 대해 재차 반박하는 글을 발표한 바 있지만[18], 여기서는 1982년 더 근원적으로 이 문제를 다룬 장범(蔣凡)의 〈금본 ≪순종실록≫의 작자 고증(今本≪順宗實錄≫作者考辨)〉[19]이라는 논문

17 ≪文學評論叢刊≫ 第7輯, 1980.10.

18 瞿林東, <關於≪順宗實錄≫的幾個問題—兼鑑張國光同志>, ≪北京師大學報≫ 1982年 第1期.

19 ≪文學評論叢刊≫ 제16집, 1982.10. 장범은 부단대학(復旦大學) 중어중문학과 교수로 중국

을 중심으로 고찰하고자 한다. 장범 역시 금본 ≪순종실록≫의 작자 문제가 한유에 대한 평가와 직접적으로 연관되어 있다는 점에서 단순한 고증의 차원을 넘어서는 매우 중요한 연구 과제라고 전제하였다. 장범은 우선 ≪당회요(唐會要)≫의 기록[20]에 근거하여 왕조에서 공식적으로 편찬한 역사물은 '흠정(欽定)', 곧 조정의 심사와 비준 그리고 공포의 전 과정을 거쳐야 한다는 규정이 순종 영정(永貞) 원년(805) 9월에 제정되어 그 이후로 개정 없이 지속적으로 효력을 발휘하였다는 점을 밝혔다. 위처후는 원화 초에 사관을 담당하였으므로 그가 ≪순종실록≫을 편찬한 것은 영정 원년 9월 이후에서 별로 떨어져 있지 않았기 때문에 흠정의 새로운 규정을 엄격하게 적용받아야 하였다. 그런데 한유의 〈표장(表狀)〉에 기록된 바와 같이 위처후가 편찬한 ≪순종실록≫ 3권은 감수자인 이길보로부터 주도면밀하지 못하고 빠진 것이 많다는 심사 의견을 받은 바 흠정을 위한 제1차 관문도 통과하지 못하였기 때문에, 공포되어 세상에 전해질 기회를 결코 가진 적이 없었다고 장범은 단언하였다.

≪구당서159·노수전(路隨傳)≫에 한유가 편찬한 ≪순종실록≫ 5권의 내용과 관련하여 환관들이 궁중 안의 일을 너무 직설적으로 언급하였을 뿐만 아니라 사실과 맞지 않는 부분도 있다고 공격하며 개정을 요구하자, 사관감수인 재상 노수를 중심으로 한 사관들이 적극 반대하며 환관집단의 지적이 부당하다고 한 내용이 보인다. 장범은 바로 이 점으로 미루어 한유 등이 편찬한 ≪순종실록≫ 5권이 흠정의 합법성을 거쳐 공포되었음

---

고전문학과 문학 이론비평 분야의 석학인 동시에 경학과 역사 및 예술 분야에도 참신한 논저를 많이 남겼다.

20 ≪唐會要≫ 권63: "貞元元年九月, 監修國史宰臣韋執誼奏: '伏以皇王大典, 實存簡冊, 施於千載, 傳述不經. (중략) 自今以後, 伏望令修撰官, 同共封鎖. 除已成實錄撰進宣下者, 其餘見修日曆, 并不得私家置本, 仍請永爲常式.' 從之." 장범은 이 기록물의 "貞元"은 "永貞"의 잘못이라는 고증을 붙였다.

을 분명히 알 수 있다고 하였다. 그렇지 않았더라면 환관들이 그 자료를 볼 수가 없었을 터이므로 책의 내용에 대해 시비를 건다는 것 자체가 원인 무효이기 때문이다.

물론 종전에 한유가 개정 의견을 반영하여 편찬한 뒤 헌종에게 진상한 ≪순종실록≫ 5권이 목종(穆宗)과 경종(敬宗) 대에 여러 차례 개정이 가해진 것은 분명한 사실이다. 장범은 이와 관련하여 목종과 경종 연간에 여러 차례 조칙이 내려와 ≪순종실록≫ 5권에 대한 개정 지시가 있었지만, 그것은 어디까지나 "고쳐 수정한(改修)" 수준이지 "원판을 뒤엎어 다시 수정하거나(重修)" "따로 편찬한(另撰)" 것은 결코 아니라고 하였다. 그리고 문종(文宗) 조에 들어와 환관집단의 세력이 날로 팽창하여 황제를 협박하고 황권을 좌지우지하는 정도에 이르렀기에 ≪순종실록≫의 개정 문제를 두고 조정 관료집단과 환관세력 간에 격렬한 정치투쟁이 전개되었다. 이런 정치투쟁의 결과 바로 위 단락에서 언급한 바와 같이 ≪구당서·노수전≫에서 환관세력의 문제제기와 그에 대한 관료집단을 대표한 노수의 의견 개진이 있었던 것이다. 양 세력 간의 투쟁과 타협의 결과로 ≪순종실록≫에 여전히 환관에 대한 은밀한 비판의 흔적이 남아 있는 것이다. 이때도 한유 원작 ≪순종실록≫에 대한 다소간의 수정 작업은 있었지만, 폐기되거나 흠정의 합법성이 취소된 적은 결코 없었다. 나아가 장범은 ≪숭문총목(崇文總目)≫ 권2, ≪신당서58·예문지2≫, 조공무(晁公武, 1105~1180)의 ≪군재독서지(郡齋讀書志)≫ 권2, 주희(朱熹, 1130~1200)의 ≪한문고이(韓文考異)≫, 진진손(陳振孫, 1183~1261?)의 ≪직재서록해제(直齋書錄解題)≫ 권4 등 송나라 이전의 여러 문헌 자료의 기록에 근거하여 상세본이든 간략본이든 모두 5권이고 편찬자는 한유 등이며, 위처후의 판본은 언급조차 된 적이 없었다고 하였다. 따라서 장범은 역사적으로 널리 전해진 것은 한유의 5권본 ≪순종실록≫이지 위처후의 3권본 ≪순종실록≫은 결코 아니

라고 잘라 말하였다.[21]

1970년대 말에서 1980년대 초에 걸쳐 이루어진 금본 ≪순종실록≫의 작자 문제를 둘러싼 전문 학자들 간의 논쟁은 이로써 종결이 되고, 원 편찬자가 한유라는 역사학계의 공통된 견해는 더욱 유력한 근거를 얻게 되었다.

## Ⅳ. 금본 ≪순종실록≫의 판본 문제

순종 집정 시기의 역사를 기록한 실록의 초고는 두 차례 작성되었다. 한유가 주필로서 심전사와 우문적과 함께 편찬한 5권본과 위처후가 편찬한 3권본이 그것이다. ≪구당서160·한유전≫에서는 이 둘의 관계에 대해서 이렇게 적고 있다.

> 당시에 한유를 두고 역사 편찬의 필법을 갖추었다고 하였으나 ≪순종실록≫을 편찬함에 있어 상세하거나 간략함이 온당하지 못하고, 사실의 서술도 취사선택에 서툴러서 당시 사람들의 비난을 많이 받았다. 목종과 문종이 일찍이 사신(史臣)에게 조칙을 내려 더 보태거나 고치도록 하였다. (중략) 그러나 위처후가 결국에는 별도로 ≪순종실록≫ 3권을 편찬하였다.
> (時謂愈有史筆, 及撰順宗實錄, 繁簡不當, 敍事拙於取捨, 頗爲當代所非. 穆宗、文宗嘗詔史臣添改, (중략) 而韋處厚竟別撰順宗實錄三卷.)

이 기록에 따르면 한유가 주편한 판본이 먼저 나왔지만 조정의 검토

21 이상 蔣凡 교수의 주장은 앞의 논문, 321~331쪽 참조.

를 거쳐 널리 유행한 것은 위처후의 3권본인 셈이 된다. 그렇지만 실상은 이와 정반대이다. 앞 장에서 살펴보았듯이 한유의 〈표장(表狀)〉과 그에 근거한 장범 교수의 논문을 통해 위처후의 3권본은 흠정의 합법성을 획득하지 못하였기 때문에, 한유가 ≪순종실록≫을 편찬할 때 참고자료로 활용된 뒤 수명을 다하고 용도 폐기되었다는 것이 분명한 사실로 확인되었다.

현존하는 자료로 보건대 ≪순종실록≫의 판본 문제를 언급한 최초의 기록 근거는 북송(北宋) 인종(仁宗) 경우(景祐, 1034~1038) 연간에 왕요신(王堯臣, 1003~1058) 등이 편찬한 ≪숭문총목≫이다. 사마광은 이에 근거하여 ≪통감고이≫ 권19 〈이사고발병둔조주(李師古發兵屯曹州)〉조에서 ≪순종실록≫ 5권의 판본에 대하여 이렇게 적고 있다.

> 경우 연간에 조칙으로 ≪숭문총목≫을 편차하였다. ≪순종실록≫은 일곱 판본이 있었는데 모두 5권으로 되어 있으며 "한유 등이 편찬하였다."고 적혀 있다. 다섯 판본은 간략하고 두 판본은 상세한데, 편차한 사람들이 둘 다 보존하였다. 그 중에 차이가 많아 지금 상세함과 간략함으로 구별한다.
>
> (景祐中, 詔編次崇文總目. 順宗實錄有七本, 皆五卷, 題曰"韓愈等撰."五本略而二本詳, 編次者兩存之. 其中多異同, 今以詳略爲別.)

사마광은 당시에 전해지던 ≪순종실록≫ 일곱 판본 중 다섯은 간략하고 둘은 상세하지만 모두 한유 등이 편찬자라고 하고, 기록상 상세함과 간략함의 차이가 있다고만 했을 뿐 판본 문제에 대해 더 이상의 자세한 언급을 하지는 않았다. 다만, 청대에 들어와 심흠한이 ≪한집보주(韓集補注)≫에서 이렇게 주장하였다.

> 살피건대 위처후가 편찬한 것이 3권이고 창려가 편찬한 것이 5권이니, 간략

본은 위처후의 것이고 상세본은 한유의 손에서 나온 것임은 의심할 여지가 없다. 지금 이 판본을 ≪통감고이≫와 교감해보니 상세본과 합치하는 것은 한 사건도 없고 저 이른바 간략본과 꼭 일치하니 이는 한문공의 본래 판본이 아니다. 아마도 간행하는 사람이 마침 간략본만 얻었을 뿐이니 심란하고 한탄스럽다. 판각을 하는 사람이 무엇 때문에 이 판본을 수록하였는지 알 수 없다.

(按韋處厚撰者三卷, 昌黎撰者五卷, 則略本是韋, 詳本出韓無疑. 今以此本與通鑑考異校之, 無一事與詳本合, 而適合彼所稱略本, 然則此非韓公本文. 蓋刊者適得略本, 憒憒可恨. 不知刻者何爲卻收此本.)[22]

장범 교수는 심흠한의 주장이 사마광의 견해를 곡해하였다고 평가하면서 두 가지 주목할 점이 있다고 하였다. 첫째, 남송의 주희가 ≪한창려집·외집≫에 들여 놓은 5권본 ≪순종실록≫이 현전하는 유일한 금본 ≪순종실록≫이며, 심흠한의 비교를 거쳐 간략본으로 판명되었다. 즉, 금본 ≪순종실록≫은 역사상의 간략본이라는 점이다. 둘째, 3권본인 위처후의 실록이 간략본이고, 5권본인 한유의 실록이 상세본이라는 심흠한의 견해는 근거 없는 무단적 추론일 뿐이라는 점이다.

따라서 간략본은 위처후의 것이고 상세본은 한유의 손에서 나왔다는 주장은 ≪순종실록≫의 간략본과 상세본의 전승에 대한 역사적 실상을 설명할 수 없다. 이에 장범 교수는 한유가 원화 10년에 진상한 5권본이 상세본이고, 뒤에 여러 차례 삭제되거나 수정되고 전승과정에서 "마침내 삭제하거나 고치거나 하여 온전한 책이 없게 된(卒竄定無全篇)[23]" 5권본

22 沈欽韓, ≪韓集補注≫, 廣雅書局, 光緒17年(1891).

23 이 글귀는 ≪위본(魏本)≫에 실린 번여림(樊汝霖)의 말에 ≪신당서·한유전≫에 나온다고 인

이 간략본으로 불렸다는 결론을 내렸다. 이 간략본이 바로 현전하는 금본 ≪순종실록≫인 것이다. 장범 교수는 북송(北宋) 때에 관각(館閣)에서 소장하고 있던 일곱 판본 중에서 간략본이 다섯으로 다수를 점하고 있는 것은 상세본도 처음에는 조정의 공인을 받았지만 뒤에 여러 차례 수정되는 과정에서 간략본이 흠정의 권위를 획득함에 따라 회수된 관계로 민간에 유포될 기회가 줄어든 때문이라고 풀이하였다. 그러다가 북송 말년 정강(靖康)의 변으로 수도 변경(汴京: 지금 河南省 開封市)이 약탈당했을 때 관각에 소장 중이던 상세본과 간략본이 모두 망일되었지만, 간략본은 상세본과 달리 민간에 더 많이 유포되었기 때문에 주희에 의해 ≪한창려집≫의 〈외집〉에 수록되어 후대에 남아 전해질 수 있었던 것이다.[24]

금본 ≪순종실록≫을 영어로 번역한 Solomon 교수도 이미 1955년에 ≪통감고이≫ 권19에 실린 4조목의 내용에 대한 세밀한 비교 분석을 통해 금본 ≪순종실록≫은 간략본으로 보아야 옳으며 그 간략본이 상세본의 개정판이라고 믿는 근거를 다음 네 가지로 설명하였다.[25] 첫째, 간략본의 길이가 더 짧은 바, 만약 간략본이 상세본보다 먼저 나온 것이라면 실록이 내용을 확대시키는 쪽으로 개정되었다고 해야 하므로 사실에 맞지 않다. 둘째, 상세본은 도성 밖의 사건에 관한 자료로 포함하고 있으므로 간략본인 금본이 궁정 기록에 더 적합하다. 셋째, 표준 판본이 개정이 필요한 것보다 더 통행하기 쉽기 때문에 사마광이 간략본은 다섯 판본을 보았지만 상세본은 두 판본만 보았을 것이다. 넷째, 상세본에서는 궁정 내에서의 당파적 차이를 다루고 있는 반면에 간략본에서는 그 내용을 생략한

---

용되어 있지만 거기에는 들어 있지 않다.

24 이상 蔣凡 교수의 견해는 앞의 논문 332~333쪽 참조.

25 Bernard S. Solomon, 앞의 책, pp.xvi~xxiii 참조.

바, 그것이 궁정내의 사건에 관한 자료는 개정하거나 삭제하라고 요구한 문종의 칙령에 더 적합하다.

근래에 서북대학(西北大學) 중문계(中文系)의 염기(閻琦) 교수가 ≪순종실록≫의 편찬과 판본 문제에 대해 가한 설명이 금본 ≪순종실록≫의 편찬과 판본 문제에 대한 학계의 공통된 견해를 대표한다고 생각되어 그 전문을 인용하면 다음과 같다.

> 한유가 ≪순종실록≫을 편찬한 경과는 그의 <순종황제실록을 진상하며 올리는 표문과 보고서(進順宗皇帝實錄表狀)>에 매우 상세한데 이 책(≪한창려집(韓昌黎集)≫) 권8에 보인다. 위처후가 원래 3권을 찬술한 뒤 한유가 "일상적인 자질구레한 사건은 삭제하고 나라 정치와 관계있는 것만을 저록해 원래의 ≪선제실록≫에 비해 분량이 열에 예닐곱은 더 늘어났다." 그 뒤에 한유가 "지난겨울에서 올 여름까지 잘못된 것을 바로잡아 이제 겨우 마무리가 되었다."고 하였으니, 이것이 두 번째로 고친 것이다. 또 그 뒤에 "재상이 황제의 명령을 선포하고" "다시 개정하도록 명하시어 지금 첨가하고 개정하는 작업이 모두 마무리되었다."고 하였으니 이것이 세 번째로 고친 것이다. ≪구당서≫에서 "번다하고 간략함이 온당하지 못하다."고 한 것과 ≪신당서≫에서 "그 책에 대한 논의가 시끌벅적 그치지 않았다."고 한 것은 두 번째 고치고 세 번째 고친 사이에 일어난 일을 두고 한 말이다. 비록 이와 같았지만 한유의 5권본을 없애고 위처후의 3권본을 사용한 일은 결코 없었다. 문종 때에 ≪순종실록≫이 비록 다른 사람의 손을 거쳐 잘못이 고쳐지기는 하였지만, 이는 사마광(司馬光)이 ≪통감고이≫에서 이른 대로 상세본과 간략본의 유래를 두고 한 말이다. 상세본은 한유가 편찬한 것이고, 간략본은 문종 때에 삭제하여 편찬한 것이다. 상세본이든 간략본이든 간에 모두 5권이므로 한유가 편찬한 것이지 위처후의 3권본이 다시 나뉘어져 5권으로 된 것은 아

님을 증명하기에 충분하다. 이른바 "번다하고 간략함이 온당하지 못하다"거나 "궁중의 일을 기록한 것이 너무 솔직하다"거나 한 것은 모두 당사자들이 ≪순종실록≫을 공격하기 위한 구실일 뿐이다. 노수가 ≪순종실록≫을 논한 말은 진실로 공정한 논점이니 앞서 인용한 번여림의 글에 보인다. 문종은 또 일찍이 재상 정담(鄭覃)과 ≪순종실록≫에 대해 이야기한 적이 있었다. ≪구당서173·정담전≫에 "황제께서 매번 말씀하시기를 '순종의 사적이 상세하고 믿을 만하지 못한데 사관 한유가 어찌 억울한 일을 당한 사람인 때문인가? 옛날에 한나라 때 사마천(司馬遷)의 <임안에게 보낸 편지(與任安書)>에는 원망하는 말이 많은데, 그 때문에 <무제본기(武帝本紀)>에는 사실과 어긋나는 곳이 많다.'고 하셨다. 정담이 말하기를 '무제는 재위 중년에 크게 군대를 동원하여 변방을 공격한 일이 있어 백성들이 궁핍해지고 국고는 텅 비게 되었으니 사마천이 서술한 내용이 지나친 말은 아니옵니다.'고 하였다."고 되어 있다. 정담이 한 말은 한유가 역사가로서 신뢰성이 있음을 이른 것이다. 그리고 문종께서 사관 한유가 순종 때에 억울한 일을 당한 사람으로 여기고, 그로 인하여 "원망하는 말이 많다."고 한 것 또한 안목이 있는 제왕의 견해라고 여길 수 있다. ≪순종실록≫을 살펴보건대 이실(李實)이 가렴주구에 힘써 경기 지방의 제때에 납부하지 못해 밀린 세금을 탕감해주지 않은 일이 상세하고, 왕숙문(王叔文)과 왕비(王伾)와 위집의(韋執誼) 등이 은밀하게 붕당을 결성한 일은 더욱 상세한데, 모두가 다 믿을 만한 역사적 사실이긴 하지만 한유 개인의 은혜와 원망이 들어 있지 않다고 말할 수는 없을 것이다. 이로써 지금 전하는 ≪순종실록≫ 5권은 필시 한유의 손에서 나온 것으로 위처후의 3권본과는 관계가 없음을 증명할 수 있다. 또 사마광의 ≪통감고이≫에서 여러 차례 상세본을 근거로 끌어와 간략본의 잘못을 바로잡은 것에 의거하여 지금 전하는 ≪순종실록≫ 5권은 실은 문종 때의 교정을 거친 간략본으로 이미 한유 원작의 상세본이 아님을 미루어 알 수 있다. 아마도 송나라 이후로 간략본이 세상에 나돌고 상세본은 없어진 때문이다.

(韓愈撰順宗實錄經過, 其進順宗皇帝實錄表狀述之甚詳, 見本書卷八. 韋處厚原撰三卷, 愈"削去常事, 著其繫於政者, 比之舊錄, 十益六七"; 其後愈"自冬及夏, 刊正方畢", 此再改矣; 又其後"宰臣宣進止", "重令刊正, 今幷添改訖", 此三改矣; 舊史所謂"繁簡不當", 新史所謂"議者鬨然不息", 再改三改之間事也. 雖然, 絶無廢愈五卷本而用韋處厚三卷本之事. 文宗朝, 實錄嘗經他手改過, 此司馬光通鑑考異所謂"詳本""略本"之由來也. 詳本, 愈所撰定者也; 略本, 文宗朝所刪定者也, 無論詳略, 皆爲五卷, 足證爲愈所撰, 而非韋處厚三卷再析爲五卷. 所謂"繁簡不當"、"書禁中事太切直", 皆當事人攻擊順宗實錄之口實也. 路隋論實錄, 誠爲公允之論, 已見所引樊汝霖語. 文宗又嘗與宰相鄭覃語及實錄, 舊史·覃傳: "帝每言'順宗事不詳實, 史臣韓愈豈當時屈人邪? 昔漢司馬遷與任安書, 辭多怨懟, 故武帝本紀多失實.'覃曰: '武帝中年大發兵事變, 生人耗瘁, 府庫殫竭, 遷所述非過言.'"覃所言, 卽韓愈作爲史家之"信"也; 而文宗謂史臣韓愈爲順宗時之"屈人", 以是之故"辭多怨懟", 則亦不失爲一有眼力帝王之言. 觀實錄詳於李實務聚斂徵求、不免畿內逋租, 尤詳於王叔文、王伾、韋執誼等密結朋黨事, 雖皆爲信史, 然未必無 韓愈個人恩怨在. 以此亦可證, 今傳順宗實錄五卷, 必出韓手, 與韋處厚三卷本無涉. 復據司馬光通鑑考異屢徵引"詳本", 以訂正"略本"之失, 可推知今傳順宗實錄五卷, 實爲經文宗朝刪定之"略本", 而非愈原作之"詳本"; 皆自宋以後, "略本"行而"詳本"失矣.)[26]

26 閻琦 校注, ≪韓昌黎文集注釋≫(西安: 三秦出版社, 2004), 521~522쪽.

## 주요 참고문헌


歐陽修·宋祁, ≪新唐書≫(標點校勘二十五史本).

屈守元·常思春, ≪韓愈全集校注≫, 成都: 四川大學出版社, 1996.

김부식, ≪삼국사기≫(경인문화사영인본).

董　誥, ≪全唐文≫(北京中華書局影印本).

童第德, ≪韓愈文選≫, 北京: 人民文學出版社, 1980.

童第德, ≪韓集校詮≫, 北京: 中華書局, 1986.

羅聯添, ≪韓愈古文校注彙輯≫, 臺北: 國立編譯館, 2003.

廖瑩中, ≪東雅堂昌黎集註≫(文淵閣四庫全書本).

劉　昫, ≪舊唐書≫(標點校勘二十五史本)

馬其昶, ≪韓昌黎文集校注≫, 上海: 上海古籍出版社, 1986.

文讜·王儔, ≪新刊經進詳補注昌黎先生文集≫(北京圖書館所藏本影印).

班　固, ≪漢書≫(標點校勘二十五史本).

方成珪, ≪韓集箋正≫(清抄本).

方崧卿, ≪韓集擧正≫(文淵閣四庫全書本).

傅璇琮, ≪唐代科擧與文學≫, 西安: 陝西人民出版社, 2003.

司馬光, ≪資治通鑑≫(四部叢刊初編縮本).

司馬光, ≪資治通鑑考異≫(四部叢刊初編縮本).

司馬遷, ≪史記≫(標點校勘二十五史本).

徐　松, ≪唐兩京城坊考≫(叢書集成初編本).

徐　松, ≪登科記考≫(續修四庫全書本)

徐師曾, ≪文體明辯≫(和刻本), 京都: 中文, 1982.

宋敏求, ≪唐大詔令集≫(文淵閣四庫全書本).

宋敏求, ≪長安志≫(叢書集成初編本).

沈欽韓, ≪韓集補注≫, 廣雅書局, 光緒17年(1891).

閻　琦, ≪韓昌黎文集注釋≫ 上·下, 西安: 三秦出版社, 2004.

吳文治, ≪韓愈資料彙編≫, 北京: 中華書局, 1983.

王鳴盛, ≪十七史商榷≫, 臺北: 廣文書局, 1960.

王伯大, ≪別本韓文考異≫(文淵閣四庫全書本).

王钦若, ≪冊府元龜≫, 臺北: 中華書局, 1967.

魏仲擧, ≪五百家注韓昌黎集≫(商務印書館影印本).

李吉甫, ≪元和郡縣志≫(文淵閣四庫全書本).

이종한, ≪한유산문역주≫ 1~5, 서울: 소명출판, 2012.

李　漢, ≪宋昌黎先生集≫(南宋淳熙元年錦溪張監稅宅刊本).

蔣箸超, ≪註釋評點韓昌黎文全集≫(再版), 上海: 會文堂, 1925.

蔣之翹, ≪唐韓昌黎集≫(康熙晉安林氏刊本).

晁公武, ≪郡齋讀書志≫(文淵閣四庫全書本).

朱　熹, ≪昌黎先生集考異≫, 上海: 上海古籍出版社, 1985.

周啓成·周維德, ≪新譯昌黎先生文集≫ 上·下, 臺北: 三民書局, 1999.

陳　思, ≪寶刻叢編≫(叢書集成初編本).

陳景雲, ≪韓集點勘≫(文淵閣四庫全書本).

祝　充, ≪音注韓文公昌文集≫(文祿堂本: Cornell大學所藏本影印).

平岡武夫, ≪唐代的曆≫, 上海: 上海古籍出版社, 1990.

何　焯, ≪義門讀書記≫(文淵閣四庫全書本).

Bernard S. Solomon, *The Veritable Record of the T'ang Emperor Shun-tsung, Han Yu's Shun-tsung shih-lu*(Harvard-Yenching Institute Studies Ⅷ), Harvard University Press, 1955,

瞿林東, 〈關於≪順宗實錄≫的幾個問題―兼鑑張國光同志〉, ≪北京師大學報≫ 1982年 第1期.

瞿林東, 〈韓愈與≪順宗實錄≫〉, ≪社會科學戰線≫ 1979年 第3期.

孫 健, 〈家國理念下的政治傳統與政局變遷―唐宋時期山陵使爲核心的政治文化考察)〉, ≪學術硏究≫ 2013年 第1期.

蔣 凡, 〈今本≪順宗實錄≫作者考辨)〉, ≪文學評論叢刊≫ 第16輯, 1982. 10.

張國光, 〈今本≪順宗實錄≫非韓愈所作辨―兼與瞿林東·胡如雷諸同志商榷〉, ≪文學評論叢刊≫ 第7輯, 1980. 10.

張典友, 〈唐宋書判拔萃科考辨〉, ≪美與時代: 中≫, 2012. 4.

陳光崇, 〈唐實錄纂修考〉, ≪遼寧大學學報≫ 1978年 第2期.

佟 磊, 〈唐朝派往邊疆民族地區的吊册類使者硏究〉(首都師範大學 碩士學位論文), 2015. 12.

河元洙, 〈唐 順宗代(805年) 執權勢力의 性格〉, ≪東亞文化≫ 제25호(1987. 12.)

胡如雷, 〈關於唐代韓柳之爭的幾個問題〉, ≪歷史硏究≫ 1977年 第4期.

## ≪구당서·한유전≫*

한유(韓愈, 768~824)는 자가 퇴지(退之)이고 창려(昌黎: 지금 遼寧省 義縣) 사람이다. 부친 한중경(韓仲卿, ?~770)은 명성이나 지위가 없었다. 한유는 3살 때 고아가 되어 사촌 형 집에서 양육되었다. 한유는 스스로 고아임을 염두에 두어 어려서부터 각고의 노력을 통해 유학을 공부하였고, 다른 사람의 칭찬이나 격려를 기다리지 않았다. 대력(大曆, 766~779)과 정원(貞元, 785~805) 연간에 문장은 대부분 옛것 배우기를 숭상하여 양웅(楊雄: 揚雄, BC 53~AD 18)과 동중서(董仲舒, BC 179~BC 104)의 저술을 본받았는데, 독고급(獨孤及, 725~777)과 양숙(梁肅, 753~793)의 학문이 가장 심오한 것으로 일컬어져 유림(지식계)의 추앙과 존중을 받았다. 한유는 그들 무리와 교유하며 마음을 단단히 다져 잡고 깊이 연찬하여 당시에 스스로 두각을 나타내고자 하였다. 진사과에 응시하였을 때 고관들에게 자신이 쓴 글을 보냈는데, 전임 재상 정여경(鄭餘慶, 745~820)이 그의 명성을 대단히 널리 퍼뜨려주어 그로 말미암아 당시에 이름이 알려지

---

* 이 글의 원문은 ≪구당서(舊唐書)≫(標點校勘二十五史本, 中華書局) 권160, <열전(列傳)> 권110에서 가져온 것이다. 이 글 속에 포함된 한유의 산문 작품에 대한 번역은 필자의 ≪한유산문역주≫ 1~5(서울: 소명출판, 2012)의 문장을 옮겨오되 약간의 윤문을 가하였다.

게 되었다.

(韓愈字退之, 昌黎人. 父仲卿, 無名位. 愈生三歲而孤, 養於從父兄. 愈自以孤子, 幼刻苦學儒, 不俟獎勵. 大曆、貞元之間, 文字多尚古學, 効楊雄、董仲舒之述作, 而獨孤及、梁肅最稱淵奧, 儒林推重. 愈從其徒遊, 銳意鑽仰, 欲自振於一代. 洎舉進士, 投文於公卿間, 故相鄭餘慶頗爲之延譽, 由是知名於時.)

얼마 지나지 않아 진사시에 급제하였다. 재상 동진(董晉, 723~799)이 외직으로 나가 절도사가 되어 대량(大梁: 지금 河南省 開封市)에 진을 치고 지키면서 한유를 초빙하여 순관(巡官)으로 삼았다. 동진이 전임하자 서주(지금 江蘇省 徐州市)절도사 장건봉(張建封, 735~800)이 또 그를 초빙하여 막료로 삼았다. 한유는 말을 할 때 진솔하여 두려워하며 피하는 것이 없었고, 행실이 굳세고 올발랐으나 처세에는 서툴렀다. 전임하여 사문박사(四門博士)에 임명되었다가 감찰어사(監察御史)로 옮겼다. 덕종(德宗) 재위(779~805) 만년에 조정의 정치가 많은 권문세가들의 손에서 나와 재상이 국가 기무를 처결할 수 없었고, 궁시(宮市)의 폐단에 대해서는 간관들이 따지며 간언을 해도 황제가 듣지 않았다. 한유는 일찍이 수천 자에 달하는 상소문을 올려 궁시의 문제를 극구 거론하였지만, 황제가 듣지 않고 노하여 연주(連州)의 양산현령(陽山縣令: 양산현은 지금 廣東省 清遠市 소속)으로 좌천시켰다가 뒤에 정상을 참작하여 강릉부(江陵府: 강릉은 지금 湖北省 荊州市)의 속관으로 전임시켰다. 원화(元和, 805~820) 초에 국자박사(國子博士)로 불려왔다가 도관원외랑(都官員外郎)으로 승진하였다. 이때 화주자사(華州刺史) 염제미(閻濟美)가 공무로 화음현령(華陰縣令: 화음현은 지금 陝西省 華陰市) 유간(柳澗)의 직무를 정지시키고 그에게 문서 담당 속관의 업무를 대행하도록 조치하였다. 몇 달 뒤에 염제미가 자사에서 면직되어 관아에서 나가 공관에 거처하고 있을 때 유간이 바로 백성들을 은근하게 꼬드겨 길을 막고 이전 몇 년 간 군대에서 일할 때의 숙식비와 부역 삯을 달라고 요구하도록 하였다. 뒤에 자사 조창(趙昌)이 조사한 뒤 유간의 죄상을 찾아내어 조정에 상소하여 유간을 방주사마(房州司馬: 방주는 지금 湖北省 房縣)로 내쳤다. 한유가 공무 출장차 화주를 지나다가 이 사안을 인지하고는 후임 자사가 전임 자사를 비호한 것으로 간주하고 조정에 상소하여 유간을 위해 변호하였으나 황제가 이를 궁중에 묻어두고 하달하여 처리하지 않았다. 황제가 감찰어사 이종석(李宗奭)에게 조칙을 내려 조사하도록 하여 유간이 뇌물을 받은 실상을 밝혀내어 재차 유간을 봉계현위(封溪縣尉: 봉계현은 지금 越南 河山平省에 있음)로 내쳤다. 한유는 근거 없이 물의를 일으킨 점으로 말미암아 다시 국자박사로 좌천되었다. 한유는 스스로 재주가 뛰어나다고 여겼지만 여러 차례 쫓겨나는 일을 당했기 때문에 〈학문의 정진을 권하는 것에 대해 해명하여(進學解)〉라는 글을 지어 이렇게 자신의 심경을 밝혔다.

(尋登進士第. 宰相董晉出鎭大梁, 辟爲巡官. 府除, 徐州張建封又請爲其賓佐. 愈發言眞率, 無所畏避, 操行堅正, 拙於世務. 調授四門博士, 轉監察御史. 德宗晩年, 政出多門, 宰相不專機務, 宮市之弊, 諫官論之不聽. 愈嘗上章數千言極論之, 不聽, 怒貶爲連州陽山令, 量移江陵府掾曹. 元和初, 召爲國子博士, 遷都官員外郎. 時華州刺史閻濟美以公事停華陰令柳澗縣務, 俾攝掾曹. 居數月, 濟美罷郡, 出居公館, 澗遂諷百姓遮道索前年軍頓役直. 後刺史趙昌按得澗罪以聞, 貶房州司馬. 愈因使過華, 知其事, 以爲刺史相黨, 上疏理澗, 留中不下. 詔監察御史李宗奭按驗, 得澗贓狀, 再貶澗封溪尉. 以愈妄論, 復爲國子博士. 愈自以才高, 累被擯黜, 作進學解以自喩曰:)

국자학(國子學)의 선생이 이른 아침에 태학(太學)에 들어가서 모든 학생들을 불러다가 학교 건물 아래에다 세워 놓고 그들을 훈계하여 말한다.

"학업은 부지런한 데서 정밀해지고 장난질하며 노는 데서 황폐해지며, 덕행은 깊이 사고하는 데서 완성되고 자기 멋대로 따라가는 데서 망가진다. 지금은 바야흐로 성군과 현신이 함께 만나서 정치의 법령이 모두 마련되어 있으니, 흉악하고 간사한 무리를 가려 제거하고 유능하고 어진 인재를 등용해 높은 자리에 앉혔다. 작은 장점이라도 갖춘 이라면 모두 관직에 이름을 올리고 하나의 기예에 이름난 이도 임용하지 않음이 없다. 빗질하듯 모으고 가려 뽑아서 더러운 때는 긁어내어 빛을 발하도록 한다, 대체로 재능과 덕행이 모자라도 요행히 선발되는 일이 있을지언정, 누가 능력이 뛰어난 데도 기용되지 않았다고 말하는고? 모든 학생들은 학업이 정밀하지 못할까 근심할 것이지 담당 관리가 현명하지 못할까 근심하지 말며, 덕행이 성취되지 못할까 근심할 것이지 담당 관리가 공정하지 못할까 근심하지 말라."

(國子先生晨入太學, 召諸生立館下, 誨之曰: "業精于勤荒于嬉, 行成于思毁于隨. 方今聖賢相逢, 治具畢張, 拔去兇邪, 登崇俊良. 占小善者率以錄, 名一藝者無不庸. 爬羅剔抉, 刮垢磨光. 蓋有幸而獲選, 孰云多而不揚? 諸生業患不能精, 無患有司之不明; 行患不能成, 無患有司之不公.")

말이 미처 끝나기도 전에 그 대열에서 어떤 학생이 웃으며 말한다.

"선생님께서는 저희들을 속이시는군요! 저희 제자들이 선생님을 좇아 배운지 지금까지 여러 해가 지났습니다. 선생님께서는 입으로는 육경(六經)의 문장을 끊임없이 읊조리고 손으로는 백가(百家)의 책을 쉬지 않고 펼치시어, 사건을 기록한 것은 반드시 그 요점을 이끌어내고 논리를 세우는 것은 반드시 그 심오한 도리를 찾아내시며, 많이 배우기를 탐하고 체득하기를 힘써서 작거나 크거나 간에 버리지 않고, 밤에도 등불의 기름을 태워 낮을 이어서 항상 아등바등 애쓰며 한 해를 보냈으니, 선생님의 학업은 부지런하시다고 할 만합니다. 이단을 배척해서 불교와 도교를 물리치고, 유학의 빈틈을 꿰매어 보완해 그 오묘하고 은밀한 뜻을 확대했으며, 실전된 도리의 까마득함을 찾아 홀로 두루 수집하고 멀리서 계승하여, 모든 강물을 막아서 동쪽으로 흘러가게 하고 이미 거꾸러져 엉망인 물결을 바로잡았으니, 선생님의 유학에 대한 공로가 수고로우시다고 할 만합니다. 고전의 진한 향기에 푹 잠겨서 꽃부리를 머금고 꽃을 씹듯 경전의 깊은 도리를 세심히 맛보며 그것을 문장으로 지으니 그 책이 집안에 가득합니다. 위로는 <우서(虞書)>와 <하서(夏書)>의 광대해 끝이 없는 것, <주서(周書)>의 고유문(告諭文)과 <상서(商書)·반경(盤庚)>의 난삽해 읽기 어려운 것, ≪춘추(春秋)≫의 근엄한 것과 ≪좌씨전(左氏傳)≫의 부허(浮虛)하고 과장적인 것, ≪역경(易經)≫의 기이하면서도 법도에 맞는 것, ≪시경(詩經)≫의 올바르면서도 아름다운 것을 본받고, 아래로는 ≪장자(莊子)≫와 <이소(離騷)>, 태사공(太史公: 司馬遷)의 저술, 양자운(揚子雲: 揚雄)과 사마상여(司馬相如)의 기법은 같으나 특징이 다른 데까지 미쳤으니, 선생님의 문장창작은 그 내용을 넓히고 형식을 자유롭게 하셨다고 할 만합니다. 어려서 배움을 알기 시작해서는 과감하게 행동하는데 용감하고, 자라나서는 예법에 정통해 이렇게 하나 저렇게 하나 모두 마땅했으니, 선생님은 사람됨에 있어서 완성된 경지에 이르셨다고 할 만합니다. 그러나 공적으로는 다른 사람들에게 신임을 받지 못하고 사적으로는 친구에게서 도움을 받지 못했으며, 늙은 이리가 턱밑이 축 늘어져 앞으로 가면 턱수염이 밟히고 뒤로 가면 꼬리가 밟히듯이 진퇴양난이라 걸핏하면 허물을 얻었습니다. 잠시 감찰어사(監察御史)가 되었으나 곧 남쪽 변방으로 귀양 가고, 3년 남짓 국자박사(國子博士)로 있으면서 쓸데없이 바빴을 뿐 별다른 치적을 발휘하지 못했습니다. 운명이 원수와 모의했는지 여러 차례 실패를 불러왔으며, 겨울에 따뜻한 데도 아이들은 춥다고 울부짖고, 해는 풍년이 들었는데도 사모님은 배고프다고 훌쩍이며, 머리는 벗겨지고 치아는 빠져서 결국 죽게 되신다면 무슨 소용이 있겠는지요? 이것도 고려할 줄 모르면서 도리어 다른 사람을 가르치려고 하십니까!"
(言未既, 有笑于列者曰: "先生欺予哉! 弟子事先生, 于茲有年矣. 先生口不絕吟於六藝之文, 手不停披於百家之編. 記事者必提其要, 纂言者必鉤其玄. 貪多務得, 細大不捐. 燒膏油以繼晷, 常矻矻以窮年. 先生之業, 可謂勤矣. 觝排異端, 攘斥佛、老, 補苴罅漏, 張皇幽眇. 尋墜緖之茫茫, 獨旁搜而遠紹; 障百川而東之, 迴狂瀾於既倒. 先生之於儒, 可謂有勞矣. 沉浸醲郁, 含英咀華, 作爲文章, 其書滿家. 上規姚、姒, 渾渾無涯. 周誥、殷盤, 佶屈聱牙. 春秋謹嚴, 左氏浮誇. 易奇而法, 詩正而葩. 下逮莊、騷, 太史所錄, 子雲、相如, 同工異曲. 先生之於文, 可謂閎其中而肆其外矣. 少始知學, 勇於敢爲; 長通於方, 左右具宜. 先生之於爲人, 可謂成矣. 然而公不見信於人, 私不見助於友, 跋前躓後, 動輒得咎. 暫爲御史, 遂竄南夷. 三爲博士, 冗不見治. 命與仇謀, 取敗幾時. 冬煖而兒號寒, 年豐而妻啼饑. 頭童齒豁, 竟死何裨? 不知慮此, 而反教人爲!")

선생님께서 말씀하신다.
"아! 자네 앞으로 나오게! 대체로 큰 나무는 대들보가 되고 가는 나무는 서까래가 되는데, 기둥 위의 네모진 나무와 대들보 위의 짧은 기둥, 문지도리, 문지방, 빗장, 문설주가 제각기 적합하게 만들어지면 그것을 써서 집을 만드는 것은 목수의 일이다. 옥가루와 주사(朱砂), 수자해좆과 청지(靑芝), 소 오줌과 말불버섯, 못쓰게 된 북의 가죽을 거두어 갈무리해 앞으로 쓰일 것에 대비해서 버리지 않는 것은 의사의 뛰어남이다. 인재의 선발과 등용이 분명하고 공정하며, 총명한 이와 우둔한 이를 두루 적소에 임용하며, 기품이 있는 이를 아름답게 하고 재주가 출중한 이를 뛰어나게 하며, 인물의 우열을 비교하여 오직 그릇으로 쓰임에 적합하게 하는 것은 재상의 방책이다. 옛날에 맹자는 변론을 좋아해 공자의 학설이 그로 인해 천명되었으나 천하를 철환하다가 끝내 길에서 늙어 죽었고, 순경(荀卿: 荀子)은 왕도를 으뜸으로 하여 장대한 이론이 그로 인해 넓게 펼쳐졌으나 참소를 피해 초(楚)나라로 도망갔다가 난릉(蘭陵)에서 파직되어 죽었다. 이 두 유학자는 말을 내뱉으면 곧 경전이 되고, 일거일동이 모두 후인의 법칙이 되어 기타 범상한 무리들을 뛰어 넘어 월등하게 성인의 경지에 들어갔으나, 세상에서의 그들의 처지는 또 어떠했는가? 지금 나는 학문에 비록 힘쓸지라도 유학의 도통을 따르지 못했고, 논변한 것이 비록 많았기는 하지만 정곡을 찌르지 못했으며, 문장이 비록 특출하다 하지만 세상에 쓰이지 못하고, 덕행이 비록 닦여졌지만 뭇 사람에게 드러나지 못하면서 오히려 달마다 봉록을 축내고 해마다 국고의 양식을 소모하고 있다. 자식은 농사지을 줄 모르고 아내는 베를 짤 줄 모르며, 나는 말을 타고 종들을 따르게 하여 편안히 앉아 먹으면서 삼가 조심스럽게 일상의 도리를 따르며 서적을 몰래 펼쳐 그 내용을 베끼기나 하고 있다. 그러나 성명하신 군주께서 벌주지 않고 재상으로부터 배척당하지 않았으니 이것은 아마도 행운이 아니겠는가? 걸핏하면 비방을 받아서 명성 또한 그에 따라 손상을 입었으니, 할 일 없는 한직에 방치되는 것도 분수에 마땅한 것이도다. 만약 봉록의 유무를 계산하고 관등의 고하를 따져서 자기의 재능에 어울리는 일을 망각하고 이전 사람의 결점을 지적한다면, 이것은 이른바 목수보고 짧은 말뚝으로 큰 기둥을 삼지 않는다고 힐난하는 것이며, 의사보고 창포로 생명을 연장시키는 것을 비난하며 자기의 희령(豨苓)을 헌상하고자 하는 것이리다."

(先生曰: "吁, 子來前. 夫大木爲宲, 細木爲桷, 欂櫨侏儒、椳闑居楔, 各得其宜, 施以成室者, 匠氏之工也. 玉札丹砂、赤箭青芝、牛溲馬勃、敗鼓之皮, 俱收并蓄, 待用無遺者, 醫師之良也. 登明選公, 雜進巧拙, 紆餘爲妍, 卓犖爲傑, 校短量長, 唯器是適者, 宰相之方也. 昔者, 孟軻好辯, 孔道以明, 轍環天下, 卒老于行. 荀卿守正, 大論是弘, 逃讒于楚, 廢死蘭陵. 是二儒者, 吐辭爲經, 擧足爲法, 絕類離倫, 優入聖域, 其遇于世何如也? 今先生學雖勤, 不由其統; 言雖多, 不要其中; 文雖奇, 不濟於用; 行雖修, 不顯於衆. 猶且月費俸錢, 歲靡廩粟, 子不知耕, 婦不知織, 乘馬從徒, 安坐而食, 踵常途之促促, 窺陳編以盜竊. 然而聖主不加誅, 宰臣不見斥, 此非其幸哉! 動而得謗, 名亦隨之. 投閒置散, 乃分之宜. 若夫商財賄之有無, 計班資之崇庳, 忘己量之所稱, 指前人之瑕疵, 是所謂詰匠氏之不以杙爲楹, 而訾醫師以昌陽引年, 欲進其豨苓也.")

국가 대사를 관장하는 대신이 이 글을 보고 그를 동정하고 역사 편찬에 재주가 있는 것으로 여겨 비부낭중(比部郎中)·사관수찬(史館修撰)으로 옮겼다. 1년 뒤에 고공낭중(考功郎中)·지제고(知制誥)로 전임하였다가 중서사인(中書舍人)에 임명되었다.

(執政覽其文而憐之, 以其有史才, 改比部郎中、史館修撰. 踰歲, 轉考功郎中、知制誥, 拜中書舍人.)

얼마 지나지 않아 한유를 좋아하지 않는 자가 있어 그의 지난 사건들을 주워 모아 그가 좌천되어 강릉부(江陵府)의 속관으로 있을 때 형남절도사(荊南節度使: 막부가 지금 湖北省 荊州市에 있었음) 배균(裴均, 750~811)이 그에게 숙식을 제공하며 매우 후하게 접대하였는데, 배균의 아들 배악(裴鍔)은 평범하고 비루한 사람으로 최근에 부친을 뵈러 돌아왔을 때 한유가 송별사를 지어주면서 그의 자(字)를 불렀다고 하였다. 이 주장이 조정에서 시끌벅적 큰 반향을 일으켜 그로 말미암아 태자우서자(太子右庶子)로 전임되었다. 원화 12년(817) 8월 재상 배도(裴度, 765~839)가 회서선위처치사(淮西宣慰處置使) 겸 창의군절도사(彰義軍節度使)가 되었을 때 한유를 행군사마(行軍司馬)로 초빙하여 금어대(金魚袋)와 자색(紫色) 의복을 하사하였다. 회서(淮西: 지금 安徽省 壽縣)와 채주(蔡州: 지금

湖北省 棗陽市)가 평정되어 12월 배도를 수행하여 조정으로 돌아왔을 때 그 공으로 형부시랑(刑部侍郎)에 임명되었으며, 그로 인하여 한유에게 〈회서 평정 기념비문(平淮西碑)〉을 지으라는 조칙이 내려왔는데 그 글은 대부분 배도의 사적에 대해 서술하였다. 당시에 먼저 채주로 들어가 오원제(吳元濟, 783~817)를 사로잡은 일에 있어 이소(李愬, 773~821)의 공이 가장 컸기 때문에 그는 한유에 대해 불평하였다. 이소의 아내가 궁중을 출입할 수 있어서 그로 말미암아 비문의 글이 사실과 부합하지 않음을 들어 하소연을 하자, 황제가 조칙을 내려 한유가 쓴 비문을 갈아버리도록 명하였다. 헌종(憲宗, 805~820 재위)이 한림학사(翰林學士) 단문창(段文昌, 773~835)에게 명하여 비문을 다시 써서 돌에 새기도록 하였다.

(俄有不悅愈者, 摭其舊事, 言愈前左降爲江陵掾曹, 荊南節度使裴均館之頗厚, 均子鍔凡鄙, 近者鍔還省父, 愈爲序餞鍔, 仍呼其字. 此論喧於朝列, 坐是改太子右庶子. 元和十二年八月, 宰臣裴度爲淮西宣慰處置使, 兼彰義軍節度使, 請愈爲行軍司馬, 仍賜金紫. 淮、蔡平, 十二月隨度還朝, 以功授刑部侍郎, 仍詔愈撰平淮西碑, 其辭多敘裴度事. 時先入蔡州擒吳元濟, 李愬功第一, 愬不平之. 愬妻出入禁中, 因訴碑辭不實, 詔令磨愈文. 憲宗命翰林學士段文昌重撰文勒石.)

봉상부(鳳翔府: 지금 陝西省 鳳翔縣)의 법문사(法門寺)에 호국진신탑(護國眞身塔)이 있었다. 탑 속에 석가모니 부처의 손가락뼈 한 마디가 있어 그것을 가지고 불경을 적어 불교의 교리를 전파할 수 있었기 때문에 30년에 한 차례씩 탑을 열었는데, 열면 그해에 풍년이 들고 백성들이 태평하였다. 원화 14년(819) 정월 황제가 환관 두영기(杜英奇)에게 명하여 궁녀 30명을 거느리고 향료와 꽃을 가지고 임고역(臨皐驛)으로 가서 부처사리를 맞아오도록 하였다. (부처사리를) 광순문(光順門)을 통해 황궁으로 들여

온 뒤 궁궐에 사흘 동안 머무르게 하였다가 바로 여러 사찰로 보내었다. 왕공이며 사대부며 일반 백성들이 분주하게 달려가 시주를 하였는데 오직 다른 사람보다 뒤질까봐 두려워하였다. 백성들 중에는 생업을 내팽개치고 가산을 탕진하며 정수리와 팔을 불에 지지며 부처사리에 공양을 하는 자도 있었다. 한유는 평소에 불교를 좋아하지 않았기 때문에 상소하여 이렇게 간하였다.

(鳳翔法門寺有護國眞身塔, 塔內有釋迦文佛指骨一節, 其書本傳法, 三十年一開, 開則歲豐人泰. 十四年正月, 上令中使杜英奇押宮人三十人, 持香花, 赴臨皐驛迎佛骨. 自光順門入大內, 留禁中三日, 乃送諸寺. 王公士庶, 奔走捨施, 唯恐在後. 百姓有廢業破產、燒頂灼臂而求供養者. 愈素不喜佛, 上疏諫曰:)

> 엎드려 생각건대 불교는 외국 오랑캐의 한 법술일 따름입니다. 후한(後漢) 시대에야 중국에 흘러 들어왔고 상고 시대에는 있은 적이 없었습니다. 옛날에 황제(黃帝)께서는 재위 100년에 향년 110세였고, 소호(少昊)께서는 재위 80년에 향년 100세였으며, 전욱(顓頊)께서는 재위 79년에 향년 98세였고, 제곡(帝嚳)께서는 재위 70년에 향년 105세였으며, 요(堯)임금께서는 재위 98년에 향년 118세였고, 순(舜)임금과 우(禹)임금께서는 향년이 모두 100세였습니다. 그때 천하는 태평했고 백성들은 편안하고 즐겁게 살며 장수를 누렸건만, 중국에 불교란 있지 않았습니다. 그 뒤에 은(殷)나라의 탕왕(湯王)께서도 향년이 100세였으며, 탕왕의 자손인 태무(太戊)께서는 재위 75년이고 무정(武丁)께서는 재위 59년이었는데 역사서에서 그들의 향년이 얼마인지를 언급하지 않았으나 햇수를 미루어보건대 아마도 두 분 모두 100세보다 적지는 않았을 것입니다. 주(周)나라의 문왕(文王)께서는 향년이 97세이고, 무왕(武王)께서는 향년이 93세이며, 목왕(穆王)께서는 재위가

100년이셨습니다. 그때에도 불교가 아직 중국에 들어오지 않았으니, 불교를 신봉했기 때문에 그처럼 장수하게 된 것은 아닙니다.
(伏以佛者, 夷狄之一法耳. 自後漢時始流入中國, 上古未嘗有也. 昔黃帝在位百年, 年百一十歲; 少昊在位八十年, 年百歲; 顓頊在位七十九年, 年九十八歲; 帝嚳在位七十年, 年百五歲; 帝堯在位九十八年, 年百一十八歲; 帝舜及禹年皆百歲. 此時天下太平, 百姓安樂壽考, 然而中國未有佛也. 其後殷湯亦年百歲, 湯孫太戊在位七十五年, 武丁在位五十年, 書史不言其壽, 推其年數, 蓋亦俱不減百歲. 周文王年九十七歲, 武王年九十三歲, 穆王在位百年. 此時佛法亦未至中國, 非因事佛而致此也.)

한(漢)나라 명제(明帝) 때에 비로소 불교가 들어왔는데 명제께서 재위하신 것은 겨우 18년일 뿐이었으며, 그 뒤에는 나라의 동란과 멸망이 지속되어 국운이 길지를 못했습니다. 송(宋)·제(齊)·양(梁)·진(陳)·북위(北魏) 이후에는 점점 더 경건하게 불교를 신봉하였으나, 왕조의 지속 연한은 더욱 짧아졌습니다. 오직 양나라 무제(武帝)만은 재위 기간이 48년이었는데, 전후로 세 차례나 몸을 바쳐 불교도가 되어 종묘의 제사에 희생 재물을 쓰지 않고 하루에 한 끼 식사를 하면서 그마저도 채소와 과일만을 들었으나, 그 뒤에 결국은 후경(侯景)에게 내몰려 대성(臺城)에서 굶어죽고 나라도 얼마 못 가서 멸망하고 말았습니다. 이는 불교를 신봉하여 복을 빌었다가 도리어 화를 당했던 것이오니, 이를 통하여 보건대 불교는 섬길 만한 것이 못 됨을 알 수 있습니다.
(漢明帝時始有佛法, 明帝在位纔十八年耳. 其後亂亡相繼, 運祚不長, 宋、齊、梁、陳、元魏已下, 事佛漸謹, 年代尤促. 唯梁武帝在位四十八年, 前後三度捨身施佛, 宗廟之祭, 不用牲牢, 晝日一食, 止於菜果; 其後竟爲侯景所逼, 餓死臺城, 國亦尋滅, 事佛求福, 乃更得禍. 由此觀之, 佛不足信, 亦可知矣.)

고조(高祖)께서 수(隋)나라로부터 선양을 받아 황제의 자리에 오르신 뒤 바로 승려나 사찰을 없애려는 논의를 하셨습니다. 당시의 뭇 신하들은 재능과 식견이 원대하지 못했던 탓에 고대 성왕의 도리와 고금의 이치를 깊이 깨달아 고조 황제의 성스럽고 영명하신 의도를 밝게 드러내어 불교를 믿는 폐단을 바로잡을 줄을 몰랐기 때문에, 불교를 없애려는 그 일이 결국 중단되어버린 것을 신은 항상 유감스럽게 여기고 있었습니다. 엎드려 생각하건대 예성문무황제(睿聖文武皇帝) 폐하께서는 성스러움과 빼어나신 용모가 수천 수백 년 이래로 비견할 데가 없습니다. 즉위하신 초기에는 곧 사람들에게 도첩을 발급하여 중이나 비구니와 도사나 여관(女冠)이 되도록 하는 것을 허락하지 않으시고 또 불교 사찰과 도교 사원의 건립도 허락하지 않으셨기에, 신은 항상 고조의 뜻이 반드시 폐하의 손에서 실행될 것이라 여겼는데 지금 설령 즉각 실행할 수 없을지언정 어찌 방임하여 불교가 갈수록 더욱 흥성하게끔 할 수 있겠습니까!
(高祖始受隋禪, 則議除之. 當時群臣識見不遠, 不能深究先王之道、古今之宜, 推闡聖明, 以救斯弊, 其事遂止. 臣嘗恨焉! 伏惟皇帝陛下, 神聖英武, 數千百年以來未有倫比. 即位之初, 即不許度人爲僧尼、道士, 又不許別立寺觀. 臣當時以爲高祖之志, 必行於陛下之手. 今縱未能即行, 豈可恣之轉令盛也!)

지금 듣건대 폐하께서는 뭇 승려들에게 봉상부(鳳翔府)에 가서 부처의 사리를 봉안해오게 하고서 궁궐 문루(門樓)에 올라 관람하시고 궁궐 안으로 들고 들어오게 하시며, 또 여러 사찰에 명하시어 번갈아 돌아가며 맞아들여 공양하도록 하셨다고 합니다. 신은 비록 지극히 어리석으나 필시 폐하께서 불교에 미혹되어 이처럼 숭배하는 예식을 거행함으로써 복록이나 길상을 기원하신 것이 아니라, 단지 풍년이 들어 사람들이 즐거워하고 있기에 민심의 바람에 따라 도성에 사는 관리나 백성들에게 특이한 구경거리와 만지작거리며 즐길 놀이거리를 마련해주시려는 것뿐임을 잘 알고 있습니다. 이토록 성스럽고 영명하신 폐하께서 어찌 이러한 일을 신봉하실 리가 있겠습니까! 그러나 백성들은 무지몽매하여 현혹되기 쉽고 깨우치기 어려운 법인지라, 만약 폐하께서 이와 같이 하시는 것을 보면 장차 폐하께서 진심으로 부처를 섬기신다고 여기면서 모두 이렇게 말할 것입니다.

"천자께서는 위대하신 성인이신데도 오히려 한 마음으로 공경하고 믿으시는데, 백성들이 뭐 그리 대단한 존재라고 몸뚱이와 목숨을 더 아껴야 한단 말인가!"

그러고는 정수리에 향을 불사르고 손가락에 기름을 부어 불에 태우며 수백 또는 수십 명씩 떼를 지어 몰려다니고, 옷을 벗어 주고 돈을 희사하기를 아침부터 저녁까지 하며, 서로 돌아가며 본받으면서 오직 뒤질세라 걱정하고, 노소를 불문하고 분주하게 뛰어다니느라 자신들이 해야 할 생업마저 내팽개치고 말 것이옵니다. 만약 당장 이런 일을 금하지 않으시고 부처사리가 여러 사찰을 돌아다니게 하신다면 필시 팔을 자르고 살점을 도려내어 공양을 하는 자도 나오게 될 터인지라, 교화를 해치고 풍속을 손상시켜 사방의 웃음거리가 될 것이니 이는 사소한 일이 아니옵니다.

(今聞陛下令群僧迎佛骨於鳳翔, 御樓以觀, 舁入大內, 令諸寺遞迎供養. 臣雖至愚, 必知陛下不惑於佛, 作此崇奉以祈福祥也. 直以年豐人樂, 徇人之心, 爲京都士庶設詭異之觀、戲玩之具耳. 安有聖明若此而肯信此等事哉? 然百姓愚冥, 易惑難曉, 苟見陛下如此, 將謂眞心信佛. 皆云: "天子大聖, 猶一心敬信, 百姓微賤, 於佛豈合惜身命." 所以灼頂燔指, 百十爲群, 解衣散錢, 自朝至暮, 轉相倣効, 唯恐後時, 老幼奔波, 棄其生業. 若不即加禁遏, 更歷諸寺, 必有斷臂臠身以爲供養者. 傷風敗俗, 傳笑四方, 非細事也.)

부처는 본래 오랑캐 땅의 외국인으로 중국과는 언어가 통하지 않고 의복도 양식을 달리하며, 입으로는 고대 성왕들의 예법에 맞는 도리를 말하지 않았고, 몸에는 고대 성왕들의 예법에 맞는 의복을 입지 않았으며, 임금과 신하의 의리와 부모와 자식 간의 정리도 몰랐습니다. 만약 그가 지금도 살아 있어서 그 나라의 사명을 받들고 우리 도성으로 폐하를 알현하러 온다면, 폐하께서 그를 받아들여 영접하시되 그저 선정전(宣政殿)에서 한 차례 접견하시고 예빈원(禮賓院)에서 한 차례 연회를 베푸신 뒤 옷 한 벌을 하사하시어 국경까지 그를 호위하여 내보내어 백성들을 현혹시키지 못하도록 하시면 그만일 따름일진대, 하물며 그의 몸은 죽은 지 이미 오래되어 말라 썩어버린 뼈가 더러운 찌꺼기로 남았거늘 어찌 궁궐 안으로 들이셔야 되겠나이까? 공자께서 "귀신을 공경하되 멀리하라."라고 하셨습니다. 옛날 제후들은 국내에서 조문의 예를 행할 때라도 오히려 무당이나 축관을 시켜 먼저 복숭아나무 막대기와 갈대이삭 빗자루로 상서롭지 못한 것을 쓸어 내버리게 한 뒤에야 조문을 하였습니다. 지금 까닭도 없이 썩어빠진 더러운 물건을 가지고 와서 폐하께서 친히 임하여 관람하시는데도 무당이나 축관을 앞세우지도 않고 복숭아나무 가지와 갈대이삭 빗자루를 쓰지도 않으며, 뭇 신하들이 그 그릇됨을 말하지 않고 어사도 그 과오를 거론하지 않으니 신은 실로 그것을 부끄럽게 여기나이다. 바라옵건대 이 부처사리를 담당 관리에게 건네주어 물이나 불속에 던져 넣게 하시어 영원히 그 뿌리를 자르시고 천하 사람들의 의혹됨을 없애며 후대 사람들의 현혹됨을 단절시키시어, 천하 사람들에게 위대한 성인께서 하시는 행위가 보통 사람들보다 수만 배 뛰어나다는 것을 알도록 해주십시오. 그렇게 하신다면 어찌 성대하지 않겠습니까! 어찌 통쾌하지 않겠습니까! 부처가 만약 영험이 있어 재앙을 부릴 수 있다면 모든 재앙은 마땅히 신의 몸에 내려야 할 터인즉, 하늘이 굽어 살피니 신은 원망하거나 후회하지 않습니다.

(佛本夷狄之人, 與中國言語不通, 衣服殊製. 口不道先王之法言, 身不服先王之法服, 不知君臣之義、父子之情. 假如其身尙在, 奉其國命, 來朝京師, 陛下容而接之, 不過宣政一見, 禮賓一設, 賜衣一襲, 衛而出之於境, 不令惑於衆也. 況其身死已久, 枯朽之骨, 兇穢之餘, 豈宜以入宮禁! 孔子曰: "敬鬼神而遠之." 古之諸侯, 行弔於國, 尙令巫祝先以桃茢, 祓除不祥, 然後進弔. 今無故取朽穢之物, 親臨觀之, 巫祝不先, 桃茢不用, 群臣不言其非, 御史不擧其失, 臣實耻之. 乞以此骨付之水火, 永絶根本, 斷天下之疑, 絶後代之惑. 使天下之人, 知大聖人之所作爲出於尋常萬萬也, 豈不盛哉! 豈不快哉! 佛如有靈, 能作禍祟, 凡有殃咎, 宜加臣身. 上天鑒臨, 臣不怨悔.)

상소문이 조정에 올라가자 헌종은 격노하였다. 하루가 지난 뒤에 황제는 상소문을 꺼내어 재상에게 보여주면서 장차 극형에 처하려고 하였다. 배도(裴度)와 최군(崔群, 772~832)이 아뢰어 말하였다.

"한유가 위로 황상의 귀에 거슬리는 말을 하였으니 진실로 죄를 물어 마땅합니다만, 마음속에 간절한 충정을 품지 않고 관직에서 쫓겨나고 문책되는 것을 피하려고 하지 않았다면 어떻게 이런 지경에까지 이르렀겠사옵니까? 엎드려 비옵건대 조금이라도 관용을 내리시어 간쟁하는 자가 나오게 하시옵소서."

황제가 말하였다.

"한유가 날더러 부처를 받드는 것이 너무 지나치고 말하였다면 내가 그나마 용서할 수가 있겠소. 동한(東漢)에서 부처를 받든 뒤로 제왕들이 다 요절하였고 재위 기간이 단축되었다고 하였으니 그 말이 얼마나 사리에 어긋나는 것이오? 한유가 신하로서 저토록 망령되게 굴었으니 결코 용서할 수 없다오."

그리하여 사람들이 마음속으로 놀라고 안타까워하였으며, 황실의 친척과 여러 귀족들까지 한유에게 묻는 죄가 너무 무겁다고 여기고는 사안

자체를 가지고 한유를 위해 변호하여 이에 조주자사(潮州刺史: 조주는 지금 廣東省 潮州市)로 좌천되었다.

(疏奏, 憲宗怒甚. 間一日, 出疏以示宰臣, 將加極法. 裴度、崔群奏曰: "韓愈上忤尊聽, 誠宜得罪, 然而非內懷忠懇, 不避黜責, 豈能至此? 伏乞稍賜寬容, 以來諫者." 上曰: "愈言我奉佛太過, 我猶爲容之. 至謂東漢奉佛之後, 帝王咸致夭促, 何言之乖剌也? 愈爲人臣, 敢爾狂妄, 固不可赦." 于是人情驚惋, 乃至國戚諸貴亦以罪愈太重, 因事言之, 乃貶爲潮州刺史.)

한유가 조양(潮陽)에 도착한 뒤 표문을 올려 이렇게 사죄하였다.
(愈至潮陽, 上表曰:)

신은 올해 정월 14일 황은을 입고 조주자사(潮州刺史)로 임명되어 당일 바로 역참의 말을 달려 출발하여 남령(南嶺)을 지나고 바다를 건너 수륙 양로로 만 리의 여정에 올랐습니다. 신이 관할하는 조주는 광주도독부(廣州都督府)의 가장 동쪽 경계 지역에 있는데, 광주부에서 2천 리 떨어져 있다고 하지만 한 차례 오가는 데는 툭하면 한 달 이상이 소요됩니다. 바닷가 항구를 지나고 험한 물길을 따라 내려가다 보면 파도나 급류가 거세고 사나워 여정의 기한을 가늠하기 어렵고, 회오리바람이나 악어로 인한 재앙도 예측할 수 없습니다. 조주 남쪽의 부근 경계 지방에는 바닷물이 용솟음쳐 솟아올라와 하늘에 맞닿을 듯하고, 독한 안개와 악한 기운이 아침저녁으로 발생하고는 합니다. 신은 어려서부터 병이 많아 이제 나이 겨우 쉰에 머리는 세고 치아는 다 빠져 이치로 보면 오래 살 수 없는데다가, 지은 죄가 지극히 무겁고 거처하는 데도 먼 변방의 환경이 극도로 열악한 곳인 탓에, 걱정과 두려움과 부끄러움과 가슴 조임으로 인해 죽을 날이 얼마 남지 않았습니다. 혈혈단신으로 홀로 서 있을 뿐 조정에 끌어줄 가까운 세력도 없이 남쪽 오랑캐의 땅에 살면서 도깨비들과 무리를 이루고 있습니다. 만약 폐하께서 가엾게 여기고 염려해주지 않으신다면 대관절 누가 신을 위해 말이라도 한 마디 거들어주려고 하겠습니까?
(臣今年正月十四日, 蒙恩授潮州刺史, 即日馳驛就路. 經涉嶺海, 水陸萬里. 臣所領州, 在廣府極東, 去廣府雖云二千里, 然來往動皆踰月. 過海口, 下惡水, 濤瀧壯猛, 難計期程, 颶風鱷魚, 患禍不測. 州南近界, 漲海連天, 毒霧瘴氛, 日夕發作. 臣少多病, 年纔五十, 髮白齒落, 理不久長. 加以罪犯至重, 所處又極遠惡, 憂惶慚悸, 死亡無日. 單立一身, 朝無親黨, 居蠻夷之地, 與魑魅同群. 苟非陛下哀而念之, 誰肯爲臣言者?)

신은 천성이 우둔하고 고루하여 세상일에 알지 못하는 것이 많지만, 다만 학문과 문장만은 몹시 애호하여 일찍이 하루라도 잠시도 그만둔 적이 없고 실제로 지금의 명사들로부터 칭송과 인정을 받고 있습니다. 신은 지금 세상에 유행하는 문장에 대해서는 다른 사람보다 뛰어난 것이 없습니다. 폐하의 공덕을 논술하여 ≪시경≫·≪서경≫과 서로 보완이 되게 하고, 노래나 시와 같은 악장을 지어 천지신명께 제사지내는 교외 사당과 조상신을 모신 종묘에 바치며, 태산(泰山)에서의 봉선(封禪) 의식을 기록하여 백옥(白玉)으로 된 판에 새기고, 하늘과 짝할 만한 큰 미덕을 늘어 서술하고 전에 없었던 위대한 업적을 높이 드날린다면, ≪시경≫·≪서경≫과 같은 책에 엮어 넣어도 부끄러울 게 없고 천지 사이에 두어도 빠질 게 없을 것이옵니다. 비록 옛사람이 다시 살아나온다고 하더라도 신은 크게 양보할 생각이 없습니다. 엎드려 생각건대 위대한 우리 당나라가 천명을 받고 천하를 차지하고 있으니 사해 안 온 세상이 우리의 백성이나 속국이 아닌 것이 없으며 동서남북 사방의 영토가 각각 만 리에 달합니다. 천보(天寶) 이후로 정치가 조금 해이해지고 예악과 같은 인문의 교화가 돈독하지 못하며 무력에 의한 정벌도 굳세지 못하게 되었습니다. 역심을 품은 신하와 간사한 노예의 무리들이 겉으로는 순종하는 척하며 속으로는 조정을 배반하고, 아비가 죽으면 아들이 스스로 그 자리를 대신하여 조부에서 손자에까지 세습하면서 마치 고대의 제후들이 자신의 영지를 제멋대로 점유하듯이 공물을 바치지도 조정에 내조하여 배알을 하지 않은 지 6~70년이나 되었습니다. 네 분의 성군께서 차례대로 대를 이어오시다가 폐하에까지 이르렀는데, 몸소 직접 정사를 듣고 결단하시어 제왕의 군대가 깃발을 휘두르며 지나가는 곳마다 안정되고 조정에 귀순하지 않는 자가 없었습니다. 마땅히 악장을 작곡하시어 천지신명에게 고하고, 동쪽으로 태산(泰山)을 순행하여 저 높은 하늘에 공로를 아뢰시며, 현저한 공적을 빠짐없이 자세하게 기록하여 폐하의 뜻대로 되었음을 소상하게 밝혀서 천추만대 영원토록 우리 폐하께서 이루신 공적에 감복하도록 해야 할 것입니다. 지금은 이른바 천재일우(千載一遇)로 만나기 어려운 아름다운 기회인데도, 신은 죄를 짓고 원한을 사서 스스로를 바닷가 섬에 갇히도록 하여 근심스럽고 한탄스러운 가운데 하루하루 죽음으로 다가가고 있으니, 끝내 폐하의 수하 관리들 틈에서든 노예나 측근들 사이에서든 변변치 못한 재주나마 바쳐서 생각과 정력을 남김없이 다 기울임으로써 속죄할 수도 없게 되었습니다. 평생토록 가슴에 고통을 품고 살다 죽어도 눈을 감지 못할 지경이옵니다! 멀리 폐하께서 계시는 북쪽 하늘을 바라보매 혼백이 그리로 날아가옵니다. 엎드려 생각하건대 황제 폐하께서는 천지 부모와 같이 신을 애처로워하고 가련하게 여겨주시옵소서.

(臣受性愚陋, 人事多所不通, 唯酷好學問文章, 未嘗一日暫廢, 實爲時輩推許. 臣於當時之文, 亦未有過人者, 至於論述陛下功德, 與詩、書相表裏, 作爲歌詩, 薦之郊廟, 紀太山之封, 鏤白玉之牒, 鋪張對天之宏休, 揚厲無前之偉跡, 編於詩、書之策而無愧, 措於天地之間而無虧. 雖使古人復生, 臣未肯多讓. 伏以大唐受命有天下, 四海之內, 莫不臣妾, 南北東西, 地各萬里. 自天寶之後, 政治少懈, 文致未優, 武克不綱. 孽臣姦隸, 外順內悖, 父死子代, 以祖以孫, 如古諸侯, 自擅其地, 不朝不貢, 六七十年. 四聖傳序, 以至陛下, 躬親聽斷, 干戈所麾, 無不從順. 宜定樂章, 以告神明, 東巡泰山, 奏功皇天, 使永永萬年, 服我成烈. 當此之際, 所謂千載一時不可逢之嘉會. 而臣負罪嬰纍, 自拘海島, 戚戚嗟嗟, 日與死迫, 曾不得奏薄伎於從官之內、隷御之間, 窮思畢精, 以贖前過. 懷痛窮天, 死不閉目! 瞻望宸極, 魂神飛去. 伏惟陛下, 天地父母, 哀而憐之.)

헌종이 재상에게 말하였다.

"어제 한유가 조주에 도착해서 올린 표문을 받고 그로 인해 그가 간한 부처사리에 관한 일에 대해 생각이 미쳤는데, 나를 몹시 사랑해서 그러했다는 것은 내가 어찌 알지 못했겠소? 그렇지만 한유는 신하로서 군주가 부처를 섬기면 수명이 단축될 것이라고 말해서는 안 될 것이었소. 나는 그 때문에 그가 너무 경솔한 점을 싫어했던 것이라오."

황제는 한유를 다시 기용하고자 하여 그 때문에 먼저 운을 떼어 재상이 어떻게 대답하는지를 살펴볼 요량이었다. 황보박(皇甫鎛, ?~820)이 한유의 심지가 곧고 솔직함을 싫어하던 터이라 그가 다시 기용되는 것을 두려워하여 제일 먼저 대답하였다.

"한유는 필경 너무 제멋대로라서 건잡을 수 없을 것이니 잠정적으로 정상을 참작하여 다른 군(郡)으로 옮겨주는 것이 좋겠사옵니다."

그리하여 원주자사(袁州刺史: 원주는 지금 江西省 宜春市)로 임명되었다.

(憲宗謂宰臣曰: "昨得韓愈到潮州表, 因思其所諫佛骨事, 大是愛我, 我豈不知? 然愈爲人臣, 不當言人主事佛乃年促也. 我以是惡其容易." 上欲復用愈, 故先語及, 觀宰臣之奏對. 而皇甫鎛惡愈狷直, 恐其復用, 率先對曰: "愈終太狂疏, 且可量移一郡." 乃授袁州刺史.)

이에 앞서 한유가 조양(潮陽)에 부임하여 업무를 보면서 관리들과 백성들의 고통을 물으니 다들 이렇게 말하였다.

"군의 서쪽에 있는 깊은 못에 악어가 살고 있는데 알을 낳아 부화하여 길이가 몇 길에 달하는데, 백성들의 가축을 잡아먹어 가축이 장차 다 없어질 판이라 그 때문에 백성들이 궁핍합니다."

며칠 뒤에 한유는 거기로 가보고 판관(判官)인 진제(秦濟)에게 명하여 돼지 한 마리와 양 한 마리를 구워 깊은 못 안으로 던져주게 하고서는 이렇게 축원하였다.

(初, 愈至潮陽, 既視事, 詢吏民疾苦, 皆曰: "郡西湫水有鱷魚, 卵而化, 長數丈, 食民畜產將盡, 以是民貧." 居數日, 愈往視之, 令判官秦濟炮一豚一羊, 投之湫水, 祝之曰:)

> 전대의 덕이 부족한 군주들은 초(楚)나라와 월(越)나라의 땅을 버려두었으니 악어가 이곳에 숨어 들어와 알을 낳고 새끼를 기르는 것은 괜찮았다. 지금 천자께서는 신령스럽고 영명하시며 사해의 밖까지 어루만지며 다스리고 계신다. 하물며 양주(揚州)의 경내는 자사(刺史)와 현령(縣令)이 다스리는 곳으로 조정에 공물과 조세를 바쳐 천지신명과 종묘 및 온갖 신들에게 제사지내는 데 필요한 물자를 공급해주는 땅이거늘, 악어가 어떻게 자사와 함께 이 땅에서 섞여 살 수 있겠는가? 자사는 천자의 명을 받들어 이 땅을 지키며 이곳 백성들을 다스리는데, 악어는 눈이 불쑥 튀어나온 흉측한 녀석으로 계곡 깊은 물속에서 분수를 지키며 살지 않고 이 지역을 점거하여 백성들의 가축이며 곰이나 사슴이며 노루나 멧돼지 따위를 잡아먹어 제 몸집을 살찌우고 새끼를 퍼뜨리며 자사와 맞서 이곳의 호걸 자리를 다투려 하고 있다. 자사가 비록 노둔하고 유약하지만 어찌 악어에게 머리를 숙이고 굴복하겠는가? 지금 조주 지방은 큰 바다가 남쪽에 있어 고래와 붕새 같이 큰 것이나 새우와

게처럼 작은 것이나 받아들이지 않음이 없으니, 악어는 아침에 이곳을 출발하면 저녁이면 그곳에 도달할 수 있을 것이다. 지금 악어와 약조하노니 사흘에서 이레 안에 완고하게 옮겨가지 않고 모름지기 재물에 해를 끼친다면, 자사는 재능 있고 솜씨 좋은 장부를 뽑아 강한 활과 독화살을 가지고 악어와 자웅을 겨룰 것이리라!

(前代德薄之君, 棄楚、越之地, 則鱷魚涵泳於此可也. 今天子神聖, 四海之外, 撫而有之. 況揚州之境, 刺史縣令之所治, 出貢賦以共天地宗廟之祀, 鱷魚豈可與刺史雜處此土哉? 刺史受天子命, 令守此土, 而鱷魚睅然不安谿潭, 食民畜熊鹿獐豕, 以肥其身, 以繁其卵, 與刺史爭爲長. 刺史雖駑弱, 安肯爲鱷魚低首而下哉? 今潮州大海在其南, 鯨鵬之大, 蝦蟹之細, 無不容, 鱷魚朝發而夕至. 今與鱷魚約, 三日乃至七日, 如頑而不徙, 須爲物害, 則刺史選材伎壯夫, 操勁弓毒矢, 與鱷魚從事矣!)

이렇게 저주를 한 날 저녁에 사나운 폭풍과 우레와 번개가 깊은 못 속에서 치더니 며칠 만에 물이 다 말라 이전의 깊은 못에서 서쪽으로 60리나 옮겨가버렸다. 그때부터 조주 사람들에게는 악어의 우환이 없게 되었다.

(呪之夕, 有暴風雷起於湫中. 數日, 湫水盡涸, 徙於舊湫西六十里. 自是潮人無鱷患.)

원주의 풍속에 다른 사람들에게 돈을 빌리고 아들이나 딸을 저당 잡힌 자가 약정한 기한을 넘겨도 빚을 상환하지 못하면, 그들의 호적을 몰수하고 돈을 꾸어준 사람의 집에 노비로 삼고 있었다. 한유가 그곳에 부임한 뒤 방법을 마련하여 노비로 몰수된 아들딸을 속량하고서 부모에게로 돌려보냈다. 그로 인하여 이런 풍속을 없애고 사람을 노비로 삼는 것을 불허하였다.

(袁州之俗, 男女隸於人者, 踰約則沒入出錢之家. 愈至, 設法贖其所沒男女, 歸其父母. 仍削其俗法, 不許隸人.)

원화 15년(820)에 중앙으로 불려 올라가 국자좨주(國子祭酒)에 임명되었다가 병부시랑(兵部侍郎)으로 전임되었다. 그때 마침 진주(鎭州: 지금 河北省 正定市)에서 전홍정(田弘正, 764~821)을 살해함에 조정에서 왕정주(王廷湊, ?~834)를 그곳의 절도사로 세우고 한유로 하여금 진주로 가서 선무하도록 하였다. 한유가 그곳에 도착한 뒤 군인과 백성들을 모아놓고 반역과 귀순의 차이를 가지고 일깨워주었는데, 언어가 간절하고 감정도 진지하여 왕정주가 그 말을 듣고 한유를 경외하고 중시하였다. 이부시랑(吏部侍郎)으로 옮겼다가 경조윤(京兆尹) 겸 어사대부(御史大夫)로 전임되었다. (한유는) 어사대(御史臺)를 방문하는 예를 행하지 않은 일 때문에 어사중승(御史中丞) 이신(李紳, 772~846)의 탄핵을 받았다. 한유는 이에 불복하고 황제의 조칙에 의거하여 어사대 방문의 예를 행하지 않았다고 말하였다. 이신과 한유는 모두 성품이 편협하여 비방하는 글을 주고받으며 분쟁이 그치지 않자, 조정에서 이신을 외직으로 내쳐 절서관찰사(浙西觀察使: 행정 소재지가 지금 江蘇省 鎭江市에 있었음)로 삼았으며 한유도 경조윤을 면직시키고 병부시랑(兵部侍郎)으로 삼았다. 이신이 황제를 알현하고 관찰사로 부임하는 하직 인사를 할 때 눈물을 흘리며 통사정을 하자, 목종(穆宗, 820~824 재위)이 가엽게 여겨 임명의 제서(制書)를 다시 발급하여 이신을 병부시랑으로 삼았고 한유는 다시 이부시랑이 되었다.

(十五年, 徵爲國子祭酒, 轉兵部侍郎. 會鎭州殺田弘正, 立王廷湊, 令愈往鎭州宣諭. 愈旣至, 集軍民, 諭以逆順, 辭情切至, 廷湊畏重之. 改吏部侍郎. 轉京兆尹, 兼御史大夫. 以不臺參, 爲御史中丞李紳所劾. 愈不伏, 言準勅仍不臺參. 紳、愈性皆褊僻, 移刺往來, 紛然不止, 乃出紳爲浙西觀察使, 愈亦罷尹, 爲兵部侍郎. 及紳面辭赴鎭, 泣涕陳敘, 穆宗憐之, 乃追制以紳爲兵部侍郎, 愈復爲吏部侍郎.)

장경(長慶) 4년(824) 12월에 죽으니 향년 57세였는데, 예부상서(禮部尚書)에 추증되고 시호는 문(文)이었다.

(長慶四年十二月卒, 時年五十七, 贈禮部尚書, 謚曰文.)

한유는 성품이 명랑하고 활달하였으며, 사람들과 교유함에 있어 그 사람이 영달하든 영락하든 간에 변하지 않았다. 소싯적에 낙양(지금 河南省 洛陽市) 사람 맹교(孟郊, 751~814)와 동군(東郡) 사람 장적(張籍, 766?~830?)과 사이가 가장 좋았다. 그 두 사람이 명성이나 지위가 높이 올라가지 않았어도 한유는 추위와 더위를 피하지 않고 고관대작들에게 칭찬하고 천거하였는데, 장적은 결국 과거고시에 합격하여 봉록과 관직의 영예를 누렸다. 뒤에 한유는 비록 지위가 높아졌지만 공무를 마치고 물러나 한가할 때면, 언제나 그들과 함께 담소하고 주연을 나누며 문장을 논하고 시를 읊어 종전과 똑 같이하였다. 그리고 권문세가들 보기를 노복과 같이 여겨 눈을 부릅뜨고 아무것도 거들떠보지 않았다. 그렇지만 후진들을 매우 잘 계도하고 격려하여 집에 빈객처럼 유숙시키며 환대한 이가 십중 예닐곱이나 되었는데, 설령 자신이 아침밥을 먹을 수 없는 지경이라도 기쁜 안색을 하고 전혀 개의치 않았다. 대저 명분과 교화를 진흥시키고 인의를 널리 발양시키는 것을 자신의 임무로 삼았다. 고아가 된 내외 친척과 친구의 딸을 시집보내 준 이가 거의 10명에 달하였다.

(愈性弘通, 與人交, 榮悴不易. 少時與洛陽人孟郊、東郡人張籍友善. 二人名位未振, 愈不避寒暑, 稱薦於公卿間, 而籍終成科第, 榮於祿仕. 後雖通貴,每退公之隙, 則相與談讌, 論文賦詩, 如平昔焉. 而觀諸權門豪士, 如僕隸焉, 瞪然不顧. 而頗能誘厲後進, 館之者十六七, 雖晨炊不給, 怡然不介意. 大抵以興起名教弘獎仁義爲事. 凡嫁內外及友朋孤女僅十人.)

한유는 늘 위(魏)나라와 진(晉)나라 이후로 글쓰기에 종사하는 자들이 대부분 변려구(騈儷句)나 대구 맞추기에 구애되어 고대 경전의 취지나 사마천과 양웅의 기운과 풍격이 다시는 떨쳐 일어나지 못하였다고 여겼다. 그 때문에 한유가 지은 글은 당시에 유행하던 문체와 상반되기를 힘써 추구하였으며, 뜻을 토로하고 주장을 세워 스스로 일가의 참신한 견해를 이루었다. 후학들이 이를 취하여 스승이 전수한 학문으로 삼았다. 당시에 글쓰기를 일삼은 사람들이 매우 많았지만 아무도 한유를 능가하지 못하였기 때문에 세상에서 "한문(韓文)"이라고 일컬었다. 그렇지만 그는 때대로 자기 재주를 믿고 제 마음대로 말하여 공자와 맹자의 뜻에 어긋나는 것도 있었다. 이를테면 남방 사람들이 황당하게도 유종원(柳宗元, 773~819)을 나지신(羅池神)으로 여기고 있었는데 한유가 비문을 지어 실제 그런 일이 있었던 것처럼 하였으며, 이하(李賀) 부친의 이름이 진(晉)이므로 진사과에 응시할 수 없었는데도 한유는 이하를 위해 〈피휘에 대한 변론(諱辨)〉을 짓고 진사과에 응시하도록 하였으며, 또 〈모영 전기(毛穎傳)〉를 지었는데 나무라고 희롱하여 인지상정에 맞지 않았다. 이는 문장에서 매우 잘못된 점들이다. 당시에 한유를 두고 역사 편찬의 필법을 갖추었다고 하였으나 ≪순종실록≫을 편찬함에 있어 상세하거나 간략함이 온당하지 못하고, 사실의 서술도 취사선택에 서툴러서 당시 사람들의 비난을 많이 받았다. 목종(穆宗)과 문종(文宗, 827~840 재위)이 일찍이 사신(史臣)에게 조칙을 내려 더 보태거나 고치도록 하였는데, 그때 한유의 사위인 이한(李漢)과 장계(蔣係, 796~872)가 높은 관직에 있었기 때문에 많은 사신들이 이 점을 난감하게 여겼다. 그러나 위처후(韋處厚, 773~828)가 결국에는 별도로 ≪순종실록≫ 3권을 편찬하였다. 한유는 문집 40권을 남겼는데 이한이 거기에 서문을 지었다.

(常以爲自魏、晉已還, 爲文者多拘偶對, 而經誥之指歸, 遷、雄之氣格, 不復振起矣. 故愈所爲文, 務反近體, 抒意立言, 自成一家新語. 後學之士, 取爲師法. 當時作者甚衆, 無以過之, 故世稱"韓文"焉. 然時有恃才肆意, 亦有盩孔、孟之旨. 若南人妄以柳宗元爲羅池神, 而愈譔碑以實之; 李賀父名晉, 不應進士, 而愈爲賀作諱辨, 令擧進士; 又爲毛穎傳, 譏戲不近人情: 此文章之甚紕繆者. 時謂愈有史筆, 及撰順宗實錄, 繁簡不當, 敘事拙於取捨, 頗爲當代所非. 穆宗、文宗嘗詔史臣添改, 時愈壻李漢、蔣係在顯位, 諸公難之. 而韋處厚竟別撰順宗實錄三卷. 有文集四十卷, 李漢爲之序.)

아들 한창(韓昶)도 진사시에 급제하였다
(子昶, 亦登進士第.)

사신(史臣)의 평가는 이러하다.
(史臣曰:)

정원(貞元, 785~805)과 대화(大和, 827~835) 연간에 문장과 학문으로 사대부들 사이에서 이목을 집중시킨 자는 유종원(柳宗元)과 유우석(劉禹錫, 772~842)일 따름이었다. 그들의 글쓰기는 화려하고 해박하며 문사를 조직하고 사실을 늘어놓음에 있어 진실로 일대의 뛰어난 인재였다. 만약 그들로 하여금 제왕의 사업을 읊조리거나 노래하며 제왕의 언어(문서)를 아름답게 수놓도록 하였다면 족히 옛 현인들을 대등하게 대하고 기세는 당시 무리들을 삼킬 수 있었을 것이다. 그러나 걸어온 길을 삼가지 않아서 소인배들과 가까이하여 정처 없이 떠도는 처지를 자초하였기에 마침내 본업까지 망치게 하고 말았다. 따라서 군자가 무리를 이루되 파당을 짓지 않으며, 경계하고 두려워하며 홀로 있을 때도 삼갔던 것은 바로 이런 까닭 때문이었다. 한유와 이고(李翺) 두 문공(文公)은 도가 쇠해진 끝에서 황급하게 인의를 추구하기 위해 노력하여 세상의 모범을 견지하는 데 뜻을 두어 인문을 통한 교화를 이루고자 하였지만 도는 미처 결실을 맺지 못하였다. 그렇지만 양주(楊朱)와 묵적(墨翟)을 억누르고 불교와 도교를 배척함에 있어 비록 도에서는 넓게 이루지 못하였다고 하더라도 정직한 선비의 마음씀씀이였다.

(貞元、大和之間, 以文學聳動搢紳之伍者, 宗元、禹錫而已. 其巧麗淵博, 屬辭比事, 誠一代之宏才. 如俾之詠歌帝載, 黼藻王言, 足以平揖古賢, 氣呑時輩. 而蹈道不謹, 昵比小人, 自致流離, 遂隳素業. 故君子群而不黨, 戒懼愼獨, 正爲此也. 韓、李二文公, 於陵遲之末, 遑遑仁義, 有志於持世範, 欲以人文化成, 而道未果也. 至若抑楊、墨, 排釋、老, 雖於道未弘, 亦端士之用心也.)

찬의 내용은 이러하다.
(贊曰:)

천지의 경륜은 인문보다 나은 것이 없네.
한유와 이고가 붓을 휘두르니 그들이 구사한 언어는 경전과 꼭 부합하였네.
희생용 닭은 꼬리를 자르려 하고 해로운 말은 무리를 망치네.
비뚤어진 길로 들어 스스로를 잡아먹은 건 유우석과 유종원 등 제군들.
(天地經綸, 無出斯文. 愈、翶揮翰, 語切典墳. 犧雞斷尾, 害馬敗群. 僻塗自噬, 劉、柳諸君.)

# ≪신당서·한유전≫*

한유는 자가 퇴지(退之)이고 등주(鄧州) 남양(南陽: 河陽으로 된 판본도 있으며 지금 河南省 孟州市) 사람이다, 7대조 한무(韓茂, ?~456)는 후위(後魏)에 공을 세워 안정왕(安定王)에 봉해졌다. 부친 한중경(韓仲卿, ?~770)은 무창현령(武昌縣令: 무창현은 지금 湖北省 鄂州市)으로 재직하면서 선정을 베풀어 그가 이임할 때 고을 사람들이 비석을 새겨 공덕을 칭송하였으며, 비서랑(祕書郎)을 끝으로 생을 마쳤다.

(韓愈字退之, 鄧州南陽人. 七世祖茂, 有功於後魏, 封安定王. 父仲卿, 爲武昌令, 有美政, 旣去, 縣人刻石頌德, 終祕書郎.)

한유는 3살 때 아버지를 여의고 고아가 되었는데, 영남(嶺南) 지방으로 좌천된 맏형 한회(韓會, 738~780)를 따라가 살았다. 한회가 죽자 형수 정씨(鄭氏)가 그를 양육하였다. 한유는 글을 읽을 줄 알면서부터 매일 수천 수백 자에 달하는 글을 외웠고, 장성하여서는 육경(六經)과 백가(百家)의 학문에 통달하였다. 진사고시에 합격하였다. 그 무렵 동진(董晉, 723~799)이 선무군절도사(宣武軍節度使)가 되어 조정에 아뢰어 한유를 관찰추관(觀察推官)으로 삼았다. 동진이 죽자 한유가 그의 상여를 따라 나선 지 4일이 채 못 되었을 때 변주(汴州, 지금 河南省 開封市)에 군란이 일어나, 한유는 그곳을 떠나 무녕군절도사(武寧軍節度使) 장건봉(張建封, 735~800)에게 의지하였다. 장건봉은 한유를 막부의 절도추관(節度推

---

* 이 글의 원문은 ≪신당서(新唐書)≫(標點校勘二十五史本, 中華書局) 권176, <열전(列傳)> 권101에서 가져온 것이다. 이 글의 번역은 ≪중국어문학역총(中國語文學譯叢)≫ 창간호(1994, 57~75쪽)에 실린 노장시(魯長時) 선생의 역문을 참고하였으며, 전기 속에 포함된 한유의 산문 작품에 대한 번역은 필자의 ≪한유산문역주≫ 1~5(서울: 소명출판, 2012)의 문장을 옮겨오되 약간의 윤문을 가하였다.

官)으로 초빙하였다. 한유는 몸가짐과 행동이 굳세고 올발랐으며, 뼈가 있는 바른 말을 거리낌 없이 하였다. 사문박사(四門博士)로 전임하였다가 감찰어사(監察御史)로 승진하였다. (감찰어사 때) 상소하여 궁시(宮市)에 대해 있는 힘을 다해 따져들자, 덕종(德宗, 779~805 재위)이 노하여 양산현령(陽山縣令: 양산현은 지금 廣東省 清遠市 소속)으로 좌천시켰다. (양산현령 재직 시에) 백성들에게 사랑을 베풀어 백성들 중에 아들을 낳으면 한유의 성으로 자(字)를 짓는 경우가 많았다. 강릉법조참군(江陵法曹參軍: 강릉은 지금 湖北省 荊州市)으로 전임되었다. 원화(元和) 초에 임시 국자박사(國子博士)로 동도(東都) 낙양(지금 河南省 洛陽市)의 분교에서 근무하다가 3년 만에 정식으로 되었다. 도관원외랑(都官員外郎)으로 옮겼다가 곧 하남령(河南令)에 임명되었다. 직방원외랑(職方員外郎)으로 승진하였다.

(愈生三歲而孤, 隨伯兄會貶官嶺表. 會卒, 嫂鄭鞠之. 愈自知讀書, 日記數千百言, 比長, 盡能通六經、百家學. 擢進士第. 會董晉爲宣武節度使, 表署觀察推官. 晉卒, 愈從喪出, 不四日, 汴軍亂, 乃去依武寧節度使張建封, 建封辟府推官. 操行堅正, 鯁言無所忌. 調四門博士, 遷監察御史. 上疏極論宮市, 德宗怒, 貶陽山令. 有愛在民, 民生子多以其姓字之. 改江陵法曹參軍. 元和初, 權知國子博士, 分司東都, 三歲爲眞. 改都官員外郎, 即拜河南令. 遷職方員外郎.)

화음현령(華陰縣令: 화음현은 지금 陝西省 華陰市) 유간(柳澗)이 죄를 짓자 전에 자사(刺史)가 그의 죄상을 탄핵하여 조정에 보고하였는데, 조정의 회답을 받기도 전에 그 자사가 면직되었다. 유간이 백성들을 은근하게 꼬드겨 길을 막고 군대에서 일할 때의 숙식비와 부역 삯을 달라고 요구하도록 하자, 뒤에 자사가 그것을 싫어하여 유간의 사건을 조사한 뒤 유간을 방주사마(房州司馬: 방주는 지금 湖北省 房縣)로 내쳤다. 한유가 화음을 지나다가 이 사안을 후임 자사가 전임 자사를 비호한 것으로 간주하고 조정에 상소하여 다시 처리하도록 했다. 감찰어사가 다시 심문하여 유간이 뇌물을 받은 증거를 찾아내어 그를 재차 봉계현위(封溪縣尉: 봉계현은 지금 越南 河山平省에 있음)로 내쳤다. 한유는 이 일에 연루되어 다시 국자박사로 좌천되었다. 한유는 재주가 뛰어났음에도 불구하고 여러 차례 쫓겨나고 관직도 좌천이 되자, 이에 〈학문의 정진을 권하는 것에 대해 해명하여(進學解)〉라는 글을 지어 이렇게 자신의 심경을 밝혔다.

(華陰令柳澗有罪, 前刺史劾奏之, 未報而刺史罷. 澗諷百姓遮索軍頓役直, 後刺史惡之, 按其獄, 貶澗房州司馬. 愈過華, 以爲刺史陰相黨, 上疏治之. 旣御史覆問, 得澗贓, 再貶封溪尉. 愈坐是復爲博士. 旣才高數黜, 官又下遷, 乃作進學解以自諭曰:)

국자학(國子學)의 선생이 이른 아침에 태학(太學)에 들어가서 모든 학생들을 불러다가 학교 건물 아래에다 세워 놓고 그들을 훈계하여 말한다.

"학업은 부지런한 데서 정밀해지고 장난질하며 노는 데서 황폐해지며, 덕행은 깊이 사고하는 데서 완성되고 자기 멋대로 따라가는 데서 망가진다. 지금은 바야흐로 성군과 현신이 함께 만나서 정치의 법령이 모두 마련되어 있으니, 흉악하고 간사한 무리를 가려 제거하고 유능하고 어진 인재를 등용해 높은 자리에 앉혔다. 작은 장점이라도 갖춘 이라면 모두 관직에 이름을 올리고 하나의 기예에 이름난 이도 임용하지 않음이 없으며, 빗질하듯 모으고 가려 뽑아서 더러운 때는 긁어내어 빛을 발하도록 하니, 대체로 재능과 덕행이 모자라도 요행히 선발되는 일이 있을지언정, 누가 능력이 뛰어난 데도 기용되지 않았다고 말하는고? 모든 학생들은 학업이 정밀하지 못할까 근심할 것이지 담당 관리가 현명하지 못할까 근심하지 말며, 덕행이 성취되지 못할까 근심할 것이지 담당 관리가 공정하지 못할까 근심하지 말라."

(國子先生晨入太學, 召諸生立館下, 誨之曰: "業精于勤, 荒于嬉; 行成于思, 毁于隨. 方今聖賢相逢, 治具畢張, 拔去兇邪, 登崇畯良. 占小善者率以錄, 名一藝者無不庸. 杷羅剔抉, 刮垢磨光. 蓋有幸而獲選, 孰云多而不揚? 諸生業患不能精, 無患有司之不明; 行患不能成, 無患有司之不公.")

말이 미처 끝나기도 전에 그 대열에서 어떤 학생이 웃으며 말한다.
"선생님께서는 저희들을 속이시는군요! 저희 제자들이 선생님을 좇아 배운 지 지금까지 여러 해가 지났습니다. 선생님께서는 입으로는 육경(六經)의 문장을 끊임없이 읊조리고 손으로는 백가(百家)의 책을 쉬지 않고 펼치시어, 사건을 기록한 것은 반드시 그 요점을 이끌어내고 논리를 세우는 것은 반드시 그 심오한 도리를 찾아내시며, 많이 배우기를 탐하고 체득하기를 힘써서 작거나 크거나 간에 버리지 않고, 밤에도 등불의 기름을 태워 낮을 이어서 항상 아등바등 애쓰며 한 해를 보냈으니, 선생님의 학업은 부지런하시다고 할 만합니다. 이단을 배척해서 불교와 도교를 물리치고, 유학의 빈틈을 꿰매어 보완해 그 오묘하고 은밀한 뜻을 확대했으며, 실전된 도리의 까마득함을 찾아 홀로 두루 수집하고 멀리서 계승하여, 모든 강물을 막아서 동쪽으로 흘러가게 하고 이미 거꾸러져 엉망인 물결을 바로잡았으니, 선생님의 유학에 대한 공로가 수고로우시다고 할 만합니다. 고전의 진한 향기에 푹 잠겨서 꽃부리를 머금고 꽃을 씹듯 경전의 깊은 도리를 세심히 맛보며 그것을 문장으로 지으니 그 책이 집안에 가득합니다. 위로는 <우서(虞書)>와 <하서(夏書)>의 광대해 끝이 없는 것, <주서(周書)>의 고유문(告諭文)과 <상서(商書)·반경(盤庚)>의 난삽해 읽기 어려운 것, ≪춘추(春秋)≫의 근엄한 것과 ≪좌씨전(左氏傳)≫의 부허(浮虛)하고 과장적인 것, ≪역경(易經)≫의 기이하면서도 법도에 맞는 것, ≪시경(詩經)≫의 올바르면서도 아름다운 것을 본받고, 아래로는 ≪장자(莊子)≫와 <이소(離騷)>, 태사공(太史公)의 저술, 양자운(揚子雲)과 사마상여(司馬相如)의 기법은 같으나 특징이 다른 데까지 미쳤으니, 선생님의 문장창작은 그 내용을 넓히고 형식을 자유롭게 하셨다고 할 만합니다. 어려서 배움을 알기 시작해서는 과감하게 행동하는데 용감하고, 자라나서는 예법에 정통해 이렇게 하나 저렇게 하나 모두 마땅했으니, 선생님은 사람됨에 있어서 완성된 경지에 이르셨다고 할 만합니다. 그러나 공적으로는 다른 사람들에게 신임을 받지 못하고 사적으로는 친구에게서 도움을 받지 못했으며, 늙은 이리가 턱밑이 축 늘어져 앞으로 가면 턱수염이 밟히고 뒤로 가면 꼬리가 밟히듯이 진퇴양난이라 걸핏하면 허물을 얻었습니다. 잠시 감찰어사(監察御史)가 되었으나 곧 남쪽 변방으로 귀양 가고, 3년 남짓 국자박사(國子博士)로 있으면서 쓸데없이 바빴을 뿐 별다른 치적을 발휘하지 못했습니다. 운명이 원수와 모의했는지 여러 차례 실패를 불러왔으며, 겨울에 따뜻한 데도 아이들은 춥다고 울부짖고, 해는 풍년이 들었는데도 사모님은 배고프다고 훌쩍이며, 머리는 벗겨지고 치아는 빠져서 결국 죽게 되신다면 무슨 소용이 있겠는지요? 이것도 고려할 줄 모르면서 도리어 다른 사람을 가르치려고 하십니까?"

言未旣, 有笑于列者曰: "先生欺予哉! 弟子事先生, 于茲有年矣. 先生口不絶吟於六藝之文, 手不停披於百家之編. 記事者必提其要, 纂言者必鉤其玄. 貪多務得, 細大不捐. 燒膏油以繼晷, 常矻矻以窮年. 先生之業, 可謂勤矣. 觝排異端, 攘斥佛老. 補苴罅漏, 張皇幽眇. 尋墜緖之芒芒, 獨旁搜而遠紹. 停百川而東之, 回狂瀾於旣倒. 先生之於儒, 可謂有勞矣. 沈浸醲郁, 含英咀華. 作爲文章, 其書滿家. 上規姚姒, 渾渾亡涯. 周誥商盤, 佶屈聱牙. 春秋謹嚴, 左氏浮夸. 易奇而法, 詩正而葩. 下逮莊騷, 太史所錄, 子雲相如, 同工異曲. 先生之於文, 可謂閎其中而肆其外矣. 少始知學, 勇於敢爲. 長通於方, 左右其宜. 先生之於爲人, 可謂成矣. 然而公不見信於人, 私不見助於友. 跋前躓後, 動輒得咎. 暫爲御史, 遂竄南夷. 三年博士, 冗不見治. 命與仇謀, 其敗幾時. 冬煖而兒號寒, 年豐而妻啼飢. 頭童齒豁, 竟死何裨? 不知慮此, 而反教人爲!")

선생님께서 말씀하신다.

"아! 자네 앞으로 나오게! 대체로 큰 나무는 대들보가 되고 가는 나무는 서까래가 되는데, 기둥 위의 네모진 나무와 대들보 위의 짧은 기둥, 문지도리, 문지방, 빗장, 문설주가 제각기 적합하게 만들어지면 그것을 써서 집을 만드는 것은 목수의 일이다. 옥가루와 주사(朱砂), 수자해좃과 청지(靑芝), 소 오줌과 말불버섯, 못쓰게 된 북의 가죽을 거두어 갈무리해 앞으로 쓰일 것에 대비해서 버리지 않는 것은 의사의 뛰어남이다. 인재의 선발과 등용이 분명하고 공정하며, 총명한 이와 우둔한 이를 두루 적소에 임용하며, 기품이 있는 이를 아름답게 하고 재주가 출중한 이를 뛰어나게 하며, 인물의 우열을 비교하여 오직 그릇으로 쓰임에 적합하게 하는 것은 재상의 방책이다. 옛날에 맹자는 변론을 좋아해 공자의 학설이 그로 인해 천명되었으나 천하를 철환하다가 끝내 길에서 늙어 죽었고, 순경(荀卿: 荀子)은 왕도를 으뜸으로 하여 장대한 이론이 그로 인해 넓게 펼쳐졌으나 참소를 피해 초(楚)나라로 도망갔다가 난릉(蘭陵)에서 파직되어 죽었다. 이 두 유학자는 말을 내뱉으면 곧 경전이 되고, 일거일동이 모두 후인의 법칙이 되어 기타 범상한 무리들을 뛰어 넘어 월등하게 성인의 경지에 들어갔으나, 세상에서의 그들의 처지는 또 어떠했는가? 지금 나는 학문에 비록 힘쓸지라도 유학의 도통을 따르지 못했고, 논변한 것이 비록 많았기는 하지만 정곡을 찌르지 못했으며, 문장이 비록 특출하다 하지만 세상에 쓰이지 못하고, 덕행이 비록 닦여졌지만 뭇 사람에게 드러나지 못하면서 오히려 달마다 봉록을 축내고 해마다 국고의 양식을 소모하고 있다. 자식은 농사지을 줄 모르고 아내는 베를 짤 줄 모르며, 나는 말을 타고 종들을 따르게 하여 편안히 앉아 먹으면서 삼가 조심스럽게 일상의 도리를 따르며 서적을 몰래 펼쳐 그 내용을 베끼기나 하고 있다. 그러나 성명하신 군주께서 벌주지 않고 재상으로부터 배척당하지 않았으니 이것은 아마도 행운이 아니겠는가? 걸핏하면 비방을 받아서 명성 또한 그에 따라 손상을 입었으니, 할 일 없는 한직에 방치되는 것도 분수에 마땅한 것이도다. 만약 봉록의 유무를 계산하고 관등의 고하를 따져서 자기의 재능에 어울리는 일을 망각하고 이전 사람의 결점을 지적한다면, 이것은 이른바 목수보고 짧은 말뚝으로 큰 기둥을 삼지 않는다고 힐난하는 것이며, 의사보고 창포로 생명을 연장시키는 것을 비난하며 자기의 희령(豨苓)을 헌상하고자 하는 것이리다."

(先生曰: "吁! 子來前. 夫大木爲宗, 細木爲桷, 欂櫨侏儒, 椳闑居楔, 各得其宜, 施以成室者, 匠氏之工也. 玉札丹砂, 赤箭青芝, 牛溲馬勃, 敗鼓之皮, 俱收並蓄, 待用無遺者, 醫師之良也. 登明選公, 雜進巧拙, 紆餘爲妍, 卓犖爲傑, 校短量長, 唯器是適者, 宰相之方也. 昔者孟軻好辯, 孔道以明; 轍環天下, 卒老于行. 荀卿守正, 大倫以興; 逃讒于楚, 廢死蘭陵. 是二儒者, 吐詞爲經, 擧足爲法, 絶類離倫, 優入聖域, 其遇於世何如也? 今先生學雖勤而不繇其統, 言雖多而不要其中; 文雖奇而不濟於用, 行雖脩而不顯於衆. 猶且月費俸錢, 歲靡廩粟, 子不知耕, 婦不知織; 乘馬從徒, 安坐而食; 踵常途之促促, 窺陳編以盜竊. 然而聖主不加誅, 宰臣不見斥. 茲非其幸歟? 動而得謗, 名亦隨之. 投閑置散, 乃分之宜. 若夫商財賄之有無, 計班資之崇庳, 忘量己之所稱, 指前人之瑕疵, 是所謂詰匠氏之不以杙爲楹, 而訾醫師以昌陽引年, 欲進其豨苓也.")

국가 대사를 관장하는 대신들이 이 글을 보고 그의 재주를 기발하게 여겨 비부낭중(比部郎中)·사관수찬(史館脩撰)으로 옮겼다. 고공낭중(考功郎中)·지제고(知制誥)로 전임하였다가 중서사인(中書舍人)으로 승진하였다.

(執政覽之, 奇其才, 改比部郎中、史館脩撰. 轉考功、知制誥, 進中書舍人.)

이보다 앞서 헌종(憲宗)이 채주(蔡州: 지금 湖北省 棗陽市)를 평정하고자 하여 어사중승(御史中丞) 배도(裴度, 765~839)에게 명하여 그 지역의 여러 군대를 시찰하도록 하였다. 배도가 시찰을 마치고 돌아와 적을 없앨 수 있다고 보고하였지만, 재상과 논의하자 의견이 일치하지 않았다. 한유도 상소하여 이렇게 말하였다.

(初, 憲宗將平蔡, 命御史中丞裴度使諸軍按視. 及還, 且言賊可滅, 與宰相議不合. 愈亦奏言:)

> 회서(淮西) 지방은 여러 해 계속해서 무기와 장비를 수선하고 성을 방비하느라 금전과 비단, 양곡과 가축 등을 포상하는 데 다 소모해버려, 병기를 손에 든 병졸들이 사방으로 침입하여 약탈함에 농부와 길쌈하는 아낙네들이 후방에서 보급을 해도 그 비용을 보상받지 못하고 있습니다. 근래에 듣자하니 기르는 말들이 모두 마구간에 들어있다고 하는데, 이는 비유하자면 열 사람의 힘을 가진 장부가 아침부터 저녁까지 뛰어다니고 소리지르다보면 그 형세가 오래 지탱하지 못하고 필시 스스로 기진맥진 쓰러져버리는 것과 같사옵니다. 이미 쇠하고 나면 삼척동자라도 그 사람의 목숨을 제압할 수 있습니다. 하물며 쇠잔하여 극도로 곤궁에 처한 3개 주(州)가 천하의 온전한 힘과 부닥친다면 저들의 패망은 선 채로 기다릴 수 있사옵니다. 그렇지만 미처 알지 못하는 것은 폐하께서 결단을 내리시느냐 않느냐에 있을 따름입니다. 대체로 병사가 많지 않으면 승리를 거둘 수 없고 필승의 군대는 속전에 있는 것은 아닙니다만, 병사가 많은데도 속전을 하지 않으면 틀림없이 많은 비용이 들어갈 것이옵니다. 양 지역의 경계에는 날마다 공격하여 약탈하고 있으며 적과 가까운 주와 현은 각종 부역이 있어, 조금이라도 수재와 가뭄을 만나면 백성들은 걱정하고 괴로워합니다. 바야흐로 이때 사람들마다 의견을 달리하여 폐하를 혹하게 하고 있사오니, 폐하께서 확고한 입장을 견지하시지 않

고 중도에서 그만두시어 위엄을 손상시키고 비용만 허비하신다면 그 폐단은 필시 심할 것이옵니다. 요긴한 것은 먼저 마음속으로 결단하고 일의 본말을 자세히 헤아려, 일이 닥쳐도 혹하지 아니하시어야 비로소 이 일을 도모할 수 있을 것이옵니다.

(淮西連年脩器械防守, 金帛糧畜耗於給賞, 執兵之卒四向侵掠, 農夫織婦餉於其後, 得不償費. 比聞畜馬皆上槽櫪, 此譬有十夫之力, 自朝抵夕, 跳躍叫呼, 勢不支久, 必自委頓. 當其已衰, 三尺童子可制其命. 況以三州殘弊困劇之餘而當天下全力, 其敗可立而待也. 然未可知者, 在陛下斷與不斷耳. 夫兵不多不足以取勝, 必勝之師不在速戰, 兵多而戰不速則所費必廣. 疆埸之上, 日相攻劫, 近賊州縣, 賦役百端, 小遇水旱, 百姓愁苦. 方此時, 人人異議以惑陛下, 陛下持之不堅, 半塗而罷, 傷威損費, 爲弊必深. 所要先決於心, 詳度本末, 事至不惑, 乃可圖功.)

또 이렇게 진언하였다.

"여러 도(道)에서 올라온 병사들은 고향을 떠난 나그네들이라 외롭고 약하여 쓸 수가 없는 반면에, 적들과 인접하고 있는 주와 현의 백성들은 전투에 익숙하고 적의 속사정을 잘 알고 있으므로 만약 그들을 모집하여 군대에 받아들인다면 3개월을 채 가르치지 않아도 모두 쓸 수가 있사옵니다."

그리고 또 "4개 도에 군대를 배치하되 각 도마다 3만 명을 거느리고 힘을 기르면서 기회를 엿보다가 어느 날 일시에 모든 군대를 함께 풀어 진공한다면, 채주의 적군들이 전후방 간에 서로 구원해줄 수 없게 되어 일을 이룰 수 있게 되기를 바랐다."

국가 대사를 관장하는 대신들이 기뻐하지 않았다. 때마침 어떤 사람이 한유가 강릉(江陵)에 있을 때 배균(裴均, 750~811)의 후한 대접을 받고 그의 아들 배악(裴鍔)이 평소 행실이 좋지 않았는데도 글을 지어주면서 그의 자(字)를 불렀다며 비방한 일이 있었는데, 그 비방의 말이 조정을 시끌벅적 떠들썩하게 하여 그로 말미암아 태자우서자(太子右庶子)로 전임하였다. 배도가 재상으로서 창의군절도사(彰義軍節度使)가 되어 회서(淮西: 지금 安徽省 壽縣) 지방을 선무하러 나갈 때, 한유를 행군사마(行軍司馬)로 삼아주도록 황제께 아뢰었다. 한유가 말을 타고 급히 먼저 변주(汴州; 지금 河南省 開封市)로 들어가 한홍(韓弘, 765~823)을 설득하여 협력하도록 하였다. 오원제(吳元濟, 783~817)의 난이 평정되고, 한유는 형부시랑(刑部侍郎)으로 승진하였다.

(又言: "諸道兵羇旅單弱不足用, 而界賊州縣, 百姓習戰鬭, 知賊深淺, 若募以內軍, 教不三月, 一切可用." 又欲"四道置兵, 道率三萬, 畜力伺利, 一日俱縱, 則蔡首尾不救, 可以責功." 執政不喜. 會有人詆愈在江陵時爲裴均所厚, 均子鍔素無狀, 愈爲文章, 字命鍔, 謗語囂暴, 由是改太子右庶子. 及度以宰相節度彰義軍, 宣慰淮西, 奏愈行軍司馬. 愈請乘遽先入汴, 說韓弘使協力. 元濟平, 遷刑部侍郎.)

헌종(憲宗, 805~820 재위)이 사신을 보내 봉상부(鳳翔府: 지금 陝西省 鳳翔縣)로 가서 부처사리를 맞이하여 궁중으로 가지고 들여놓았다가 사흘 뒤에 불교 사찰로 내보내었다. 왕공(王公)이며 사인(士人)들이 분주하게 부처에게 엎드려 절하고 부처의 공덕을 칭송하면서, 오랑캐의 법을 위해 피부를 지지고 진귀한 패물을 바치느라 그 발자국이 끊임없이 길을 잇는 지경에 이르렀다. 한유가 이를 싫어하여 표문을 올려 이렇게 말하였다.

(憲宗遣使者往鳳翔迎佛骨入禁中, 三日, 乃送佛祠. 王公士人奔走膜唄, 至爲夷法灼體膚, 委珍貝, 騰沓係路. 愈聞惡之, 乃上表曰:)

불교는 외국 오랑캐의 한 법술일 따름입니다. 후한(後漢) 시대에야 중국에 흘러 들어왔고 상고 시대에는 있은 적이 없었습니다. 옛날에 황제(黃帝)께서는 재위 100년에 향년 110세였고, 소호(少昊)께서는 재위 80년에 향년 100세였으며, 전욱(顓頊)께서는 재위 79년에 향년 98세였고, 제곡(帝嚳)께서는 재위 70년에 향년 105세였으며, 요(堯)임금께서는 재위 98년에 향년 118세였고, 순(舜)임금과 우(禹)임금께서는 향년이 모두 100세였습니다. 그때에 천하는 태평했고 백성들은 편안하고 즐겁게 살며 장수를 누렸건만, 중국에 불교란 있지 않았습니다. 그 뒤에 은(殷)나라의 탕왕(湯王)께서도 향년이 100세였으며, 탕왕의 자손인 태무(太戊)께서는 재위 75년이고 무정(武丁)께서는 재위 59년이었는데 역사서에서 그들의 향년이 얼마인지를 언급하지 않았으나 햇수를 미루어보건대 아마도 두 분 모두 100세보다 적지는 않았을 것입니다. 주(周)나라의 문왕(文王)께서는 향년이 97세이고, 무왕(武王)께서는 향년이 93세이며, 목왕(穆王)께서는 재위가 100년이셨습니다. 그때에도 불교가 아직 중국에 들어오지 않았으니, 불교를 신봉했기 때문에 그처럼 장수하게 된 것은 아닙니다. 한(漢)나라 명제(明帝) 때에 비로소 불교가 들어왔는데 명제께서 재위하신 것은 겨우 18년일 뿐이었으며, 그 뒤에는 나라의 동란과 멸망이 지속되어 국운이 길지를 못했습니다. 송(宋)·제(齊)·양(梁)·진(陳)·북위(北魏) 이후에는 점점 더 경건하게 불교를 신봉하였으나, 왕조의 지속 연한은 더욱 짧아졌습니다. 오직 양나라 무제(武帝)만은 재위 기간이 48년이었는데, 전후로 세 차례나 몸을 바쳐 불교도가 되어 종묘의 제사에 희생 재물을 쓰지 않고 하루에 한 끼 식사를 하면서 그마저도 채소와 과일만을 들었으나, 그 뒤에 결국은 후경(侯景)에게 내몰려 대성(臺城)에서 굶어죽고 나라도 얼마 못 가서 멸망하고 말았습니다. 이는 불교를 신봉하여 복을 빌었다가 도리어 화를 당했던 것이오니, 이를 통하여 보건대 불교는 섬길 만한 것이 못 됨을 알 수 있습니다.

(佛者, 夷狄之一法耳. 自後漢時始入中國, 上古未嘗有也. 昔黃帝在位百年, 年百一十歲; 少昊在位八十年, 年百歲; 顓頊在位七十九年, 年九十歲; 帝嚳在位七十年, 年百五歲; 堯在位九十八年, 年百一十八歲; 帝舜在位及禹年皆百歲. 此時天下太平, 百姓安樂壽考, 然而中國未有佛也. 其後, 湯亦年百歲, 湯孫太戊在位七十五年, 武丁在位五十年, 書史不言其壽, 推其年數, 蓋不減百歲. 周文王年九十七歲, 武王年九十三歲, 穆王在位百年. 此時佛法亦未至中國, 非因事佛而致然也. 漢明帝時始有佛法, 明帝在位纔十八年. 其後亂亡相繼, 運祚不長. 宋、齊、梁、陳、元魏以下, 事佛漸謹, 年代尤促. 唯梁武帝在位四十八年, 前後三捨身施佛, 宗廟祭不用牲牢, 晝日一食, 止於菜果, 後爲侯景所逼, 餓死臺城, 國亦尋滅. 事佛求福, 乃更得禍. 由此觀之, 佛不足信, 亦可知矣.)

고조(高祖)께서 수(隋)나라로부터 선양을 받아 황제의 자리에 오르신 뒤 바로 승려나 사찰을 없애려는 논의를 하셨습니다. 당시의 뭇 신하들은 재능과 식견이 원대하지 못했던 탓에 고대 성왕의 도리와 고금의 이치를 깊이 깨달아 고조 황제의 성스럽고 영명하신 의도를 밝게 드러내어 불교를 믿는 폐단을 바로잡을 줄을 몰랐기 때문에, 불교를 없애려는 그 일이 결국 중단되어 버린 것을 신은 항상 유감스럽게 여기고 있었습니다. 엎드려 생각하건대 예성문무황제(睿聖文武皇帝) 폐하께서는 성스러움과 빼어나신 용모가 수천 수백 년 이래로 비견할 데가 없습니다. 즉위하신 초기에는 곧 사람들에게 도첩을 발급하여 중이나 비구니와 도사나 여관(女冠)이 되도록 하는 것을 허락하지 않으시고 또 불교 사찰과 도교 사원의 건립도 허락하지 않으셨기에, 신은 항상 고조의 뜻이 반드시 폐하의 손에서 실행될 것이라 여겼는데 지금 설령 즉각 실행할 수 없을지언정 어찌 방임하여 불교가 갈수록 더욱 흥성하게끔 할 수 있겠습니까? 지금 듣건대 폐하께서는 뭇 승려들에게 봉상부(鳳翔府)에 가서 부처의 사리를 봉안해오게 하고서 궁궐 문루(門樓)에 올라 관람하시고 궁궐 안으로 들고 들어오게 하시며, 또 여러 사찰에 명하시어 번갈아 돌아가며 맞아들여 공양하도록 하셨다고 합니다. 신은 비록 지극히 어리석으나 필시 폐하께서 불교에 미혹되어 이처럼 숭배하는 예식을 거행함으로써 복록이나 길상을 기원하신 것이 아니라, 단지 풍년이 들어 사람들이 즐거워하고 있기에 민심의 바람에 따라 도성에 사는 관리나 백성들에게 특이한 구경거리와 만지작거리며 즐길 놀이거리를 마련해주시려는 것뿐임을 잘 알고 있습니다. 이토록 성스럽고 영명하신 폐하께서 어찌 이러한 일을 신봉하실 리가 있겠습니까! 그러나 백성들은 무지몽매하여 현혹되기 쉽고 깨우치기 어려운 법인지라, 만약 폐하께서 이와 같이 하시는 것을 보면 장차 폐하께서 진심으로 부처를 섬기신다고 여기면서 모두 이렇게 말할 것입니다.

“천자께서는 위대하신 성인이신데도 오히려 한 마음으로 공경하고 믿으시는데, 백성들이 뭐 그리 대단한 존재라고 몸뚱이와 목숨을 더 아껴야 한단 말인가!”

그러고는 정수리에 향을 불사르고 손가락에 기름을 부어 불에 태우며 수백 또는 수십 명씩 떼를 지어 몰려다니고, 옷을 벗어 주고 돈을 희사하기를 아침부터 저녁까지 하며, 서로 돌아가며 본받으면서 오직 뒤질세라 걱정하고, 노소를 불문하고 분주하게 뛰어다니느라 자신들이 해야 할 생업마저 내팽개치고 말 것이옵니다. 만약 당장 이런 일을 금하지 않으시고 부처사리가 여러 사찰을 돌아다니게 하신다면 필시 팔을 자르고 살점을 도려내어 공양을 하는 자도 나오게 될 터인지라, 교화를 해치고 풍속을 손상시켜 사방의 웃음거리가 될 것이니 이는 사소한 일이 아니옵니다.

(高祖始受隋禪, 則議除之. 當時羣臣識見不遠, 不能深究先王之道、古今之宜, 推闡聖明, 以救斯弊, 其事遂止. 臣常恨焉! 伏惟睿聖文武皇帝陛下, 神聖英武, 數千百年以來, 未有倫比. 即位之初, 即不許度人爲僧尼、道士, 又不許別立寺觀. 臣當時以爲高祖之志, 必行於陛下. 今縱未能即行, 豈可恣之令盛也? 今陛下令羣僧迎佛骨於鳳翔, 御樓以觀, 舁入大內, 又令諸寺遞加供養. 臣雖至愚, 必知陛下不惑於佛, 作此崇奉以祈福祥也. 直以豐年之樂, 徇人之心, 爲京都士庶設詭異之觀、戲玩之具耳. 安有聖明若此, 而肯信此等事哉? 然百姓愚冥, 易惑難曉, 苟見陛下如此, 將謂眞心信佛, 皆云: "天子大聖, 猶一心信向, 百姓微賤, 於佛豈合更惜身命?" 以至灼頂燔指, 十百爲羣, 解衣散錢, 自朝至暮, 轉相放效, 唯恐後時, 老幼奔波, 棄其生業. 若不即加禁遏, 更歷諸寺, 必有斷臂臠身以爲供養者. 傷風敗俗, 傳笑四方, 非細事也.)

부처는 본래 오랑캐 땅의 외국인으로 중국과는 언어가 통하지 않고 의복도 양식을 달리하며, 입으로는 고대 성왕들의 예법에 맞는 도리를 말하지 않았고, 몸에는 고대 성왕들의 예법에 맞는 의복을 입지 않았으며, 임금과 신하의 의리와 부모와 자식 간의 정리도 몰랐습니다. 만약 그가 지금도 살아 있어서 그 나라의 사명을 받들고 우리 도성으로 폐하를 알현하러 온다면, 폐하께서 그를 받아들여 영접하시되 그저 선정전(宣政殿)에서 한 차례 접견하시고 예빈원(禮賓院)에서 한 차례 연회를 베푸신 뒤 옷 한 벌을 하사하시어 국경까지 그를 호위하여 내보내어 백성들을 현혹시키지 못하도록 하시면 그만일 따름일진대, 하물며 그의 몸은 죽은 지 이미 오래되어 말라 썩어버린 뼈가 더러운 찌꺼기로 남았거늘 어찌 궁궐 안으로 들이셔야 되겠나이까? 공자께서 "귀신을 공경하되 멀리하라."라고 하셨습니다. 옛날 제후들은 국내에서 조문의 예를 행할 때라도 오히려 무당이나 축관을 시켜 먼저 복숭아나무 막대기와 갈대이삭 빗자루로 상서롭지 못한 것을 쓸어 내버리게 한 뒤에야 조문을 했습니다. 지금 까닭도 없이 썩어빠진 더러운 물건을 가지고 와서 폐하께서 친히 임하여 관람하시는데도 무당이나 축관을 앞세우지도 않고 복숭아나무 가지와 갈대이삭 빗자루를 쓰지도 않으며, 뭇 신하들이 그 그릇됨을 말하지 않고 어사도 그 과오를 거론하지 않으니 신은 실로 그것을 부끄럽게 여기나이다. 바라옵건대 이 부처사리를 담담 관리에게 건네주어 물이나 불속에 던져 넣게 하시어 영원히 그 뿌리를 자르시고 천하 사람들의 의혹됨을 없애며 후대 사람들의 현혹됨을 단절시키시어, 천하 사람들에게 위대한 성인께서 하시는 행위가 보통 사람들보다 수만 배 뛰어나다는 것을 알도록 해주십시오. 그렇게 하신다면 어찌 성대하지 않겠습니까! 어찌 통쾌하지 않겠습니까! 부처가 만약 영험이 있어 재앙을 부릴 수 있다면 모든 재앙은 마땅히 신의 몸에 내려야 할 터인즉, 하늘이 굽어 살피니 신은 원망하거나 후회하지 않습니다.

(佛本夷狄之人, 與中國言語不通, 衣服殊製, 口不道先王之法言, 身不服先王之法服, 不知君臣之義、父子之情. 假如其身尚在, 奉其國命來朝京師, 陛下容而接之, 不過宣政一見, 禮賓一設, 賜衣一襲, 衛而出之於境, 不令貳於衆也. 況其身死已久, 枯朽之骨, 凶穢之餘, 豈宜以入宮禁? 孔子曰: "敬鬼神而遠之." 古之諸侯弔於其國, 必令巫祝先以桃茢祓除不祥, 然後進弔. 今無故取朽穢之物, 親臨觀之, 巫祝不先, 桃茢不用, 羣臣不言其非, 御史不舉其失, 臣實恥之. 乞以此骨付之水火, 永絶根本, 斷天下之疑, 絶前代之惑, 使天下之人知大聖人之所作爲出於尋常萬萬也. 佛如有靈, 能作禍祟, 凡有殃咎, 宜加臣身. 上天鑒臨, 臣不怨悔.)

표문이 조정에 올라가자 황제는 크게 노하여 재상에게 보여주며 사형에 처하려고 하였다. 배도와 최군(崔羣: 崔群, 772~832)이 이렇게 말하였다.

"한유가 한 말은 폐하의 의중에 심히 저촉되는 바 죄를 묻는 것이 마땅하옵니다. 그렇지만 마음속에 지극한 충정을 품지 않고 있다면 어떻게 이런 지경까지 이르렀겠사옵니까? 원하옵건대 조금이라도 관용을 베푸시어 간쟁하는 자가 나오게 하시옵소서."

황제가 말하였다.

"한유가 날더러 부처를 받드는 것이 너무 지나치고 말하였다면 그나마 용서할 수가 있겠지만, 동한(東漢)에서 부처를 받든 뒤로 천자들이 다 요절하였고 재위 기간이 단축되었다고 하였으니 그 말이 얼마나 거슬리지 아니하오? 한유가 신하로서 저토록 망령되게 굴었으니 결코 용서할 수 없다오."

그리하여 조정 안팎이 놀라고 두려워하자, 황제의 친척과 여러 귀족들까지 한유를 위해 변호하여 이에 조주자사(潮州刺史)로 좌천되었다.

(表入, 帝大怒, 持示宰相, 將抵以死. 裴度、崔羣曰: "愈言訐牾, 罪之誠宜. 然非內懷至忠, 安能及此? 願少寬假, 以來諫爭." 帝曰: "愈言我奉佛太過, 猶可容; 至謂東漢奉佛以後, 天子咸夭促, 言何乖剌邪? 愈, 人臣, 狂妄敢爾, 固不可赦." 於是中外駭懼, 雖戚里諸貴, 亦爲愈言, 乃貶潮州刺史.)

조주에 도착한 뒤 표문을 올려 애절한 심정으로 사죄하며 이렇게 말하였다.

(旣至潮, 以表哀謝曰:)

> 신은 경망스럽고 우직한 탓에 예의법도를 차리지 않고 표문을 올려 부처사리에 관한 일을 진술했는데, 말이 참으로 불경스럽기 짝이 없었으니 죄명을 바로 따져 죄를 물었다면 만 번 죽어도 오히려 가벼웠을 것입니다. 폐하께서는 신의 어리석은 충정을 가엾게 여기시고 신의 경솔하고 고지식함을 용서해주시며, 신이 한 말은 비록 죄를 물을 수 있겠지만 마음속에는 다른 저의가 없었다고 하시면서 특별히 형법 규정을 너그럽게 굽혀서 신을 조주자사(潮州刺史)로 삼으셨습니다. 법에 따른 처형을 사면해주셨을 뿐 아니라 봉록까지 받게 해주시어 성은이 망극함은 천지로도 헤아릴 길이 없사오니, 머리

를 깨고 심장을 도려낸다고 한들 어찌 감사를 다할 수 있겠습니까!

(臣以狂妄戇愚, 不識禮度, 陳佛骨事, 言涉不恭, 正名定罪, 萬死莫塞. 陛下哀臣愚忠, 恕臣狂直, 謂言雖可罪, 心亦無它, 特屈刑章, 以臣爲潮州刺史, 既免刑誅, 又獲祿食, 聖恩寬大, 天地莫量, 破腦刳心, 豈足爲謝!)

신이 관할하는 조주는 광주도독부(廣州都督府)의 가장 동쪽 경계 지역에 있는데, 광주부에서 겨우 2천 리 떨어져 있다고 하지만 한 차례 오가는 데는 툭하면 한 달 이상이 소요됩니다. 바닷가 항구를 지나고 험한 물길을 따라 내려가다 보면 파도나 급류가 거세고 사나워 여정의 기한을 가늠하기 어렵고, 회오리바람이나 악어로 인한 재앙도 예측할 수 없으며, 조주 남쪽의 부근 경계 지방에는 바닷물이 용솟음쳐 솟아올라와 하늘에 맞닿을 듯하고, 독한 안개와 악한 기운이 아침저녁으로 발생하고는 합니다. 신은 어려서부터 병이 많아 이제 나이 겨우 쉰에 머리는 세고 치아는 다 빠져 이치로 보면 오래 살 수 없는데다가, 지은 죄가 지극히 무겁고 거처하는 데도 먼 변방의 환경이 극도로 열악한 곳인 탓에, 걱정과 두려움과 부끄러움과 가슴 조임으로 인해 죽을 날이 얼마 남지 않았습니다. 혈혈단신으로 홀로 서 있을 뿐 조정에 끌어줄 가까운 세력도 없이 남쪽 오랑캐의 땅에 살면서 도깨비들과 무리를 이루고 있으니, 만약 폐하께서 가엾게 여기고 염려해주지 않으신다면 대관절 누가 신을 위해 말이라도 한 마디 거들어주려고 하겠습니까?

(臣所領州, 在廣府極東, 過海口, 下惡水, 濤瀧壯猛, 難計期程, 颶風鱷魚, 患禍不測. 州南近界, 漲海連天, 毒霧瘴氛, 日夕發作. 臣少多病, 年纔五十, 髮白齒落, 理不久長. 加以罪犯至重, 所處遠惡, 憂惶慙悸, 死亡無日. 單立一身, 朝無親黨, 居蠻夷之地, 與魑魅同羣, 苟非陛下哀而念之, 誰肯爲臣言者?)

신은 천성이 우둔하고 고루하여 세상일에 알지 못하는 것이 많지만, 다만 학문과 문장만은 몹시 애호하여 일찍이 하루라도 잠시도 그만둔 적이 없고 실제로 지금의 명사들로부터 칭송과 인정을 받고 있습니다. 신은 지금 세상에 유행하는 문장에 대해서는 다른 사람보다 뛰어난 것이 없습니다. 폐하의 공덕을 논술하여 ≪시경≫·≪서경≫과 서로 보완이 되게 하고, 노래나 시와 같은 악장을 지어 천지신명께 제사지내는 교외 사당과 조상신을 모신 종묘에 바치며, 태산(泰山)에서의 봉선(封禪) 의식을 기록하여 백옥(白玉)으로 된 판에 새기고, 하늘과 짝할 만한 큰 미덕을 늘어 서술하고 전에 없었던 위대한 업적을 높이 드날린다면, ≪시경≫·≪서경≫과 같은 책에 엮어 넣어도 부끄러울 게 없고 천지 사이에 두어도 빠질 게 없을 것이오니, 비록 옛사람이 다시 살아나온다고 하더라도 신은 크게 양보할 생각이 없습니다.
(臣受性愚陋, 人事多所不通, 維酷好學問文章, 未嘗一日暫廢, 實爲時輩所見推許. 臣於當時之文, 亦未有過人者. 至於論述陛下功德, 與詩、書相表裏, 作爲歌詩, 薦之郊廟, 紀太山之封, 鏤白玉之牒, 鋪張對天之宏休, 揚厲無前之偉蹟, 編於詩、書之策而無愧, 措於天地之間而無虧, 雖使古人復生, 臣未肯讓.)

엎드려 생각하건대 위대한 우리 당나라가 천명을 받고 천하를 차지하고 있으니 사해 안 온 세상이 우리의 백성이나 속국이 아닌 것이 없으며 동서남북 사방의 영토가 각각 만 리에 달합니다. 천보(天寶) 이후로 정치가 조금 해이해지고 예악과 같은 인문의 교화가 돈독하지 못하며 무력에 의한 정벌도 굳세지 못하게 되자, 역심을 품은 신하와 간사한 노예의 무리들이 좀벌레처럼 깊숙이 숨고 바둑알처럼 빽빽이 깔려 있으면서 소란을 피우고 해를 끼치며 스스로를 방어하고, 겉으로는 순종하는 척하며 속으로는 조정을 배반하고, 아비가 죽으면 아들이 스스로 그 자리를 대신하여 조부에서 손자에까지 세습하면서 마치 고대의 제후들이 자신의 영지를 제멋대로 점유하듯이 공물을 바치지도 조정에 내조하여 배알을 하지 않은 지 6~70년이나 되었습니다. 네 분의 성군께서 차례대로 대를 이어오시다가 폐하에까지 이르렀는데 폐하께서 즉위하신 이후로 몸소 직접 정사를 듣고 결단하시어, 천지가 뒤바뀌듯 천하의 대세를 전환시켜 나라의 관건이 되는 핵심 사안을 쥐락펴락하며 챙기시니 천둥같이 맹렬하고 바람처럼 빠르기도 하고 해와 달이 맑게 비치는 듯도 하며, 제왕의 군대가 깃발을 휘두르며 지나가는 곳마다 안정되고 조정에 귀순하지 않는 자가 없었기에 온 천지지간에 생식하고 번식하며 다스림에 지극한 경지에까지 이르렀습니다. 고조(高祖)께서 우리 당나라의 천하를 창건하셨으니 그 공이 매우 큽니다만 다스림은 아직 태평한 경지에 이르지 못했고, 태종(太宗)께서는 나라가 태평해졌지만 위대한 공적의 기틀은 모두 고조 때에 이미 마련되어 있었던 것입니다. 그러니 폐하께서 천보 연간 동란의 뒤를 잇고 번진세력에 대해 미봉적으로 대처해온 관행을 물려받고서도 6~70년 뒤에 번쩍 눈부실 정도로 떨쳐 일어나 천자의 자리에 앉아 진두지휘하시어 이처럼 드높은 치적을 이루신 것만은 못합니다. 마땅히 악장을 작곡하시어 천지신명에게 고하고, 동쪽으로 태산(泰山)을 순행하여 저 높은 하늘에 공로를 아뢰시며, 현저한 공적을 빠짐없이 자세하게 기록하여 폐하의 뜻대로 되었음을 소상하게 밝혀서 천추만대 영원토록 우리 폐하께서 이루신 공적에 감복하도록 해야 할 것입니다. 지금은 이른바 천재일우(千載一遇)로 만나기 어려운 아름다운 기회인데도, 신은 죄를 짓고 원한을 사서 스스로를 바닷가 섬에 갇히도록 하여 근심스럽고 한탄스러운 가운데 하루하루 죽음으로 다가가고 있으니, 끝내 폐하의 수하 관리들 틈에서든 노예나 측근들 사이에서든 변변치 못한 재주나마 바쳐서 생각과 정력을 남김없이 다 기울임으로써 속죄할 수도 없게 된지라, 평생토록 가슴에 고통을 품고 살다 죽어도 눈을 감지 못할 지경인데 멀리 폐하께서 계시는 북쪽 하늘을 바라보매 혼백이 그리로 날아가옵니다. 엎드려 생각하건대 황제 폐하께서는 천지 부모와 같이 신을 애처로워하고 가련하게 여겨주시옵소서.

(伏以皇唐受命有天下, 四海之內, 莫不臣妾, 南北東西, 地各萬里. 自天寶以後, 政治少懈, 文致未優, 武剋不剛, 孽臣奸隸, 蠹居棋處, 搖毒自防, 外順內悖, 父死子代, 以祖以孫, 如古諸侯, 自擅其地, 不朝不貢, 六七十年. 四聖傳序, 以至陛下. 陛下即位以來, 躬親聽斷, 旋乾轉坤, 關機闔開, 雷厲風飛, 日月清照, 天戈所麾, 無不從順. 宜定樂章, 以告神明, 東巡泰山, 奏功皇天, 具著顯庸, 明示得意, 使永永年服我成烈. 當此之際, 所謂千載一時不可逢之嘉會, 而臣負罪嬰釁, 自拘海島, 戚戚嗟嗟, 日與死迫, 曾不得奏薄伎於從官之內、隸御之間, 窮思畢精, 以贖前過. 懷痛窮天, 死不閉目, 伏惟陛下天地父母哀而憐之.)

황제가 표를 받고는 마음속으로 느낀 바 있어 후회하며 그를 다시 등용하고자 이 글을 가지고 재상에게 보여주면서 말하였다.

“한유가 전에 논한 것은 태생적으로 짐을 사랑하는 마음에서 나온 것이었겠지만, 그러나 천자가 부처를 섬기면 수명이 단축될 따름이라고 말해서는 안 될 것이었소.”

황보박(皇甫鎛, ?~820)은 평소에 한유의 솔직함을 싫어하던 터이라 바로 아뢰어 이렇게 말하였다.

“한유는 필경 제멋대로라서 건잡을 수 없을 것이니 잠정적으로 도성에서 가까운 내지로 옮겨주는 것이 좋겠사옵니다.”

그리하여 원주자사(袁州刺史)로 전임되었다.

(帝得表, 頗感悔, 欲復用之, 持示宰相曰: “愈前所論是天愛朕, 然不當言天子事佛乃年促耳.” 皇甫鎛素忌愈直, 即奏言: “愈終狂疏, 可且內移.” 乃改袁州刺史.)

이에 앞서 한유가 조주에 부임하여 백성들의 고통을 물으니 다들 이렇게 말하였다.

"악계(惡溪)에 악어가 살고 있는데 백성들의 가축을 잡아먹어 가축이 장차 다 없어질 판이라, 그 때문에 백성들이 궁핍합니다."

며칠 뒤에 한유는 몸소 거기로 가보고 부하 관리인 진제(秦濟)에게 명하여 양 한 마리와 돼지 한 마리를 시냇물로 던져주게 하고서는 이렇게 축원하였다.

(初, 愈至潮, 問民疾苦, 皆曰: "惡溪有鱷魚, 食民畜產且盡, 民以是窮." 數日, 愈自往視之, 令其屬秦濟以一羊一豚投谿水而祝之曰:)

> 옛날에 상고의 성왕들은 천하를 다스릴 때 산과 못의 초목을 불태우고 줄로 그물을 엮어 잡아들이거나 칼날로 찔러 죽임으로써 백성들의 해가 되는 맹수나 독사 따위의 흉악한 동물을 제거하고 그것들을 몰아내어 사해의 밖으로 나가게 하시었다. (후대의 왕들에 이르러서는) 덕이 부족하여 먼 곳까지 통치할 수 없었기에 장강과 한수(漢水) 유역마저도 그대로 다 내버려 두어서 남방과 동방의 소수민족이나 초(楚)나라와 월(越)나라에게 넘겨주고 말았으니, 하물며 호주(湖州)와 오령(五嶺) 사이에 있어 서울로부터 만 리나 멀리 떨어져 있음에야 오죽했겠는가? 악어가 이곳에 숨어 들어와 알을 낳고 새끼를 기르는 것은 또 그 녀석들이 서식하기에 적합한 곳일 터이다.
>
> (昔先王旣有天下, 迾山澤, 罔繩擉刃以除蟲蛇惡物爲民物害者, 驅而出之四海之外. 及德薄, 不能遠有, 則江、漢之間尚皆棄之以與蠻夷楚、越, 況湖、嶺之間去京師萬里哉? 鱷魚之涵淹卵育於此, 亦固其所.)
>
> 지금 천자께서 당(唐)나라 황제의 자리를 계승하시어 신령스럽고 영명하시며 자애롭고 위무 당당하신 모습으로 사해의 밖과 천지 사방의 안을 모두 어루만지며 다스리고 계시는데, 하물며 조주는 우(禹)임금의 발자취가 닿은 곳이고 옛날 양주(揚州)에 속하는 중원에 가까운 지역으로 자사(刺史)와 현령

(縣令)이 다스리면서 조정에 공물과 조세를 바쳐 천지신명과 종묘 및 온갖 신들에게 제사지내는데 필요한 물자를 공급해주는 땅임에 있어서야 오죽하겠는가? 그러니 악어는 절대로 자사와 함께 이 땅에서 섞여 살 수 없느니라. 자사는 천자의 명을 받들어 이 땅을 지키며 이곳 백성들을 다스리는데, 악어는 눈이 불쑥 튀어나온 흉측한 놈으로 계곡 깊은 물속에서 분수를 지키며 살지 않고 이 지역을 점거하여 백성들의 가축과 곰이나 멧돼지나 사슴이나 노루 따위를 잡아먹어 제 몸집을 살찌우고 새끼를 퍼뜨리며 자사와 맞서 이곳의 호걸 자리를 다투려 하고 있다. 자사가 비록 노둔하고 유약하지만 악어에게 머리를 숙이고 굴복하지 않을 터, 어찌 두려움에 덜덜 떨며 똑바로 쳐다보지도 못하고 힐끔거려 백성과 관리들에게 수치를 당하면서 구차하게 이곳에서 살려는 것인가? 게다가 천자의 명을 받들어 파견되어 온 관리인지라 형세로 보건대 본디 악어와 누가 옳고 누가 그른지를 분명히 가리지 않을 수 없노라. 악어는 지각이 있거든 자사의 말을 들어야 할 것이다.

(今天子嗣唐位, 神聖慈武, 四海之外, 六合之內, 皆撫而有之, 況禹跡所揜, 揚州之近地, 刺史縣令之所治, 出貢賦以供天地、宗廟、百神之祀之壤者哉? 鱷魚其不可與刺史雜處此土也. 刺史受天子命, 守此土, 治此民, 而鱷魚睅然不安溪潭, 據處食民畜熊豕鹿獐以肥其身, 以種其子孫, 與刺史拒爭爲長雄. 刺史雖駑弱, 亦安肯爲鱷魚低首下心, 伈伈睍睍, 爲吏民羞, 以偷活於此也? 承天子命來爲吏, 固其勢不得不與鱷魚辨. 鱷魚有知, 其聽刺史.)

조주 지방은 큰 바다가 그 남쪽에 있어 고래와 붕새 같이 큰 것이나 새우와 게처럼 작은 것이 모두 받아들여져 번식하지 않음이 없으니, 악어는 아침에 이곳을 출발하면 저녁이면 그곳에 도달할 수 있을 것이다. 지금 악어와 이렇게 약조하노라.

"사흘 안으로 네 추악한 무리를 이끌고 남쪽 바다로 옮겨가서 천자의 명을 받고 온 관리를 피하도록 하라. 사흘에 안 되면 닷새까지 연장하고, 닷새에 안 되면 이레까지 연장하는데, 이레에도 안 되면 이는 끝내 옮겨가지 않으려는 셈이고 자사가 안중에 없어서 그의 말을 따르려 하지 않은 것이요, 그것이 아니라면 이는 악어가 사리에 어둡고 완고하여 민첩하지 못한 탓에 자사가 말을 해도 들으려고도 알려고도 하지 않는 것이다. 대체로 천자의 명을 받은 관리를 업신여겨 그의 말을 따르지 않고 옮겨가서 피하지 않는 것이나, 사리에 어둡고 완고하여 민첩하지 못한 탓에 백성의 재산에 해를 끼치는 것은 모두 죽이겠노라. 자사는 재능 있고 솜씨 좋은 관리와 백성을 뽑아 강한 활과 독화살을 가지고 악어와 상대하여, 반드시 모조리 다 죽인 뒤에라야 그만둘 것이니 후회 없기를 바라노라!"

(潮之州, 大海在其南, 鯨鵬之大, 蝦蟹之細, 無不容歸, 以生以食, 鱷魚朝發而夕至也. 今與鱷魚約: "盡三日, 其率醜類南徙于海, 以避天子之命吏. 三日不能, 至五日; 五日不能, 至七日. 七日不能, 是終不肯徙也, 是不有刺史、聽從其言也. 不然, 則是鱷魚冥頑不靈, 刺史雖有言, 不聞不知也. 夫傲天子之命吏, 不聽其言, 不徙以避之, 與頑不靈而爲民物害者, 皆可殺. 刺史則選材技民, 操彊弓毒矢, 以與鱷魚從事, 必盡殺乃止, 其無悔!")

축원을 한 날 저녁에 사나운 폭풍과 우레와 번개가 악계 속에 치더니 며칠 만에 물이 다 말라 서쪽으로 60리나 옮겨가버려 그때부터 조주에는 악어의 우환이 없게 되었다.

(祝之夕, 暴風震電起谿中, 數日水盡涸, 西徙六十里, 自是潮無鱷魚患.)

원주(袁州: 원주는 지금 江西省 宜春市) 사람들은 돈을 빌려주고 아들이나 딸을 저당 잡혔다가 약정한 기한을 넘겨도 빚을 상환하지 못하면 그들의 호적을 몰수하여 노비로 삼고 있었다. 한유가 그곳에 부임한 뒤 돈을 빌려준 집에 일 해준 품삯을 다 계산하여 노비로 몰입된 사람들을 속량하고서 부모에게로 돌려보낸 아들이나 딸이 7백여 명에 달하였다. 그로 인하여 그곳 사람들과 약조하여 노비로 삼는 풍속을 금지시켰다. 중앙으로 불려 올라가 국자좨주(國子祭酒)에 임명되었다가 병부시랑(兵部侍郞)으로 전임되었다.

(袁人以男女爲隸, 過期不贖, 則沒入之. 愈至, 悉計庸得贖所沒, 歸之父母七百餘人. 因與約, 禁其爲隸. 召拜國子祭酒, 轉兵部侍郞.)

진주(鎭州: 지금 河北省 正定市)에 군란이 일어나 전홍정(田弘正, 764~821)이 살해되자 조정에서 왕정주(王廷湊, ?~834)를 그곳의 절도사로 세우고 한유에게 조칙을 내려 선무하도록 하였다. 한유가 장도에 오른 뒤 뭇 사람들이 그가 위험하다고 여겼다. 원진(元稹, 779~831)이 말하였다.

"한유가 참으로 애석합니다."

목종(穆宗, 820~824 재위))도 후회하면서 한유에게 조칙을 내려 일을 잘 헤아려 마땅함을 따르되 굳이 그곳으로 들어갈 필요는 없다고 하였다. 한유가 그곳에 당도하자 왕정주는 병졸들을 엄하게 정돈하여 그를 맞이하고 뜰에는 갑옷을 입은 장교들을 도열해놓았다. 좌정하자 왕정주가 말하였다.

"분란을 일으킨 자들은 바로 이 장졸들입니다."

한유가 큰 소리로 말하였다.

"천자께서 공을 장수의 재질이 있다고 여기시어 그 때문에 절도사의 부절을 내리셨는데 어찌하여 적들과 같이 반란을 일으키려고 하시는 것이오?"

한유의 말이 미처 끝나기도 전에 한 장교가 앞으로 나와 격분하여 말하였다.

"전임 태사(太師)께서 나라를 위해 주도(朱滔, 746~785)를 쳐 죽일 때 입었던 피 묻은 옷이 아직도 이렇게 있거늘, 우리 군대가 무엇을 저버렸다고 도리어 도적으로 여기는 것이오?"

한유가 말하였다.

"너희들이 전임 태사를 기억하고 있지 않을 줄로 여겼는데 만약 아직도 그 분을 기억하고 있다면 정말 좋소이다. 천보(天寶, 742~756) 이후로 안녹산(安祿山, 703~757), 사사명(史思明, 703~761), 이희열(李希烈, 750?~786) 등의 아들이나 손자로서 살아 있는 자가 있소? 아니면 관직에 있는 자가 있소?"

무리들이 말하였다.

"없소이다."

한유가 말하였다.

"전홍정 공은 위주(魏州: 지금 河北省 邯鄲市 大名縣)와 박주(博州: 지금 山東省 聊城市) 등 6개 주를 가지고 조정에 귀순하여 중서령(中書令)의 관직을 역임하였고 부자가 절도사의 깃발과 부절을 받기도 하였으며, 유오(劉悟, 735~825)와 이우(李祐, ?~829)가 통할하는 곳은 모두 큰 번진(藩鎭)이니 이 점은 너희 군대가 함께 들어 알고 있는 것이라오."

무리가 말하였다.

"전홍정이 각박하여 그 때문에 우리 군대가 안정되지 못하였소이다."

한유가 말하였다.

"그렇기는 하지만 너희들도 전홍정 공을 해치고 또 그의 가족들을 살해하였으니 더 이상 무슨 말을 할 수 있소?"

무리가 떠들썩하게 소리 지르며 말하였다.

"좋소이다."

왕정주는 무리들의 마음이 변할까봐 걱정하여 재빨리 대장기를 흔들며 그들을 물러가도록 하였다. 그러고 나서 말하였다.

"지금 내가 무슨 일을 하기를 바라십니까?"

한유가 말하였다.

"신책군(神策軍)의 6군에 우원익(牛元翼, ?~823)과 같은 자가 적은 것은 아니지만, 다만 조정에서는 전체적인 국면을 고려하여 그를 버릴 수 없다오. 공께서 그를 오랫동안 포위하고 있는 것은 무엇 때문이시오?"

왕정주가 말하였다.

"즉각 그를 풀어주겠소."

한유가 말하였다.

"만약 그렇게만 하신다면 아무 일이 없을 것이오."

그때 마침 우원익도 포위망을 뚫고 탈출하였는데 왕정주가 추격하지 않았다. 한유가 조정으로 돌아와 그의 말을 보고하자 황제가 크게 기뻐하였다. 이부시랑(吏部侍郎)으로 전임되었다.

(鎭州亂, 殺田弘正而立王廷湊, 詔愈宣撫. 旣行, 衆皆危之. 元稹言: "韓愈可惜." 穆宗亦悔, 詔愈度事從宜, 無必入. 愈至, 廷湊嚴兵迓之, 甲士陳廷. 旣坐, 廷湊曰: "所以紛紛者, 乃此士卒也." 愈大聲曰: "天子以公爲有將帥材, 故賜以節, 豈意同賊反邪?" 語未終, 士前奮曰: "先太師爲國擊朱滔, 血衣猶在, 此軍何負, 乃以爲賊乎?" 愈曰: "以爲爾不記先太師也, 若猶記之, 固善. 天寶以來, 安祿山、史思明、李希烈等有子若孫在乎? 亦有居官者乎?" 衆曰: "無." 愈曰: "田公以魏、博六州歸朝廷, 官中書令, 父子受旗節, 劉悟、李祐皆大鎭, 此爾軍所共聞也." 衆曰: "弘正刻, 故此軍不安." 愈曰: "然爾曹亦害田公, 又殘其家矣, 復何道?" 衆讙曰: "善." 廷湊慮衆變, 疾麾使去. 因曰: "今欲廷湊何所爲?" 愈曰: "神策六軍將如牛元翼者爲不乏, 但朝廷顧大體, 不可棄之. 公久圍之, 何也?" 廷湊曰: "即出之." 愈曰: "若爾, 則無事矣." 會元翼亦潰圍出, 廷湊不追. 愈歸奏其語, 帝大悅. 轉吏部侍郎.)

이때 재상 이봉길(李逢吉, 758~835)이 이신(李紳, 772~846)을 미워하여 조정에서 축출하려고 하였다. 마침내 (이봉길은) 한유를 경조윤(京兆尹) 겸 어사대부(御史大夫)로 삼은 뒤 특별히 (황제로 하여금) 조칙을 내려 한유가 어사대(御史臺)를 방문하는 예를 행하지 않도록 조치하고 이신을 어사중승(御史中丞)에 임명하였다. 이신이 결과적으로 어사대 방문의 예를 행하지 않은 점을 들어 한유를 탄핵하자 한유는 조칙을 가지고 스스로를 해명하였다. 그 후에 (두 사람이) 글을 지어 서로 헐뜯는 일이 분분하게 이어지자 재상은 어사대와 경조부(京兆府: 지금 陝西省 西安市 부근)가 서로 협력하지 않는다는 점을 이유로 마침내 한유를 경조윤에서 면직시켜 병부시랑으로 삼고, 이신을 외직으로 내쳐 강서관찰사(江西觀察使: 행정 중심지가 지금 江西省 南昌市에 있었음)로 삼았다. 이신이 황제를 알현한 뒤 중앙 관직에 유임되고, 한유도 다시 이부시랑이 되었다. 장경(長慶) 4년(824)에 죽으니 향년 57세였는데, 예부상서(禮部尚書)에 추증되었으며 시호는 문(文)이었다.

(時宰相李逢吉惡李紳, 欲逐之, 遂以愈爲京兆尹、兼御史大夫, 特詔不臺參, 而除紳中丞. 紳果劾奏愈, 愈以詔自解. 其後文刺紛然, 宰相以臺、府不協, 遂罷愈爲兵部侍郎, 而出紳江西觀察使. 紳見帝, 得留, 愈亦復爲吏部侍郎. 長慶四年卒, 年五十七, 贈禮部尚書, 謚曰文.)

한유는 성품이 분명하고 예민하였으며 무분별하게 타인을 맹종하지 않았다. 다른 사람과 교제함에 있어 처음부터 끝까지 조금도 변하지 않았다. 후진들을 잘 양성하여 왕왕 이름이 알려졌다. 한유의 가르침을 거치면 모두 "한문제자(韓門弟子)"로 불렸는데, 한유의 관직이 높아감에 따라 차츰 사절하고 돌려보내게 되었다. 내외 친척과 친구들 중에 후사가 없는 사람들을 위해 그들의 딸을 시집보내주고 그들의 집안을 돌보아 주었다. 형수 정씨(鄭氏)의 상을 당해서는 1년 상을 치름으로써 받은 은혜에 보답하였다.

(愈性明銳, 不詭隨. 與人交, 終始不少變. 成就後進士, 往往知名. 經愈指授, 皆稱"韓門弟子", 愈官顯, 稍謝遣. 凡內外親若交友無後者, 爲嫁遣孤女而卹其家. 嫂鄭喪, 爲服期以報.)

문장은 한(漢)나라의 사마상여(司馬相如, BC 179?~BC 118?), 태사공(太史公: 司馬遷, BC 145?~?), 유향(劉向, BC 77~BC 6), 양웅(楊雄: 揚雄, BC 53~AD 18)의 뒤로는 작자가 대대로 나오지 않았기 때문에, 한유가 본원을 깊이 탐구하여 우뚝 세워 일가를 이루었다고 늘 말한다. 그가 지은 〈도의 본질에 대하여(原道)〉, 〈인간 본성의 본질에 대하여(原性)〉, 〈스승에 대하여(師說)〉 등 수십 편의 글은 모두 내용이 의미심장하고 광범하여 맹가(孟軻: 孟子, BC 372?~BC 289)와 양웅과 표리를 이루고 육경(六經)을 보완하였다고들 한다. 다른 글들의 발단이나 언어 구사는 요컨대 이전 사람들의 그것을 답습하지 않았다. 그렇지만 오직 한유만이 글을 씀에 있어 세차게 쏟아져 나와 여유가 있었는데, 그의 제자인 이고(李翶, 772~841), 이한(李漢), 황보식(皇甫湜, 777~835)이 그를 따라 본받았지만 궁색하여 훨씬 미치지 못하였다. 한유를 따라 교유한 자로 맹교(孟郊, 751~814)와 장적(張籍766?~830?)과 같은 이들도 모두 스스로 당시에 이름이 났다.

(每言文章自漢司馬相如、太史公、劉向、楊雄後, 作者不世出, 故愈深探本元, 卓然樹立, 成一家言. 其原道、原性、師說等數十篇, 皆奧衍閎深, 與孟軻、楊雄相表裏而佐佑六經云. 至它文造端置辭, 要爲不襲蹈前人者. 然惟愈爲之, 沛然若有餘, 至其徒李翺、李漢、皇甫湜從而效之, 遽不及遠甚. 從愈游者, 若孟郊、張籍, 亦皆自名於時.)

찬(贊)의 내용은 이러하다.
(贊曰:)

당(唐)나라가 일어났을 때 오대(五代: 宋·齊·梁·陳·北魏)의 분할된 국면을 이어받아 왕정의 기강이 잡히지 않았기에, 글의 문사는 피폐하고 바탕은 궁색하여 언어 표현이 지나치고 촌스러움이 함께 혼재되어 있었다. 천하가 안정이 되자 거친 문사를 가다듬고 문장의 폐해를 척결하였으며, 유가의 학술을 궁구하여 제도와 문물을 일으켜 세웠다. 그리하여 짙은 향내와 깊은 맛이 젖어들어 거의 백여 년쯤 되자 그 뒤로 문장은 차츰 서술할 만한 것이 있게 되었다. 정원(貞元)과 원화(元和) 연간에 이르러 한유가 마침내 육경(六經)의 문장으로 모든 유학자들을 인도하여 말단적인 흐름을 차단하고, 닳아 훼손된 것을 질박함으로 되돌리고 참됨으로 거짓된 것을 깎아내었다. 그리하여 한유는 자기 재주를 스스로 사마천과 양웅에 비견하였고, 반고(班固, 32~92) 이하에 대해서는 거론조차 하지 않았다. 그가 이룬 것은 순수하여 한결같이 올바른 데서 나왔고 진부한 표현을 제거하였으며, 종횡으로 별도의 길을 치달려 웅장하고 성대하게 아무 거침없이 자유분방하였지만 요컨대는 성인과 어긋나는 것이 없었다. 그가 주장한 도는 스스로 맹가에 비견하여 순황(荀況, BC 313~BC 238)과 양웅조차도 순전하지 않다고 여겼으니 어찌 진실로 그러하지 아니하겠는가? 간언을 올리거나 모략을 진술하며, 환난을 없애거나 고아를 구휼하며, 비열하고 쇠미한 풍속을 바로잡음에 있어서는 어질고 의로움을 성대하게 밝혔으니 도를 돈독하게 하는 군자라고 일컬을 만하다. 진(晉)나라로부터 수(隋)나라에 이르기까지 도교와 불교가 두드

러질 정도로 세상에 유행하자 성인의 도는 가는 띠처럼 거의 끊어질 것 같았다. 모든 유학자들이 당시 천하에서 올바르다는 논의에 기대어 괴상하고 신령스러운 것을 방조하여 일삼았다. 유독 한유만이 크게 탄식하며 성인을 끌어오고 온 세상의 미혹됨과 다투어 비록 헐뜯음과 조소를 받으면서도 넘어지면 다시 떨쳐 일어났는데, 처음에는 신임을 받지 못했지만 종국에는 당시에 크게 명성이 났다. 옛날에 맹가가 양주(楊朱, BC 395?~BC 335?)와 묵적(墨翟)을 물리칠 때는 공자로부터 겨우 2백년 밖에 되지 않았다. 한유가 도교와 불교를 배척함에 있어서는 도리어 천여 년이나 지났기 때문에 쇠미함을 다스려 올바른 데로 돌아가도록 함에 있어, 그가 거둔 공적은 맹가와 같았지만 힘은 배가 더 들었으니 순황과 양웅을 훨씬 능가하는 까닭인 것이다. 한유가 죽은 뒤에 그의 언론이 세상에 대대적으로 유행하여 학자들이 태산과 북두칠성처럼 우러러 존경하였다.

(唐興, 承五代剖分, 王政不綱, 文弊質窮, 𪓰俚混并. 天下已定, 治荒剔蠹, 討究儒術, 以興典憲, 薰醲涵浸, 殆百餘年, 其後文章稍稍可述. 至貞元、元和間, 愈遂以六經之文爲諸儒倡, 障隄末流, 反刓以樸, 剗僞以眞. 然愈之才, 自視司馬遷、楊雄, 至班固以下不論也. 當其所得, 粹然一出於正, 刊落陳言, 橫騖別驅, 汪洋大肆, 要之無抵捂聖人者. 其道蓋自比孟軻, 以荀況、楊雄爲未淳, 寧不信然? 至進諫陳謀, 排難卹孤, 矯拂婾末, 皇皇於仁義, 可謂篤道君子矣. 自晉汔隋, 老佛顯行, 聖道不斷如帶. 諸儒倚天下正議, 助爲怪神. 愈獨喟然引聖, 爭四海之惑, 雖蒙訕笑, 跲而復奮, 始若未之信, 卒大顯於時. 昔孟軻拒楊、墨, 去孔子才二百年. 愈排二家, 乃去千餘歲, 撥衰反正, 功與齊而力倍之, 所以過況、雄爲不少矣. 自愈沒, 其言大行, 學者仰之如泰山、北斗云.)

## 찾아보기

### S



### ㄱ

## ㅁ ——



## ㅂ ——



## ㅅ ——

## ㅇ

ㅈ ———

**ㅊ**



**ㅌ**

## ㅍ



## ㅎ

## 저자소개

지은이

### 한유(韓愈, 768~824)

자 퇴지(退之), 하양(河陽: 지금 河南省 孟州市) 사람
한창려(韓昌黎), 한문공(韓文公), 한이부(韓吏部)로도 불림
백대문종(百代文宗)으로 추앙되는 대문호, 관료, 사상가
당대(唐代) 고문운동(古文運動)을 주도한 당송팔대가(唐宋八大家)의 한 사람

옮긴이

### 이종한(李鍾漢)

계명대학교 한문교육과 문학사
서울대학교 대학원 중어중문학과 문학석사, 문학박사
國立臺灣師範大學, University of Minnesota
Eastern Michigan University 객원교수
현 계명대학교 인문국제학대학 중국어문학전공 교수 겸 동산도서관장

**· 주요 논저**

- 『歷代論詩絶句硏究』(1983)
- 『韓愈 散文의 分析的 硏究』(1992)
- 『두보시선』(2000)
- 『한문 문법의 분석적 이해』(2001)
- 『당송산문선』(2003)
- 『한유 산문의 분류와 의론산문』(2005)
- 『文選 賦體 志類 作品 譯注』(2005)
- 『文選 賦體 情類 作品 譯注』(2005)
- 『중국산문간사』(2007)
- 『한문 서간문』(2010)
- 『한유산문역주』 1~5(2013) 외 다수